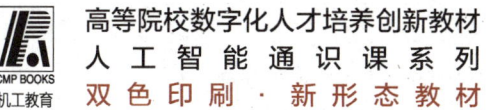

Artificial Intelligence General Knowledge

人工智能通识

杨尊琦 / 主　编

张海燕　鲁城华 / 副主编

机械工业出版社
CHINA MACHINE PRESS

随着人工智能时代的到来，各行各业都已渗透了人工智能的理论、方法和技术。本书通俗地讲解 AI 的起源、发展，将行业应用与技术发展相结合进行叙述，能够让读者快速了解人工智能，掌握各行各业 AI 应用的前沿动态和技术。

本书内容包括：第 1 章人工智能概述，第 2 章大数据与人工智能，第 3 章机器学习，第 4 章深度学习，第 5 章大模型技术及应用，第 6 章人工智能伦理，第 7 章人工智能在工业中的应用，第 8 章人工智能在医疗领域的应用，第 9 章人工智能在交通领域的应用，第 10 章人工智能赋能生物识别，第 11 章人工智能在金融领域的应用，第 12 章智能商务，第 13 章人工智能在航天领域的应用，第 14 章人工智能的未来展望。

本书图、文、表并茂，浅显易懂，并引入典型领域的应用，结合相关领域知识，文科、理科都可选用。本书既可以作为高等院校、职业院校低年级的人工智能通识课教材，也可以作为企业培训参考用书。

本书配有授课电子课件、微课视频、大量知识拓展内容，需要的教师可登录 www.cmpedu.com 免费注册，审核通过后下载，或联系编辑索取（微信：13146070618，电话：010-88379739）。

图书在版编目（CIP）数据

人工智能通识 / 杨尊琦主编. -- 北京：机械工业出版社，2025.6. --（高等院校数字化人才培养创新教材）. -- ISBN 978-7-111-78388-6

Ⅰ. TP18

中国国家版本馆 CIP 数据核字第 20257AN677 号

机械工业出版社（北京市百万庄大街 22 号　邮政编码 100037）
策划编辑：郝建伟　　　　　　　　　责任编辑：郝建伟　解　芳
责任校对：刘　雪　马荣华　景　飞　责任印制：张　博
河北泓景印刷有限公司印刷
2025 年 7 月第 1 版第 1 次印刷
184mm×260mm • 17.5 印张 • 445 千字
标准书号：ISBN 978-7-111-78388-6
定价：69.00 元

电话服务　　　　　　　　　　　网络服务
客服电话：010-88361066　　　　机　工　官　网：www.cmpbook.com
　　　　　010-88379833　　　　机　工　官　博：weibo.com/cmp1952
　　　　　010-68326294　　　　金　书　网：www.golden-book.com
封底无防伪标均为盗版　　　　　机工教育服务网：www.cmpedu.com

前言

随着人工智能（Artificial Intelligence，AI）技术的逐渐成熟和应用领域的不断拓展，各行各业对 AI 人才的需求迅猛增加，高校开设人工智能通识课程已成为教育领域的共识。该课程不仅传授 AI 技术的核心原理，更通过跨学科的方式，引导学生深入探讨 AI 技术的社会、文化和伦理影响。

为配合教育部对大学低年级新生开设人工智能通识课程的要求，本书编写小组的作者均来自人工智能专业教研室，所有老师在博士、硕士期间研究的内容均与人工智能理论、方法和实践相关。本书也是配合学校实现智能素养培养的关键任务。本书的写作目的是培养学生的批判性思维、量化思维、数据思维、AI 思维，为将来学生在各自领域做好创新性工作打下良好基础。

本书特色如下：

1）**理工贯通、文理兼容**。本书让人工智能赋能学科专业类课程，注重结合不同专业的人才培养需求。本书第 1～6 章内容涵盖了计算机科学的多个领域，如大数据、机器学习、深度学习、人工智能伦理等，构成理论基础部分。

2）**讲好来龙去脉，激发使用 AI 的兴趣**。人工智能是随着计算机的发展而发展起来的，从早期的图灵测试到今天全社会各领域的普遍应用，经过人工智能科学家不断的研究和探索，才形成了今天普遍应用的局面。

3）**AI 在典型领域的深度应用**。**工业**：深度剖析人工智能与工业互联网融合的创新模式，呈现全流程智能化变革；聚焦其驱动的工业质量控制新方法，实时监测与预测性维护以降低次品率；实现资源高效配置与精准交付。**医疗**：从精准诊断到个性化治疗方案生成，再到药物研发，为医疗领域创造了极大的价值。人工智能技术正为患者带来更高效、更精准的医疗服务。**商务**：优化客户行为分析与市场预测，实现精准营销。**生物**：人工智能技术通过先进算法与模型，助力生物识别在特征提取、比对和系统优化等方面实现精度与效率的提升。**航天工程**：增强航天器自主导航与复杂任务规划能力，提升航天器的自主运行能力，强化复杂航天任务的执行效能。**金融**：强化风险评估与算法交易，提升投资决策的效率。**交通**：构建人、车、路、云一体化生态，"聪明的车"自主避障行驶，"智慧的路"实时感知路况，"敏锐的脑"精准调控交通。人工智能与交通领域的深度融合，让每一次出行都享有专属服务，全面提升交通效率与出行体验等。

4）**结合课程改革，课程内容多元化**。人工智能通识课程要涵盖从基础理论到高级应用，从技术原理到伦理法律等多个层面；教学方法需要不断创新，教师要采用案例教学、翻转课堂、在线学习等多样化的教学方法，提高学生的参与度和学习效果；提升教师的专业水平和教学能力；产学研结合，课程教学要对接企业需求，为学生提供实习、实训等实践机会，培养学生的实际操作能力。

5）**简单易懂、操作性强**。本书实用性强，书中设置引例、各章案例、综合案例、实验、拓展阅读、微课视频、知识拓展等环节。每一章都有开篇案例，引导读者进入本章的学习。原理部分的讲解也做到简单易懂。另外，各章还设计了"机器人小智提问"的环节，让学生通过深度思考理解人工智能，进而激发对本专业运用人工智能的兴趣。

建议选用本书的教师在讲授过程中按照第 1~6 章理论基础部分的顺序讲解，在应用章节中，教师可以根据学生的专业选取相应的章节进行讲授。

本书微课视频二维码的使用方式：

1）刮开教材封底处的"刮刮卡"，获得"兑换码"。
2）关注微信公众号"天工讲堂"，选择"我的"－"使用"。
3）输入"兑换码"和"验证码"，选择本书全部资源并免费结算。
4）使用微信扫描教材中的二维码观看微课视频。

本书在编写过程中得到机械工业出版社的大力支持，在此特别感谢！人工智能基础课程立项工作得到学校领导的大力支持，在此一并感谢！

本书由天津财经大学、天津财经大学珠江学院组织数据工程学院的教授、副教授及讲师成立教材编写小组，作者均具有良好的专业能力和企业实际工作经验。其中，鲁城华、钱凤祺负责撰写第 6、13、14 章；赵丽、张青云负责撰写第 3、7、10 章；张海燕、高升负责撰写第 2、11 章；张倩楠、宋莲君负责撰写第 1、8 章；程奂莹、奥日格拉负责撰写第 4、9 章；郭倩倩、王琳琛负责撰写第 5、12 章。杨尊琦负责全书的结构设计、写作进度控制和写作质量监管工作。

由于编者水平有限，书中难免有不妥和疏漏之处，恳请读者赐教指正。

编　者

目录

前言
第1章　人工智能概述 ················ 1
1.1　什么是人工智能 ················ 2
1.1.1　人类智能 ················ 2
1.1.2　人类大脑 ················ 6
1.1.3　人工智能 ················ 7
1.2　人工智能发展概况 ················ 9
1.2.1　人工智能前期积累 ················ 10
1.2.2　人工智能的形成阶段 ················ 11
1.2.3　人工智能的曲折发展 ················ 12
1.2.4　人工智能的繁荣发展 ················ 14
1.3　思考与练习 ················ 14
第2章　大数据与人工智能 ················ 15
2.1　大数据基础 ················ 16
2.1.1　大数据的特征和结构类型 ················ 16
2.1.2　大数据的价值 ················ 19
2.2　大数据与云计算 ················ 21
2.2.1　什么是云计算 ················ 21
2.2.2　云计算的服务模型 ················ 22
2.2.3　云存储、超算和算力 ················ 24
2.3　大数据的核心技术 ················ 26
2.3.1　数据的采集 ················ 26
2.3.2　数据的处理 ················ 27
2.3.3　大数据分析 ················ 30
2.3.4　数据可视化 ················ 32
2.4　大数据与人工智能的关系 ················ 37
2.4.1　大数据是人工智能的基石与动力 ················ 37
2.4.2　人工智能促进大数据的价值化 ················ 38
2.4.3　人工智能和大数据相辅相成，深度融合 ················ 38
2.5　身边的大数据与人工智能 ················ 39
2.6　思考与练习 ················ 41
第3章　机器学习 ················ 43
3.1　什么是机器学习 ················ 45
3.1.1　机器学习的概念 ················ 46
3.1.2　机器学习的发展 ················ 46
3.1.3　机器学习的基本问题和流程 ················ 48
3.2　机器学习的分类 ················ 49
3.2.1　监督学习：数据驱动的精准预测 ················ 50
3.2.2　无监督学习：探索数据中的隐藏奥秘 ················ 50
3.2.3　半监督学习：融合标注与未标注数据的智慧学习 ················ 51
3.2.4　强化学习：在动态交互中优化决策 ················ 51
3.3　机器学习的算法 ················ 52
3.3.1　回归算法：数值预测的建模利器 ················ 52
3.3.2　聚类算法：数据分组的无监督能手 ················ 53
3.3.3　决策树算法：特征驱动的智能分类与回归利器 ················ 55
3.3.4　朴素贝叶斯分类算法：特征独立的概率分类利器 ················ 56
3.3.5　K-近邻算法：以距离定归属的分类利器 ················ 57
3.3.6　支持向量机算法：划分数据的超平面构建者 ················ 58
3.4　机器学习的应用 ················ 59
3.5　机器学习的未来展望 ················ 60
3.6　思考与练习 ················ 61
第4章　深度学习 ················ 62
4.1　神经网络 ················ 63
4.1.1　神经元 ················ 63
4.1.2　感知器 ················ 65
4.1.3　人工神经网络 ················ 66

4.1.4 反向传播算法 ··············· 66
4.2 深度学习的起源与发展 ········· 67
　4.2.1 浅层学习 ··················· 67
　4.2.2 深度学习的提出 ··········· 68
　4.2.3 深度学习在现代 AI 中的地位 ··· 68
4.3 深度学习关键技术 ············· 69
　4.3.1 卷积神经网络 ············· 69
　4.3.2 生成对抗网络 ············· 71
　4.3.3 注意力机制 ··············· 72
4.4 进化计算 ······················ 73
　4.4.1 进化算法概述 ············· 73
　4.4.2 遗传算法 ··················· 74
　4.4.3 进化规划 ··················· 75
　4.4.4 进化策略 ··················· 76
　4.4.5 进化计算算法对比 ······· 76
4.5 群体智能 ······················ 77
　4.5.1 蚁群优化算法 ············· 77
　4.5.2 粒子群优化算法 ········· 79
　4.5.3 人工鱼群算法 ············· 81
4.6 思考与练习 ···················· 82

第 5 章　大模型技术及应用 ········· 83
5.1 大模型概述 ···················· 84
　5.1.1 大模型的定义与发展历程 ··· 84
　5.1.2 大模型与人工智能的关系 ··· 85
5.2 大模型的核心技术 ············· 88
　5.2.1 Transformer 架构 ······· 88
　5.2.2 预训练与微调技术 ······· 89
　5.2.3 参数规模与计算资源需求 ··· 91
5.3 大模型的关键特性 ············· 92
　5.3.1 涌现能力与泛化能力 ··· 92
　5.3.2 多任务学习与迁移学习 ··· 94
5.4 大模型的应用领域 ············· 94
　5.4.1 自然语言处理 ············· 94
　5.4.2 计算机视觉 ··············· 95
　5.4.3 语音识别 ··················· 96
5.5 大模型的部署与应用 ········· 98
　5.5.1 本地部署与云端服务 ··· 98
　5.5.2 数据隐私与安全问题 ··· 99
　5.5.3 成本优化与资源管理 ··· 99
5.6 大模型案例与智能体 ········· 100
　5.6.1 GPT-3 与 GPT-4 的应用 ··· 100
　5.6.2 国内外大模型产品案例 ··· 101
　5.6.3 DeepSeek 与其他创新模型 ··· 101
5.7 思考与练习 ···················· 102

第 6 章　人工智能伦理 ············· 103
6.1 人工智能伦理概述 ············· 104
　6.1.1 人工智能伦理的定义与重要性 ··· 104
　6.1.2 人工智能伦理的历史背景与发展 ··· 106
　6.1.3 人工智能伦理的基本原则 ··· 107
6.2 人工智能伦理的核心议题 ··· 111
　6.2.1 数据隐私与安全困境 ··· 112
　6.2.2 算法安全风险 ············· 112
　6.2.3 网络安全风险 ············· 113
　6.2.4 国家安全风险 ············· 113
　6.2.5 人工智能的责任归属难题 ··· 113
6.3 人工智能伦理在多领域的冲突 ··· 113
　6.3.1 医疗领域的伦理权衡 ··· 114
　6.3.2 交通出行的伦理变革 ··· 114
　6.3.3 金融服务中的伦理挑战 ··· 115
　6.3.4 智能机器"人替"伦理困境 ··· 115
6.4 面向未来的人工智能伦理构建 ··· 116
6.5 思考与练习 ···················· 117

第 7 章　人工智能在工业中的应用 ··· 119
7.1 工业 4.0 概述 ················· 120
　7.1.1 工业 4.0 的起源与定义 ··· 120
　7.1.2 工业 4.0 的核心概念和目标 ··· 122
7.2 工业 4.0 的技术基础 ········· 124
　7.2.1 工业物联网技术在工业 4.0 中的角色 ··· 124
　7.2.2 高级生产计划与排程计划 ··· 124
　7.2.3 零部件质量控制与表面缺陷识别 ··· 126
　7.2.4 设备状态监测与故障诊断 ··· 128
7.3 智慧工厂 ······················ 129
　7.3.1 智慧工厂的整体架构与功能模块 ··· 130
　7.3.2 基于大数据的智慧工厂生产运作

　　　　管理·· 131
　7.3.3　智慧工厂的信息集成与协同······· 132
　7.3.4　智慧工厂的智能化决策············· 133
7.4　工业人工智能的未来发展
　　　趋势·· 135
7.5　思考与练习·· 135

第8章　人工智能在医疗领域的应用　137
8.1　人工智能与医疗概述·························· 138
　8.1.1　传统医疗领域面临的挑战与
　　　　需求·· 139
　8.1.2　智能医学的定义与特点············· 141
8.2　病理图像智能解读······························ 142
　8.2.1　医学影像处理······························ 142
　8.2.2　基于大语言模型的病理图像
　　　　分析·· 145
8.3　人工智能辅助医疗方案······················ 146
　8.3.1　健康方案推荐与疗效预测········· 146
　8.3.2　疾病监测与风险评估················· 147
　8.3.3　图神经网络与药物研发············· 148
　8.3.4　生物医学关联预测····················· 150
8.4　医疗机器人技术·································· 151
　8.4.1　手术机器人·································· 151
　8.4.2　护理机器人·································· 152
8.5　医疗管理及公共卫生智能
　　　优化与防控······································ 153
　8.5.1　医疗资源调配····························· 153
　8.5.2　动态网络模型构建传染病传播
　　　　路径·· 154
8.6　医疗人工智能的未来发展················· 155
8.7　思考与练习·· 156

第9章　人工智能在交通领域的应用　157
9.1　智慧交通概述······································ 158
　9.1.1　传统交通的痛点分析················· 159
　9.1.2　智慧交通······································ 160
　9.1.3　智慧交通的新范式····················· 161
9.2　自动驾驶的交通工具·························· 162
　9.2.1　自动驾驶的基础认知················· 163
　9.2.2　自动驾驶的AI应用···················· 165
9.3　智慧交通基础设施······························ 169
　9.3.1　车路协同基础设施····················· 169

　9.3.2　功能性基础设施························· 170
9.4　大数据驱动的交通大脑······················ 172
　9.4.1　交通大数据·································· 172
　9.4.2　数字交通大脑····························· 173
　9.4.3　交通大脑助力交通管控············· 174
9.5　人工智能赋能出行服务······················ 179
　9.5.1　智能导航系统····························· 179
　9.5.2　智能旅行推荐系统····················· 179
　9.5.3　智能停车系统····························· 181
9.6　思考与练习·· 181

第10章　人工智能赋能生物识别　183
10.1　生物识别概述···································· 184
　10.1.1　生物识别的定义······················· 184
　10.1.2　生物识别关键技术解析··········· 186
　10.1.3　生物识别技术的发展历程······· 188
10.2　人工智能赋能生物识别的应用
　　　 场景·· 189
　10.2.1　智能视觉···································· 189
　10.2.2　智能声学···································· 191
　10.2.3　智能瞳影···································· 194
　10.2.4　解锁自然生物密码··················· 196
10.3　生物识别开放平台体验···················· 198
　10.3.1　生物特征识别开放平台介绍··· 198
　10.3.2　任务实施——百度人工智能生物
　　　　　特征识别开放平台体验········· 199
10.4　人工智能和生物识别深度
　　　 融合的新航迹·································· 201
10.5　思考与练习······································ 202

第11章　人工智能在金融领域的
　　　　 应用······································ 204
11.1　智能金融的发展路径························ 206
　11.1.1　智能金融的起源与发展··········· 206
　11.1.2　智能金融的内涵与主体··········· 207
11.2　智能金融核心技术···························· 207
　11.2.1　人工智能与金融······················· 208
　11.2.2　机器学习与金融······················· 210
　11.2.3　金融中的自然语言处理··········· 211
　11.2.4　区块链·· 213
11.3　智能金融实践···································· 214
　11.3.1　智能投顾：算法驱动的个性化

　　　　投资建议 ·············· 214
　11.3.2　信贷评估：基于大数据的信用
　　　　评分模型 ············ 216
　11.3.3　保险科技：AI 在保险定价中的
　　　　应用 ················ 217
　11.3.4　智能合约：区块链技术在智能
　　　　支付中的应用 ········ 220
11.4　智能金融未来发展趋势 ········ 221
　11.4.1　技术驱动的范式革新 ······ 221
　11.4.2　算法治理体系重塑金融权利
　　　　制衡 ················ 222
11.5　思考与练习 ················ 223

第 12 章　智能商务 225

12.1　商务的魔法世界：智能商务 ···· 225
　12.1.1　智能商务概念 ············ 225
　12.1.2　智能商务涵盖的关键技术 ·· 226
　12.1.3　智能商务的应用场景 ······ 226
　12.1.4　智能商务的机遇与挑战 ···· 228
12.2　智能客服 ···················· 229
　12.2.1　聊天机器人背后的秘密 ···· 229
　12.2.2　智能客服系统的实施 ······ 230
　12.2.3　聊天机器人的未来 ········ 231
12.3　智能推荐：为用户量身定制的
　　　购物体验 ·················· 232
　12.3.1　推荐系统是如何"读懂"
　　　　用户的？ ············ 232
　12.3.2　AI 如何提高用户的购物乐趣 ·· 233
　12.3.3　智能推荐的基础是数据 ···· 234
12.4　超智能物流：送货就像变
　　　魔术 ······················ 235
　12.4.1　智能物流的崛起 ·········· 235
　12.4.2　自动化仓库 ·············· 236
　12.4.3　运输优化 ················ 238
12.5　财务助手：AI 的"会计"
　　　新技能 ···················· 239
　12.5.1　AI 如何改变财务工作 ······ 240

　12.5.2　欺诈检测 ················ 240
　12.5.3　财务预测 ················ 242
12.6　思考与练习 ·················· 243

第 13 章　人工智能在航天领域的应用 244

13.1　航天任务的概述 ·············· 245
　13.1.1　航天任务的主要挑战 ······ 245
　13.1.2　人工智能赋能航天 ········ 247
13.2　人造卫星的智能化 ············ 249
　13.2.1　卫星的自主决策能力 ······ 249
　13.2.2　卫星遥感数据的智能处理 ·· 251
13.3　载人航天中的智能 ············ 253
　13.3.1　空间交会对接技术 ········ 253
　13.3.2　航天员助手 ··············· 254
13.4　智能深空探测机器人 ·········· 256
　13.4.1　探月工程 ················ 256
　13.4.2　行星探测任务 ············ 258
13.5　未来航天的智能发展 ·········· 260
13.6　思考与练习 ·················· 261

第 14 章　人工智能的未来展望 262

14.1　人工智能技术发展趋势 ········ 263
　14.1.1　跨模态融合技术的发展 ···· 263
　14.1.2　跨领域融合技术的发展 ···· 264
14.2　人工智能与可持续发展 ········ 265
　14.2.1　人工智能助力环境保护与资源
　　　　管理 ················ 265
　14.2.2　人工智能推动循环经济与绿色
　　　　发展 ················ 266
14.3　人工智能的长期社会影响 ······ 266
　14.3.1　人工智能对就业市场与职业
　　　　结构的重塑 ·········· 266
　14.3.2　人工智能与人类智能的共生
　　　　关系 ················ 268
14.4　思考与练习 ·················· 269

参考文献 ·························· 271

第1章 人工智能概述

本章导读（思维导图）

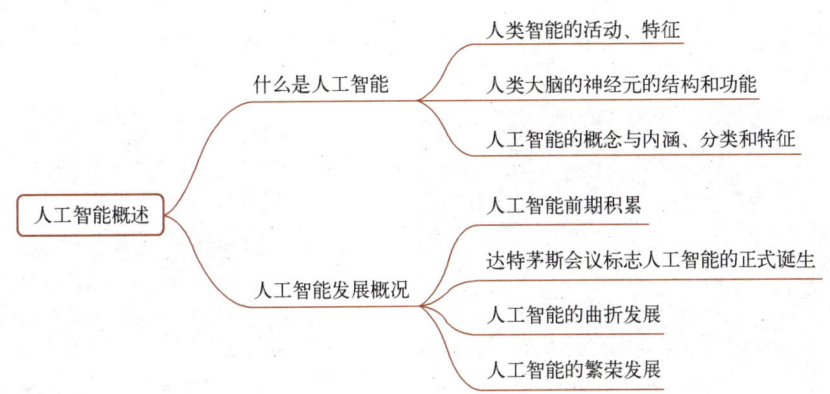

在科技发展的历史进程中，人类一直在不断追求创造智能机器，如中国古代工匠鲁班"削竹木以为鹊"，东汉时期张衡研制出用于自动探测地震方位的地动仪，三国时期诸葛亮发明木牛流马，亚历山大科学家海伦发明自动贩卖机和汽转球等。时至今日，人工智能已悄然渗透进生活的方方面面。无人驾驶汽车、智能家居系统、智能灌溉、植保无人机、智能影像诊断等智能技术正大幅提升各行各业的工作效率和用户体验，把无数不可能变为可能。展望未来，无疑将是人工智能大放异彩的时代。那么，到底何为人工智能？它是如何发展起来的？本章将围绕这些问题展开阐述，以帮助读者形成对人工智能的初步认识和理解。

【案例1-1】 从"+AI"到"AI+"：解码2024年世界人工智能大会

2024年7月4日至6日，2024年世界人工智能大会在上海举行。此次大会聚集了来自50多个国家和地区的专业人士，涵盖行业精英、科研人员等，为人工智能领域搭建起一个广泛交流与成果展示的平台。如今，人工智能正深度融入日常生活以及各个行业，而这场大会就是洞察其前沿动态与创新应用的一扇窗口，集中展现出诸多令人瞩目的人工智能产品与技术突破，向世界展示它所带来的变革力量。

在软件开发领域，入选此次大会"镇馆之宝"之一的阿里云AI编程助手——通义灵码脱颖而出。通义灵码基于大模型技术打造，熟练掌握Java、Python、Go、JavaScript、TypeScript、C/C++、C#等200多种编程语言，可辅助程序员写代码、读代码、查BUG、优

1

化代码，做到"码可自码"。通义灵码经过多次进化升级，已可快速完成复杂的编程任务。将代码的基础工作交由通义灵码完成，可以节省程序员 70% 以上的测试代码工作量，进而让程序员有更多时间和精力专注于系统设计以及核心业务的开发工作。图 1-1 为大会上展示的通义灵码。

图 1-1　大会"镇馆之宝"——通义灵码

在生活娱乐方面，商汤科技开发的面向最终消费者用户的可控人物视频生成式大模型 Vimi，为大众开拓出一片充满无限遐想的娱乐空间。仅凭借一张照片，Vimi 即可生成一段专属视频，让每个人都能成为生活的创意主宰。图 1-2 为 Vimi 模型的应用展示。

除此之外，人形机器人在此次大会上也成为关注焦点。它们不仅从外观来看体型和面部特征与人类更加接近，"大脑"也进化得更为智能。以特斯拉首发的擎天柱二代（Optimus-Gen 2）为代表，它不仅行走速度更快，而且在手指部位"进化"出感觉和触觉，目前已尝试让其在特斯拉工厂进行电池的分拣训练，预计在不久的将来可以在工厂中看到这些机器人帮助人类完成生产任务。图 1-3 为擎天柱二代。

图 1-2　商汤科技开发的 Vimi 模型应用展示

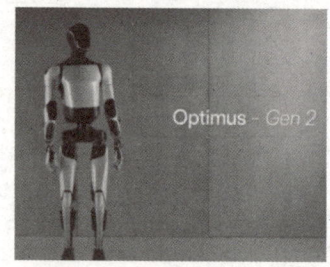

图 1-3　擎天柱二代人形机器人

2024 年世界人工智能大会所展示的成果仅仅是冰山一角，却足以彰显人工智能已深刻改变生活与各行各业。这些创新应用是人类智慧与科技力量融合的结晶，不仅为当下提供便利，更为未来开辟无限可能。

（资料来源：网上资料整理）

机器人小智提问：
① 有了通义灵码之后，我们是否就不需要学习编程了？
② 在 2024 年世界人工智能大会上还展出了哪些成果？
③ 在 2024 年世界人工智能大会上展示的成果将会在未来如何改变我们的生活和工作？

1.1　什么是人工智能

人工智能起源于对人类智能的模拟、扩展和延伸。本节将从人工智能的起源——人类智能谈起，进而认识支撑人类智能的大脑和神经系统，最后探讨人工智能的内涵。

微视频
人类智能

1.1.1　人类智能

美国心理学家霍华德·加德纳（Howard Gardner）在发表的学术著作《智力的结构》

（*Frames of Mind*）中，提出了具有影响力的多元智能理论，他认为智能的本质是个体学习、记忆、认知、理解客观事物与解决实际问题的智慧和能力。该理论先后共提出人类主要的 9 种智能活动，表 1-1 展示了人类的 9 种智能活动及其内容。

表 1-1 人类的 9 种智能活动及其内容

种类	内容
语言智能	有效地运用口头语言或书写文字的能力
逻辑数学智能	运算和推理的能力，表现为对事物间各种关系（如类比、对比、因果和逻辑等）的敏感性，以及通过数理运算和逻辑推理等进行思维的能力
空间智能	准确感知视觉空间世界的能力，包括对色彩、线条、形状、空间及它们之间关系的敏感性，以及将视觉和空间的想法具体地在脑中呈现出来，并在一个空间的矩阵中处理其元素的能力
音乐智能	感受、辨别、记忆、改变和表达音乐的能力，包括对节奏、音调、音色和旋律的敏感性，以及通过作曲、演奏和歌唱等表达音乐的能力
身体运动智能	运用身体来表达想法和感觉，以及运用双手灵巧地生产或改造事物的能力，包括身体的协调性、灵活性、平衡能力和力量控制等方面
人际交往智能	有效地理解别人及其关系，以及与人交往的能力，包括察觉并区分他人的情绪、意图、动机和感受的能力，以及与他人建立良好关系、进行有效沟通和合作的能力
内省智能	认识自己并据此做出适当行为的能力，包括了解自己的情感、价值观、动机、优缺点等，以及能够根据自我认识进行自我调节和自我管理的能力
自然智能	观察自然界中的各种形态，对物体进行辨认和分类，能够洞察自然或人造系统的能力
存在智能	思考有关生命、死亡和终极现实等深刻问题的能力，表现为对人生意义、宇宙本质等哲学问题的关注和思考

人类智能具有如下显著的特征。

1. 对外界的感知

人类对世界的初步认知始于感觉。感知被视为人类心理活动中最为基础且简单的现象，是人类对世界进行认知和自我理解的基础。人类大部分知识通过视觉、听觉、嗅觉、触觉、味觉等感官系统收集和处理，这些感官系统将刺激转化为神经信号，并经由神经系统传递到大脑中进行加工。通过对外界的感知，人类可以认识到身体、情感和认知能力方面的信息。可以说，对外界的感知是产生智能活动的前提。有关研究指出，视觉和听觉在人类感知中占据了高达 90%以上的主导地位，图 1-4 为 5 种感官在人类感知中的占比（还有其他感知方法）。

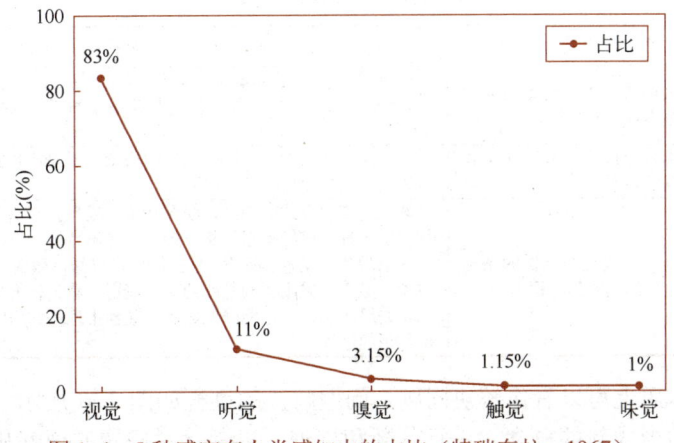

图 1-4 5 种感官在人类感知中的占比（特瑞东拉，1967）

2. 记忆与思维

记忆被普遍定义为存储信息和提取信息的能力，它可以理解为一种信息处理过程。存储记忆的模式包括感觉记忆、短时记忆及长时记忆3个阶段。

1）感觉记忆，又称为"瞬时记忆"，是直接通过感知外界刺激获得的短时间保留的信息。如果不加以注意和处理，感觉记忆很快就会消失。

2）短时记忆位于感觉记忆之后，在感官刺激中获得的信息会被转至短时记忆中，并维持一段较短的时间。人的短时记忆采用的是组块化的记忆策略，将一段较长的信息组合成有意义的单元，从而减轻记忆的负荷或扩充短时记忆的容量。

3）长时记忆是从感觉记忆和短时记忆中获得的所有经验、信息、技巧、规则、文字等的储藏室。长时记忆最重要的过程是编码，编码是指把外界事物刺激转化为内在的抽象形式。在长时记忆中，<u>维持长期的记忆存储需要精密化加工，对信息做深层次的处理，如意义建构、联结等</u>。

记忆的存储过程如图1-5所示。

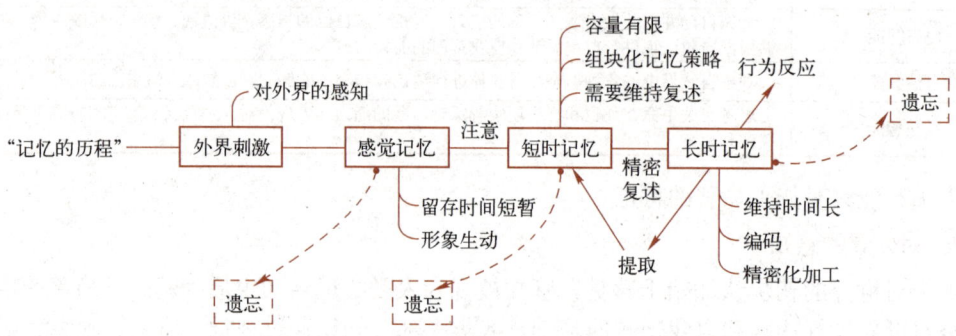

图1-5　记忆的存储过程（资料来源：彭聃龄，《普通心理学》）

记忆不仅可以存储由感知器官所感知的外部信息，还可以存储由思维所产生的知识。思维以感知和记忆为基础，能够利用已有的知识对记忆的信息进行分析、判断、比较、推理、创造等。思维的形式见表1-2。

表1-2　思维的形式

形式	定义	解释
概念形成	人们对一类事物本质属性的基本认识和分类方式	概念可以是对具体事物的认识，如"鸟"；也可以表征一些特性，如"有羽毛""会飞"；以及表征一些关系，如"孔雀和鸡在生物学上有亲缘关系"
判断	用肯定或否定来表达事物之间的联系	判断通常包括两个或两个以上的概念。不仅反映出概念之间的关系，也可以表现人对事物的评价和情感
推理	由一个或几个已知的条件推出新的判断的过程	常见的推理方式有归纳、演绎和条件推理。归纳推理是从特例到一般性规律的推理，演绎推理是从一般规律导出特例。值得注意的是，演绎推理中容易发生"信念偏差效应"。例如，已知高效的工业生产流程可以降低成本，某工厂采用了一种新的生产流程，看起来很高效，错误的演绎推理结论是这个工厂一定能降低成本。条件推理是利用前提条件进行推理并得出结论的过程

思维活动在本质上可以看作解决问题。问题解决的过程如图1-6所示。为了有效地解决问题，需要不断地形成新的概念、进行判断和推理，以深化对问题的理解和认识，并找到更有效的解决方法。

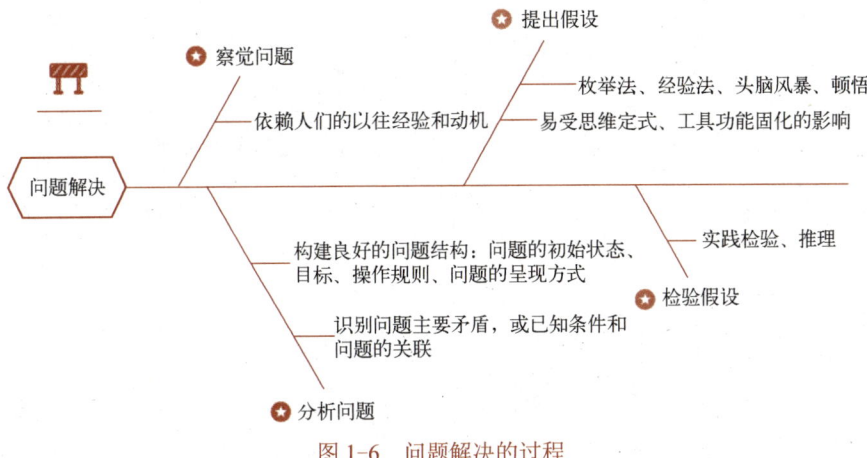

图 1-6　问题解决的过程

3. 学习能力

学习自古以来都是人类的一项重要活动，也是适应环境的一个必要条件。人类可以借助经验、教育及训练来获取知识与技能，并将这些知识和技能应用于解决新问题以及适应新环境，这就是人类智能的学习能力。人类的学习能力有多种类型，见表 1-3。

表 1-3　学习能力的类型

分类依据	分类	解释
学习的方式	主动学习	是指个体不依靠讲授者的传授，而是依靠自己主动发现知识，并将其内化为自身的知识
	被动学习	是指个体从讲授者接收已将知识转为定论的内容，个体只需要将内容内化为自身知识，在之后的恰当时间把知识提取出来并加以运用
学习的内容	认知学习	以认知加工过程为对象的学习，包括知觉学习、问题解决学习、语言学习等
	动作技能学习	对一系列动作方式的学习，包括简单的行为和复杂行为
学习材料与个体原有知识结构的关系	意义学习	通过符号、文字使个体在头脑中获得相应的认知内容或建立某种内在的、必然的联系
	机械学习	个体在不理解学习符号的知识含义的前提下，用死记硬背的方式将学习内容与已有知识建立一种非本质的联系

（资料来源：彭聃龄，《普通心理学》）

学习一般是<u>由经验引发的，</u>这些经验包括个体直接作用于客观现实（直接学习）或参与社会活动（间接学习）的过程，也可以是在这些过程中获得的知识、技能和人生观。学习产生于个体与环境的互动中，可以通过经验或练习来改变行为。有些学习可能需要长期反复地练习，而有些学习仅一次经历就可以让人学会。<u>由学习引起的行为改变是相对稳定持久的。</u>

4. 创新思维和能力

人类与其他生物显著不同的智能在于可以以新颖、独创的方法解决问题的能力。爱因斯坦曾说过："人类智能的真正标识并非知识，而是想象。"通过创新思维和能力，人类不仅能够揭示客观事物的本质及其内在联系，同时也可以在此基础上产生新颖、独创、有社会意义的成果。心理学家通常认为创新思维和能力涉及 4 个阶段：准备期、酝酿期、豁朗期和验证期，如图 1-7 所示。

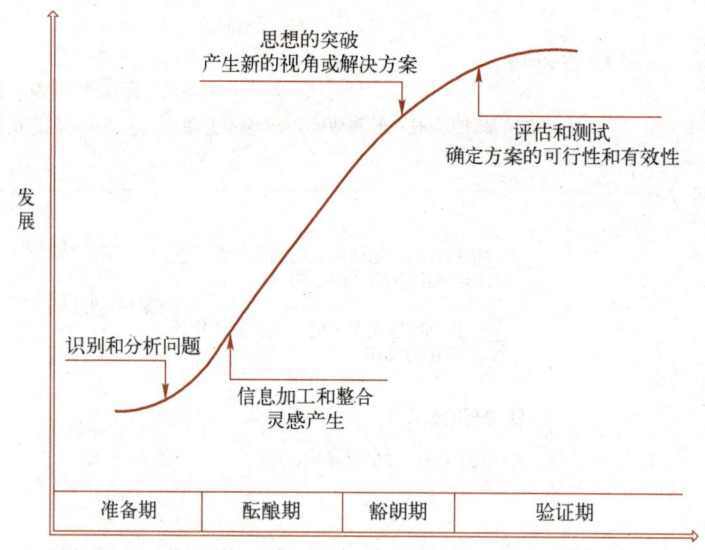

图 1-7 创新思维和能力的 4 个阶段

创新思维和能力一般包括以下 4 个特点。

1）创新意味着打破惯有解决问题的方法，将已有的知识经验重新组织，从不同于以往的角度去解决问题，最后给出新的发现、创造出新颖的成果。

2）创新思维和能力结合了个体的发散思维与收敛思维两种思维活动。

3）想象力是创新的源泉，它允许个体构建可能在现实中尚未存在的概念和想法。借助想象力，人们可以识别出潜在的问题和需求，通过设想不同的场景和可能性，发现新的问题并创造出新的解决方案。

4）灵感与顿悟也是创新思维和能力区别于其他能力的典型特征。在面对复杂问题时，灵感是一种突如其来的思考，往往能够突破常规思维的局限。顿悟则是迅速识别问题的模式和联系，以加速对知识的理解和内化。

1.1.2 人类大脑

人类之所以具有多种智能活动，大脑在其中起到关键作用。对于人类而言，大脑可以看作最为精密的生命智能系统，即"生物计算机"。

一般而言，大脑在结构上分为左右两个半球，它们分别实现人的多种智能活动。图 1-8 为大脑左右半球的相关智能活动。

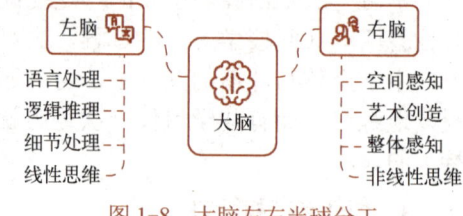

图 1-8 大脑左右半球分工

从微观层面来看，大脑能够高效完成智能活动，与神经元有直接关系。神经元作为神经系统的基本构建模块，负责接收、处理和传递信息，被认为是使人类具有意识、记忆、思维等能力的生物基础。

大脑的神经元数量大约为 860 亿个，每个神经元对外连接超过 1000 个神经元，神经元之间连接的突触数量约 100 万亿个。神经元集群形成了一套精细的神经网络系统。加拿大心理学家唐纳德·赫布（Donald Hebb）提出了著名的赫布学习规则，认为当神经网络被反复激活时，神经元之间的突触连接强度会发生变化，这种现象称为突触可塑性。突触可塑性是大脑适应环境和学习新知识的关键机制，它使神经网络能够根据经验动态地调整连接强度，从而实现学习和记忆的功能。

📖 赫布提出的赫布学习规则不仅是生物神经网络的核心机制，也为人工神经网络和人工智能的发展提供了重要启示。

1.1.3 人工智能

人类智能源于大脑复杂的神经网络与认知机制，而人工智能则试图用算法与数据模拟这一过程。如果说大脑通过神经元传递信息、实现思考，人工智能则通过计算机模型解析数据、学习规律。

1. 人工智能的概念与内涵

人工智能可以理解为"人工"+"智能"的组合，表示对人类智能的人工实现，具体来说就是通过计算机系统模拟人类智能的能力，包括感知、学习、推理、问题解决、语言理解等。

通常认为，人工智能是一门研究开发能够模拟、延伸和发展人类智能的集理论、方法、技术、应用于一体的新型科学。从实践层面来看，人工智能泛指通过机器或计算机程序实现人类思维和智能行为；从产业层面来看，人工智能涉及硬件、算法、应用等多个领域；从能力层面分析，人工智能模拟了人类的一些智能活动。

1）感知智能是人工智能系统理解外部世界的基础，即通过听觉、视觉、触觉等感知能力接收并处理与理解图像、视频、文字和声音。

2）认知智能使人工智能能够提出概念、建立方法、进行演绎和归纳、根据已知信息推导出新的结论，并在复杂环境中做出最优选择，例如，专家系统用于医疗诊断、物流路径优化等。

3）语言智能使人工智能系统能够理解和生成人类语言，从而实现人机交互，例如，聊天机器人理解用户问题、自动生成文章和故事、机器翻译、智能客服等。

4）行为智能是人工智能系统理解和模拟人类行为的能力，通常涉及对行为模式的分析、预测和模拟。例如，对用户或消费者行为的分析和预测、对犯罪行为的预测、对机器人行为的规划。

5）学习是人工智能的核心能力，系统能够从数据中提取规律并改进性能，在面对不断变化的外部环境条件时仍能合理地做出正确的反应。例如，房价预测、AlphaGo 通过自我对弈学习围棋策略、推荐系统实时调整推荐策略。

6）创造和生成能力使人工智能可以生成新的内容，包括图像、音乐、文本等。

7）协作与交互能力是人工智能与人类或其他系统协同工作的基础。例如，AI 辅助诊断系统可以与医生共同完成诊断病情的任务，社交机器人可以理解人类情感并做出一系列社交行为。人工智能还可以同多个系统或机器协同工作，如自动驾驶车队协作、无人机编队。

2. 人工智能的分类

根据人工智能研究领域学者的观点，按照能力和目标，人工智能可分为弱人工智能、强人工智能和超人工智能。

1）弱人工智能，也称为狭义人工智能或专用人工智能，它专注于执行特定任务，如图像识别、语音助手、推荐系统、自动驾驶等，但不具备自我意识或情感，仅能够根据预设规则和数据操作。这类系统在总体上没有超出机器和工具的范畴。目前大多数实际应用的人工智能系统都属于弱人工智能。

2）强人工智能，也称为通用人工智能，它具备与人类相当或超越人类的智慧。这类系统可以处理各种复杂任务，适应新环境，并具备自主学习和推理能力。目前的技术尚未实现此类人工智能，仍处于科学探索的阶段。

3）超人工智能，是指在几乎所有领域都远超人类智能的假设性系统。超人工智能系统可以实现与人类智能等同的功能，即自主学习和进化。其思考速度和自我调整的速度将大幅超过人类。

3. 人工智能的特征

人工智能是一项结合了信息数据和计算机技术的综合性学科，通过模拟和扩展人类智能的能力，能够快速准确地处理外部信息，有效解决生活和工作中的难题。人工智能之所以可以做到这些令人惊叹的功能，离不开其独特的特点。

（1）数据驱动

数据是人工智能的核心驱动力，决定了系统的性能和能力。无论是图像识别、语音识别，还是自然语言处理，人工智能系统都需要大量的数据来学习如何完成任务。数据在人工智能中的作用可以比作燃料对于发动机的重要性——没有数据，人工智能系统就无法运行。随着大数据时代的到来，人工智能系统能够接触到海量的数据资源，数据的作用被进一步放大，为人工智能的发展提供了前所未有的机遇。

数据与人工智能的关系如图1-9所示。

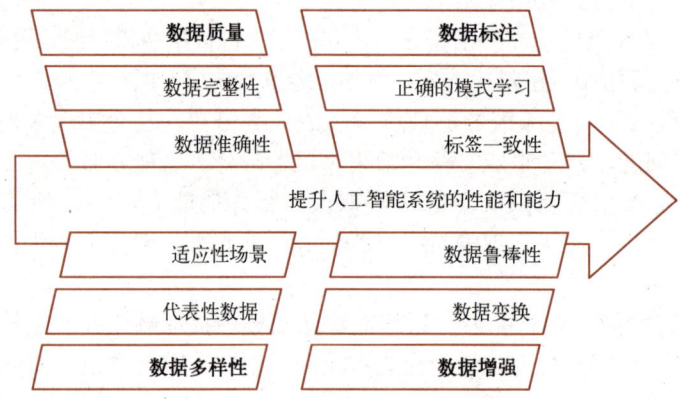

图1-9 数据与人工智能的关系

（2）算法实现

算法是人工智能的核心，定义了系统如何处理数据并完成任务。它是人工智能的"智慧引擎"，决定了系统如何从数据中提取规律、做出决策并生成结果。无论是图像识别、语音处理，还是自然语言理解和复杂决策，算法都在背后发挥着关键作用。

机器学习是人工智能的核心技术之一，使计算机能够从数据中学习并改进性能。传统的机器学习一般善于处理结构化数据和小规模数据问题。随着学者对人工神经网络领域的不懈研究，深度学习被提出，它可利用多层神经网络结构处理复杂数据。相较于传统的机器学习，深度学习的优势在于能够自动提取特征，而无须人工对数据特征进行标记，更适用于处理复杂任务和场景。

(3) 算力支撑

计算能力（简称"算力"）是人工智能技术发展的基石，决定了人工智能的训练速度、模型复杂度和应用能力。云计算在这一过程中扮演着重要角色。通过云平台提供的弹性算力，不仅极大地降低了人工智能的开发门槛，而且支持分布式训练和联邦学习，使大规模模型训练和部署更高效。

大数据、算法与算力通常被看作推动人工智能发展的三大引擎，图 1-10 为三者对人工智能的推动作用。

(4) 人机交互

人机交互是人工智能系统与人类用户之间沟通和协作的方式，要求系统能够理解用户需求并提供相应的服务。作为人工智能的重要特征之一，人机交互不仅是技术实现的体现，更是人工智能融入人类生活的关键。它通过自然、直观的方式连接人类与机器，使人工智能不再是冰冷的工具，而是能够理解、响应甚至预测人类需求的智能伙伴。

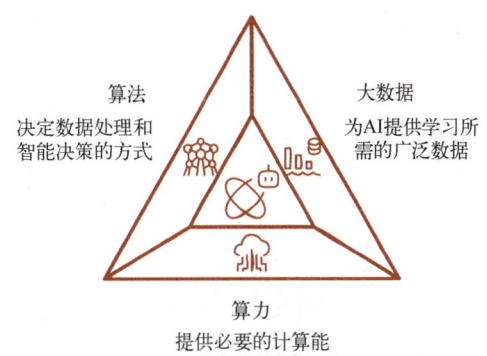

图 1-10　大数据、算法、算力与人工智能的关系

人机交互的核心目标是让用户能够以最自然的方式与人工智能系统进行沟通。这种沟通方式可以是语音、文本、手势，甚至是表情和情感。图 1-11 为常见的人机交互方式。

未来人工智能的发展方向是与用户多模态交互，即结合语音、文本、视觉、触觉等多种交互方式，使用户能够以更自然、更灵活的方式与人工智能系统进行沟通。

图 1-11　人工智能中常见的人机交互方式

1.2　人工智能发展概况

人工智能作为一个跨学科领域，其发展历程充满了探索、突破与反思。了解人工智能的发展历史，不仅有助于更好地理解其现状，还能为未来的创新提供启示。

人工智能的发展之路经历过繁荣，也有过低谷，其发展历程可以概括为前期积累、形成阶段、曲折发展阶段和繁荣发展阶段。如图 1-12 所示。

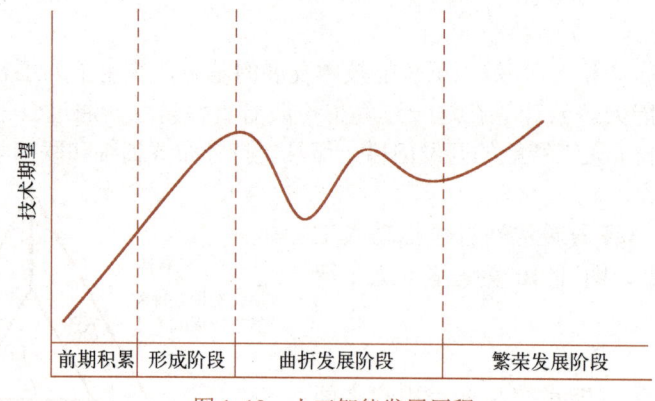

图 1-12　人工智能发展历程

1.2.1　人工智能前期积累

人工智能的提出与数学、逻辑学、计算机科学等领域的进步密不可分。这些学科的发展为其奠定了理论基础和技术支撑，推动了从概念到实践的跨越，开启了智能化时代的序幕。

1. 数理逻辑

数理逻辑是数学与逻辑学的交叉学科，可以追溯到 19 世纪末 20 世纪初。其核心目标是将逻辑推理形式化，使之成为数学研究的一部分，它也是人工智能形成的第一块基石。数理逻辑的发展经历了以下几个重要阶段。

1）布尔代数：乔治·布尔（George Boole）在 19 世纪中叶提出的布尔代数，将逻辑问题转化为代数问题，为计算机的逻辑运算奠定了基础。

2）谓词逻辑：戈特洛布·弗雷格（Gottlob Frege）扩展了命题逻辑，引入量词、变量和谓词，使数学可以表达更复杂的逻辑关系。谓词逻辑为知识表示提供工具，是人工智能中专家系统和知识图谱的核心技术。

3）形式系统：波特兰·罗素（Bertrand Russell）等人提出了更为复杂的逻辑推理系统，其中包括符号、公理和推理规则。该系统为计算机程序实现自动推理提供了理论基础。

2. 计算机技术

早期的计算机技术为人工智能的诞生与发展提供了硬件基础和计算能力支持，成为人工智能形成的第二块基石。

- 1945 年，由美国宾夕法尼亚大学研制出的 ENIAC 是世界第一台通用电子计算机，它具备可编程能力，并且可以执行复杂的数学运算。ENIAC 的出现标志着计算能力的飞跃，使得大规模数值计算和逻辑运算的机器实现成为可能，为人工智能的实现提供了硬件基础。
- 同年，数学家、计算机科学家、物理学家约翰·冯·诺依曼（John von Neumann）提出将程序和数据存储在同一存储器中，通过中央处理器执行命令，这一架构为计算机的通用性和灵活性奠定了基础，使得复杂的算法和人工智能程序能够被高效执行。
- 20 世纪 50 年代，编程语言如 Fortran 和 Lisp 相继问世。Fortran 用于科学计算，Lisp 则是专门为人工智能研究设计的功能性编程语言。编程语言的出现使得人工智能算法的实现更加便捷，为人工智能研究提供了软件工具。

第 1 章 人工智能概述

3. 人工神经元模型

人工神经网络是人工智能领域的重要理论基础，特别是在联结主义和神经网络技术中发挥了核心作用。联结主义认为机器的智能行为可以通过大量简单单元的相互作用实现。1943年，沃伦·麦卡洛克（Warren McCulloch）和沃尔特·皮茨（Walter Pitts）提出了人类历史上第一个人工神经元模型，这是一种模拟人脑生物神经元的数学神经元模型。其特点是能够通过训练学习数据的特征，实现对复杂模式的识别和分类。人工神经元模型是深度学习的基础，并且至今仍是人工智能系统实现的重要途径。

4. 图灵机与图灵测试

艾伦·图灵（Alan Mathison Turing）是英国数学家、逻辑学家和密码学家，被誉为"计算机科学之父"和"人工智能理论的奠基人"。他的工作深刻影响着现代计算机科学、密码学和人工智能领域。

图灵在 1936 年发表的《论可计算数及其在判定问题中的应用》一文中，界定了机械装置，提出了后来被称为"**图灵机**"的概念。这是一种抽象的计算模型，能够模拟任何算法的逻辑步骤。图灵机为现代计算机的设计和编程语言的理论基础提供了框架。它的提出标志着现代计算机科学的诞生，并对人工智能、算法设计和复杂性理论等领域产生了深远影响。

> 📖 **知识拓展**
> 图灵

图灵在 1950 年发表的《计算机器与智能》一文中再次提出了一个举世瞩目的想法——**图灵测试**。该论文以"机器是否具有智能"开始论述，指出要回答这个问题可以做如下测试：将人与机器隔离，通过打字进行交流。如果机器有 30% 以上的回答让人误以为是人类所答，那么这台机器就被认为具有智能。图灵认为，智能的本质不在于其内在机制，而在于其外在表现。这些观点为之后的人工智能研究提供了明确的目标：开发出能够通过对话模仿人类的机器。这一目标推动了自然语言处理、机器学习和对话系统等领域的发展。

1.2.2 人工智能的形成阶段

1956 年，约翰·麦卡锡（John McCarthy）、马文·明斯基（Marvin Minsky），以及两位资深科学家克劳德·香农（Claude Shannon）和纳萨尼尔·罗切斯特（Nathaniel Rochester）在美国达特茅斯学院召开了一次为期两个月的"人工智能夏季研讨会"，旨在探讨"如何让机器人模拟人类智能"。图 1-13 为达特茅斯会议主要参与者的合影。在会议上主要讨论的研究方向包含以下几个方面。

- 自动计算机。
- 编程语言。
- 神经网络。
- 计算复杂性。
- 自我改进。
- 抽象。
- 随机性和创造性。

会议的主要议题和内容涵盖了自动推理、神经网络、自然语言处理、计算

图 1-13 达特茅斯会议主要参与者的合影（左起：塞弗里奇、罗切斯特、纽厄尔、明斯基、西蒙、麦卡锡、香农）

机视觉等多个方面。会议的成果不仅正式提出了"人工智能"这一概念,还明确了其研究方向。这次会议被称为达特茅斯会议,也被看作人工智能发展史上的里程碑,标志着人工智能的正式诞生。达特茅斯会议为人工智能的发展奠定了坚实的基础,其影响至今仍然深远。

达特茅斯会议召开后不久,最早的一批人工智能学者和技术开始涌现。人工智能的研究在机器学习、定理证明、语言处理、模式识别、通用问题求解、专家系统、机器人等多方面都取得了瞩目的成果。在 1969 年成立的国际人工智能联合会议(International Joint Conferences on Artificial Intelligence, IJCAI),标志着人工智能作为一门新兴学科在世界上得到了肯定和公认。

1.2.3 人工智能的曲折发展

人工智能正式提出后,其发展过程并非一帆风顺,而是经历了多次高峰与低谷,呈现出明显的曲折性。这一发展轨迹既受限于当时的技术条件,也与人们对智能本质的认识不断深化有关。

1. 人工智能的第一个低谷期

尽管人工智能在兴起之初承载着研究人员巨大的热情和期待,但是由于当时计算机的计算能力不足,无法处理复杂的 AI 任务,以及缺乏大规模的数据集来训练模型等问题,导致早期 AI 的研究未能实现其宏伟目标(如通用人工智能),因而遭到了激烈的批评,导致政府和企业的资助大幅减少。此外,由于符号主义的权威学者明斯基和西蒙对早期的人工智能网络模型——单层感知机提出了否定,由此推断人工神经网络没有未来,导致人工神经网络的研究被搁置。因此,在进入 20 世纪 70 年代后的十年之内,人工智能迎来了第一个寒冬。

然而,人工智能研究者并未因此停止探索,而是催生出一些重要的成果和方向,为 AI 后续的发展奠定了基础。

1977 年,爱德华·费根鲍姆(Edward Feigenbaum)在第五届国际人工智能联合会议上提出了"知识工程"的概念,强调了知识在问题求解中的重要性。之后人们开始转换思路,由原先对通用的、人类惯用的解决问题方式进行仿真,转变为对智能机器的问题范围进行充分限制。在这个时期,专家系统的研究在多个领域取得重大突破,实现了人工智能从理论研究向实际应用的转变,并实现了由推理策略研究走向专门知识运用的重大突破。这在人工智能发展历史上是一个重要节点。

📖 专家系统是利用知识规则、逻辑推理和搜索技术模拟人类专家的知识与经验,以解决特定领域问题的智能系统。

2. 人工智能的复苏

经历过一段时期的低谷后,人工智能的发展在 20 世纪 80 年代迎来了复苏。一方面得益于专家系统在多个领域取得实际应用,展示了其商业价值,并吸引了许多企业和政府投资;另一方面计算机硬件的性能显著提升,为复杂的 AI 算法的运行提供了基础。此外,机器学习的研究重新受到关注,特别是人工神经网络和统计学习方法。

- 1974 年,保罗·韦伯斯(Paul Werbos)提出神经网络反向传播算法(Back Propagation Algorithm,简称 BP 算法)。1981 年,韦伯斯在 BP 算法中提出多层感知机模型,自此机器学习进入新的时代。

- 1982 年，约翰·霍普菲尔德（John Hopfield）提出著名的霍普菲尔德神经网络，推动了人工神经网络的复兴，并为后来的深度学习奠定了基础。
- 1986 年，大卫·鲁梅尔哈特（David Rumelhart）等人联合发表了《通过 BP 算法的学习表征》一文，阐述了 BP 算法在人工神经网络中的应用，促进了人工神经网络的发展。
- 1987 年，第一届人工神经网络国际会议开展，并成立国际人工神经网络学会。
- 1989 年，杨立昆（Yann LeCun）将 BP 算法应用于多层神经网络，用于识别手写数字。这是世界上设计出的第一个真正意义上的卷积神经网络。

3. 人工智能的反思

在经历了短暂的复苏期后，人工智能在 20 世纪 80 年代末期再次陷入发展低谷。原因主要在于专家系统的知识维护困难、领域知识获取不易、推理方法单一、应用领域有限，且经常出现常识性错误。此外，当时的计算机性能仍不足以支持大规模 AI 应用和算法，日本提出的"第五代计算机"项目研究也未能实现其目标。这些都导致了对 AI 的投资被再次削减。

尽管在 20 世纪 80 年代末期 AI 陷入低潮，但人们在这一时期开始反思传统人工智能，为后续的 AI 复兴奠定了基础。

- 技术路线的调整：20 世纪 80 年代初期，符号主义是 AI 研究的主流，但专家系统的局限性促使研究者转向联结主义，即神经网络和机器学习。
- 研究目标务实化：研究者意识到，通用人工智能的目标过于遥远，实现感知、自然语言处理、模式识别、移动、交互等基础能力更为现实。研究者开始开发能够解决实际问题的 AI 系统。
- 注重跨学科合作：AI 研究者开始借鉴神经科学的研究成果，探索人脑的工作原理，并将其应用于神经网络的设计；同时与统计模型密切结合，尤其是在数据驱动的模型（如支持向量机、贝叶斯网络）等方面。正是由于跨学科的合作，机器学习成为 AI 的主流方法。

4. 人工智能平稳发展

进入 20 世纪 90 年代后，随着网络技术，特别是互联网技术的发展，加速了人工智能的研究，将人工智能技术进一步推向实用，特别是开发出不同情境下的机器人。这些机器人展示了 AI 技术在感知、决策和执行方面的强大能力，推动了机器人在工业、家庭、医疗、教育和探索等领域的广泛应用。

除此之外，在这一时期还出现了一次具有划时代意义的对弈——计算机系统"深蓝"战胜国际象棋世界冠军卡斯帕罗夫，在公众领域引起对 AI 的广泛关注。图 1-14 为对弈现场的照片。

📖 **知识拓展**
人机对弈

在算法方面，2006 年加拿大教授杰弗里·辛顿（Geoffrey Hinton）发表了里程碑式的论文，总结了深度学习的新方法。杰弗里·辛顿的成果在深度神经网络和深度学习的技术方面取得重要突破，并在之后掀起了一场人工智能的研究浪潮。

在 1997 年的 IEEE 第八届可视化会议

图 1-14 国际象棋世界冠军与计算机系统"深蓝"的对弈现场（右为"深蓝"的操作者）

上,迈克尔·考克斯(Michael Cox)等人首次提出"大数据"这一术语,自此,大数据时代也拉开帷幕。大数据、云计算、互联网、物联网等信息技术快速发展,打破了人工智能在技术上的鸿沟,人工智能在图像分类、语音识别、知识问答、人机对弈、自动驾驶等研究领域迎来繁荣发展。

1.2.4 人工智能的繁荣发展

自 2011 年以来,人工智能取得了突飞猛进的发展,深刻改变了科技和社会的面貌。例如,2012 年,AlexNet 在 ImageNet 竞赛中的突破标志着深度学习的崛起,开启了计算机视觉的新时代。2016 年,AlphaGo 击败围棋世界冠军李世石,展示出强化学习在复杂决策中的强大能力。2018 年,BERT 模型的推出革新了自然语言处理领域。

自 2018 年以来,由 OpenAI 开发的一系列基于 Transformer 架构的自然语言处理模型(GPT 模型)的发布进一步推动了生成式 AI 的普及,使其在对话、写作等应用中大放异彩。在 2023 年发布的 GPT-4 不仅可以处理文本,还能理解图像,并可以根据图像内容生成描述或回答问题,同时在推理能力和上下文理解方面也有显著提升,能够处理更为复杂的任务。

2025 年年初,中国科技公司深度求索(DeepSeek)的崛起也为 AI 领域注入了新的活力。DeepSeek 集成了高效的数据挖掘算法,广泛应用于智能推荐、预测建模、异常检测等领域,支持实时数据处理和自动化模型训练,并能够根据用户需求生成可视化报告,帮助用户更直观地理解分析结果。其在大模型研发、多模态学习和行业应用中的创新成果,进一步推动了 AI 技术的普及与落地。

1.3 思考与练习

1. 概念题

1)什么是人工智能?人工智能与人类智能有何区别?
2)简述人工智能发展历史。

2. 实验题

1)使用生成式大模型(如 DeepSeek、豆包等)生成一段短篇小说或诗歌,主题可以是"未来城市"或"人与 AI 的关系"。
2)分析生成内容的逻辑性、创造性和语言风格,讨论 AI 是否真正具备"创造力"。

第 2 章
大数据与人工智能

本章导读（思维导图）

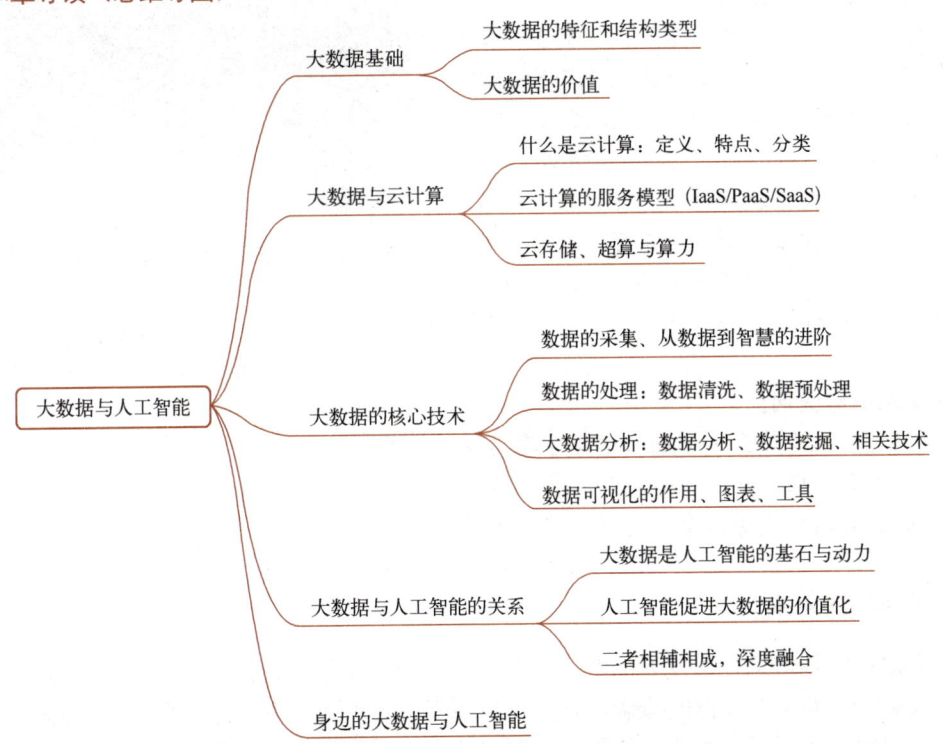

人工智能的目的是让机器能够像人类一样思考，让机器拥有智能。人工智能三要素是数据、算力和算法。其中，数据指的就是大数据，是人工智能发展的基石。

21 世纪大数据涌现，大数据技术正在以迅雷不及掩耳之势迅猛发展，每个人既是大数据的生成者，又是大数据的受益者。在可以预见的未来，大数据技术和人工智能技术相结合，将对人类产生更加深远和强烈的影响。本章学习大数据基本技术，了解大数据和人工智能之间的关系，有助于深入理解人工智能的相关知识。

【案例 2-1】 一场说走就走的旅行

李阿姨家的女儿今年高中毕业，考入一所不错的大学，全家都非常开心，决定来一场

"说走就走"的旅行,高高兴兴地庆祝一场。不过,李阿姨有点犯愁去哪些景点、怎么去,没有提前准备会不会来不及。女儿说现在旅游大数据很发达,一切都没有问题。李阿姨的女儿登录携程网站,很快就根据家人的喜好查到了很多著名景点和旅游攻略等。根据家里人数、要游玩的天数等信息,在几次检索后,网站给李阿姨和女儿自动推送了适合游玩的景点,不需要自己再费力搜索了,李阿姨感叹:"这网站真是太贴心了!"。李阿姨的女儿又在百度上进行检索,百度智能检索自动推荐了行程规划,包括旅游路线、行程安排、交通路线、注意事项等。这下,李阿姨觉得一家人出行全无后顾之忧了。最终他们选定了云南丽江、昆明、泸沽湖、玉龙雪山的7日自由行,并通过网站确定了酒店、用车、景点行程等事项,方便便捷,很快便开心出行,完成了一次愉快的旅行。

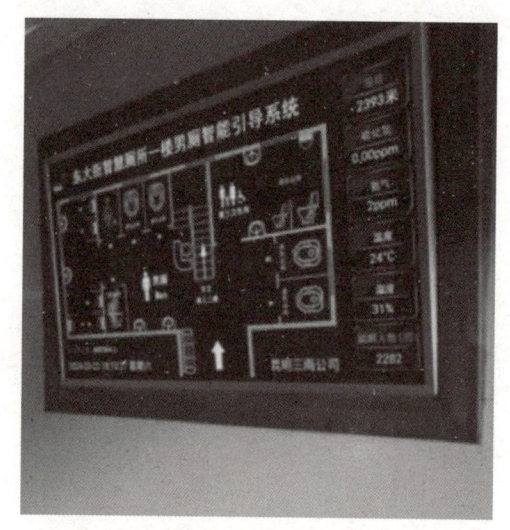

图 2-1 "一部手机游云南"的厕所引导系统

旅游途中,他们还发现了很多新奇的事物,例如,长得像蝴蝶的黑色机器在天上飞来飞去,原来那是无人机在空中拍摄丽江美丽的风景;许多景区不用门票,刷脸就可以进入;景区卫生间竟然还有智能引导大屏。原来云南在大力推进智慧旅游,倡导"一部手机游云南"(见图 2-1),积极推进"城市公厕 App"云平台建设,全省15670 座厕所(其中城市公厕 6631 座、城市旅游厕所 466 座、乡镇公厕 8573 座)实现云平台管理,为广大游客提供了准确的公厕定位服务,解决了游客关注的找厕所难、如厕难、排队等候时间长等问题,提升了云南旅游的环境和形象。

(资料来源:网络资料整理)

机器人小智提问:
① 旅游网站为什么能自动推送适合李阿姨一家游玩的景点呢?
② 百度智能检索如何能够自动推荐行程规划呢?
③ 刷脸如何能代替门票,允许游客进入景区游览呢?

2.1 大数据基础

大数据技术是信息技术发展的产物。信息化发展经历了3个阶段:数字化、网络化、智能化。人类早期并没有数据的概念,各类信息散落各处,无法有效组织和管理。随着信息的数字化,实现了数据资源的获取和积累;网络化促进了数据资源的流通和汇聚,实现了数据资源的有效管理;而智能化通过挖掘数据背后的规律、多源数据的融合分析,实现了类脑智能,可以帮助人类更好地认知事物和解决问题,"智能"背后的"数据"是核心关键。本节讲述什么是大数据,了解大数据和数据的区别,并介绍大数据的特征、结构类型和价值。

2.1.1 大数据的特征和结构类型

什么是数据?今天的人类社会中,处处都存在数据,如数字、文字、图片、视频、声音等。一般的数据定义是基

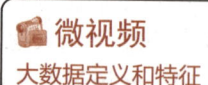 

于信息技术发展早期的信息系统里数据库中的数据,或管理本地的数据或驾驭远程的数据库。一般数据和大数据有什么区别?

1. 大数据的定义

在维克托·迈尔-舍恩伯格及肯尼斯·库克耶编写的《大数据时代》中,大数据(Big Data),又称巨量资料,是指所涉及的资料量规模巨大到无法通过主流软件工具,在合理时间内达到撷取、管理、处理并整理成为帮助企业经营决策更积极目的的资讯。或定义为无法在一定时间范围内用主流软件工具进行捕捉、管理和处理的数据集合,是需要新处理模式才能具有更强的决策力、洞察发现力和流程优化能力的海量、高增长率与多样化的信息资产,如购物网站的消费记录,这些数据只有经过处理和整合才有意义。图 2-2 为根据用户行为大数据为用户画像的过程,能够从纷繁复杂的用户行为表现数据中,刻画出用户的真实属性。

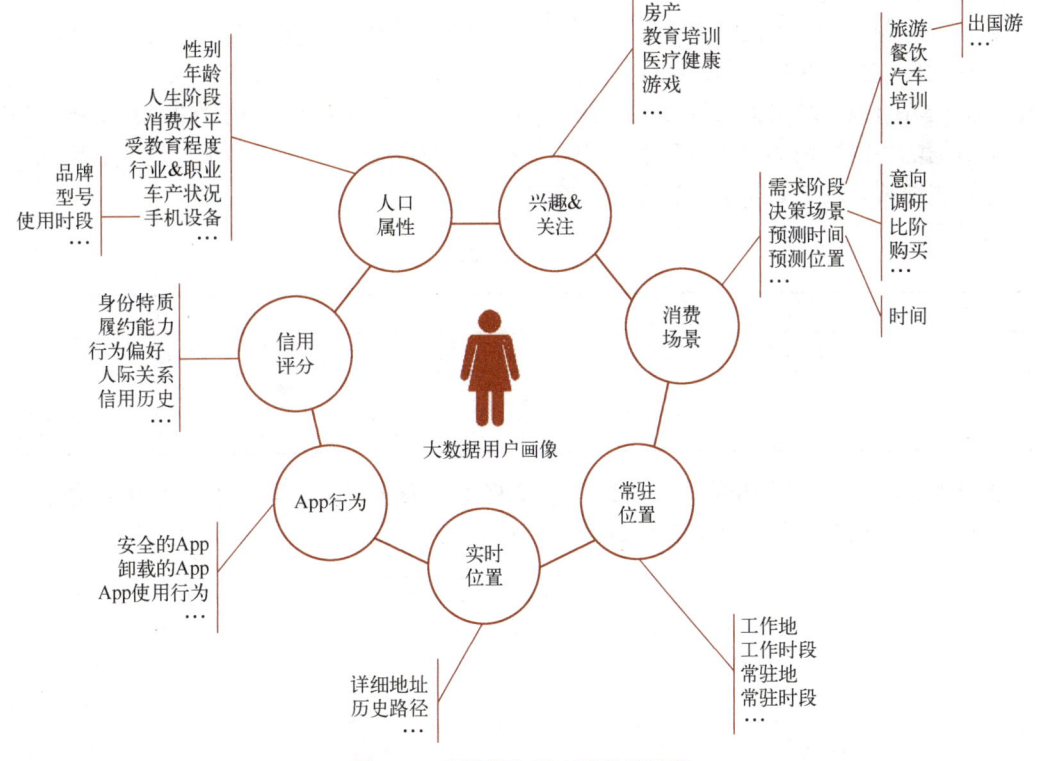

图 2-2 大数据为用户画像的过程

IBM 公司赋予大数据"领悟数据,提升见识,洞察秋毫,驱动优化"4 个内涵,侧重于大数据技术的应用,强调大数据间相关性的发现,其核心能力是"大数据中的价值发现和应用"。大数据技术的战略意义不仅在于掌握庞大的数据信息,而是对这些含有意义的数据进行专业化处理,通过提高对数据的"加工能力",实现数据"增值"。

2. 大数据的特征

大数据有 4 个层面的特征,可将其归纳为 4 个"V"——Volume(大量),Variety(多样),Value(低价值密度),Velocity(高速)。IBM 提出大数据的 5V 特点,增加了 Veracity(真实性)。表 2-1 汇总了大数据的特征。

表 2-1　大数据的特征

特征	说明
容量（Volume）	数据量巨大，来源渠道多，从 TB 级别跃升到 ZB 级别，甚至更高
种类（Variety）	数据来源多，类型多样，如网络日志、视频、图片、地理位置信息等
价值（Value）	价值密度低，商业价值高。以视频为例，连续不间断监控过程中，可能有用的数据仅有一两秒
速度（Velocity）	指获得数据的速度快，由通常的离线处理变为在线处理，由在线事务处理（OLTP）变为在线分析处理（OLAP）。数据是永远在线的，是随时能调用和计算的，这是大数据区别于传统数据的最大特征
真实性（Veracity）	数据的质量

3. 大数据的结构类型

（1）大数据存储容量

数据的存储容量大到 DB 级别，由小到大，单位有 Bit、Byte、KB、MB、GB、TB、PB、EB、ZB、YB、BB、NB、DB，以 2^{10} 逐级增长：

1DB（DoggaByte）=2^{10}NB =2^{20}BB =2^{30}YB =2^{40}ZB=2^{50}EB=2^{60}PB=2^{70}TB=2^{80}GB=2^{90}MB=2^{100}KB

大数据的数据规模的"存量"和"增量"都在快速增长，对"大数据"开发利用的需求也呈爆发式增长。表 2-2 显示了数据增长之快。

表 2-2　数据增长之快

年份	说明
2013 年	全球数据量大约为 4.4ZB
2019 年	数据量增长至 41ZB
2024 年	全球数据量为 159.2ZB

据调研机构 IDC 的报告预测，2024 年全球将生成 159.2ZB 数据，并在 2028 年增加一倍以上，达到 384.6ZB，复合增长率为 24.4%（见图 2-3）。

图 2-3　2023-2028 年全球数据增长预测图

IDC 分析称，随着越来越多的数据被集中分析和复制，其中大部分数据将进入云端，云数据中心在密集型计算方面具有处理能力的优势，这将推动云上生成的数据复合增长率达到 40.3%，到 2028 年，约 37% 的数据将在云端生成，高于 2023 年的 20.5% 和 2018 年的 12.2%。

（2）大数据的结构特征

大数据的结构特征是结构化、半结构化和非结构化并存。传统的数据和经典的数据是结构化的，这些数据存储在数据库中，采用相应的数据库技术完成查询和管理，相对容易处理。而今天网页和媒体产生的大量音频和视频等数据都是半结构和非结构的数据，文本文件就是典型的非结构化数据。大数据的结构特征可总结为表 2-3。

表 2-3 大数据的结构特征

数据结构类型	说明
结构化	结构化数据由统一的结构构成。如企业 ERP、财务系统数据库内存储的数据
半结构化	半结构化数据具有一定的结构性，但不完全结构化。如 XML、HTML、JSON 数据，类似存储员工的简历，表头部分有一样的结构，但内容部分又各不相同
非结构化	非结构化数据结构不规则或不完整，没有预定义的数据模型，不方便用数据库二维逻辑表来表现的数据，更难标准化和理解。包括所有格式的办公文档、文本、图片、XML、HTML、各类报表、图像和音频/视频信息等

不同结构的数据并存，增加了数据的复杂性和多样性。而大数据的大容量、快增长，以及数据来源不一致，可能存在真实性和一致性问题，导致大数据在收集、存储、分析和利用这些海量数据的过程中，存在非常多的难点。大数据需要利用特殊技术，以实现在有限时间内，有效地处理大量数据的目标，这些技术包括大规模并行处理（MPP）数据库、数据挖掘、信息可视化、分布式文件系统、分布式数据库、云计算平台、互联网和可扩展的存储系统等。

2.1.2 大数据的价值

大数据的价值并不在"大"，而在于"有用"，其价值含量比数量更重要。大数据的价值就是从海量数据中获得知识，并基于分析与洞察，实现从知识发现到价值发现的转换，进而开展有效的管理决策，包括以下 4 个方面。

1）商业价值。通过数据分析，企业可以优化运营方式，提高业务效率。大数据能够帮助企业了解用户的需求和偏好，从而进行精准营销和产品推荐，降低运营成本，提升客户满意度和忠诚度。例如，TalkingData 为步步高量身定制的活动评价指标体系，直接提升了客流和销售额。

2）行业价值。大数据可以揭示消费者的行为模式和偏好，帮助企业调整市场策略，进行快速准确决策。例如，2023 年我国成年国民图书阅读率的数据显示，纸质图书的阅读量略有上升，这提示企业在进行广告投入时需要考虑渠道的变化，要从纸质广告中移出一部分投入电子宣传。

3）社会价值。大数据的应用不仅提升了生活便利性，还推动了社会服务的进步。通过大数据分析，可以更好地理解人类行为和社会趋势，促进社会整体的进步和发展。例如，智慧城市极大提升了社会出行、生活的方便性和安全性。

4）个体价值。对个体而言，大数据可以为个人提供个性化的服务。例如，在大数据的帮助下，可以对一个患者的累计诊疗数据进行分析，并结合遗传变异、对特定疾病的易感性和对特殊药物的反应等关系，实现个性化医疗；企业如果能够提供机场和高速公路的数据，提供航班可能发生延误的概率，就可以帮助个人和消费者更好地预测行程；在教育方面，可以提供个性化教学。这种类型的创新，主要得益于公共的大数据。

综上，大数据的价值可以总结为：提升组织效率、降低组织运营成本、推动组织环境创新。数据本身就是价值来源，因此如何获取这些数据并对其进行有效分析显得尤为重要。未来，大数据将彻底改变人类的思考模式、生活习惯和商业法则，引发社会发展的深刻变革，同时也是未来最重要的国家战略之一。

【案例 2-2】 "数字敦煌"资源库平台

敦煌研究院在多年沉积敦煌石窟数字档案的基础上，建设了"数字敦煌"资源库平台（见图 2-4）。该平台融合数字科技与人文厚度，打造集数字化、集成化于一体的石窟壁画及敦煌学研究数字资源宝库。

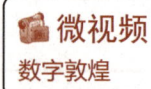

图 2-4 数字敦煌资源库平台

"数字敦煌"背后的数据信息是一个庞大而复杂的系统，它涵盖了敦煌石窟的各个方面，包括壁画、雕塑、建筑等文化遗迹的数字化信息。完成了敦煌石窟 295 个洞窟的壁画数字化采集工作；图像拼接处理涉及 186 个洞窟，通过先进的图像处理算法，将多张拍摄的照片拼接成完整的壁画图像；完成了 7 处大遗址及 45 身彩塑的三维重建工作；累计数字化扫描历史档案底片达 5 万张，这些底片记录了敦煌石窟的历史变迁和保护过程，对于研究敦煌文化具有重要价值。

"数字敦煌"的数据量非常大。壁画方面，敦煌石窟中的壁画面积通常较大，且需要高分辨率以保证图像质量。以莫高窟为例，其壁画总面积达到 4.5 万多平方米，一个洞窟的数字壁画数据量可能达到数十 GB 甚至上百 GB，一个洞窟的三维模型数据量可能达到数十 GB 甚至更多。敦煌研究院经过数十年的数字化保护努力，已经形成了超过 300TB 的数字资源。

通过"数字敦煌"平台，敦煌研究院实现了以下价值。

1）永久保存与广泛传播。平台使敦煌文物信息得以永久保存，并为全世界范围内的敦煌学研究专家和敦煌文化爱好者提供了丰富的数字资源。这有助于敦煌文化的广泛传播和深入研究。

2）文化遗产保护与现代科技应用结合。平台探索出文化遗产保护与现代科技应用和谐共生的路径，为其他文化遗产的保护和利用提供了借鉴。

3）经济效益与社会效益。基于海量的数字化成果，"数字敦煌"在国内外策划设计了多场数字展览，开发了多种文化衍生品，创造了良好的社会效益和经济效益。例如，平台有超过 78 个国家的 2200 万人次访问，并支撑了国内多个文博单位的文物数字化保护项目。

"数字敦煌"平台的建设充分展示了大数据在文化遗产保护、传播与利用方面的巨大价值。它不仅有助于永久保存和广泛传播敦煌文化,还推动了文化遗产保护与现代科技的深度融合。

(资料来源:网络资料整理)

机器人小智提问:
① "数字敦煌"平台为保护传统文化资源做出了哪些贡献?
② 利用这些数据还可以进行哪些"敦煌"文化遗产保护和传播的创新实践?
③ 是否能够通过对"敦煌"数据的深入分析,挖掘出更多关于古代宗教、艺术、社会生活等方面的历史信息?

2.2 大数据与云计算

大数据必然无法用单台的计算机进行处理,要想对海量数据进行数据分析和挖掘,必须采用分布式架构,依托云计算的分布式处理、分布式数据库和云存储、虚拟化技术等,实现大数据的存储、共享、处理和分析。本节介绍与大数据息息相关的云计算和云存储相关技术。

2.2.1 什么是云计算

首先来理解云计算的定义,再学习云计算的特点和分类。

> 📖 **知识拓展**
> 云计算的结构和分类

1. 云计算的定义

云计算(Cloud Computing)是一种把超级计算机的计算能力传播到整个互联网的计算方式。"云"是网络、互联网的一种形象比喻。从狭义上说,云计算就是一种提供资源的网络,使用者可以随时获取"云"上的资源;从广义上说,云计算是与信息技术、软件、互联网相关的一种服务,这种计算资源共享池就称为"云"。📖

美国国家标准与技术研究院(National Institute of Standards and Technology,NIST)提出,云计算是一种按使用量付费的模式,这种模式提供可用的、便捷的、按需的网络访问,进入可配置的计算资源共享池(资源包括网络、服务器、存储、应用软件和服务),这些资源能够被快速提供,只需投入很少的管理工作或与服务提供商进行很少的交互。也就是说,计算能力作为一种商品可以在互联网上流通,就像水、电、煤气一样,可以方便地取用,且价格较为低廉。

微软官网定义云计算,认为云计算是通过 Internet 提供计算服务(包括服务器、存储、数据库、网络、软件、分析和智能),以提供快速创新、弹性资源和规模经济。对于云服务,用户通常只需使用多少就支付多少,从而帮助用户降低运营成本,使基础设施更有效地运行,并能根据业务需求的变化调整对服务的使用。

云计算是分布式处理(Distributed Computing)、并行处理(Parallel Computing)和网格计算(Grid Computing)的发展,通过网络将庞大的计算处理程序自动分拆成无数个较小的子程序,再交由多部服务器所组成的庞大系统,经计算分析之后将处理结果回传给用户。通过云计算技术,网络服务提供者可以在数秒之内,处理数以千万计甚至亿计的信息,实现和"超级计算机"同样强大的网络服务。

2. 云计算的特点

云计算主要有以下特点。

1)超大规模。"云"具有相当的规模,谷歌云计算已经拥有超过 100 万台服务器,亚马逊、IBM、微软、Yahoo 等的"云"均拥有几十万台服务器，企业私有云一般拥有数百至上千台服务器，"云"能赋予用户前所未有的计算能力。

2）虚拟化。云计算支持用户在任意位置、使用各种终端获取应用服务。所请求的资源来自"云"，而不是固定的有形的实体。应用在"云"中某处运行，但实际上用户无须了解，也不用担心应用运行的具体位置。只需要一台笔记本电脑或者一部手机，就可以通过网络服务来实现所需要的一切，甚至包括超级计算这样的任务。

3）高可靠性。"云"使用了数据多副本容错、计算节点同构可互换等措施来保障服务的高可靠性，使得使用云计算比使用本地计算机更可靠。

4）通用性好。云计算不针对特定的应用，在"云"的支撑下可以构造出千变万化的应用，同一个"云"可以同时支撑不同的应用运行。

5）高可扩展性。"云"的规模可以动态伸缩，满足应用和用户规模增长的需要。用户可以利用应用软件的快速部署条件，简单快捷地对自身所需的已有业务及新业务进行扩展。例如，云计算系统中的设备发生故障时，对于用户来说，无论是在计算机层面上还是在具体运用上，均不会受到阻碍，可以利用云计算具有的动态扩展功能对其他服务器开展有效扩展，能够确保任务得以有序完成。

6）按需服务。用户可以根据自身实际需求，通过网络方便地进行计算能力申请、配置和调用；服务商可以及时进行资源分配和回收，并且按照资源使用情况进行服务收费。

7）性价比高。将资源放在虚拟资源池中统一管理，在一定程度上优化了物理资源，用户不再需要昂贵、存储空间大的主机，而可以选择相对廉价的 PC 来组成云，一方面可以减少费用，另一方面其计算性能不逊于大型主机。

图 2-5 为云端资源访问示意图。

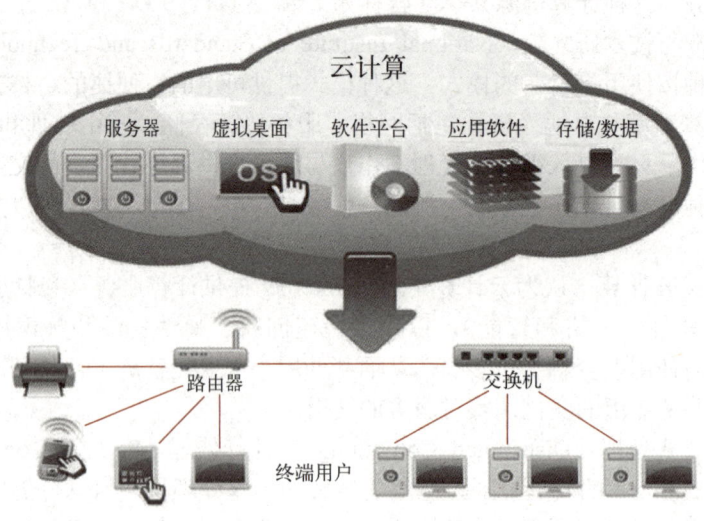

图 2-5　云端资源访问示意图

2.2.2　云计算的服务模型

根据美国国家标准与技术研究院的定义，云计算可以分为 IaaS、PaaS 和 SaaS 三种服务模式，也是目前最常用的模式。图 2-6 为云计算的服务模型。

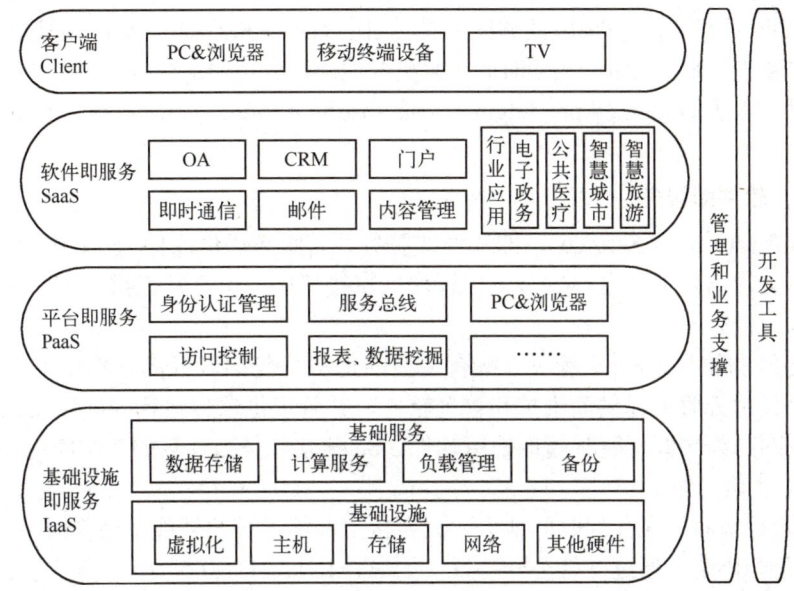

图 2-6 云计算的服务模型

1. IaaS,基础设施即服务

IaaS(Infrastructure as a Service),即基础设施即服务。云服务提供商把 IT 系统中的基础设施层作为服务出租出去,用户自己安装操作系统、中间件、数据库和应用程序。

基础设施层是由多台服务器组成的"云端"服务(包括内存、I/O 设备、存储和计算能力等),作为计量服务提供给用户。IaaS 的主要功能如下。

1)资源抽象。使用资源抽象的方法,能更好地调度和管理物理资源。

2)负载管理。通过负载管理,使部署在基础设施层上的应用能更好地应对突发情况,并更好地利用系统资源。

3)数据管理。数据的完整性、可靠性和可管理性是云计算对 Iaas 的基本要求。

4)资源部署。将整个资源从创建到使用的流程自动化。

5)安全管理。保证基础设施和其提供的资源能合法地访问和使用。

6)计费管理。通过细致的计费管理能使用户更灵活地使用资源。

2. PaaS,平台即服务

PaaS(Platform as a Service),即平台即服务。云服务提供商把 IT 系统中的平台软件层作为服务出租出去,用户自己开发或者安装程序,并运行程序。PaaS 是将服务器平台或者开发环境作为服务,以 SaaS 的模式提交给用户,因此 PaaS 也是 SaaS 的一种应用。通过 PaaS 提供服务,能够加快 SaaS 应用的开发速度,实现开发简单、部署简单以及维护简单。PaaS 的功能如下。

1)良好的开发环境。通过 SDK 和 IDE 等工具,用户能在本地方便地进行应用的开发和测试。

2)丰富的服务。PaaS 平台以 API 的形式将各种服务提供给上层应用。

3)自动的资源调度。不仅能优化系统资源,而且能自动调整资源,帮助上层应用更好地应对突发流量。

4）精细的管理和监控。PaaS 能够提供对应用层的管理和监控。例如，通过监测应用的运行情况和具体数值（如吞吐量和响应时间）来更好地衡量应用的运行状态，以精确计算计费。

PaaS 应用包括 Google App Engine、Microsoft Azure、Force.com、Heroku、Engine Yard 等。

3. SaaS，软件即服务

SaaS（Software as a Service），即软件即服务。云服务提供商把 IT 系统中应用软件层作为服务出租出去，用户无须自己安装应用程序，直接使用即可，从而进一步降低了用户使用云服务的技术门槛。

相对于传统的软件，SaaS 解决方案有明显的优势，包括较低的前期成本、便于维护、快速展开使用、由云服务提供商维护和管理软件，并且提供软件运行的硬件设施，用户只需拥有接入互联网的终端即可随时随地使用软件。SaaS 软件是云计算的典型应用之一。

SaaS 的主要功能如下。

1）随时随地访问。在任何时间地点，只要接上网络，用户就能访问 SaaS 服务。

2）支持公开协议。通过支持公开协议（如 HTML4、HTML5 等），能够方便用户使用。

3）安全保障。提供一定的安全机制，不仅要使存储在云端的用户数据处于绝对安全的境地，而且也要在客户端实施一定的安全机制（如 HTTPS 等）来保护用户数据。

4）多租户。允许多个不同的客户（租户）共享同一个软件实例和基础设施，但彼此的数据相互隔离。每个租户可以根据自己的需求对软件进行个性化配置，如设置不同的用户权限、界面布局、业务流程等，就像使用独立的软件系统一样。通过多租户机制，不仅能更经济地支持庞大的用户规模，而且能定制个性化配置，以满足用户的特殊需求。

总结来说，SaaS、PaaS 和 IaaS 三种服务提供的功能完全不同，面对的用户需求也不同，它们之间是相互独立的。但从技术角度看，它们之间有一定的依赖关系。例如，一个 SaaS 产品和服务不仅需要使用 SaaS 层本身的技术，而且还可能依赖 PaaS 所提供的开发和部署平台，以及 IaaS 所提供的计算资源。对于普通用户，他们主要面对的是 SaaS 服务。

2.2.3 云存储、超算和算力

大数据的数据量呈指数级增长，复杂的算法模型不断涌现，对计算能力提出了前所未有的要求，超算成为解决这一问题的核心力量。而云存储是从云计算拓展出来的概念。

1. 云存储

云存储（Cloud Storage）是一种网上在线存储的模式，它把数据存放在第三方托管的高虚拟服务器上（如 AWS 云、阿里云等）。云存储是在云计算概念上延伸和衍生发展出来的一个新的概念，是云应用的一种。与云计算类似，它是指通过集群应用、网格技术或分布式文件系统等功能，使网络中大量各种不同类型的存储设备通过应用软件集合起来协同工作，共同对外提供数据存储和业务访问功能的系统，以保证数据的安全性，并节约存储空间。所以，用户使用云存储，使用的是整个云存储系统带来的一种数据访问服务。

> 📖 **知识拓展**
> 云存储技术

主要的云存储技术包括分布式存储、列存储、NoSQL 数据库等。

2. 超算

超级计算机（Supercomputer，简称超算），又称巨型机，是指能够执行大规模、高复杂度计算的计算机系统。它们通常由成千上万的处理器（CPU）和图形处理器（GPU）组成，能够并行处理大量数据。超算的算力通常以每秒浮点运算次数（FLOPS，Floating Point Operations Per Second）来衡量，现代超算的算力已经达到了每秒百亿亿次（ExaFLOPS）的级别。

超算的强大之处不仅在于其拥有极高的运算速度，还体现在其具备大规模并行处理能力，具有极大的数据存储容量。与普通计算机相比，超算犹如一座超级工厂，可以迅速处理复杂数据，而普通计算机完全不能胜任。

超级计算机的主要应用领域有气候模拟与天气预报、生物医学研究、物理和化学研究、工程和制造、金融领域等。例如，超算可以模拟飞机机翼的空气动力学性能，进行优化设计以减少能耗。超级计算机不仅是科学研究的利器，也是国家科技实力的象征。目前国际排名前列的超级计算机见表2-4。

表2-4 国际排名前列的超级计算机

名称	峰值性能	优势	劣势	国家
Frontier（前沿）	1.1 百亿亿次浮点运算/s	全球首个突破百亿亿次计算大关，在大规模科学计算领域优势显著，尤其在对计算量要求极高的天体物理等前沿研究方面表现突出	设备研发与维护成本高昂，对技术人才的专业性要求极高，应用场景相对集中在科研领域，对普通产业则应用覆盖不足	美国
神威·太湖之光	12.5436 亿亿次浮点运算/s	采用全国产"申威"CPU，实现技术自主可控；在地震模拟等领域成果斐然，首次实现大规模高分辨率、高频率的非线性塑性地震模拟	与Frontier相比，在峰值性能上略低；软件生态系统的完善程度相较于部分国际超算稍显不足	中国
天河新一代超级计算机	每秒超百亿亿次	在大数据图计算能效方面表现卓越，夺得Big Data Green Graph500榜单世界第一；应用领域广泛，为多行业创新发展提供强大的算力支持	设备整体信息披露相对较少，其在某些特定复杂场景下的性能表现有待进一步观察和验证	中国
Summit（顶点）	20 亿亿次浮点运算/s	在生物医药研究领域成果显著，能快速模拟蛋白质折叠，加速药物研发进程；在多领域均有出色表现，通用性强	在复杂应用场景中，可能无法满足超大规模、高复杂度的计算需求	美国

其中，我国的神威·太湖之光超级计算机由40个运算机柜和8个网络机柜组成，共有40960块处理器，是世界首台运行速度超十亿亿次的超级计算机。简单来说，这套系统1min的计算能力相当于200多万台普通计算机，是当之无愧的"国之重器"。

3. 算力

算力，作为超算的核心能力体现，是衡量超算性能的关键指标。它不仅决定了超算处理数据的速度，更影响着算法模型训练的效率。

在大数据处理方面，面对海量的结构化和非结构化数据，超算的强大算力能够快速完成数据的清洗、存储、分析和挖掘。在算法优化方面，算力起决定性作用，超算的强大算力能够显著缩短模型训练时间，加速算法的研发和应用。例如，在AlphaGo击败人类围棋冠军的背后，便是超算强大算力的支持，通过快速模拟大量的棋局变化，使AlphaGo能够学习到最优的下棋策略。

4. 云计算和超算

云计算和超算都是极为重要的计算模式，它们既相互区别，又紧密关联。

（1）二者的区别

首先，资源分配与使用模式不同。云计算侧重于资源的弹性共享与按需分配。用户通过网络访问云平台，并根据自身业务量的波动，灵活租用计算资源，如虚拟机、存储和带宽等。超算则更倾向于针对特定的大规模、高复杂度计算任务，提供集中式的强大算力支持。

其次，性能与计算能力不同。云计算的计算能力因云服务提供商的规模和技术水平而异，一般可满足大多数普通企业和个人用户的计算需求。超算则代表了当今世界计算能力的巅峰，具备超高的运算速度和大规模并行处理能力。

最后，应用场景侧重不同。云计算的应用场景极为广泛，涵盖了各类企业日常办公、网站托管、软件开发测试、数据分析等。超算则主要聚焦于科学研究、工程模拟、国防军事等对计算能力要求极高的领域。

（2）二者的联系

云计算与超算并非完全独立，而是相互补充。一方面，云计算可以将超算的部分算力整合到云平台中，以服务的形式提供给更多用户。另一方面，超算也可借助云计算技术优化自身的管理和运维。

超算和算力在大数据与人工智能的发展中，不仅是推动技术创新的核心力量，更是实现众多实际应用场景的关键支撑。云计算和边缘计算等新兴计算模式与超算相结合，形成了多层次的计算架构，为不同规模和需求的应用提供灵活的算力支持。

2.3 大数据的核心技术

原始的海量数据采集后，必须经过一系列的处理技术，才能挖掘数据背后的价值。本节介绍大数据的采集和处理方法。

2.3.1 数据的采集

1. 数据采集

万亿或 EB 大小的大数据庞大而复杂，它们的来源有传感器信息、气候信息、公开的信息（如杂志、报纸和文章）、购买交易记录、网络日志、病历、军事监控、视频和图像档案，以及大型电子商务等。物联网、云计算、移动互联网、车联网、手机、平板电脑、PC 以及遍布地球各个角落的各种各样的传感器，都是数据的制造者。数据采集的过程通常包括 4 步。

一般数据的来源有以下几种。

1）数据库数据。公司的业务平台每天都会产生大量实时业务数据，一般存储在关系型数据库中。除此之外，Redis 和 MongoDB 这样的 NoSQL（非关系型）数据库也常用于数据的采集，通常在采集端部署大量的数据库，并在这些数据库之间进行负载均衡。

2）网络数据。通过网络爬虫或网站公开 API（应用程序编程接口）等方式从网站上获取数据信息。该方法可以将非结构化数据从网页中抽取出来，并以结构化的方式将其存储为统一的本地数据文件。它支持图片、音频、视频等文件或附件的采集，并且可以自动关联附件与正文。

3）市场调查。市场调查是指运用科学的方法，有目的地、系统地收集、记录和整理有关分析对象的信息，如需求调研。市场调查可以弥补现有数据收集的不足，缺点是费用较高，且有一定误差。

现在有很多知名的数据采集工具,包括开源的和商用的。表 2-5 提供了几款常用开源大数据采集产品的功能和开发/运行环境的对比。

表 2-5 开源大数据采集产品对比

产品	功能	开发/运行环境
Apache Flume	分布式日志收集、聚合和传输系统,适用于高吞吐量的日志数据传输	Java 运行环境,可部署在分布式系统中,如 Hadoop 生态系统
Scribe	大量应用于 Facebook 中,是 Facebook 开源日志收集系统,它为日志的收集、存储、统一处理提供了一个可扩展的、高容错的解决方案	基于 C++编写
Apache Chukwa	可以收集并快速处理分布式数据,可以动态地控制数据源。提供对数据的展示、分析和监视	依赖于 Java 运行环境
Fluentd	使用 JSON 文件来统一日志数据。可插拔架构,支持各种不同种类和格式的数据源与数据输出	使用 C/Ruby 开发
Logstash	一个接收、处理、转发日志的工具。支持系统日志、Webserver 日志、错误日志、应用日志等各种日志类型	使用 JRuby 开发,依赖于 Java 运行环境
Splunk	一个托管的日志文件管理工具,一个分布式的机器数据平台	依赖于 Java 运行环境

表 2-6 提供了几款常用商用大数据采集产品的功能和开发/运行环境的对比。

表 2-6 商用大数据采集产品对比

产品	功能	开发/运行环境
八爪鱼	简单直观的网页爬虫工具,无须编码,支持定时云采集	Java 运行环境,可部署在分布式系统中,如 Hadoop 生态系统
Content Grabber	支持智能抓取的网页爬虫软件,适用于技术用户,可编写脚本控制	提供脚本编写功能以控制爬虫程序,支持添加第三方扩展插件,适用于技术背景较强的用户
Import.io	基于网页的数据抓取工具,适合业务分析,高可定制性	能够从网页上抓取大量数据进行商业分析,提供可定制的数据抓取选项
Splunk	一个托管的日志文件管理工具,一个分布式的机器数据平台	依赖于 Java 运行环境

2. 从数据到智慧的进阶

人们将原始数据加工重组后形成有意义的、有用途的数据,就成为信息。在信息的基础上提炼和总结形成具有普遍指导意义的内容,如共性规律、理论、模型模式方法等,就是知识。运用知识,结合经验创造性地预测未来、解释现象和问题、洞见未来,从而形成智慧。图 2-7 为"数据-信息-知识-智慧"的进阶。

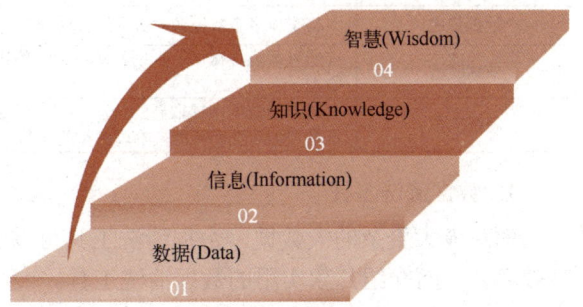

图 2-7 "数据-信息-知识-智慧"的进阶

2.3.2 数据的处理

数据处理是通过对采集到的数据进行清洗、整合、转换等操作,将原始数据转换为可分析的形式,并且保证数据的一致性和有效性,以供后续的分析和应用。

📖 **知识拓展**
数据清洗和预处理案例

1. 数据清洗

采集到的数据通常包含噪声和错误，称为"脏数据"，需要进行数据清洗。经过数据清洗，可以将存在错误的、缺失的数据，处理为正确的、完整的可分析数据。数据清洗的方法主要包括去除重复数据、处理缺失数据、处理异常值等，见表2-7。

表2-7 数据清洗的方法

清洗	内容说明
去除重复数据	通过比较数据集内的记录，识别并删除重复的记录，确保每条记录的唯一性
处理缺失数据	对于数据集中的缺失值，可以选择多种处理方式。常见的包括删除含有缺失值的记录，或使用均值、中位数、众数等统计值进行填充，也可以使用基于模型（如回归模型）预测的值进行填补
修正错误数据	识别并修正数据中的错误，如拼写错误、逻辑错误等。这有助于提高数据的准确性和可靠性
处理异常值	识别数据集中的异常值，并决定是将其删除、转换还是保留。异常值可能是数据录入错误、测量错误或实际存在的极端现象，需要根据具体情况进行处理
转换数据类型	将数据从一种类型转换为另一种类型，如将字符串转换为数值型，或反之。这有助于确保数据类型的正确性，便于后续的数据处理和分析

数据清洗的方法需根据数据集的特点和数据分析的需求进行选用。通过使用合理的数据清洗方法，可以有效地提高数据的质量和可用性，为后续的数据分析和建模打下良好的基础。

2. 数据预处理

数据预处理包括数据格式统一、数据标准化、数据集成等。这些操作有助于提高数据的质量和可用性，为后续的分析和应用做好准备。表2-8列举了常用的数据预处理方法。

表2-8 数据预处理的方法

预处理	内容说明
数据格式统一	将数据集中的日期、时间、数字等字段统一格式，例如，将日期转换为"YYYY-MM-DD"格式，将数字统一为整数或浮点数。这有助于确保数据的一致性和可比性
数据标准化和归一化	将数据缩放到一个固定的范围，如0~1之间，或者使其具有零均值和单位方差。这有助于消除不同特征之间的量纲差异，提高模型的预测性能
数据筛选	根据特定的条件筛选出需要的数据，排除无关数据。这有助于缩小数据范围，提高数据的相关性和针对性
数据集成	将来自多个数据源的数据组合成一个连贯数据集，需要解决实体识别和数据冲突等问题
数据脱敏	通过替换、截断、加密、随机化、偏移和取整等方法，将需要保密的数据保护起来，变为非敏感数据
特征工程	从原始数据中提取新的特征，或者对现有特征进行组合、转换，以增强模型的预测能力。特征工程是数据清洗和预处理阶段的重要环节，对于提高模型的性能具有重要意义

3. 数据清洗工具

面对庞大繁杂的大数据，数据清洗工具可以帮助自动实现数据清洗，减少人工干预，提高效率。下面介绍几款实用的数据清洗工具。

（1）OpenRefine

OpenRefine是一款开源的数据清洗工具，适用于处理杂乱无章的数据。它提供了强大的数据转换和清洗功能，支持正则表达式、聚类算法等。图形界面用户友好，支持多种数据，适合中小规模数据集的手动清洗和探索性数据分析。

（2）Trifacta

Trifacta是一款商业数据清洗工具，专注于数据准备和清洗。它提供了直观的界面和智能建议，帮助用户快速清洗和转换数据。适合企业级数据清洗和大规模数据处理。

（3）Pandas

Pandas 是 Python 中广泛使用的数据处理库，提供了丰富的数据清洗功能。虽然它是一个编程库，但其灵活性和强大的功能使其成为数据科学家的首选工具。支持数据过滤、缺失值处理、重复值删除等操作，提供高效的数据操作和转换功能，并可与其他 Python 库（如 NumPy、Scikit-learn）无缝集成。适合需要编程灵活性的数据清洗任务，尤其是数据科学和机器学习项目。

（4）Data Wrangler

Data Wrangler 是一款基于 Web 的数据清洗工具，由斯坦福大学开发。它提供了交互式的数据清洗界面，支持多种数据操作。适合需要快速清洗和转换数据的研究人员与数据分析师。

（5）Talend

Talend 是一款企业级数据集成和清洗工具，支持大规模数据处理和自动化工作流。它提供了图形化的数据清洗和转换界面，支持与多种数据源（如数据库、云存储）集成，提供数据质量管理和监控功能。适合企业级数据集成和清洗任务。

（6）Tableau Prep

Tableau Prep 是 Tableau 公司推出的一款数据准备工具，专注于数据清洗和整合。它提供了直观的界面和强大的数据转换功能。用户友好的拖放式界面，支持数据连接、合并、透视和聚合操作，以及提供数据流程可视化，便于理解和调试。适合需要快速准备和清洗数据的 Tableau 用户，尤其是商业智能和数据分析项目。

（7）Power Query

Power Query 是 Microsoft 推出的一款数据清洗和转换工具，集成在 Excel 和 Power BI 中。它提供了强大的数据整合和清洗功能，支持多种数据源（如数据库、Web、文件等），提供直观的图形化操作界面，并支持自动化数据清洗流程。适合 Excel 和 Power BI 用户，尤其是需要频繁处理和分析数据的业务人员。

表 2-9 列出了常用数据清洗工具的对比。

表 2-9 常用数据清洗工具对比表

工具名称	类型	主要特点	适用场景	学习曲线
OpenRefine	开源工具	用户友好，支持聚类和分面，适合手动清洗	中小规模数据集，探索性数据分析	低
Trifacta	商业工具	智能清洗建议，支持大规模数据，提供数据质量评估	企业级数据清洗，大规模数据处理	中
Pandas	编程库	灵活高效，支持复杂数据操作，可与其他 Python 库集成	数据科学，机器学习项目	高
Data Wrangler	Web 工具	交互式清洗，自动生成脚本，适合快速清洗	研究人员，数据分析师	中
Talend	企业工具	图形化界面，支持多种数据源，提供数据质量管理	企业级数据集成和清洗任务	中
Tableau Prep	商业工具	拖放式界面，数据流程可视化，适合 Tableau 用户	商业智能，数据分析项目	低
Power Query	商业工具	集成在 Excel 和 Power BI 中，支持多种数据源，自动化清洗流程	Excel 和 Power BI 用户，业务人员	低

数据清洗工具极大地简化了数据清洗工作，为后续的数据分析和挖掘工作奠定了坚实的基础。在大数据分析前，可以根据具体的需求和场景，选择合适的数据清洗工具，提升数据清洗的效率。

2.3.3 大数据分析

清洗和预处理后的数据就可以进行数据分析。数据分析的目的是最大化地发现数据背后的价值，它的三大作用包括现状分析、原因分析以及预测分析。可以利用常见的数据分析方法进行分析，也可以利用数据挖掘相关算法，并结合大数据处理技术（MapReduce 和 Spark 等），对海量数据进行并行计算，从而得到有价值的结果。

1. 常见的数据分析方法

常见的数据分析方法主要指基于统计学方法对收集来的数据进行数据分析。列举部分方法如下。

（1）描述统计

描述统计是通过图表或数学方法对数据资料进行整理、分析，并对数据的分布状态、数字特征和随机变量之间的关系进行估计与描述的方法。主要用于数据集中度量（平均值、中位数等）、离散趋势度量（四分位差、标准差等）以及数据分布探查。

（2）假设检验

假设检验是通过对样本数据进行统计检验，来判断总体参数是否符合某个假设。常用的假设检验方法包括 t 检验、卡方检验、F 检验等。其中，t 检验主要用于比较两个样本均值是否有显著差异；卡方检验主要用于检验两个分类变量之间是否存在关联；F 检验主要用于比较多个样本的方差是否相等。

（3）方差分析

方差分析用于两个或多个总体均值的检验，也经常用于实验设计后的检验问题。方差分析的主要用途包括均数差别的显著性检验、分离各有关因素并估计其对总变异作用、分析因素间的交互作用以及方差齐性检验。

（4）相关性分析

相关性分析是指对两个或多个具备相关性的变量元素进行分析，从而衡量两个变量因素的相关密切程度。相关性的元素之间需要存在一定的联系或者概率，才可以进行相关性分析。

（5）回归分析

回归分析是一种用于探究变量之间关系的方法。常用的回归分析方法包括一元线性回归、多元回归、曲线回归、逻辑回归、非线性回归等。例如，多元线性回归用于探究多个自变量 X 和一个因变量 Y 之间的关系，通过多元回归模型来分析多个因素对因变量的影响。回归模型构建后，输入新的 X，则能够预测出 X 对应的 Y 值。

$$Y = a + bX + e$$

（6）信度分析

信度分析用于评估测量结果的一致性和稳定性，常用的信度分析方法包括重测信度法、复本信度法、折半信度法和 α 信度系数法等。

2. 数据挖掘

数据挖掘（Data Mining，简称 DM）是从大量的、不完全的、有噪声的、模糊的、随机的实际应用数据中，提取隐藏在其中但有潜在价值的信息和知识的过程。

数据挖掘是一种决策支持过程，它主要基于人工智能、机器学习、模式识别、统计学、数据库、可视化技术等，高度自动化地分析企业数据，做出归纳性的推理，从中挖掘出潜在的模式，从而帮助决策者调整市场策略，减少风险，并做出正确的决策。数据挖掘比数据分析更动态、更深度、更复杂、更高级，通常需要编程实现，常用的编程语言包括 Python、R、Scala 等，需要掌握数据挖掘相关的算法和模型。

数据挖掘过程主要包括定义问题、准备数据、建立模型、分析数据、评价模型和实施等。常用的算法包括判别分析、聚类、回归、关联规则等。例如，判别分析可根据已知类别的数据构建分类模型，并对新的数据进行分类。具体的模型构建和预测过程如图 2-8 所示。

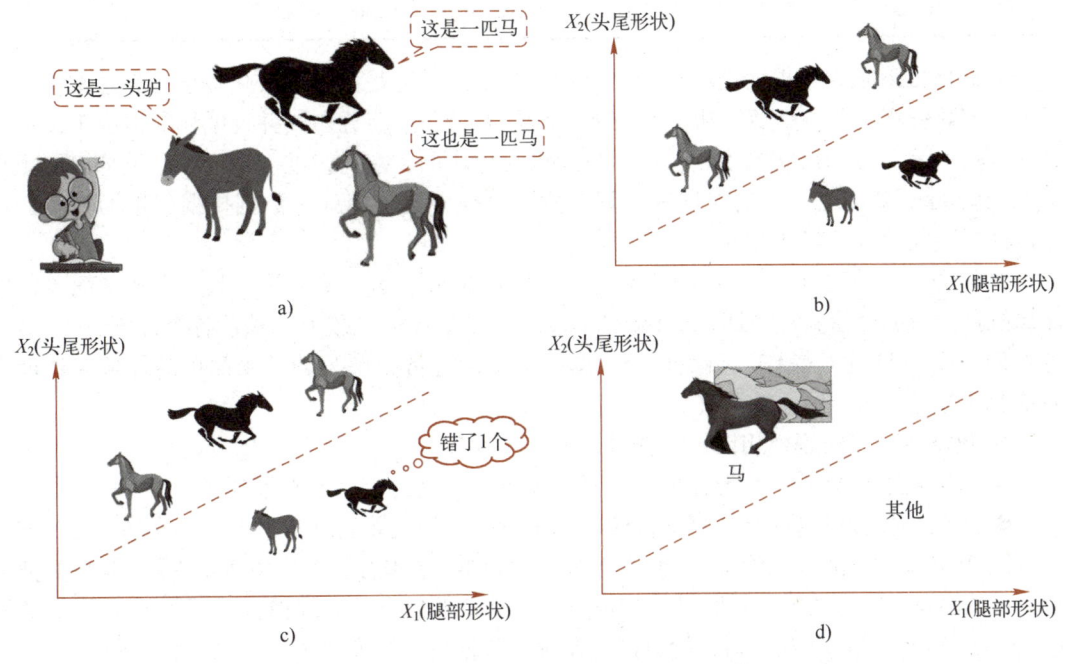

图 2-8 判别分析的模型构建和预测过程
a) 标签数据集 b) 训练分类模型 c) 评估模型质量 d) 使用分类模型对未知数据进行分类和预测

将常见的数据分析和数据挖掘进行对比，前者也称为狭义数据分析，一般是得到一个指标统计量结果，如总和、平均值等，这些指标数据需要与业务结合进行解读，才能发挥出数据的价值与作用；而后者是输出模型或规则，并可相应得到模型得分或标签，模型得分如流失概率值、总和得分、相似度、预测值等，标签如高中低价值用户、流失与非流失、信用优良中差等。常见的数据分析和数据挖掘相结合，就形成了广义数据分析。

3. 大数据处理和分析技术

对于小规模的数据，可以使用统计学、机器学习和数据挖掘的相关方法，通过单机分析工具（如 SPSS 和 SAS）或者单机编程（如 Python、R）的方式来实现分析。

对于大数据，则需要采用分布式实现技术，例如，使用 MapReduce、Spark 或 Flink 编写分布式分析程序，借助集群的多台机器进行并行数据处理分析，这个过程被称为大数据处理与分析。

大数据处理分析技术分为批处理计算、流计算、图计算、查询分析计算等，表 2-10 列举了这 4 种技术的对比。其中，MapReduce 代表了批处理计算技术，是当前最主要的大数据处理技术，影响最广泛。

表 2-10　大数据处理分析技术对比

类型	解决问题	代表产品
批处理计算	针对大规模数据的批量处理	MapReduce、Spark 等
流计算	针对流数据的实时计算	Storm、S4、Flume、Streams、Puma、DStream、Super Mario、银河流数据处理平台等
图计算	针对大规模图结构数据的处理	Pregel、GraphX、Giraph、PowerGraph、Hama、GoldenOrb 等
查询分析计算	大规模数据的存储管理和查询分析	Dremel、Hive、Cassandra、Impala 等

MapReduce 是大数据处理中一个常见的计算范式，它是由谷歌公司提出的软件架构，用于大规模数据集的并行运算，极大地方便了编程人员在不会分布式并行编程的情况下，将自己的程序运行在分布式系统上。Google 公司已经有超过一万个不同的项目采用 MapReduce 来实现，包括大规模的算法图形处理、文字处理、数据挖掘、机器学习、统计机器翻译以及众多其他领域。

"Map（映射）"和"Reduce（归约）"是 MapReduce 的主要思想。其原理非常简单，即计算机科学中的分治算法（Divide and Conquer），就好比分化敌人，然后各个歼灭。

1）Map（映射）操作。负责分解，即把复杂的任务分解为若干个简单的任务来处理。简单的任务包含 3 个层面的含义。

- 数据或计算的规模相比于原任务，要缩小很多。
- 依据就近计算原则，把任务分配到距离数据最近的节点上进行计算。
- 这些小任务可以并行计算，彼此间几乎没有依赖关系。

2）Reduce（归约）操作。负责对 Map 阶段的结果进行汇总。Reduce 操作就是要把杂乱无章的 Map 操作结果，按照某种特征归纳起来，然后合并处理得到最后的结果。Map 操作面对的是杂乱无章且互不相关的数据，在解析数据后，提取出 Key（键）和 Value（值），即数据的特征。然后通过 Shuffle 阶段，将 Map 任务输出的结果，有效地传送到 Reduce 端。

MapReduce 的核心是 Shuffle。Shuffle 的意思是洗牌或随机打乱，在这里表示优化节点间的数据流向，例如，在跨节点拉取数据时，通过 Shuffle 优化，尽可能地减少对带宽的不必要消耗，并尽量使用内存而不是磁盘，以减少磁盘 I/O 操作对任务执行的影响。最后，在 Reduce 阶段，主要是汇总各个节点处理的中间数据。

可以用制作汉堡的流程类比上述过程，如图 2-9 所示。首先，对做汉堡的原材料进行分类，提取键和值。例如，面包就是一个键，一个面包通过 Map 操作，就会得到很多面包切面。类似地，把生菜、洋葱和西红柿一一地拿给 Map，也会得到各种对应的碎块（这就是所谓的"分而治之"）。

将 Map 操作得到的各种处理好的食材聚集在一起，也就是 Reduce 过程，就可以得到汉堡了。上述过程看似简单，但实际上 MapReduce 真正的强大之处在于它的分布式计算。假如每天需要制作 10000 个汉堡，则上述 Map 和 Reduce 过程都需要分布在若干个计算节点同步进行，就是一个非常复杂的过程。

2.3.4　数据可视化

数据可视化是指将大型数据集中的数据以图形图像形式表示，并利用数据分析和开发工具发现其中未知信息的处理过程。数据可视化技术的基本思想，是将数据库中每一个数据项作为单个图元元素表示，大量的数据集构成数据图像，同时将数据的各个属性值以多维数据的形式表示，就可以从不同的维度观察数据，从而对数据进行更深入的观察和分析。

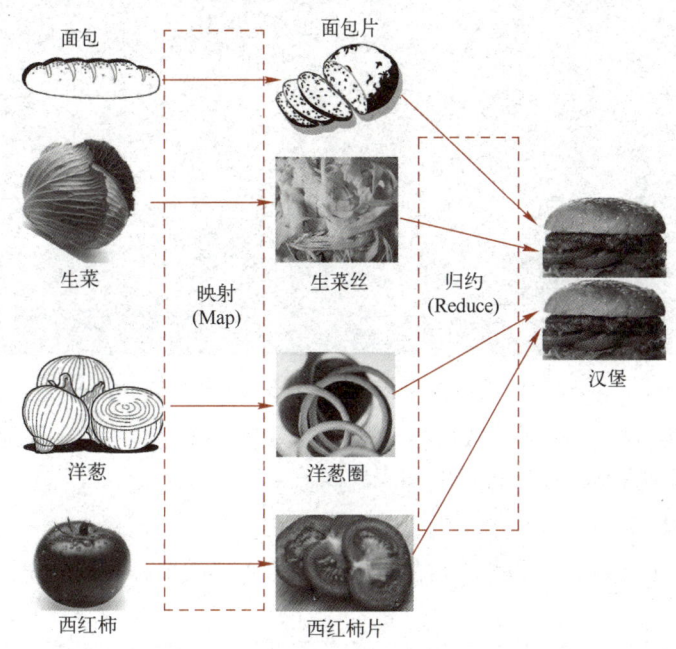

图 2-9　MapReduce 工作流程类比

人类很早就引入可视化技术进行问题分析，如 1854 年伦敦爆发霍乱，John Show 医师通过绘制霍乱和水井分布图，识别出引发霍乱的根源是一个被污染的水泵。随着计算机的出现和计算机图形学的发展，人们可以利用计算机技术在计算机屏幕上绘制出各种图形图表，可视化技术开启了全新的发展阶段。可视化技术最初可以绘制统计图表，如圆环图、柱状图、饼图、直方图、时间列图、等高线图、散点图等，后来又逐步应用于地理信息系统、数据挖掘分析、商务智能工具等。

1. 数据可视化的作用

在大数据时代，数据容量和复杂性的不断增加，限制了普通用户从大数据中直接获取知识，可视化分析成为大数据分析的主要环节之一。数据可视化的作用有以下 4 点。

1）观察跟踪数据。庞杂繁复的数据，远超过人脑能够分析理解的范围。利用变化的数据生成实时变化的可视化图表，可以让人们一眼看出各种参数的动态变化过程，有效跟踪各种参数值，如百度地图提供的实时路况服务。

2）分析数据。利用可视化技术，实时呈现当前分析结果，引导用户参与分析过程，并根据用户反馈信息执行后续分析操作，完成用户与分析算法的全程交互，从而实现数据分析算法与用户领域知识的完美结合，如图 2-10 所示为中国医疗数据可视化分析示例。

3）辅助理解数据。可视化可以帮助普通用户更快、更准确地理解数据背后的含义，如用不同的颜色区分不同对象、用动画显示变化过程、用图结构展现对象之间的复杂关系等。例如，微软亚洲研究院设计开发的人立方关系搜索，能从超过 10 亿的中文网页中自动地抽取出人名、地名、机构名以及中文短语，并通过算法自动计算出它们之间存在关系的可能性，最终以可视化的关系图形式呈现结果。

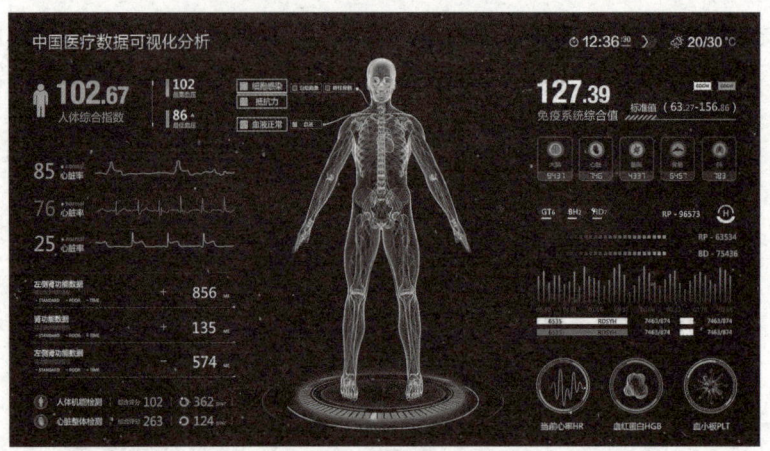

图 2-10　中国医疗数据可视化分析示例

4）增强数据吸引力。枯燥的数据被制作成具有强大视觉冲击力和说服力的图像，可以极大增强读者的阅读兴趣，如可视化的图表新闻。

2．可视化图表

可视化图表根据变量数量和分析目的的不同，可以形成多种多样的统计图表。

（1）热力图

热力图主要用于表示数据集中变量之间的关系或数值的强度。它通常在二维坐标系中展示数据，其中每个单元格的颜色代表该点的数值。颜色的深浅或强度与数据值的大小成正比，通常从冷色（低值）到暖色（高值）进行渐变，常用的色标包括红色、绿色、蓝色等。这种可视化方式使得复杂数据更加直观易懂。图 2-11 是北京交通热力图示例。

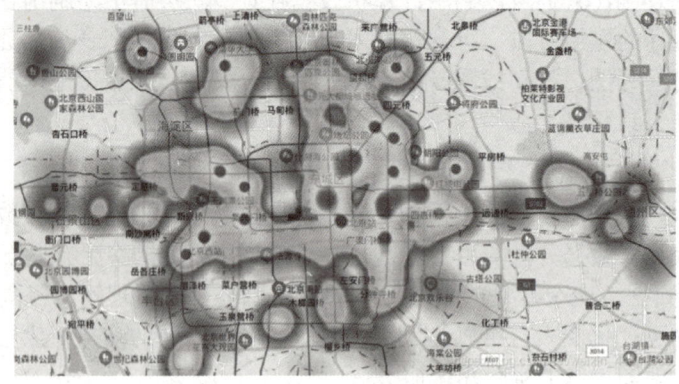

图 2-11　北京交通热力图示例

（2）词云图

词云图也称为标签云或文字云，它是一种典型的文本可视化技术。词云图对文本中出现频率较高的"关键词"突出显示，会过滤掉大量的文本信息，使用户只要一眼扫过就可以领略全文的主题。图 2-12 是浙江大学宋词作品《宋词缱绻，何处画人间》的词云图。

3．可视化工具

可视化工具软件用于快速地将数据实现图形化显示，可以分为**基础可视化**、**信息可视化**、**地图可视化**和**时间轴可视化** 4 类。

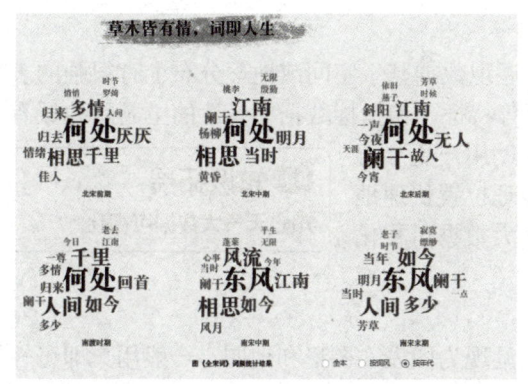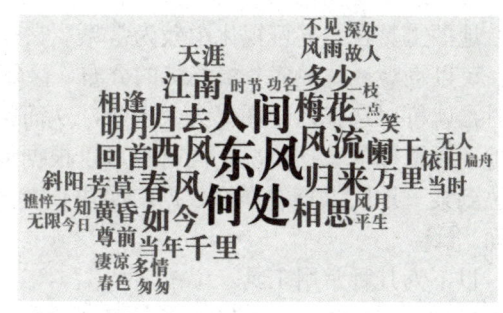

图 2-12 《宋词缱绻，何处画人间》词云图

（1）基础可视化

Microsoft Excel 是微软 Microsoft Office 软件中的电子表格软件，普遍应用于经济管理等诸多领域。其内置可视化工具，能完成数据处理、数据分析、辅助决策等工作需求；也能绘制不同类型的图表，如散点图、旭日图、雷达图、箱形图等。

（2）信息可视化

信息图表是信息、数据、知识等的视觉化表达，利用人脑对于图形信息相较于文字信息更容易理解的特点，可以更直观、清晰地传递信息，在计算机科学、数学及统计学领域有广泛的应用。常用软件有 Google Charts、ECharts、Tableau 等。

1）Google Charts。Google Charts 是以 HTML5 和可缩放矢量图形（SVG）为基础的、为浏览器与移动设备的交互式图表开发的软件包。其功能强大、易于使用而且免费向用户开放。

2）ECharts。ECharts 是由百度公司前端数据可视化团队研发的图表库，可以流畅地运行在 PC 和移动设备上，底层依赖轻量级的 Canvas 类库 ZRender，可提供直观、生动、可交互、可高度个性化定制的数据可视化图表。

ECharts 提供的图表类型多样，包括常规的折线图、柱状图、散点图、饼图、K 线图，用于统计的盒形图，用于地理数据可视化的点地图、热力图、线图，用于关系数据可视化的关系图、Treemap，用于多维数据可视化的平行坐标，以及用于 BI 的漏斗图、仪表盘，并支持图与图之间的混搭，能满足用户大部分分析数据的图表制作需求。

3）D3。D3（Data-Driven Documents）是一个功能强大的数据可视化工具，它基于 JavaScript 开发，允许开发者通过数据驱动的方式来操作文档对象模型（DOM），并创建动态和交互式的可视化图表，如 Voronoi 图、树形图、圆形集群和单词云。

4）Tableau。Tableau 是一款用于大数据整理、统计、分析的可视化工具，目前应用最广泛。它可以帮助用户快速地将导入或在 Tableau 中搜索到的数据，转换、整理成便于分析的形式；还能将不同来源的数据合并，并直观地展示在操作界面上。

Tableau 主要有两种数据处理方案，一种是在个人计算机上的 Tableau Desktop 所支持的托管方案，另一种是用于企业内部数据共享的 Tableau Sever 所支持的本地或云端自行管理方案。Tableau 可以实现报表生成、发布、共享和自动维护的全过程。

另外，Tableau 能够通过实时连接或者根据制定的日程表，自动更新并获取最新的数据；它允许用户全权指定用户权限、数据源连接，以及为部署提供支持所需设定的公开范围，让用户在安全可靠的环境中分析数据并发表自己的分析结果。

(3) 地图可视化

地图工具在数据可视化中较为常见，它在展现数据基于空间或地理分布上有很强的表现力，可以直观地展现各分析指标的分布、区域等特征。当指标数据要表达的主题跟地域有关联时，就可以选择以地图作为大背景，从而帮助用户更加直观地了解整体的数据情况，同时也可以根据地理位置快速地定位到某一地区来查看详细数据，如知心天气大数据可视化界面。📖

> 📖 **知识拓展**
> 知心天气大数据可视化

以下为几种常用工具。

1）Google Fusion Tables 工具可让数据表呈现为图表、图形和地图，一般用户即可轻松制作。

2）Modest Maps 是一个小型、可扩展、交互式的免费库，提供了一套查看卫星地图的 API。

3）Leaflet 是一个小型化的地图框架，通过小型化和轻量化来满足动态网页的需要。

(4) 时间轴可视化

时间轴是表现数据在时间维度演变的有效方式，它通过互联网技术，依据时间顺序，把一方面或多方面的事件串联起来，形成相对完整的记录体系，再运用图文的形式呈现给用户。自 2011 年 Facebook 在 F8 大会上发布了以时间线格式组织内容的功能后，时间轴工具在国内外社交网站中开始大面积流行。时间轴可视化工具主要有 Timetoast、Timeline 等。

【**案例 2-3**】 用 Tableau 实现数据可视化分析

利用 Tableau 实现如图 2-13 所示的"大数据招聘岗位分析"可视化面板，以发布时间的升级版棒棒糖图为例。原始数据为 Excel 表，内容包括公司类型、公司规模、所在地、所在区、下限薪资、上限薪资、平均薪资、发布时间、招聘人数等。

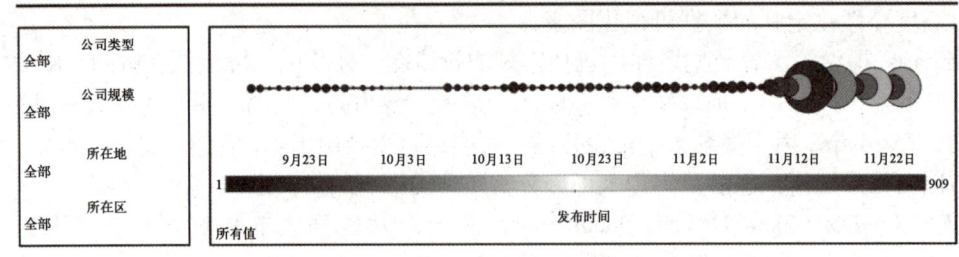

图 2-13 "大数据招聘岗位分析"可视化面板

链接数据源后，创建工作簿（视图），拖动两个相同的对象"天（发布时间）"到列中，并用发布时间做双轴，如图 2-14 所示。

图 2-14 列对象设置

第一列的图类型选择为"线"，第二列选择为"圆"。颜色代表发布公司的数量，设置为"计数（Sheet3）"；大小代表招聘人数的总和，设置为"总和（招聘人数）"，即这里的招聘人数为数值类型，进行总和操作。如图 2-15 所示。

图 2-15　行列图形设置

确定后输出即为升级版的棒棒糖图，如图 2-16 所示。

图 2-16　升级版棒棒糖图

同理还可以再做一个工作簿，从地理位置进行分析，留给读者学习探索。

（资料来源：吴雯雪同学作品）

数据可视化是数据科学中非常重要的落地环节，在视图中应尽可能地做好设计、分析和交互，便于用户便捷地理解其商业内涵，为决策和预测做好支持。

2.4　大数据与人工智能的关系

人工智能和大数据都是当前的热门技术，人工智能的发展要早于大数据，在 20 世纪 50 年代就已经开始发展，而大数据的概念直到 2010 年左右才形成。二者发展到今天，已经成为紧密相关的两种技术。本节介绍大数据和人工智能的关系。

2.4.1　大数据是人工智能的基石与动力

大数据是人工智能的基石与动力，是人工智能的信息来源，大数据计算为人工智能提供了强大的存储和计算能力。

1. 信息来源

大数据是人工智能学习的主要信息来源。人工智能系统，特别是机器学习和深度学习模型，需要大量的数据进行训练和优化。这些数据构成了模型学习的"教材"，帮助它们识别模式、做出预测和决策。没有大数据，人工智能就像未经训练的小孩，难以发挥其应有的智能。

大数据是人工智能"深度"学习的基础。机器学习和深度学习依赖大量的数据进行训练，以发现数据中的规律和模式，进而实现人工智能的突破和应用，提升了智能学习的"深度"。

首先，大数据非常多样，包括数字、文本、图像、音频、视频、位置等各种信息。大数据的多样性为人工智能系统提供了丰富的训练材料，使它们能够处理和理解多种类型的信息。例如，图像识别系统需要大量的图像数据进行训练，以识别不同的物体和场景；自然语言处理系统需要大量的文本数据来学习语言的语法、语义和上下文关系。

其次，大数据的质量和数量是人工智能系统学习的关键因素。高质量的数据意味着数据准确、完整且相关，这有助于提高模型的准确性和可靠性。而大量的数据则允许模型学习到更复杂的模式和关系,从而提高其泛化能力。

最后,大数据驱动智能决策的制定。通过分析大数据中的模式和趋势,人工智能系统可以辅助人类做出更加明智和及时的决策。例如,在金融领域,大数据分析可以帮助识别欺诈行为、预测市场走势和优化投资策略;在医疗领域,大数据分析可以辅助医生诊断疾病、制定治疗方案和预测患者预后。

2. 算力基础

大数据技术为人工智能提供了强大的存储能力和计算能力。在过去,人工智能算法都是依赖于单机存储和单机算法。而在大数据时代,面对海量的数据,传统的单机存储和单机算法都已经无能为力,建立在集群技术之上的大数据技术(主要是分布式存储和分布式计算),可以为人工智能提供强大的存储能力和计算能力,推动更强大的人工智能算法诞生,提升人工智能的智能程度。例如,大模型的出现,大幅提升了人工智能的智能水平。

2.4.2 人工智能促进大数据的价值化

人工智能的发展,为大数据提供了更强大的数据分析和数据挖掘工具,促进大数据的价值化。

1. 提升大数据价值

人工智能技术是大数据分析和挖掘的工具,帮助大数据实现数据价值。人工智能技术,如自然语言处理、机器学习等,可以帮助快速处理和分析大数据,并提取有价值的信息。传统的数据处理和分析方式往往需要人工干预,而人工智能能够通过自学习和自适应算法,大幅提高数据处理的效率和准确性。例如,自然语言处理技术可以帮助快速分析社交媒体上的海量文本数据,提取关键信息;智能化数据挖掘通过深度学习和自然语言处理技术,能够对非结构化数据(如文本、图片、音频、视频等)进行智能化分析,提取出隐藏在数据背后的知识和洞察,从而提升数据的应用价值。

2. 人工智能推动大数据在行业中的应用

人工智能的发展,推动大数据在行业中的应用不断深入。在大数据价值的两个主要体现中,数据应用的主要渠道之一就是智能体(人工智能产品)。人工智能产品通过利用大数据进行分析和决策,为人们提供更加智能化、个性化的服务,识别出潜在的业务机会和风险,帮助大数据实现价值,不断拓展大数据的应用场景。

2.4.3 人工智能和大数据相辅相成,深度融合

人工智能和大数据相辅相成,二者深度融合,相互促进,拓展出更多丰富的应用。

1. 技术融合

随着大数据技术的不断发展和人工智能算法的持续改进,两者之间的协同进化趋势日益明显。一方面,大数据技术的进步使得收集、存储、处理和分析海量数据变得更加高效与便捷;另一方面,人工智能算法的优化使得模型能够更好地利用大数据进行学习和决策。这种协同进化推动了人工智能技术的快速发展和广泛应用。

2. 应用场景拓展

大数据与人工智能的相互融合,创造出新的商业模式和创新应用,推动了应用场景的不断拓展。在产业经济、商业市场、医疗健康、城市规划等领域,大数据与人工智能的结合正

在创造出更多的价值和可能性。例如，在医疗健康领域，大数据被用于疾病预测、医疗诊断、药物研发等方面；在城市规划领域，大数据被用于交通管理、资源配置、环境监测、公共安全等方面。

综上所述，大数据与人工智能之间存在着密切且相互依存的关系。大数据为人工智能提供了丰富的信息来源和深度学习的"学习资料"，而人工智能则促进了大数据的价值化应用和发展。未来，随着技术的不断进步和应用场景的不断拓展，大数据与人工智能的结合将创造更多的价值和可能性。

2.5 身边的大数据与人工智能

相信现在不少人每天早晨出门前，都有一个习以为常的动作，就是查阅手机上的天气预报，看看今天会下雨吗，气温多少度，然后增减衣物，再出门。不知不觉中，天气预报已经从"报得不是那么准、可看可不看"，进步到现在的离不开。不仅可以预报现在到未来 15 天之内的天气，而且几点开始下雨、几点停雨都有清楚的预知。随着大数据和人工智能技术的发展，相信以后天气预报可以更加准确。

【案例 2-4】 天气预报总"骗人"？AI 让天有可测风云

手机、计算机桌面一角的实时天气情况，我们已习以为常，一次点击就可获取此后数日的天气情况，天气预报可精确到每个小时，阴晴雨雪、风向、湿度变化一览无遗。如此详细的天气预报是怎么测出的呢？

《自然》杂志接连刊发表两篇天气预报有关文章，先后介绍了我国华为云盘古气象大模型和清华大学的 NowcastNet 模型。这两个模型给天气预报带来怎样的新契机？我们有可能实现"天有可测风云"，获取更精准的天气预报吗？AI、大数据、超算又在其中发挥了什么能量？

1. 天有不测风云

天气影响着人们的日常生活。古人认为风云变化是上天的旨意，由占卜问天获得天气预报。三千多年前，商王想要外出狩猎，于是卜问是否会有大雨，占卜结果显示没有降雨，于是商王一行人高兴地出发，却在狩猎时被淋成"落汤鸡"，真是"天有不测风云"。

后来人类智慧地发现了太阳运动和自然现象发生存在的规律，创造性地总结了二十四节气和七十二候以及各种气象谚语，满足了基础的农业生产需求。

2. 天降神器助力

显然，节气和物候并不能满足人们的生活、生产对天气预报的需求。那么，真正的现代天气预报是如何登上历史舞台的呢？

1854 年 11 月，克里米亚战争期间，英法联军正准备在黑海与俄军决战，可还未开战，一场强风暴的袭击就让联军损失惨重。巴黎天文台台长勒维耶研究了此次风暴，在收集了大量气象数据后，他绘制了当时的天气图，发现风暴的移动有一定规律。若提前注意到这一现象，此次的失败是可以避免的。于是勒维耶建议组建气象观测网，汇集观测资料，分析制作天气图。1856 年，法国组建了世界上第一个正规的天气预报信息服务系统。

从此，人类进入了天气图时代。现代天气预报就始于这一张张天气图，将同一时间各地气象情况绘制在一张图上，预报员们再对天气发展变化过程加以分析、描述，并对未来天气进行预报。这种方法沿用至今。

不过，绘制天气图预报的方法很大程度受预报员的主观影响，频频出错。怎么做出更理性的天气预报呢？威廉·皮耶克尼斯和雅各布·皮耶克尼斯将热力学和流体力学的方式引入气象学的研究中，提出用复杂的微分方程式描述天气的变化。但限于算力有限，天气预报算出来好几天都过去了，像读旧报纸，没有实用性。直到一战中用以计算弹道的 ENIAC 被气象学家们"盯上"，他们不断简化算法，在将一系列描述大气运动的数学物理方程转换成计算机语言后，1950 年，查尼、菲尔托夫、冯·诺依曼用 ENIAC 完成了数值天气预报的可行性实验，他们用这台计算机花费了约 24h 完成了提前 24 h 的天气预报计算。1954 年，英国 BBC 电台向全世界广播了这一次数值天气预报，天气预报真正走进了一个科技预报的时代。

3. AI 预报时代来了吗

数值天气预报的本质是解一个个复杂的微分方程，其对初始条件的依赖性很高。而大气处于实时变化中，一个微小的变化就可能引起整个系统长期的巨大连锁反应，这就是"蝴蝶效应"。所以即便是再复杂的物理模型也很难完全模拟出大气运动的全貌，而大气运动细节难以捕捉，极端的天气和气候事件的模拟也因此成为世界难题。

我国数值天气预报研究开始于 1954 年，是国际上较早开展数值天气预报的国家之一。早期以国外引进为主，后来自主研发掌握核心科技，2020 年 12 月自主研发的中国第一代全球大气/陆面再分析系统及产品投入业务化应用，具备了再分析产品的自主生产能力，气象业务对国外数据产品的依赖大幅降低。再到如今，发展以地球系统模式为目标的下一代模式，我国数值预报业务实现从"零"到"一"再到"卓越"的跨越式发展。

华为云团队和清华大学在《自然》杂志上先后发表了云盘古气象大模型和 NowcastNet 大模型两篇文章。这跟传统数值预报有什么不同呢？

这两种模型都是利用 AI 的大模型预测天气。但两个模型用途不同，前者是一种能够提前一周预测全球天气模式，后者则针对极端降水事件等天气进行短期天气预测。

AI 的加入为天气预报带来全新可能。AI 擅长处理重复任务以及拟合未知数据关系，通过深度学习了解各种气象数据中的关系，在预测精度和预测速度上都展现出比传统数值预报的优越性。

华为的盘古气象大模型（见图 2-17），AI 算法改进使得盘古气象的预测准确率可以与全球最佳数值天气预报系统——欧洲中期天气预报中心的综合预报系统相媲美。盘古气象不仅可以处理更为复杂的数据，还能够处理三维气象数据，捕捉不同压力层大气状态之间的关系。而且更加快速，在相同的空间分辨率下，盘古气象比数值天气预报系统快 1 万多倍。

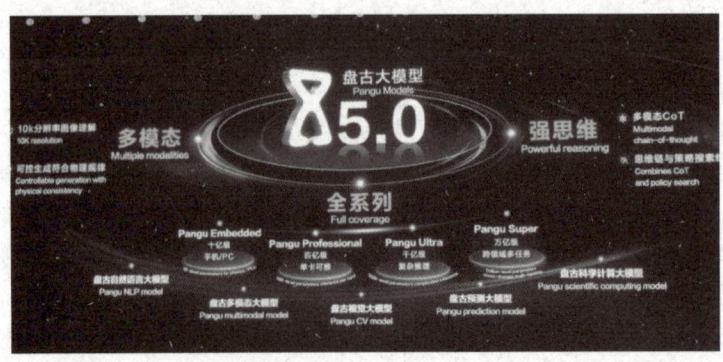

图 2-17 华为开发者大会发布盘古系列超大规模预训练模型

NowcastNet 是清华大学与国家气象中心、国家气象信息中心联合，三年攻关完成的极端降水临近预报大模型，能够预报公里尺度下 0~3h 极端降水。

在 2023 年 5 月 27 日世界气象组织峰会上，3h 内降水临近预报被列为未解决的重要科学难题之一。由于极端降水过程持续时间短、空间范围小，原先数值计算方法的预报时效只有 1h 之内。

试想一下，从提前 1h 延长到提前 3h 知道即将有一场暴雨倾盆，前一种情况我们只能就近找个地方躲着，而现在则可以更从容地回到家中，前后的应对策略发生了显著变化。对于一些实际生产生活场景，这种预报还将有更亮眼的减灾表现，无疑是一个巨大的飞跃。

从占卜到经验判断，从天气图到数值天气预报，再到 AI 的加入，这是无数研究者筚路蓝缕、殚精竭虑，共同推动得到的"天有可测风云"。

（资料来源：网络资料整理）

盘古气象大模型具有约 6400 万个参数，与同期英伟达、谷歌等公司提出的方法相比，它通过采用三维神经网络模型，使得模型能够同时考虑多个高空层和地表层的气象要素，以更好地捕捉扩散、对流等气象过程。它还提出了地球位置编码和层次化时域聚合技术，达到了缩短推理间隔、减少迭代误差、节省推理时间的多重优势。

盘古气象大模型在欧洲气象中心第 5 代再分析场数据（ERA5）上训练，选取了 1979—2021 年的气象数据，并选定其中 69 个关键气象变量进行研究。它共有 4 个不同预测时效的神经网络模型，每个模型需要在 192 块 GPU（图形处理单元）上训练 16 天。其单步推理只需要在单个 GPU 上运行 1.4s。这意味着，盘古气象大模型仅需不到 10s，即可完成全球 7 天高分辨率数值天气预报，比传统数值方法快了 1 万倍以上。

盘古气象大模型还可以通过寻找平均海面气压的极小值，对台风路径进行预报。它在 2018 年全球 88 个有命名的台风数据上进行了测试，结果表明，对台风眼的绝对位置进行 3 天和 5 天预测，误差比欧洲气象中心高分辨率系统降低了 26% 和 28%。2023 年夏秋季，盘古气象大模型还对多个台风过程进行了实时预报，表现优异。例如，它能够提前 5 天判断出台风玛娃将在台湾岛东部海域转向，对于中国大陆没有显著影响，也能够在台风苏拉编号之前，判断其将在菲律宾东部海域逆时针绕圈并登陆中国华南沿海。

盘古气象大模型是大数据和人工智能的完美结合，被国家自然科学基金委员会授予"中国科学十大进展"称号。

2.6 思考与练习

1. 概念题

1）用历史发展的视角，说明大数据是如何积累出来的。
2）大数据的特点是什么？请举一个典型的例子说明。
3）举例说明身边有哪些数据是属于非结构的数据？
4）云计算和云存储有什么区别和联系？
5）数据挖掘的方法有哪些？通过判别分析方法，在一组水果中识别出"苹果"的过程是怎样的？
6）什么是算力？请查阅资料，简述超算在大数据和人工智能发展中的重要作用。
7）大数据和人工智能的关系是什么？请列举一个身边的人工智能和大数据的应用案例。

2．操作题

1）注册百度网盘账号，登录百度网盘，并完成上传和下载文件的操作。

2）登录"知心天气"官网，在"天气数据可视化分析平台"观察动态风向、温度等可视化信息，查阅天津和深圳的温度变化与天气详情。

3）用八爪鱼等数据爬取工具，爬取豆瓣网的电影信息，包括电影名字、类型、剧情简介、评分信息，应用 Power Query 数据清洗工具，完成数据清洗。

4）获取近两年内自己购物 App 的购物数据，并用 Tableau 输出可视化分析仪表板。

第 3 章 机器学习

本章导读（思维导图）

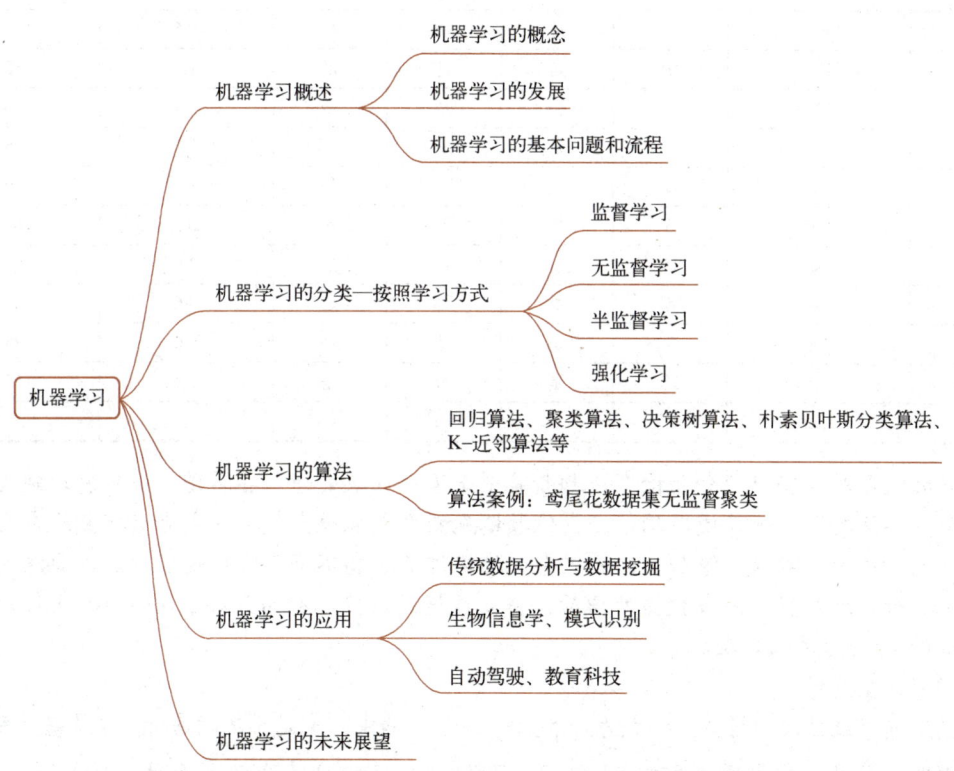

近年来，机器学习与大数据领域的技术突破，使人工智能迅速升温。当下，训练计算机模拟乃至实现人类的学习行为，已成为人工智能领域的热门研究方向。从 1997 年"深蓝"击败国际象棋世界冠军 Kasparov，到 2017 年 AlphaGo 战胜围棋世界冠军柯洁，这些标志性事件见证了机器学习的显著发展与进步。计算机究竟如何拥有类似人类的学习能力，从而从海量数据中挖掘出有用的知识？本章将为读者揭开机器学习的神秘面纱，介绍其概念、原理与发展历程，着重阐释机器学习中分类算法的设计、原理及代码实现。

【案例3-1】 房价预估 📖

在当今房地产市场中,精准预估房价对购房者、房产商、金融机构等都有着重要意义。为了更直观地了解机器学习在房价预估中的应用,以某二线城市为例,该城市房价受房屋面积、房龄、周边配套设施、交通便利性等因素影响。

> 📖 **知识拓展**
> 房价预估 Python 代码

(1) 数据收集与准备

首先收集市面上已经成功售出的1000套房屋数据。周边配套设施信息涵盖是否临近学校、医院、商场,用"是"或"否"记录;交通便利性则通过距离最近地铁站的距离来衡量,单位为千米(km)。表3-1是部分数据示例。影响房价的因素很多,为了使案例简单易懂,此处仅选取面积作为房价预估的影响因素,选取面积(平方米 m^2)作为特征,房价(万元)作为标签。

表 3-1 已售房屋数据和售价对应表

房屋ID	房屋面积/m^2	房龄/年	临近学校	临近医院	临近商场	距地铁站距离/km	成交价格/万元
1	80	5	是	否	是	0.5	125
2	100	10	是	是	是	1.2	150
3	125	3	否	是	否	0.8	180
4	90	8	是	否	否	0.7	135
5	75	12	是	是	是	1.5	110
6	110	6	是	否	是	0.3	160
7	60	15	是	否	是	2.0	95
8	130	4	否	是	是	0.6	195
9	85	7	是	是	否	1.0	125
10	105	18	是	否	是	1.3	155
...	...	...	...	...	...	...	...

下面需要对数据进行全面检查,判断其中是否存在缺失值与异常值。一旦发现缺失值,可以依据实际情况,选择使用均值、中位数填充的方式来补齐数据,或者直接删除包含缺失值的样本。对于异常值,像房屋面积过大、价格过低这类不符合常理的数据点,要深入分析后,再进行合理处置。完成数据处理后,将处理好的数据保存为 house_price.csv 文件,使用 Python 的 Pandas 库读取数据。

(2) 模型选择

选用简单线性回归模型,公式为:$\hat{y} = \theta_0 + \theta_1 x$,其中,$\hat{y}$ 是预测的房价,x 是房屋面积,θ_0 是截距,θ_1 是权重系数。通过最小化损失函数(均方误差)来求解 θ_0 和 θ_1,公式如下:

$$J(\theta_0, \theta_1) = \frac{1}{2m} \sum_{i=1}^{m} (\hat{y}_i - y_i)^2 \qquad (3-1)$$

式中,m 是样本数量,$\hat{y}_i$ 是第 i 个样本的真实房价。

(3) 数据预处理

对数据集使用 Python 的 Scikit-learn 库将数据按 70% 训练集、30% 测试集划分。对房屋面积特征进行标准化,使数据具有零均值和单位方差。

（4）模型训练

使用 Scikit-learn 的 LinearRegression 类训练模型，训练后得到 θ_0 和 θ_1 的值。

（5）模型评估

对测试集进行预测，计算均方误差（MSE）、均方根误差（RMSE）和决定系数（R^2）。

（6）结果可视化

使用 Matplotlib 绘制实际房价与预测房价对比图，以及房屋面积与房价的散点图和拟合直线。

运行后生成两个图表，如图 3-1 所示。图表展示实际房价和预测房价随样本索引的变化，圆点为实际房价，叉号为预测房价。图表也展示标准化后的房屋面积与房价的关系，圆点为实际数据，直线为拟合直线。

该拟合直线反映了房屋面积与价格之间的关系，输入面积信息就能得到相应的预测值，可以为房产交易、评估等提供参考。

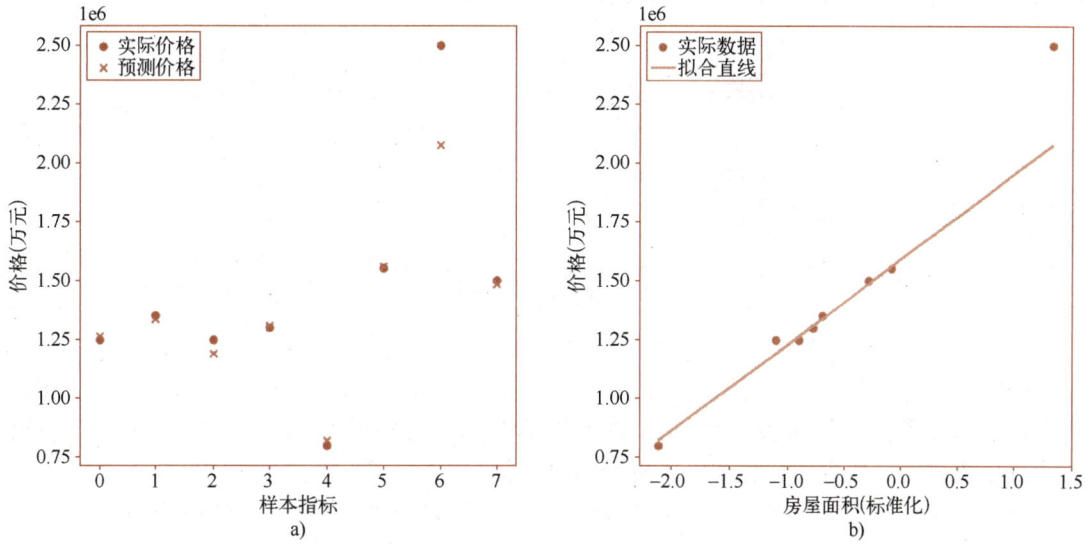

图 3-1　房价预估预测结果

a）实际房价和预测房价关系　b）标准化后房屋面积和房价关系

机器人小智提问：

① 采用模型预测房价，如果预测出来的价格和实际价格不一样，你觉得可能是模型哪里没"学"好？要是有两个预测房价的模型，一个算得快但不太准，另一个算得准可是特别慢，在着急知道房价的时候，你会选哪个模型？

② 收集房价数据时，有些房子信息不全，如没有写房龄，你会怎么处理这些数据呢？假如有个小区的房价数据里，有一套房子价格特别低，和其他房子差距很大，你觉得是直接把这个数据删掉，还是想办法找到它价格低的原因？

微视频
什么是机器学习

3.1　什么是机器学习

人类从出生起就在学习，如听声音、学走路，通过积累经验掌握技能。在人工智能领域，机器也类似。科研人员给机器输入数据，机器分析数据并总结规律，运用规律完成任务。这种让机器模拟人类从数据中学习的技术，就是机器学习。在日常生活中，当你使用手机上的智能语音助手，或是电子邮箱里的垃圾邮件过滤器软件时，其实就已经在不知不觉中运用到了机器学习。机器学习是人工智能的一个重要分支，它的应用领域十分广泛，涵盖了语言处理、图像识别以及智能规划等多个方面。

3.1.1 机器学习的概念

机器学习属于多领域交叉学科，融合了概率论、统计学、逼近论、凸分析以及算法复杂度理论等多门学科知识。它聚焦于借助计算方式，运用"经验"来提升系统性能。在计算机系统里，"经验"具体体现为数据。其核心研究内容是从数据中生成"模型"（model）的算法，也就是"学习算法"。当输入经验数据，学习算法便能据此构建模型。在遇到新情况时，模型就会给出相应判断，机器学习和人脑学习过程的对比如图3-2所示。可以说，计算机科学着重研究"算法"，而机器学习专注于"学习算法"。

图3-2 机器学习和人脑学习过程的对比

"机器学习"这一术语诞生于1956年。当时，IBM工程师阿瑟·塞缪尔（Arthur Samuel）研发了类似Google AlphaGo的西洋跳棋程序，并在达沃斯会议上分享这项研究时首次提出该词汇，他也因此被誉为"机器学习之父"。在1959年，他将机器学习定义为"无须明确编程，使计算机具有学习能力的研究领域"。这是机器学习领域较早的定义之一，强调了机器学习区别于传统编程的特性，即计算机可以不依赖于人类为其编写的明确指令，而是具备自我学习的能力，这一观点为后续机器学习的研究和发展奠定了基础。

随着时间的推移和技术的发展，机器学习的概念也在不断丰富和深化，不同专家学者的定义从不同角度反映了机器学习的特点和内涵，共同推动了人们对这一领域的理解和研究。

3.1.2 机器学习的发展

机器学习的发展历程源远流长，最早可追溯到18世纪。英国数学家托马斯·贝叶斯（1702—1763）提出了贝叶斯定理，这是关于随机事件A和B的条件概率（或边缘概率）的一则数学定理，是机器学习的基本思想。其中，$P(A|B)$是指在B发生的情况下A发生的可能性，即根据以前的信息寻找最可能发生的事件，公式如下。

$$P(B_i|A) = \frac{P(B_i)P(A|B_i)}{\sum_{j=1}^{n} P(B_j)P(A|B_j)} \tag{3-2}$$

1950年，图灵发表的"计算机器与智能"一文中，提出图灵测试，为人工智能发展指明了方向。1956年，达特茅斯会议正式确立"人工智能"术语，开启了人工智能研究的大门。这一时期机器学习主要基于符号主义，通过编写规则让计算机模拟人类逻辑推理，如纽厄尔和西蒙开发的"逻辑理论家"程序，它能够自动证明数学定理。21 世纪 10 年代以来，机器学习融合了各种学习方法，兴起了形式多样的集成学习系统，如图 3-3 所示。

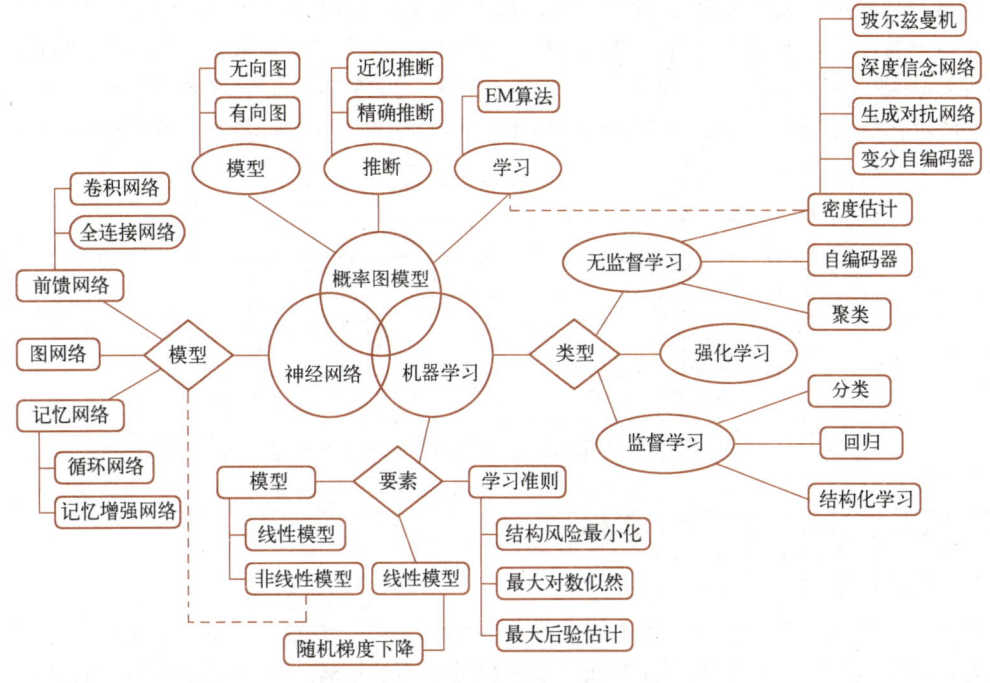

图 3-3　机器学习融合了各种学习方法

2018 年 OpenAI 发布 GPT，谷歌发布 BERT 等预训练模型，通过在大规模数据上进行无监督预训练，再在特定任务上微调，在自然语言处理任务中取得重大突破。同时，强化学习在机器人控制、自动驾驶、游戏等领域也成果显著，如 DeepMind 的 AlphaGo 通过强化学习在一场五局比赛中击败世界围棋冠军李世石（见图 3-4），展示出机器学习在更多复杂场景下的应用潜力。

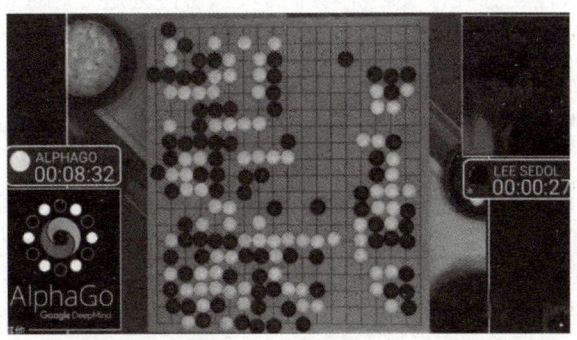

图 3-4　AlphaGo 在围棋赛中击败李世石

我国机器学习的发展历程可追溯到 20 世纪 90 年代末，当时清华大学、北京大学和中国科学院等顶尖院校与科研机构率先设立相关研究项目与课程，为国内培养了早期的研究人员，研究主要集中在模式识别、机器学习、神经网络等基础领域。1997 年，"863 计划"将人工智能列为重点发展领域，给予资金与政策支持，推动了机器学习技术的初步探索。

2011年后,"AI四小龙"崭露头角,尤其是旷视科技和商汤科技,专注计算机视觉技术研发,通过自主研发的图像识别算法,推出安防、金融、零售等行业的产品和解决方案,拓宽了机器学习的应用领域。2012年深度学习技术取得突破,引发全球AI热潮,百度、阿里巴巴、腾讯等互联网巨头纷纷成立AI研究院,加大机器学习研究投入,推动技术创新与应用拓展。在这一背景下,2024年底至2025年初,"杭州六小龙"异军突起,凭借其自身的技术创新与独特优势,在短时间内获得了广泛关注。2021—2025年机器学习开发平台市场规模如图3-5所示(资料来源:《2023—2028年中国机器学习行业深度分析及发展前景预测报告》)。

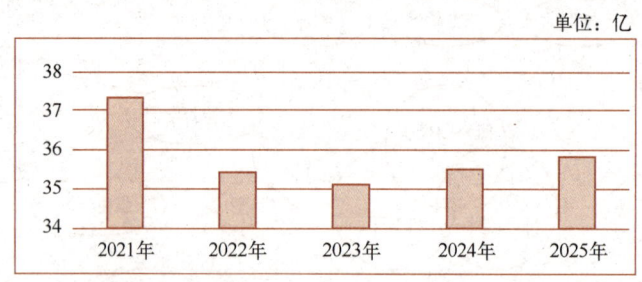

图 3-5　2021—2025 年机器学习开发平台市场规模

3.1.3　机器学习的基本问题和流程

1. 机器学习的基本问题

机器学习领域致力于解决的基本问题涵盖分类、聚类、预测、联想以及优化等方面。假设以 S 代表数据空间,Z 代表目标空间,那么机器学习的过程,便是基于现有的观察信息,推导出一个函数 L,构建从数据空间 S 到目标空间 Z 的映射关系,即 $L:S \rightarrow Z$。具有不同特征的学习函数,实质上对应着不同的机器学习基本问题。

2. 机器学习的流程

机器学习具有很强的流程性,一般涵盖数据采集、数据清洗、数据预处理、特征工程、模型训练参数优化、模型评估验证以及模型持久化环节,机器学习的流程如图3-6所示。由于机器学习项目的复杂程度各异,实际流程中的步骤可能会进行相应的删减,并且每个步骤所采用的具体方法也不尽相同。

(1)数据采集(见 2.3.1 节)

(2)数据清洗(见 2.3.2 节)

(3)特征工程

特征工程是机器学习中非常重要的部分,包括特征构建和特征选择两个环节。特征构建包括特征组合、特征拆分和外部关联特征三种。

(4)模型训练参数优化

同一个模型在不同参数下的性能有时会相差较大,因此通常在特征工程结束后就进入模型的参数调优步骤。在模型调优过程中一般使用网格搜索法,对模型中的超参数(如学习率)进行调整。首先应解决模型的欠拟合问题,其次解决过拟合问题。

(5)模型评估验证

通过交叉验证对模型的性能进行检验。需要注意的是,很多特征都依赖于时间的先后关系,因此在验证时不能随机划分数据,要考虑时间属性。

第 3 章 机器学习

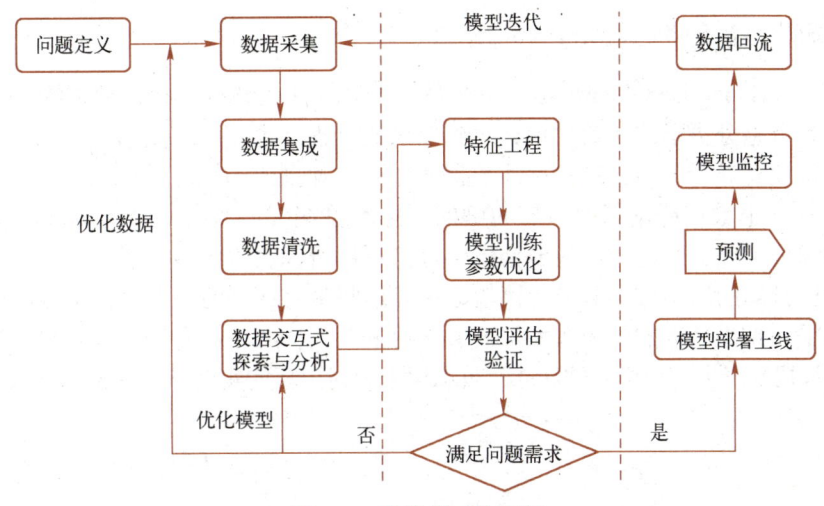

图 3-6 机器学习的流程

(6) 数据回流

模型部署上线之后的数据回流，是指把模型在实际运行过程中产生的数据，如推理请求、推理结果等，传输回数据存储或处理系统。这些回流的数据可以进一步优化模型、评估模型性能、发现新特征或模式，从而指导业务决策。

3.2 机器学习的分类

机器学习是人工智能蓬勃发展的核心力量，它赋予机器从数据中汲取知识、自我进化的能力。几十年来，研究发表的机器学习方式种类很多，根据强调面的不同有多种分类方法。本节将深入剖析基于学习方式的分类、原理与应用。

根据学习方式的差异，机器学习可分为监督学习、无监督学习和强化学习这三种主要类型以及半监督学习，如图 3-7 所示。

> 📖 **知识拓展**
> 机器学习的其他分类方式

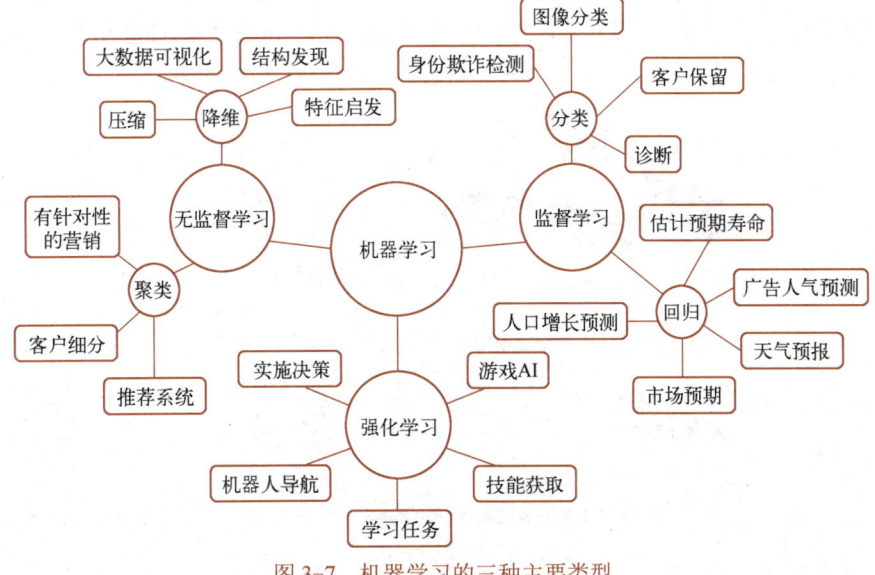

图 3-7 机器学习的三种主要类型

3.2.1 监督学习：数据驱动的精准预测

监督学习（Supervised Learning，SL）是基于有标注的数据进行模型训练，利用一组已知类别的样本调整分类器的参数，使其达到要求的过程，也称为监督训练或有导师学习。这些标注数据就如同教师批改后的作业，每一个数据样本都对应着明确的"标准答案"，例如，在图像分类任务中，标注数据会指明每张图片所代表的物体类别；在房价预估中，标注数据会给出具体的房屋价格数值。模型通过对这些带有标注的数据进行学习，从而建立起输入特征与输出结果之间的映射关系。监督学习的两大核心任务为分类和回归，学习算法是分析该标注数据并产生一个推断的功能，可以用于映射出新的实例，如图3-8所示。

图 3-8　监督学习示意图

3.2.2 无监督学习：探索数据中的隐藏奥秘

与监督学习依赖标注数据不同，无监督学习（Unsupervised Learning，UL）旨在从大量无标签的数据中自主挖掘信息，发现潜在的结构、模式或规律。这种学习方式更像是人类在日常生活中凭借直觉和经验去发现事物之间的联系，而不是在明确的指导下完成任务，如图3-9所示。人们常说的"物以类聚，人以群分"说的就是无监督学习。

图 3-9　无监督学习示意图

聚类是无监督学习中最具代表性的任务之一，它将数据集中相似的数据点划分到同一个簇中，使得同一簇内的数据相似度较高，而不同簇之间的数据相似度较低。例如，在客户关系管理中，企业拥有大量关于客户的购买行为、消费偏好、地理位置等数据，但这些数据并没有预先分类。通过聚类算法，如 K-Means 算法，就可以将具有相似消费行为和偏好的客户归为一类。这有助于企业进行精准营销，可以针对不同类别的客户制定个性化的营销策略。

降维也是无监督学习的重要应用，随着数据维度的不断增加，数据处理的复杂度和计算成本也急剧上升，同时还可能出现"维度灾难"问题。降维算法能够在尽量保留数据主要特征的前提下，将高维数据转换为低维数据。主成分分析（PCA）就是一种常用的降维方法，它通过线性变换将原始数据转换为一组新的正交变量，即主成分。这些主成分按照方差的大小排序，方差越大表示包含的信息越多。

3.2.3 半监督学习：融合标注与未标注数据的智慧学习

半监督学习（Semi-Supervised Learning，SSL）结合了监督学习和无监督学习的特点，使用少量有标注数据和大量无标注数据集进行学习，如图 3-10 所示。

图 3-10 半监督学习示意图

半监督学习的主要优势在于可以利用大量廉价的无标注数据集，降低数据集标注成本，同时借助少量有标注数据集来引导学习过程，提高模型的准确性和泛化能力。常见的半监督学习方法有自训练、协同训练、基于图的方法等。半监督学习更类似于人类的成长，从小学到大学的学习阶段，老师会为学生答疑，明确告知对错以及行为的可行与否，这就如同给事物贴上了标注，属于有标注数据集的范畴。然而，当人们离开校园步入社会后，不再有人直接给予对错指引，必须依靠早年积累的知识，并在社会中不断学习，拓展自身的认知体系，才能在面对新事物时保持从容淡定。

3.2.4 强化学习：在动态交互中优化决策

强化学习（Reinforcement Learning，RL）是一种独特且强大的学习范式，它专注于让智能体在与环境的动态交互中不断学习，以做出最优决策，从而最大化长期累积奖励。强化学习的核心要素包括智能体、环境、动作、状态和奖励。智能体是决策的主体，它会根据当前所处的环境状态选择一个动作。环境则是智能体所处的外部世界，它会根据智能体的动作发生状态变化，并反馈给智能体一个奖励信号。这个奖励信号是对智能体动作好坏的一种评价，智能体的目标就是通过不断尝试不同的动作，学习到如何在各种状态下选择能获得最大奖励的动作策略。这种学习方式更贴近人类在现实生活中的学习过程，例如，婴儿通过不断尝试不同的动作来学习如何站立和行走，在这个过程中，每一次成功的尝试都会带来积极的反馈，从而逐渐形成正确的行为策略。

3.3 机器学习的算法

机器学习的算法丰富多样且复杂精妙，要想深入理解其中的大多数算法，需要掌握一些关键数学概念，如图 3-11 所示。

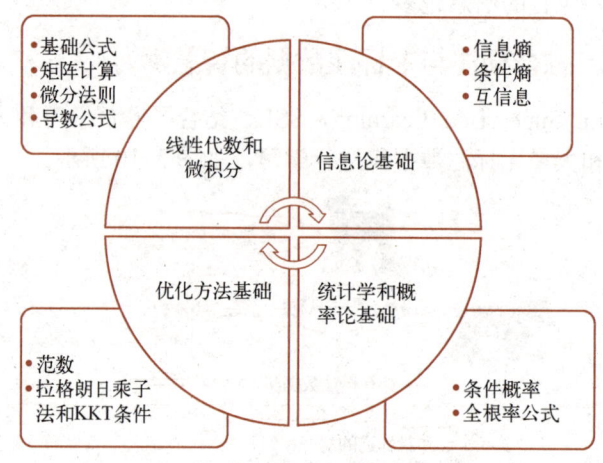

图 3-11 机器学习所需的数学概念

机器学习从技术层面可以分为传统机器学习和深度学习，传统机器学习算法主要包括线性回归、逻辑回归、朴素贝叶斯分类、支持向量机、KNN、决策树、K-Means、随机森林📖、Adaboost 等。

📖 知识拓展

随机森林

3.3.1 回归算法：数值预测的建模利器

回归算法旨在建立自变量与连续型因变量之间的关系模型，以实现对未知数据的数值预测。

线性回归是一种基本的机器学习算法，用于建立一个或多个自变量与因变量之间的线性关系模型，即被预测值与已知数据之间是线性关系。简单线性回归模型的表达式为 $y = \theta_0 + \theta_1 x$，其中 y 是因变量，x 是自变量，θ_0 是截距，θ_1 是斜率。多元线性回归则是处理多个自变量的情况，表达式为 $y = \theta_0 + \theta_1 x_1 + \theta_2 x_2 + \cdots + \theta_n x_n$。其核心目标是最小化预测值与特征值之间的误差，通常使用最小二乘法来确定模型的参数 θ。图 3-12 为简单线性回归示意图。

1）均方误差（Mean Squared Error，MSE）。线性回归中常用的损失函数，对于有 n 个样本的数据集，假设真实值为 y_i，模型预测值为 $\hat{y}_i$，则均方误差的计算公式如下。

$$\text{MSE} = \frac{1}{n}\sum_{i=1}^{n}(y_i - \hat{y}_i)^2 \qquad (3-3)$$

式（3-3）计算的是预测值与真实值之差的平方的平均值，能很好地反映出模型预测的整体偏差程度，偏差越大，MSE 值就越大。

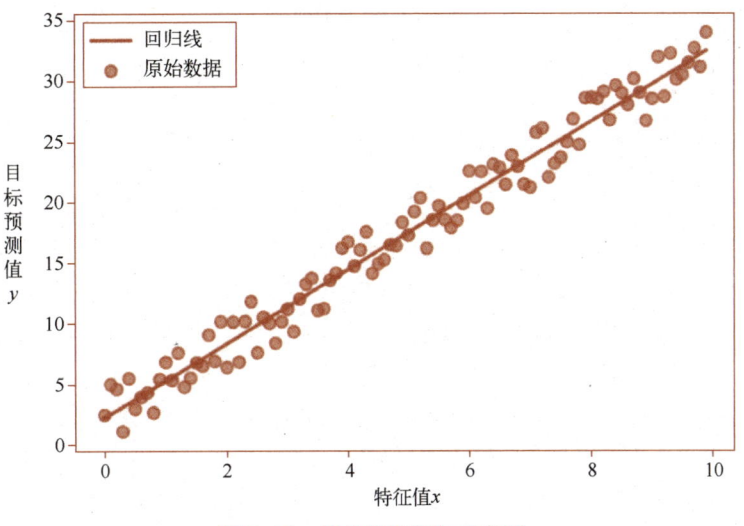

图 3-12　简单线性回归示意图

2）平均绝对误差（Mean Absolute Error，MAE）。计算公式如下。

$$\text{MAE} = \frac{1}{n}\sum_{i=1}^{n}|y_i - \hat{y}_i| \tag{3-4}$$

与 MSE 不同，式（3-4）是预测值与真实值之差的绝对值的平均值，更能体现实际误差的大小，对异常值的敏感度相对于 MSE 较低。

3）对数损失函数。对于二分类问题，若真实标签 $y \in \{0,1\}$，预测概率为 p，对数损失函数为 $L(y, p) = -[y\log p + (1-y)\log(1-p)]$。它基于信息论中的交叉熵概念，能很好地反映模型对分类概率的预测准确性。

3.3.2　聚类算法：数据分组的无监督能手

古语有"物以类聚，人以群分"，这个思想可以用来解决分类问题。聚类算法是一种无监督学习算法，旨在将数据集中的样本按照相似性划分为不同的簇，使同一簇内的数据点相似度较高，不同簇之间的数据点相似度较低。常见的聚类算法有 K-Means 算法、ROCK 算法、DBSCAN 算法和 STING 算法等，接下来以 K-Means 算法为例，具体介绍其原理和聚类过程。

在 K-Means 算法中，随机选择 K 个初始聚类中心，通过计算数据点与各中心的距离，将数据点分配到最近的中心所在簇，然后不断更新中心位置，直到聚类结果稳定。以二维平面上 M 个点聚成 K 类为例，图 3-13a 为初始各节点的分布情况，图 3-13b～图 3-13d 为当 $K=1$、$K=2$、$K=3$ 时的聚类结果。

图 3-13 中，首先随机从 M 个点里选 K 个作为初始聚类中心。接着，计算每个点到这 K 个中心的距离，一般用欧氏距离，然后把点划分到距离最近的中心所属的簇。完成划分后，对每个簇内的点计算坐标均值，以此更新聚类中心。算法不断重复点的划分与中心更新这两个步骤，每一次迭代都会让聚类中心更靠近其所属簇的数据点。随着迭代的进行，簇内数据点的相似度不断提高，不同簇间的差异越来越明显，直到聚类中心不再变化，或者达到预设的迭代次数，算法结束，此时 M 个点就被成功分成了 K 个类。

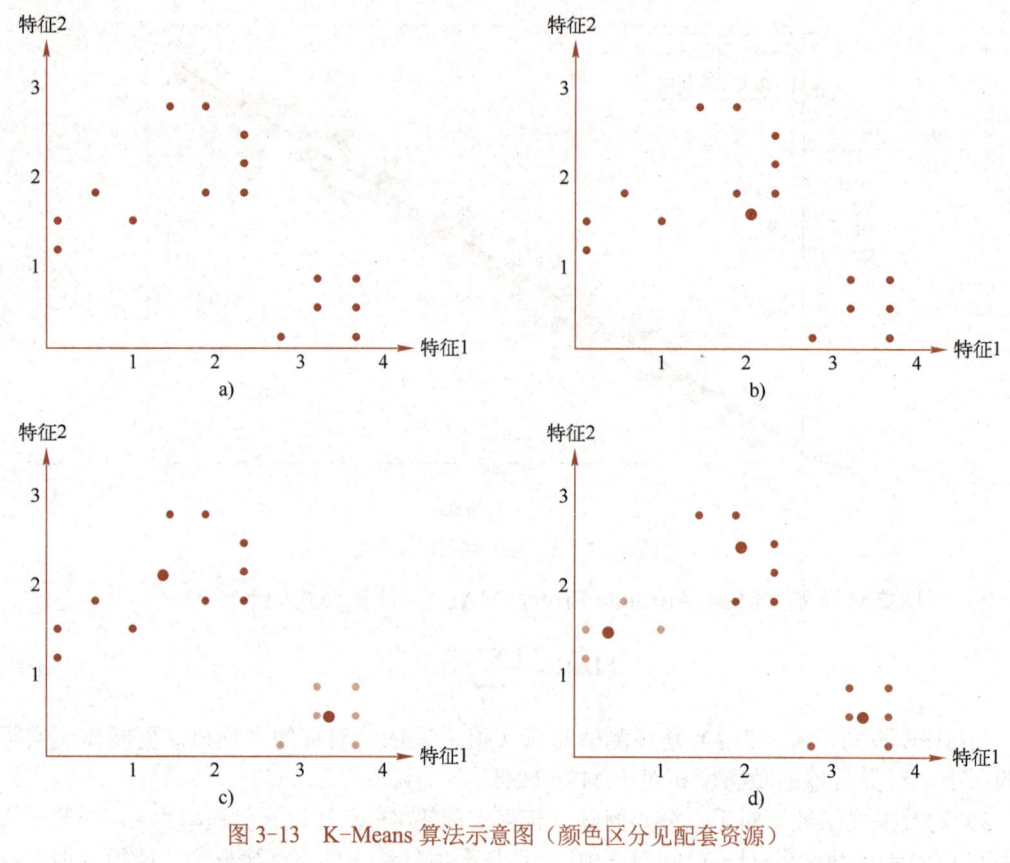

图 3-13　K-Means 算法示意图（颜色区分见配套资源）

a）初始　b）$K=1$　c）$K=2$　d）$K=3$

【案例 3-2】 鸢尾花数据集无监督聚类 📖

采用 K-Means 算法对鸢尾花数据集进行无监督聚类的步骤如下。

> 📖 **知识拓展**
> 鸢尾花聚类 Python 代码

1）加载数据集。鸢尾花数据集是 Scikit-learn 库中的经典数据集，可以直接调用。

2）数据预处理。选择部分特征（如花瓣长度和宽度）以便于可视化。

3）构建 K-Means 模型。使用 K-Means 算法对数据进行聚类。

4）评估聚类效果。使用轮廓系数（Silhouette Score）评估聚类质量。

5）可视化聚类结果。将聚类结果与真实标签进行对比，绘制散点图。

6）结果分析。控制台输出如下。

使用的特征：['petal length (cm)', 'petal width (cm)']

轮廓系数（Silhouette Score）：0.66

轮廓系数取值范围[-1,1]，值越接近 1 表示聚类效果越好。0.66 说明聚类结构较为合理，如图 3-14 所示。通过可视化比较，图 3-14a 显示 K-Means 聚类结果，3 个颜色簇+3 个星号表示中心点；图 3-14b 显示真实类别分布，3 种颜色对应 3 个品种。通过对比可以直观地评估聚类效果。

7）进阶探索。尝试使用所有的 4 个特征进行聚类，观察结果变化。使用肘部法则确定最佳 K 值，运行结果得到最优 K 值，如图 3-15 所示。

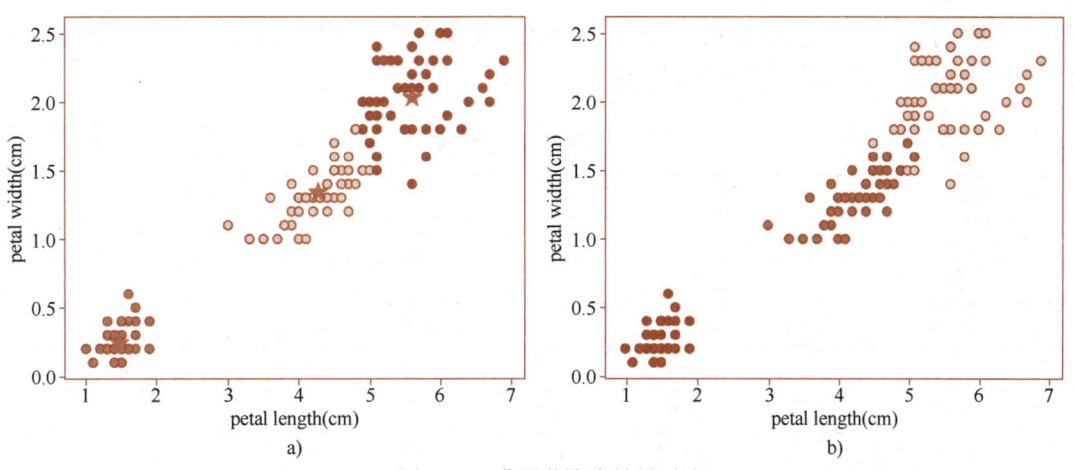

图 3-14 鸢尾花聚类结果对比
a) 鸢尾花 K-Means 聚类结果 b) 鸢尾花真实类别分布

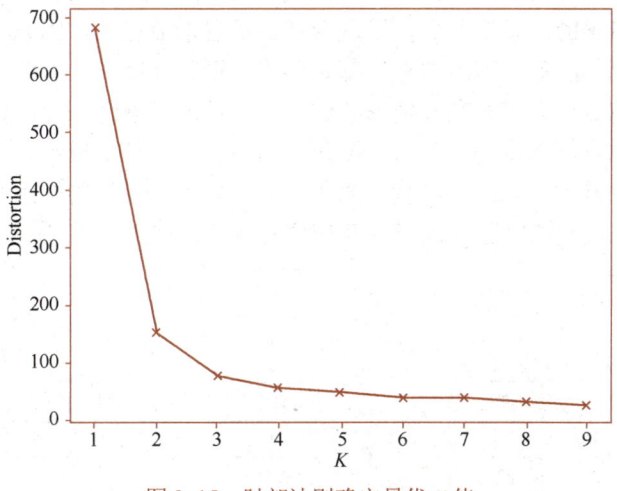

图 3-15 肘部法则确定最优 K 值

通过以上步骤,可以完成对鸢尾花数据集的无监督聚类任务。K-Means 算法简单高效,适合初学者入门。通过可视化分析和轮廓系数评估,能够直观地理解聚类效果,为进一步优化模型提供了依据。

在鸢尾花无监督学习聚类案例中,借助 K-Means 对鸢尾花数据集进行分析,成功探寻数据内在结构,将鸢尾花样本划分成不同类别。这不仅展示出无监督学习挖掘隐藏模式的能力,也为相关领域的数据分析提供了有效思路。

3.3.3 决策树算法:特征驱动的智能分类与回归利器

决策树算法以树状结构为依托开展决策分析,核心要点是挑选适宜的特征,对数据集进行递归划分,从而构建出能够对未知数据予以分类或预测的模型。这个过程中,需借助信息论里的信息增益、信息增益比以及基尼指数等指标,来衡量特征对于分类或者回归任务的重要程度。算法会优先把信息增益最大的特征当作树的节点,将数据集分割成不同子集,促使每个子集里的数据在目标变量上尽量相似。接着,对每个子集都重复上述操作,递归地构建子树，直至符合预设的停止条件。假设有一个关于水果分类的数据集见表3-2，特征包括颜色、形状和口感，目标是判断水果的类别。

表 3-2 水果分类数据集

颜色	形状	口感	类别
红色	圆形	脆甜	苹果
橙色	圆形	酸甜	橙子
黄色	长条形	软糯	香蕉
红色	圆形	酸甜	石榴
橙色	圆形	酸甜	橙子
黄色	长条形	软糯	香蕉

首先构建决策树，计算每个特征的信息增益，在这个水果分类数据集中，颜色的信息增益最大，因此将颜色作为根节点，据此把数据集分成红色、橙色和黄色三个子集。对于红色子集，计算形状和口感的信息增益后，发现形状的信息增益更大，因此将形状作为子节点，继续划分，其中红色、圆形、脆甜的样本都是苹果，形成叶节点，红色、圆形、酸甜的样本都是石榴，形成叶节点。如果存在其他形状的样本，还能够继续划分。橙色子集中，口感的信息增益最大，因此将口感作为子节点，橙色且酸甜的样本都是橙子，形成叶节点。黄色子集中，形状信息增益最大，因此将形状作为子节点，黄色长条形的样本都是香蕉，形成叶节点。通过这样的方式，一棵完整的决策树就构建完成了，如图3-16所示。

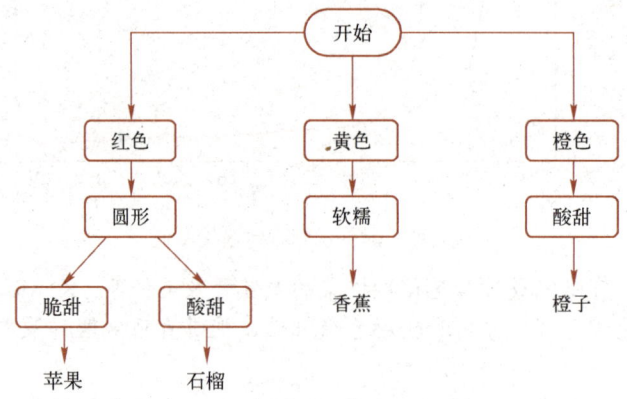

图 3-16 水果分类决策树算法

当面对一个新水果时，已知其颜色为红色，形状为圆形，口感为脆甜时，根据之前构建的决策树，就可以将其分类为苹果。这清晰地展示了决策树算法如何从数据中学习特征模式，构建决策树模型，并最终实现对新数据的分类预测。

3.3.4 朴素贝叶斯分类算法：特征独立的概率分类利器

朴素贝叶斯分类算法是基于贝叶斯定理与特征条件独立假设的分类方法，在机器学习领域中有广泛应用。贝叶斯定理是其核心基础，公式如下。

$$P(A|B) = \frac{P(B|A)P(A)}{P(B)} \quad (3-5)$$

在分类问题中，将 A 视为类别 C，B 看作特征向量 X，目标是计算 $P(C|X)$，也就是在给定特征向量 X 的情况下，样本属于类别 C 的概率。其中，$P(C)$ 是类别 C 的先验概率，它反映了在没有任何特征信息时，类别 C 出现的概率；$P(X|C)$ 是似然概率，表示在类别 C 下，出现特征向量 X 的概率；$P(B)$ 在计算中可看作归一化因子，保证所有类别的后验概率之和为 1。

朴素贝叶斯分类算法的流程如图 3-17 所示，主要分为三个阶段。在准备工作阶段，重点在于确定特征属性，同时确定训练样本所对应的标签，为后续操作奠定基础。进入训练阶段，算法依据朴素贝叶斯原理，对准备好的数据进行处理和分析，从而得到分类模型。最后是应用阶段，将测试样本的属性代入之前训练得到的分类模型中，经过运算和判断，最终得到分类值，完成对测试样本的分类。

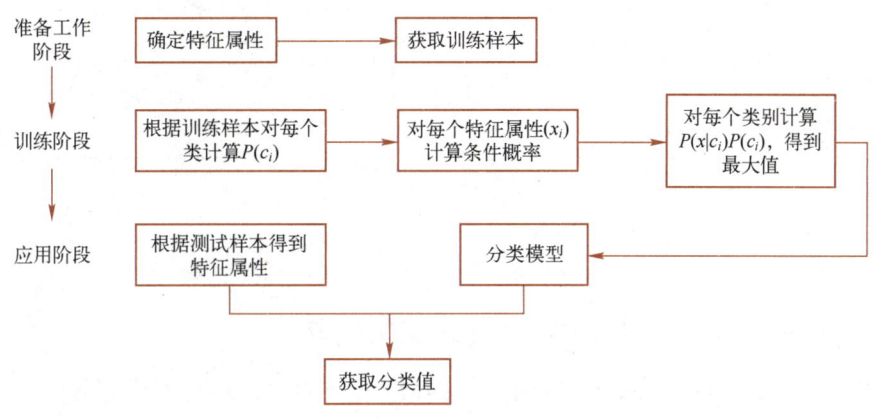

图 3-17 朴素贝叶斯分类算法的流程

3.3.5 K-近邻算法：以距离定归属的分类利器

K-近邻（K-Nearest Neighbor，KNN）算法是 1967 年由 Cover T 和 Hart P 提出的一种基本分类与回归方法，是最著名的基于实例的算法。它既能用来分类，也能用于回归。算法以训练数据集为基础，对于新的待分类或预测数据点，计算它与训练集中所有样本的距离。选取距离最近的 K 个样本作为近邻，在分类任务中，根据这 K 个近邻中出现最多的类别来确定新数据点的类别。在回归任务中，通常取这 K 个近邻数值的平均值或加权平均值作为新数据点的预测值。该算法基于数据点间的相似性，简单直观，依靠"近朱者赤，近墨者黑"的思想进行分类或预测。

如图 3-18a 所示，样本实例分成了两类：三角形代表的类别和圆形代表的类别。对于新的样例正方形，如何使用 KNN 算法进行分类呢？先假设一个 K 值，如果 $K=3$，则选择最近邻的两个三角形和一个圆形，显示此时正方形应该和两个三角形分为一类，如图 3-18b 所示；如果 $K=5$，则选择最近邻的三个圆形和两个三角形，则正方形表示的样例应该和圆形分为一类，如图 3-18c、d 所示。

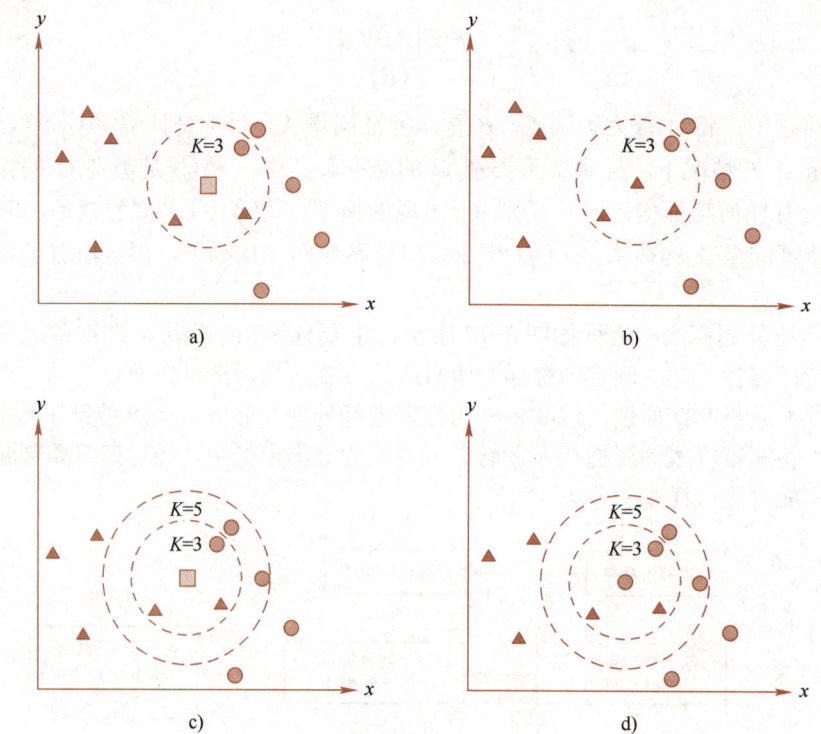

图 3-18 KNN 算法示意图

a) $K=3$ b) $K=3$ 算法结果 c) $K=5$ d) $K=5$ 算法结果

3.3.6 支持向量机算法：划分数据的超平面构建者

支持向量机（Support Vector Machine，SVM）是一种经典的监督学习算法，可用于分类、回归等任务。其基本思想是寻找一个能将不同类别数据分开的超平面，并且让该超平面与最近的数据点（支持向量）之间的距离（间隔）最大化，以此保证分类性能和决策边界的鲁棒性。

SVM 算法原理如下，假设在二维平面上有正方形和圆形两类数据点，要找一条最佳直线将它们分开，实际上能划分的直线有很多。而 SVM 的任务，就是找出一条直线（在高维空间中则是超平面），这条线与训练样本中的最近点距离达到最大，类似图 3-19 中处于中心位置的直线。

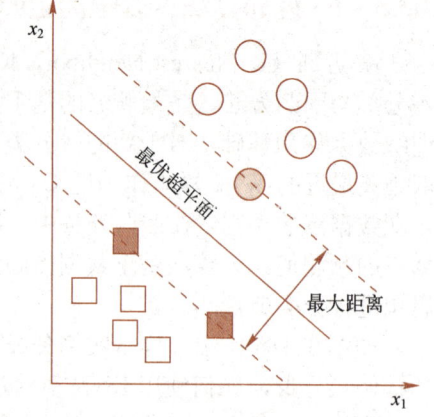

图 3-19 SVM 超平面

确定这条决策边界时，SVM 不必考虑所有训练样本，仅关注两类数据中离决策边界最近的那些点即可。最近的点包含一个实心圆形和两个实心正方形，这些点被称作支持向量。SVM 的学习目标是在确保分类正确的前提下，将这些支持向量所确定的间隔最大化，同时要满足一个条件，即所有样本点都不能处于两个支持平面之间。此外，在 SVM 算法中，对于线性可分的数据，二维时决策边界是直线，三维时则是平面，若数据是 n 维，决策边界就是（$n-1$）维平面，统一叫作超平面。每个多维数据样本都是一个多维向量,SVM 的本质就是找出与训练样本最小距离最大的那个超平面。其中,"最小距离"是指超平面和离其最近的点的距离,而"最大距离"是指超平面和离其最近的点的距离尽可能大。

3.4 机器学习的应用

机器学习的主要目的是从使用者的操作行为、输入数据等获取知识和技能,并重新梳理整合已有知识体系。因而能持续优化模型性能,降低错误率,解决更多复杂问题,提升效率,更智能高效地服务于各类场景。从日常使用的搜索引擎,到医院精准的疾病诊断,从电商平台贴心的个性化推荐,到自动驾驶汽车的智能决策,机器学习都展现出巨大的潜力。本节主要介绍机器学习的应用领域和应用案例。

1. 传统数据分析与数据挖掘

机器学习在传统数据分析与数据挖掘中扮演着重要角色,能够从海量数据中提取有价值的信息,辅助决策并优化业务流程,涵盖了分类预测、聚类分析、关联规则挖掘、降维与可视化、时间序列分析以及文本挖掘等多个方面。

在数据挖掘阶段,协同过滤运用机器学习算法挖掘出的关系(如相似用户群体、相似物品集合等)能够用于预测用户对未接触物品的喜好程度,进而做出推荐,如图 3-20 所示。

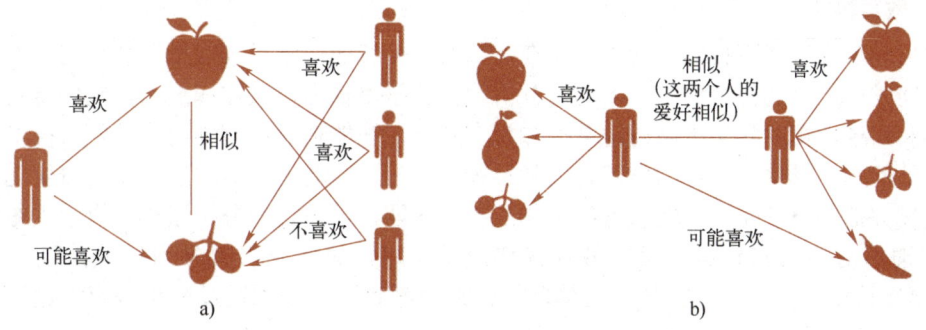

图 3-20 基于协同过滤的推荐系统示意图
a)"物以类聚"的基于物品的协同过滤 b)"人以群分"的基于用户的协同过滤

机器学习在传统数据分析与数据挖掘中的应用,不仅提升了数据处理的效率,还为企业提供了更深层次的洞察。随着数据规模的不断增长,机器学习在这一领域的应用将更加广泛和深入。

2. 生物信息学

随着基因组及其他测序项目持续推进,生物信息学的研究重心已从单纯的数据积累,转向数据解读。未来生物学的新突破,更多依赖于在多维度和不同尺度下,对各类数据进行组合与关联分析的能力,而非局限于传统领域。序列数据将与结构功能、基因表达等多类数据融合,数据量庞大且复杂。这不仅在生物信息的存储、获取等环节对理论算法和软件提出迫切需求,基因组数据自身的复杂性也亟需相关技术发展。而像神经网络等机器学习方法,恰好适用于处理这类数据量大、含噪声且缺乏统一理论的领域。

3. 模式识别

机器学习作为模式识别的核心技术,通过从数据中自动学习规律和特征,极大地提升了模式识别的准确性与效率,广泛应用于图像识别、语音识别、自然语言处理等领域。

在图像识别方面，机器学习尤其是深度学习模型，如卷积神经网络（CNN），在图像分类、目标检测和图像分割等任务中表现出色。例如，CNN 通过多层卷积和池化操作，能够自动提取图像的层次化特征，从而实现高精度的图像识别。在语音识别领域，机器学习模型，如循环神经网络（RNN）和长短期记忆网络（LSTM），能够有效处理时序数据，实现语音到文本的转换。例如，基于 LSTM 的语音识别系统能够捕捉语音信号中的长期依赖关系，显著提高识别准确率。在自然语言处理中，机器学习模型，如 Transformer 和 BERT，通过自注意力机制，能够理解文本的上下文信息，实现机器翻译、文本分类和情感分析等任务。例如，BERT 模型通过预训练和微调，能够在多种自然语言处理任务中取得领先的性能。

4. 自动驾驶

机器学习作为自动驾驶的核心技术，通过处理与分析海量传感器数据，赋予车辆感知、决策和控制能力，推动自动驾驶技术的快速发展。在感知环节，机器学习助力自动驾驶车辆精准识别周围环境。通过对摄像头、雷达、激光雷达等传感器收集的海量数据进行学习，车辆能够分辨出道路、行人、其他车辆以及交通标志和信号灯等，为后续决策提供依据。在决策与规划层面，机器学习可以依据感知到的信息，结合地图数据和交通规则，实时规划出最优行驶路径。例如，强化学习算法通过不断与环境交互并获得奖励反馈，学习到在不同交通场景下的最佳驾驶策略，如何时加速、减速、变道等，使车辆行驶更加安全和高效。

5. 教育科技

机器学习在教育科技领域的应用正在深刻改变传统的教学模式，推动教育向个性化和智能化方向发展。首先，个性化学习通过分析学生的学习行为、兴趣和能力，提供定制化的学习内容和路径，帮助学生更高效地掌握知识。其次，智能辅导系统利用机器学习技术实时解答学生的问题，提供个性化的学习建议和反馈。第三，自动化评估通过机器学习实现作业批改和考试评估的自动化，减轻教师的工作负担。第四，学习行为分析通过分析学生的学习数据，识别学习模式和趋势，帮助教师优化教学策略。第五，虚拟学习环境结合机器学习与 VR/AR 技术，提供沉浸式的学习体验。最后，教育数据挖掘通过分析教育大数据，发现隐藏的模式和趋势，为教育决策提供支持。

3.5　机器学习的未来展望

机器学习作为推动数字时代发展的核心技术，正在全方位重塑社会，未来发展潜力巨大。下一代机器学习模型将突破现有算力桎梏，实现量子计算与神经架构的深度融合。类脑计算芯片的突破性进展使得模型能效比将提升千倍，生物启发的脉冲神经网络将实现动态环境下的自组织学习。这种仿生智能系统将突破传统深度学习对标注数据的依赖，在自动驾驶、太空探索等复杂场景中展现出类人的环境适应能力。

1）多模态认知能力的突破将开启人机协作新纪元，跨模态语义理解网络不仅能实现文本、图像、语音的深度融合，更能捕捉微表情、肢体语言等人类非言语信息。这种全息感知系统将推动教育机器人突破图灵测试边界，在心理辅导、艺术创作等需要情感共鸣的领域达到人类水平。

2）在可信 AI 领域，联邦学习与同态加密技术的结合将重构数据主权体系。区块链赋能的分布式学习框架可实现数据"可用不可见"，医疗 AI 系统能在保护患者隐私的前提下完成跨机构知识共享。这种技术伦理的突破将催生全球医疗知识图谱，使罕见病的诊断准确率提升 60%以上。

3）前沿探索已延伸至意识科学领域，神经形态计算正在解码大脑皮层的信息编码机制。通过融合脑机接口与强化学习，瘫痪患者可通过思维直接操控外骨骼，阿尔茨海默病患者可通过记忆增强系统重建认知功能，这种生命增强技术将重新定义人类潜能边界。

3.6 思考与练习

1. 问答题

1）机器学习中损失函数的作用是什么？
2）SVM 算法中，是离超平面越近的点越容易分类，还是离超平面越远的点越容易分类？
3）K-近邻算法和 K 均值算法属于哪类机器学习算法？分别有什么特点？
4）在各类机器学习算法中，哪些属于有监督学习算法？哪些属于无监督学习算法？
5）假如让机器学习预测每天出门是否需要带伞，除了天气数据，你还能想到哪些独特的数据维度可以提供给模型，帮助它做出更准确的预测？请举例说明并阐述原因。
6）想象你正在开发一个用于推荐旅游目的地的机器学习系统，除了用户的历史旅游记录和偏好，还能从哪些意想不到的方面获取数据，为用户提供更个性化且独特的旅游推荐？
7）现有一个能识别猫狗图片的机器学习模型，准确率很高。现在请你设计一个有趣的"对抗"任务，故意让模型识别错误，你会怎么做？思考背后的原理，谈谈对机器学习模型鲁棒性的理解。

2. 实验题

1）尝试在网上搜索身高体重数据，并用线性回归模型进行建模预测。
2）在一个水果分类问题中，采用的特征向量为{颜色，尺寸，形状，味道}。其中，颜色属性的取值范围为{红，绿，黄}，尺寸属性的取值范围为{大，中，小}，味道属性的取值范围为{甜，酸}，形状属性的取值范围为{圆，细}。已知样本集为一批水果，知道其特征向量及类别。那么，对于一个新的水果实例，观测其特征向量，就可以判定它是哪一类水果，画出该水果分类的决策树。

已知水果的析取式（规则）表示如下：（注：在水果分类的例子中，每个"∨(If … Then …)"就是一个规则，多个规则通过"∨"连接形成析取式。例如，"∨(If 颜色=绿∧尺寸=大 Then 水果=西瓜)"表示如果水果的颜色是绿色且尺寸为大，那么这个水果是西瓜。整个析取式中，只要满足其中某一条规则，就能判断出水果的类别。如有个水果颜色为黄、形状为细，满足"∨(If 颜色=黄∧形状=细 Then 水果=香蕉)"这条规则，就可以判定该水果是香蕉。）

∨(If 颜色=绿∧尺寸=大 Then 水果=西瓜)
∨(If 颜色=绿∧尺寸=中 Then 水果=苹果)
∨(If 颜色=绿∧尺寸=小 Then 水果=葡萄)
∨(If 颜色=黄∧形状=圆∧尺寸=大 Then 水果=柚子)
∨(If 颜色=黄∧形状=圆∧尺寸=小 Then 水果=柠檬)
∨(If 颜色=黄∧形状=细 Then 水果=香蕉)
∨(If 颜色=红∧尺寸=中 Then 水果=苹果)
∨(If 颜色=红∧尺寸=小∧味道=甜 Then 水果=樱桃)
∨(If 颜色=红∧尺寸=小∧味道=酸 Then 水果=葡萄)

第4章
深度学习

本章导读（思维导图）

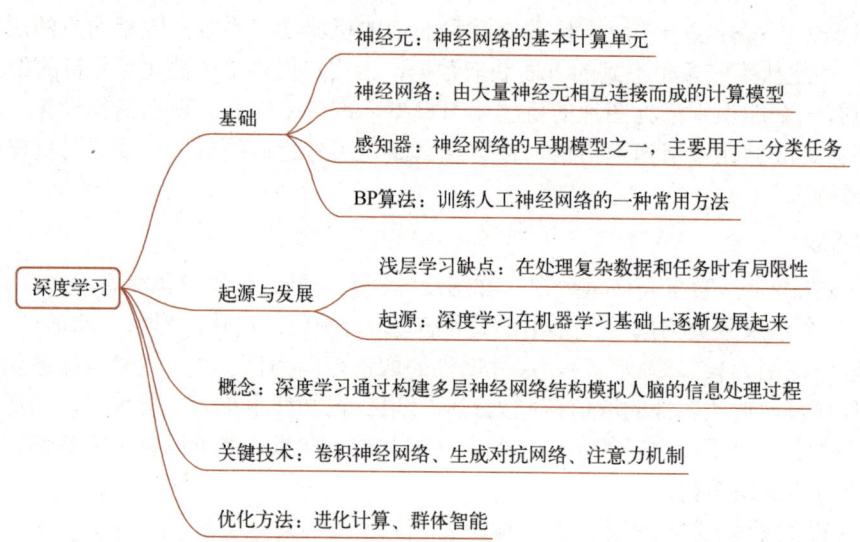

深度学习（Deep Learning）是机器学习技术中的一种方法，与传统机器学习一样，能够对输入数据实现分类或回归处理。在大数据技术的推动下，当数据量不断增多时，传统机器学习方法逐渐力不从心，而深度学习凭借其深层网络架构，能够更有效地挖掘数据中的深层信息，从而展现出卓越的性能，迅速在学术界和工业界获得广泛关注。深度学习通过模拟人脑神经网络的层次化信息处理机制，彻底变革了机器从数据中学习复杂模式的能力。从早期感知机的雏形到如今千亿参数的大模型，深度学习在图像识别、语音合成、自然语言处理等领域不断突破人类认知的边界，而其与进化计算、群体智能等仿生优化方法的结合，更在模型架构搜索、超参数自动调优等关键环节开辟了新的可能性。本章将以神经网络的生物学启示为起点，追溯深度学习从单层感知机到卷积神经网络，再到Transformer架构核心注意力机制的演化历程。针对传统梯度下降方法的局限性，本章还解析了进化计算与群体智能如何赋能深度学习：通过模拟生物进化与群体协作的全局搜索能力，突破局部最优陷阱，在神经网络架构搜索、超参数自动调优等场景中展现出独特优势。

【案例4-1】 DeepSeek的个性化教育革命

DeepSeek经推出后在全世界引起广泛关注，我国某重点中学引入DeepSeek构建了首个自适应学习系统。该系统通过分析学生的课堂表现、作业数据、在线测试记录及生理传感器采集的注意力指标（如眼动追踪、脑电波波动），实时生成个性化学习路径。例如，针对数学薄弱但逻辑推理能力强的学生，DeepSeek通过强化学习动态调整习题难度，并融合游戏化机制提升学习动机。三个月后，实验班级的平均成绩提升23%，且学习焦虑指数下降40%。然而，这一技术也引发了争议：部分教师质疑算法过度简化了教育复杂性，家长却担忧数据隐私泄露，而学生则对AI推荐的"最优路径"是否限制创造性思维提出疑问。

（资料来源：网络资料整理）

机器人小智提问：
① DeepSeek是基于哪个深度学习模型开发的？
② 若模型的训练数据主要来自城市优质学校，那么系统对教育资源相对匮乏地区学生的适应性会面临哪些挑战？
③ 为什么深度学习能够在短短几年内改变人们对人工智能的认知？

4.1 神经网络

神经元之间精密的突触连接与信息处理机制，启发了人工智能领域最富创造力的思想实验——用数学模型模拟生物神经系统的运作机制。神经网络作为连接主义学派的核心成果，不仅突破了传统机器学习算法的性能瓶颈，更为深度学习的发展奠定了基础。

4.1.1 神经元

从生物学角度来看，神经元主要由细胞体、树突和轴突这几大关键部分组成。一个典型的生物神经元如图4-1所示。

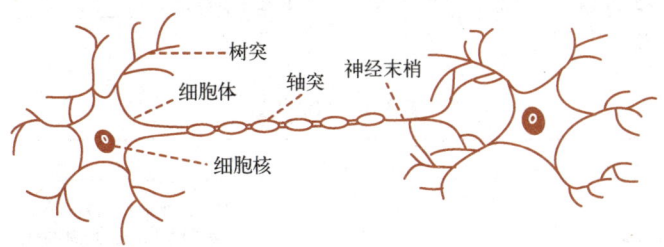

图4-1 生物神经元

细胞体，犹如神经元的"指挥中心"，它集中了细胞核以及众多细胞器，肩负着处理和整合信息的重任。细胞核内存储着遗传信息，为细胞体的正常运作提供指令。

树突，从细胞体向外延伸，形状酷似树枝，它们是神经元接收信息的"触角"。树突的表面布满了众多的突触后膜，这些突触后膜能够与其他神经元的轴突末梢形成突触连接。当其他神经元传来的神经冲动到达突触时，会释放神经递质，神经递质与树突上的突触后膜受体结合，从而使树突产生电位变化，将接收到的信号传递给细胞体。树突分支众多，极大地增加了神经元接收信息的表面积，使得神经元能够同时接收来自多个不同神经元的信号。

轴突，是神经元传递信息的"高速通道"，它通常是一条细长的纤维状结构，从细胞体的轴丘部位发出。轴突的主要功能是将细胞体处理后的电信号，也就是动作电位，快速地传递到其他神经元。在轴突的起始段，即轴丘处，是动作电位产生的关键部位。当细胞体整合后的信号强度达到一定阈值时，轴丘就会产生动作电位，随后动作电位沿着轴突以电传导的方式迅速传播。轴突的末梢会分支形成众多的轴突终末，这些终末与其他神经元的树突或细胞体形成突触连接，将神经冲动传递给下一个神经元。

人工神经元从上述生物神经元的基本模型中采用了以下要素：生物神经元细胞体——人工神经元细胞体；树突——输入通道；轴突——输出通道；突触——权重。

人工神经元接收来自其他神经元或外部环境的多个输入信号 $x_1, x_2, \cdots, x_n$，每个输入信号关联一个可调节的权重 $\omega_1, \omega_2, \cdots, \omega_n$，权重与突触相对应，权重的值决定了输入对神经元输出的影响程度，人工神经元模型如图4-2所示。在图像识别任务中，输入可能是像素值，而权重则通过训练学习到哪些像素组合对识别目标更重要，输出则是图像识别结果。神经元内部首先计算输入与权重的线性组合，并加上一个偏置项 θ_j，形成加权和 $y_j = \omega_1 x_1 + \omega_2 x_2 + \cdots + \omega_n x_n + \theta_j$。偏置的作用类似于"阈值调节器"，控制神经元激活的难易程度——即使所有输入为零，偏置也能让神经元具备一定的基础激活倾向。

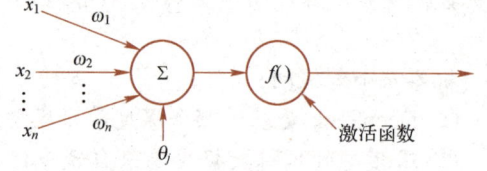

图4-2 人工神经元模型

激活函数（Activation Function）是神经元用于将输入信号转换为输出信号的数学函数，其本质是通过非线性映射赋予模型学习复杂数据规律的能力。输入信号首先经过权重加权和偏置调整，形成线性组合，随后被送入激活函数进行非线性变换。激活函数通过数学规则决定当前神经元是否达到"兴奋状态"，以及将何种强度的信号传递给下一层网络。在图像识别任务中，模型需要通过非线性组合理解像素间的复杂关联，从简单边缘到抽象语义逐层构建，而激活函数正是实现这种层次化特征学习的数学基础。下面介绍几个主要的激活函数，具体内容见表4-1。

> 📖 知识拓展
> 激活函数

表4-1 激活函数

函数名	函数定义	函数图像	优点	缺点
阶跃函数	$f(x)=\begin{cases} 1, & \sum_{i=0}^{n}\omega_i x_i \geq 0 \\ 0, & \sum_{i=0}^{n}\omega_i x_i < 0 \end{cases}$		① 计算简单高效，计算复杂度极低，适合早期硬件资源受限的场景 ② 输出为二值，适合二分类任务	① 产生梯度消失问题 ② 仅能解决线性可分问题，限制了模型的表达能力
Sigmoid	$f(x) = \dfrac{1}{1+e^{-x}}$		① 输出范围为（0,1），适合概率输出 ② 梯度平滑，易于求导	① 产生梯度消失问题 ② 输出非零中心化，可能影响梯度下降效率
Tanh	$f(x) = \dfrac{e^x - e^{-x}}{e^x + e^{-x}}$		① 输出对称，缓解梯度更新中的"zig-zag"现象 ② 导数计算高效，可直接用函数值表达	① 产生梯度消失问题 ② 计算复杂度高、速度缓慢，计算量略高于ReLU

（续）

函数名	函数定义	函数图像	优点	缺点
ReLU	$f(x)=\begin{cases}0, x<0\\ x, x\geqslant 0\end{cases}$		① 缓解梯度消失问题 ② 计算高效 ③ 稀疏激活	① 出现死亡 ReLU 问题 ② 当输出均值大于 0 时，可能影响梯度下降效率
Softmax	$y_i=\mathrm{softmax}(x_i)=\dfrac{\mathrm{e}^{x_i}}{\sum\limits_{j=1}^{k}\mathrm{e}^{x_j}}$		① 概率解释性 ② 梯度计算简单，训练效率高 ③ 平滑函数，适合梯度优化算法	① 数值不稳定性 ② 类别间竞争 ③ 计算开销大

1）阶跃函数：根据输入值的正负进行二值化输出。当输入小于 0 时输出固定低值（如 0），输入达到或超过 0 时瞬间跳变为固定高值（如 1），模拟生物神经元的"激活"或"静息"状态切换。

2）Sigmoid：将任意实数输入平滑压缩到 0~1 之间的连续值。通过指数函数的特性，输入值越大输出越接近 1，越小则越接近 0，常用于二分类问题表示概率。

3）Tanh：与 Sigmoid 类似，但输出范围扩展为-1~1。通过调整指数函数的比例，使结果以 0 为中心对称分布，更适用于需要区分正负特征的场景。

4）ReLU（线性整流单元）：对输入进行非线性过滤。输入为正时直接输出原值，输入为负时强制归零，保留数据线性增长特性的同时阻断负值传递，简化计算过程。

5）Softmax：将多个输入值转化为概率分布。通过指数函数放大数值差异后，对所有结果进行归一化处理，使各输出值之和为 1，适用于多分类任务中确定互斥类别的概率。

4.1.2 感知器

1957 年，美国心理学家弗兰克·罗森布拉特（Frank Rosenblatt）在康奈尔航空实验室提出了感知器的概念，并在 IBM704 计算机上实现了首个可学习的感知器模型。感知器因其简单的结构和学习能力引发广泛关注，被视为迈向"会学习的机器"的第一步。感知器是一种特定类型的人工神经元，采用阶跃函数作为激活函数输出决策结果。基本感知器模型如图 4-3 所示。

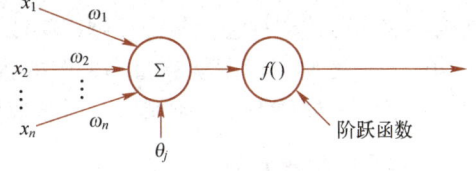

图 4-3　基本感知器模型

感知器本质上是一个二元的分类器，对于线性可分的数据集，感知器的目的是找到一个超平面将正样本和负样本分开，如图 4-4 所示。

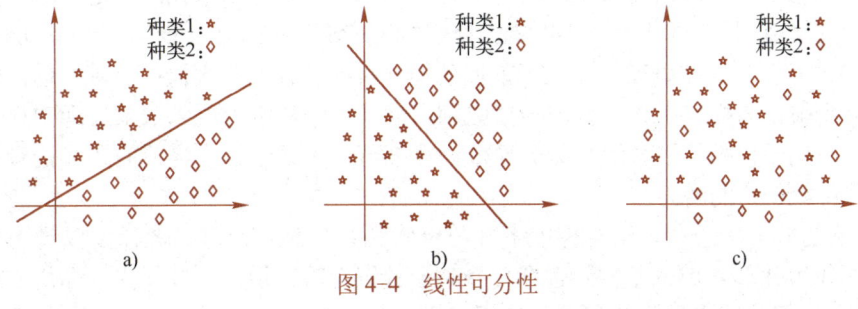

图 4-4　线性可分性
a）线性可分情况例 1　b）线性可分情况例 2　c）线性不可分情况

1969 年，马文·明斯基（Marvin Minsky）和西摩尔·帕普特（Seymour Papert）指出，单层感知机无法解决线性不可分问题（如异或问题），导致人工神经网络研究陷入低谷，即第一次"AI 寒冬"。20 世纪 80 年代后，多层感知机（Multilayer Perceptron，MLP）和反向传播算法的提出，解决了单层感知机的局限性，人工神经网络研究重新兴起，为深度学习的发展奠定了基础。

4.1.3　人工神经网络

将多个人工神经元按照一定的层次结构连接起来，就构成了人工神经网络（Artificial Neural Network，ANN），人工神经网络模型如图 4-5 所示。人工神经网络通常包括输入层、隐藏层和输出层。输入层负责接收原始数据；隐藏层是神经网络的核心部分，通过多层非线性变换提取数据的特征；输出层则根据提取的特征产生最终的预测或分类结果。

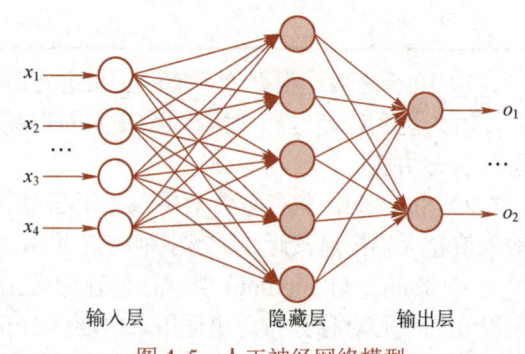

图 4-5　人工神经网络模型

在神经网络中，相邻层之间的神经元相互连接，并给每一个连接分配一个权重。信息在神经网络中只向一个方向流动，即从输入层经过隐藏层到达输出层。每一层的神经元只接收来自前一层神经元的输出作为输入，并将自己的输出传递给下一层的神经元。这种层级结构使得神经网络能够逐层抽象数据的特征，从而处理复杂的数据和任务。可以将神经网络比作一个由多个层级组成的加工厂，输入层是原材料入口，隐藏层是各个加工车间，负责将原材料加工成半成品或成品，输出层则是最终产品的出口。通过多个车间的协同工作，原材料被逐步转化为具有特定功能或价值的产品。

深度学习一般指的是深度神经网络模型，泛指网络层数在三层或者三层以上的神经网络结构。综上所述，神经元与神经网络构成了深度学习的基石。通过模拟生物神经系统的结构和功能，深度学习模型能够自动学习并提取数据中的复杂特征，从而在图像识别、语音处理、自然语言处理等多个领域取得显著成效。

4.1.4　反向传播算法

反向传播（Back Propagation，BP）算法的提出是神经网络发展史上的重要里程碑，为解决单层感知机的局限性问题提供了新思路。1974 年，保罗·韦伯斯（Paul Werbos）首次将反向传播思想应用于神经网络，但由于当时计算资源匮乏与学术关注不足，这一突破未被广泛认知。直至 20 世纪 80 年代，BP 算法迎来关键突破。1986 年，David Rumelhart 等人系统阐述了 BP 算法的完整框架，明确了前向传播与反向传播的两大核心步骤。前向传播通过逐层计算得到输出与损失函数，反向传播则利用链式法则从输出层到输入层逆向计算梯度并更新权重。他们不仅推导了激活函数的导数计算细节，还通过解决异或问题和语音识别任务验证了多层神经网络的潜力。

BP 算法的核心思想在于结合梯度下降与链式法则，高效计算参数梯度以最小化损失函数。其流程分为 4 步：输入数据经前向传播逐层计算至输出层，计算损失（如均方误差或交叉熵），反向传播从输出层开始逐层传递误差并计算梯度，最终通过梯度下降法更新权重。

这一过程通过分布式误差修正，使网络能够学习复杂的非线性映射。

随着深度学习的发展，梯度消失与爆炸问题凸显。1991 年，Hochreiter 指出 Sigmoid 等激活函数的导数在深层网络中可能导致梯度趋零或过大，严重阻碍训练。这一挑战催生了后续技术革新，如 ReLU 激活函数与残差连接。

BP 算法的意义深远。理论层面，它破解了多层网络训练的难题，证明了神经网络学习复杂非线性函数的能力。实践层面，它奠定了现代深度学习的基础，推动了计算机视觉、自然语言处理等领域的跨越式发展。BP 算法是人工智能演进中不可或缺的基石。

4.2 深度学习的起源与发展

尽管深度学习在众多领域取得了巨大成就，但它仍面临数据需求大、可解释性不足等问题，这些问题也促使科研人员不断探索改进的方向。从早期神经网络的探索到反向传播算法的突破，再到卷积神经网络和 Transformer 架构的崛起，深度学习经历了漫长而曲折的发展历程。如今，它已成为人工智能的核心驱动力，广泛应用于自动驾驶、医疗诊断、金融科技等多个领域，深刻改变了人们的生活和工作方式。

> 📖 **知识拓展**
> 浅层学习局限性

4.2.1 浅层学习

深度学习技术崛起之前，浅层学习模型（如支持向量机、决策树、逻辑回归等）构成了机器学习的主要技术体系。这类模型虽然在特定场景下表现稳定，但其内在局限性严重制约了人工智能处理复杂任务的能力，主要体现在：人工特征工程的强依赖性、复杂数据建模能力的结构性缺陷、梯度传播失稳引发的训练困境、模型泛化性能的双重悖论。

这些局限性共同构成了人工智能发展的时代性瓶颈，直到深度学习通过端到端特征学习、深层非线性堆叠等突破性创新，才开启了现代 AI 技术革命的新纪元。浅层学习的困境不仅揭示了传统机器学习方法的天花板，更为深度学习的崛起提供了明确的技术演进方向。表 4-2 从多维度系统地对比了两类模型的差异。

表 4-2 浅层学习与深度学习对比

维度	浅层学习	深度学习
模型结构	结构简单，通常只包含 1~2 层隐含层	结构复杂，通常包含 5~10 层隐含层
模型表达能力	弱	强
特征提取方式	依赖人工特征提取和选择，需要领域知识	自动学习多层次特征，减少人工干预
训练难度	容易	复杂
先验知识依赖程度	较多	较少
训练时间	训练速度快，适合实时或快速迭代场景	训练时间长，调参过程复杂，如超参数优化、网络结构调整
数据需求量	适用于小规模或中等规模数据集	需要大量标注数据，通常数据量越大性能越好
计算资源	计算量较小，普通 CPU 即可训练	需要 GPU、TPU 等高性能硬件，训练时间和资源消耗大
试用场景	结构化数据，如表格数据；简单分类和回归任务，如金融风控、客户分群	非结构化数据，如图像、文本；语音复杂任务，如目标检测、机器翻译、生成式 AI

浅层学习与深度学习并非简单的"替代"关系，而是构成机器学习技术光谱的两极。前者代表人类先验知识与计算效率的结晶，后者体现数据驱动与复杂建模的潜力。未来

的 AI 发展将更注重两类方法的场景适配性与生态协同性——在追求性能极限的同时，兼顾能耗、可解释性与工程成本，方能在工业落地中实现真正的技术普惠。

4.2.2　深度学习的提出

随着 BP 算法在多层神经网络训练中的应用逐渐成熟，浅层学习的局限性逐渐被破除，在 2006 年迎来重大转机，杰弗里·辛顿（Geoffrey Hinton）团队在 *Science* 发表的深度信念网络（DBN）研究，首次系统论证了通过逐层预训练策略可有效初始化深层网络参数。该突破标志着深度学习（Deep Learning）概念的正式提出，其核心思想是通过构建多层结构自动提取数据的层次化特征表达，相比传统机器学习方法依赖人工特征工程具有本质性突破，图 4-6 为深度学习模型的一般架构，深度学习网络指有 5 层或 5 层以上的神经网络。

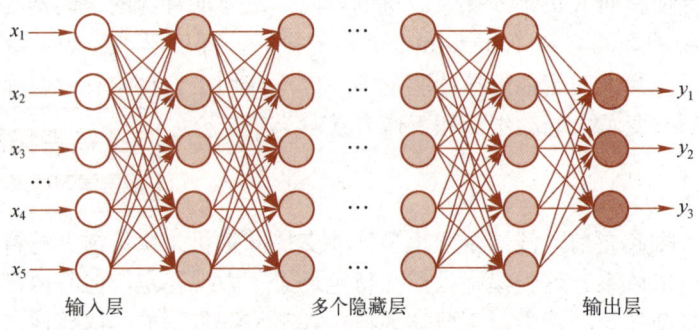

图 4-6　深度学习模型的一般架构

深度学习的崛起得益于三大技术要素的协同进化：首先，ReLU 激活函数的普及有效缓解了梯度消失问题，使得训练超过 10 层的网络成为可能；其次，GPU 并行计算架构的成熟提供了百倍于 CPU 的浮点运算能力，满足深层网络的海量计算需求；最后，ImageNet 等大规模标注数据集的出现为模型训练提供了充足的"数据燃料"。2012 年 AlexNet 在 ImageNet 竞赛中以压倒性优势夺冠，其采用的卷积神经网络结构将图像识别错误率从 26.2% 骤降至 15.3%，这一里程碑事件直接引爆了深度学习的研究热潮。

深度学习的发展史本质上是模型架构的创新史。2014 年 GoogleNet 提出 Inception 模块实现多尺度特征融合，同年 VGGNet 验证了网络深度与性能的正相关性；2015 年 ResNet 通过残差连接突破千层网络训练瓶颈，将图像识别准确率提升至人类水平；2017 年 Transformer 架构的诞生彻底改变了序列建模范式，其自注意力机制在自然语言处理领域取得了突破性进展。这些创新不断突破认知边界，驱动着神经网络从浅层感知向深度理解进化。

深度学习重构了人工智能的应用版图。在计算机视觉领域，目标检测算法准确率从 74% 提升至 98%；自然语言处理中，BERT 模型在 GLUE 基准测试中首次超越人类表现；强化学习与深度网络的结合更催生了 AlphaGo、AlphaFold 等突破性成果。

4.2.3　深度学习在现代 AI 中的地位

深度学习已重构现代 AI 的技术图谱，成为人工智能系统的核心架构范式。这种主导地位源于其端到端学习能力：从卷积网络处理图像像素到 Transformer 解析文本序列，深度学习通过层级特征抽取实现了从原始数据到抽象概念的自动化映射。与传统机器学习依赖特征工程不同，深度学习架构本身已成为知识表征的基础设施，形成"模型即知识"的新型范式。

深度学习正成为多领域技术融合的核心枢纽。在算法层面，它与强化学习结合催生出深度 Q 网络（DQN），使 AI 系统具备动态决策能力；在硬件层面，神经形态芯片通过模拟生物神经元特性优化深度学习计算效率；在应用层面，大语言模型通过指令微调实现了跨领域任务泛化。这种融合效应推动 AI 从单一任务专家向通用智能体进化。

深度学习驱动着第四次工业革命的技术落地。制造业中，视觉检测系统通过 YOLO 系列算法将缺陷识别速度提升 40 倍；医疗领域，DeepMind 的 AlphaFold 2 破解了 98.5%人类蛋白质结构预测难题；金融行业，时序预测模型 LSTM 将高频交易策略收益波动率降低 18%。Gartner 统计显示，2025 年全球企业部署的 AI 解决方案中，基于深度学习的系统将贡献 76%的经济价值，其渗透率在自动驾驶、智能客服等重点领域已超过 90%。

尽管占据主导地位，深度学习仍面临根本性挑战：模型可解释性缺乏导致医疗等高风险领域应用受限，万亿参数大模型的能耗问题引发可持续发展争议，数据依赖性强使得小样本场景表现不稳定。学术界正通过神经符号系统、联邦学习、脉冲神经网络等方向寻求突破，MIT 与 IBM 合作开发的"液态神经网络"在动态环境中展现出比传统架构高 60% 的适应能力，预示着下一代深度学习架构的进化方向。

深度学习的真正革命性在于其生物学启发的智能实现路径，通过多层非线性变换逼近人脑皮层的信息处理机制，ImageNet 冠军模型 Inception-v3 的单元激活模式与猕猴视觉皮层神经响应相似度达 68%。这种类脑特性使其成为探索通用人工智能（AGI）的关键载体，OpenAI 的 GPT-4 已展现出跨模态推理和知识组合的早期迹象。深度学习与因果推理、世界模型等认知架构结合，或将突破当前任务专用 AI 的局限，最终构建出具备自主学习和泛化能力的智能系统。

4.3 深度学习关键技术

随着计算能力的提升和大数据时代的到来，深度学习进入了快速发展的黄金时期。卷积神经网络通过仿生视觉感知机制革新了图像理解，生成对抗网络以博弈论思想开创了数据生成的新范式，而注意力机制则通过动态权重分配重塑了序列建模与跨模态交互的潜力。它们既是理论创新的结晶，也是工业落地的基石，共同构成了深度学习技术生态的核心支柱。

4.3.1 卷积神经网络

卷积神经网络（Convolutional Neural Network，CNN）是一种专为处理具有网格结构数据（如图像、视频、音频）而设计的深度学习模型，其核心思想是通过模拟生物视觉系统的层次化感知机制，从局部到全局逐步提取复杂特征。与传统全连接神经网络不同，CNN 通过卷积核的局部连接和参数共享机制，大幅减少参数量并保留空间信息，同时利用池化操作增强模型对平移、旋转的鲁棒性。经典模型（如 LeNet-5、AlexNet、VGGNet、ResNet 等）通过堆叠卷积层、非线性激活和池化层，逐步实现从边缘、纹理到物体部件、整体语义的抽象，广泛应用于图像分类、目标检测、医学影像分析等领域。

基础 CNN 由卷积层（Convolution Layer）、激活函数和池化层（Pooling Layer）三类核心组件构成，如图 4-7 所示。其核心功能是通过逐层特征提取，将输入图像转化为高维特征表示。以图像分类任务为例，CNN 末端输出的特征图（Feature Maps）通常会接入全连接层（Fully Connected Layer），通过全连接神经网络实现从抽象特征到目标类别标签的映射。

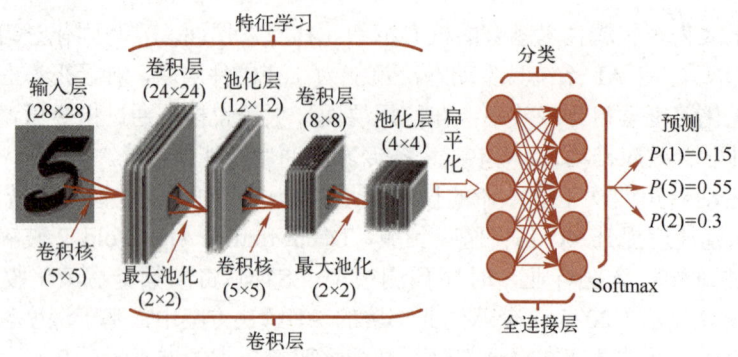

图 4-7 卷积神经网络的一般结构

1. 输入层

CNN 的输入层通常接收三维张量数据。如果是 RGB 图像，则以高度×宽度×通道数的形式输入。预处理包括归一化（将像素值缩放至[0,1]）和标准化。

2. 卷积层

卷积层作为核心组件，通过可学习的卷积核在输入数据上滑动计算局部区域的加权和。每个卷积核（3×3 或 5×5 的滤波器）专注于提取特定特征——浅层网络可能捕捉边缘或颜色梯度，而深层网络则识别复杂形状或语义对象。卷积操作通过控制步长和填充调节输出尺寸，步长决定滑动距离，填充则在输入边缘补零以避免信息丢失。28×28 的输入经 5×5 卷积后仍保持 224×224 的尺寸，而步长 2 则使尺寸减半。

3. 激活函数

卷积神经网络中常用的激活函数包括 ReLU、Leaky ReLU、PReLU、Sigmoid 和 Tanh。选择激活函数时，需综合考虑任务需求与网络特性。对于深层网络，ReLU 是首选，其计算简单且能缓解梯度消失，但要防范神经元死亡问题。Leaky ReLU 和 PReLU 可以解决神经元死亡问题，前者通过负区间小线性值缓解死亡问题但需调参，后者通过自适应调整参数增加灵活性但计算量大。对于二分类任务，Sigmoid 函数的适用性更强，但要注意梯度消失和高计算复杂度的问题；在需要输出零中心且对称传递梯度的任务中，Tanh 函数表现较好，但同样要注意梯度消失和高计算复杂度的问题。

4. 池化层

池化层通过对局部区域进行下采样，逐步压缩空间维度并增强特征不变性。2×2 最大池化以步长 2 滑动，选取窗口内最大值作为输出，将 4×4 特征图降至 2×2，同时保留最显著的特征。这种层级式压缩使得深层网络能够聚焦于全局语义而非局部细节。

5. 隐藏层

随着网络深度增加，多个隐藏层逐步抽象高阶特征。ResNet 通过残差连接解决梯度消失问题，允许构建超过 100 层的深度网络。接近输出端的全连接层将展平后的特征向量映射到目标维度，在图像分类任务中将 7×7×512 的特征图转换为 4096 维向量，再通过矩阵运算输出类别数对应的节点。全连接层参数量庞大，常配合 Dropout 等正则化技术防止过拟合。最终的输出层根据任务类型设计：分类任务使用 Softmax 函数输出概率分布，回归任务则直接输出数值，而目标检测模型可以同时输出边界框坐标和类别概率。

6. 输出层

输出层是整个网络的关键组成部分，其设计直接决定了模型的最终功能和性能。输出层的主要任务是将经过多个卷积层、池化层和非线性激活函数处理后的高层特征映射，转化为符合具体任务需求的最终结果。其结构和参数配置会根据任务类型（如分类、回归、目标检测等）的不同而发生显著变化。

4.3.2 生成对抗网络

生成对抗网络（Generative Adversarial Network，GAN）由伊恩·古德费洛（Ian Goodfellow）等人在2014年提出，被誉为"深度学习领域最具创造性的突破之一"。其灵感来源于博弈论中的对抗思想：生成器从随机噪声中合成数据，判别器则试图区分生成数据与真实数据，两者通过对抗训练不断优化，最终使生成器能够输出与真实数据分布高度相似的样本。值得注意的是，GAN的设计并不局限于特定网络结构，但在图像生成任务中，生成器和判别器通常基于CNN构建。生成器通过转置卷积（反卷积）将低维噪声逐步上采样为图像，而判别器则通过传统卷积层对图像进行下采样和特征提取。这种结合使得GAN能够利用CNN强大的空间特征表达能力，从而生成高质量图像。典型的应用包括深度卷积生成对抗网络（DCGAN）、风格化生成（StyleGAN）以及图像超分辨率等。

GAN的训练过程是一个动态的对抗博弈，涉及生成器和判别器的交替优化。

初始化阶段，生成器接收随机噪声向量（通常从高斯分布或均匀分布采样）作为输入，通过神经网络（如全连接层或转置卷积层）生成初步的"伪造数据"。初始化阶段生成的样本通常是毫无意义的噪声。判别器作为一个二分类器，接收真实数据集中的样本和生成器的输出，并学习区分两者的差异。初始判别器的分类能力较弱，可能随机猜测。

迭代训练阶段，训练通过以下循环反复进行，通常分为多个批次和轮次。

1）训练判别器。输入数据：真实数据为从数据集中采样一批真实样本（如人脸图片），生成数据为生成器接收一批随机噪声向量，生成伪造样本。最大化判别器对真实样本的判别概率$D(x)$，同时最小化对生成样本的误判概率$D(G(z))$。通过反向传播计算梯度，仅更新判别器的参数，使判别器更擅长区分真假。实践中常对判别器进行多次更新后再更新生成器，防止判别器过早收敛。

2）训练生成器。输入数据：生成器接收新的随机噪声向量，生成另一批伪造样本。目标函数：欺骗判别器，使其将生成样本误判为真实数据。参数更新：冻结判别器的参数，通过反向传播仅更新生成器的参数，使生成样本更逼真。生成器的优化依赖于判别器提供的梯度，若判别器过于强大，生成器的梯度会趋近于0（梯度消失），导致训练停滞。

随着训练进行，生成器和判别器不断进化。生成器逐渐学会伪造更逼真的数据（如从模糊轮廓到清晰五官），判别器则被迫提升鉴别能力，以捕捉更细微的差异（如纹理、光照）。理想情况下，当生成器分布p_g与真实分布p_{data}完全重合时，判别器无法区分真假，即输出概率恒为0.5，训练达到平衡。

GAN与CNN的核心目标截然不同。CNN属于判别模型，旨在学习输入数据到标签的映射关系，本质上是对已有数据的特征进行提取与分类；而GAN是生成模型，旨在学习数据分布并创造新数据。然而，两者的技术融合却拓宽了深度学习的边界。在图像修复任务中，CNN可用于提取破损图像的特征，GAN则通过对抗训练生成缺失部分的合理内容；在数据增强场景中，GAN生成合成数据以扩充训练集，而CNN则利用这些数据提升模型泛化能力。此外，GAN 的判别器本质上是一个二分类 CNN，其训练过程依赖于 CNN 的特征判别能力。这种互补性使得两者在复杂任务中形成协同效应。例如，在艺术风格迁移、跨模态生成等领域，CNN 负责特征解析，GAN 负责内容生成。

4.3.3 注意力机制

注意力机制（Attention Mechanism）是一种模拟人类注意力功能的计算模型，旨在让模型能够动态地关注输入数据中最重要的部分，从而提高处理效率和性能。想象一下你在阅读一篇文章时，会自然地将注意力集中在关键词句上，而忽略无关内容。当看到图 4-8 中的文字时，你会更关注"猫"和"垫子"，而不是"在"这样的虚词。

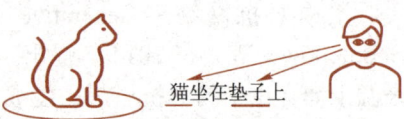

图 4-8 注意力功能

注意力机制的开创性工作源于 2015 年 Dzmitry Bahdanau 等人的研究。在早期的神经机器翻译中，编码器—解码器模型需将整个输入句子压缩为一个固定长度的向量，导致长句子信息丢失严重。注意力机制通过动态生成上下文向量解决了这一问题。模型的核心流程分为 5 步：首先，编码器（如双向 RNN）将输入句子转换为隐藏状态序列 $\{h_1, h_2, \cdots, h_T\}$。其次，在生成第 t 个词时，计算当前解码器状态 s_{t-1} 与所有编码器隐藏状态 h_i 的关联得分，公式如下。

$$e_{ti} = \text{score}(s_{t-1}, h_i) = v^T \tanh(W s_{t-1} + U h_i) \tag{4-1}$$

式中，W、U、v 是可学习参数。

再次，通过 Softmax 归一化得分，得到权重 α_{ti}，反映不同输入位置对当前输出的重要性，公式如下。

$$\alpha_{ti} = \frac{\exp(e_{tj})}{\sum_{j=1}^{T} \exp(e_{tj})} \tag{4-2}$$

接着，通过加权求和编码器隐藏状态生成上下文向量，公式如下。

$$c_t = \sum_{i=1}^{T} \alpha_{ti} h_i \tag{4-3}$$

最后，将 c_t 与解码器状态 s_{t-1} 拼接，预测下一个词 y_t。

注意力机制不仅提升了翻译质量，还为后续的 Transformer 等模型奠定了基础。随着注意力机制的成熟，其应用迅速渗透到人工智能的多个领域。在自然语言处理中，Transformer 模型通过自注意力（Self-Attention）实现了并行化序列处理，成为 BERT、GPT 等大模型的支柱；在机器翻译中，注意力权重直接映射了源语言与目标语言的词汇对齐关系。在计算机视觉领域，Vision Transformer 通过空间注意力识别图像中的关键区域，而 DETR 模型则利用注意力完成端到端的目标检测。此外，在多模态任务（如图像描述生成）中，注意力机制能够关联图像局部特征与文本词汇；在语音识别中，可以帮助对齐音频帧与文本序列；推荐系统则通过注意力捕捉用户行为中的关键交互模式。

从技术本质来看，注意力机制的成功源于其"动态聚焦"的核心思想——通过权重分配让模型自主选择关键信息。这一思想不仅突破了传统模型处理长序列的瓶颈，还催生了新一代高效架构。

4.4 进化计算

进化计算的由来可追溯至 20 世纪 50 年代，其核心思想源于对生物进化与自然选择机制的模拟，旨在通过算法实现复杂问题的全局优化。早期的研究主要集中在遗传学与计算机科学的交叉领域，1965 年，约翰·亨利·霍兰德（John Henry Holland）首次提出人工遗传操作的重要性，并将其应用于自然系统与人工系统的建模中，为遗传算法（Genetic Algorithm，GA）奠定了基础。同一时期，福格尔（Fogel）开发了进化规划（Evolutionary Programming，GP），而英戈·雷亨伯格（Ingo Rechenberg）和汉斯-保罗·施韦费尔（Hans-Paul Schwefel）则提出了进化策略（Evolutionary Strategies，ES），两者从不同角度探索了进化机制在优化问题中的应用。进化计算的提出，不仅突破了传统优化算法对连续可导问题的依赖，还为黑箱优化、高维非线性问题提供了新思路。进化计算被广泛用于图像处理、多目标优化以及智能系统设计等。

4.4.1 进化算法概述

进化算法作为一类受生物进化机制启发的智能优化方法，其核心框架通过模拟自然选择与遗传变异机制来实现迭代优化。算法体系展现出显著的多样性特征：在基因编码层面，可采用二进制串、实数向量等传统形式，也可根据问题特性设计矩阵、树状结构等特殊表达方式；在遗传操作层面，除基础的单点交叉、均匀变异外，还衍生出多点交叉、概率模型变异及定向变异等技术。该算法体系包含遗传算法、进化策略、差分进化算法、遗传编程等多个分支，通过选择压力调整、种群多样性控制等策略形成适应不同场景的求解范式。

相较于传统梯度分析和枚举方法，进化算法的核心优势体现在群体智能架构上。其并行搜索特性通过维护包含多个潜在解的种群来实现解空间的多区域同步探索，结合适应度评估引导搜索方向，利用选择算子的优胜劣汰机制与变异算子的扰动策略，有效平衡全局探索与局部开发。这种设计赋予算法强大的鲁棒性，可处理高维、非线性、多峰值问题，以及目标函数不可导或含噪声的复杂场景。进化算法的基本流程如图 4-9 所示。

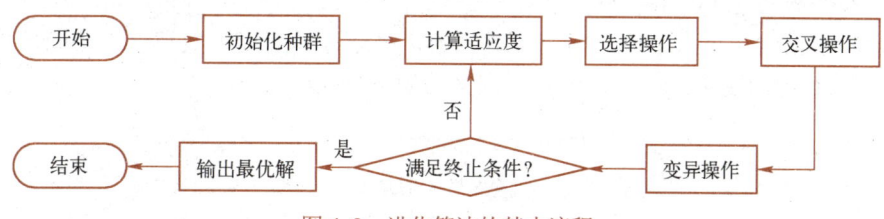

图 4-9 进化算法的基本流程

进化算法的搜索方式具有一系列区别于传统优化方法的显著特征，这些特征共同构成了其在复杂问题求解中的独特优势，包括群体智能架构、动态进化机制、多模态处理能力、弱问题依赖性、应用泛化性等。随着与机器学习、代理模型等技术的融合，进化算法持续增强局部搜索精度与计算效率，成为解决动态路径规划、实时投资组合配置等现实难题的重要工具。参数自优化机制通过元进化自动调节交叉概率、变异强度等超参数，进一步降低对先验知识的依赖，推动智能优化技术的创新发展。📖

> 📖 知识拓展
> 进化算法优势

4.4.2 遗传算法

遗传算法的正式框架由美国学者约翰·亨利·霍兰德（John Henry Holland）在 20 世纪 60 至 70 年代系统化建立。Holland 受自然进化启发，致力于设计一种解决复杂优化问题的"适应性系统"。他提出的"模式定理"从理论上解释了算法如何通过组合低阶基因模式（积木块）高效搜索解空间，同时强调算法的"隐含并行性"，即单次迭代可隐含评估多个潜在解模式，显著提升效率。此后，Holland 的学生肯尼思·德·容（Kenneth De Jong）在 1975 年通过大量实验验证算法的有效性，分析种群大小、交叉率等参数的影响，进一步推动其从理论走向应用。20 世纪 70 年代，"积木块假说"的提出进一步巩固了遗传算法的理论基础，强调交叉操作通过组合优质基因片段生成更优解的核心机制。20 世纪 80 至 90 年代，遗传算法进入推广与扩展阶段。大卫·爱德华·戈德堡（David Edward Goldberg）在 1989 年系统总结了算法原理与工程案例，极大促进了其在优化、机器学习等领域的普及。

遗传算法的核心思想是将问题的潜在解表示为"染色体"，并通过模拟生物进化中的选择、交叉和变异操作，逐步提升种群的整体适应度。旅行商问题（Traveling Salesman Problem，TSP）是运筹学和计算机科学领域中一个经典的组合优化问题。假设有 6 个城市，一个旅行商需要从城市 A 出发，访问所有其他城市恰好一次，最后返回出发城市。目标是以最短的总路径长度完成这一行程，如图 4-10 所示。下面以求解旅行商问题为例，分析遗传算法的具体过程。

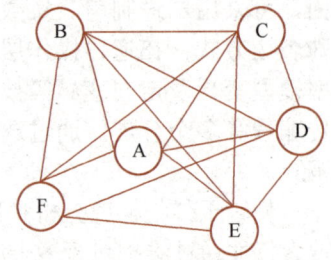
微视频
遗传算法

1）编码。遗传算法将问题的解抽象为"染色体"，通常采用二进制字符串、实数向量或树结构等编码方式表示。在旅行商问题中，可将解设定为字母串，通过字母的全排列可得到 120 个解，其中一个可能的解为 A-B-C-D-E-F-A。

图 4-10 旅行商城市图

2）种群初始化。算法随机生成一组初始解，构成初始种群，种群规模通常根据问题复杂度设定，以保证足够的多样性，以两个初始解 A-B-C-D-E-F-A 与 A-B-C-D-F-E-A 为例进行说明。

3）适应度评估。每个个体（即一个解）的优劣通过适应度函数衡量，该函数由问题目标决定。在旅行商问题中，适应度函数可定义为如下公式。

$$f(s) = \frac{1}{\sum_{i=1}^{n} d(c_i, c_{i+1})} \tag{4-4}$$

其中，$d(\ )$ 为计算两城市之间路径距离的公式，路径越短则适应度值越高，适应度值决定了个体在进化中被保留或被淘汰的概率，是驱动搜索方向的关键。

4）选择操作。基于适应度值，算法从当前种群中选择较优个体作为父代，用于产生下一代。常用的选择策略包括轮盘赌选择、锦标赛选择和精英保留等。轮盘赌选择根据适应度占比分配选中概率，适应度高的个体更可能被多次选中；锦标赛选择随机选取若干个体竞争，保留最优者；精英保留则直接复制当前最优个体到下一代，防止优秀基因丢失。

5）交叉操作。选择出的父代个体通过交叉操作生成子代，模拟生物的繁殖。交叉方式因编码形式而异，在本问题中个体发生交叉的过程如：父代个体 A-B-C-D-E-F-A 与 A-B-

C-D-F-E-A 在第 2 个和第 3 个位置进行交叉操作，生成两个子代个体 A-C-B-D-E-F-A 与 A-C-B-D-F-E-A。交叉概率通常设为 60%～90%，控制交叉发生的频率，是平衡探索与开发的重要参数。

6）变异操作。为避免算法陷入局部最优，子代基因以较低概率发生随机改变，通常为 1%～5%。变异规则多种多样，父代个体 A-B-C-D-E-F-A 进行基于次序的变异，可生成子代个体 A-F-B-C-D-E-A。变异操作引入了种群多样性，帮助算法跳出局部最优区域，增强全局搜索能力。

7）迭代与终止。新生成的子代种群替换或部分替换原种群，完成一代进化。算法重复执行适应度评估、选择、交叉和变异步骤，直到满足终止条件，如达到最大迭代次数、适应度不再显著提升或找到满意解。在迭代过程中，种群逐渐收敛到适应度更高的区域，最终输出最优个体作为问题的解。

遗传算法为深度学习提供了一种全局优化和自动化设计的方法，其在神经网络参数优化、超参数调优、结构搜索等领域展现出独特优势，具体包括神经网络参数优化、超参数自动调优、神经网络结构搜索（NAS）、解决梯度相关挑战、多目标优化、对抗样本生成、强化学习中的策略优化、深度学习模型压缩等。

> 📖 知识拓展
> 遗传算法调节神经网络参数优势

4.4.3 进化规划

进化规划由美国学者福格尔在 20 世纪 60 年代早期提出，他的研究初衷是解决时间序列预测问题（通过模拟生物进化过程优化有限状态机的行为）。他观察到，生物种群通过随机变异和自然选择逐步适应环境，而这一机制可被抽象为一种数学优化方法。1962 年，福格尔首次系统阐述了进化规划的理论框架，并将其应用于人工智能领域，成为进化计算的重要分支之一。

进化规划的实现流程可分为以下步骤。

1）初始化种群。随机生成一组初始解（个体），每个解对应问题的一个潜在答案。

2）生成子代。对每个父代个体施加变异操作（如高斯扰动），产生新子代。变异是核心操作，决定了搜索的方向和范围。

3）评估适应度。通过目标函数计算个体的适应度值，衡量其解决问题的优劣。

4）竞争选择。将父代与子代合并为一个临时种群，每个个体需与随机选取的若干对手竞争，胜者（适应度更高者）保留至下一代。

5）迭代进化。重复上述步骤，直至满足终止条件（达到最大迭代次数或适应度收敛）。

进化规划的核心特点在于其无重组操作的设计，仅依赖变异和选择推动种群进化。与传统遗传算法不同，进化规划摒弃交叉操作，通过自适应变异调整搜索步长，并强调群体行为的整体优化。其变异强度可随进化过程动态变化，增强了对复杂问题的适应性。此外，进化规划采用独特的竞争选择机制，子代与父代个体合并后，通过随机竞争或"锦标赛"筛选出适应度更高的个体，从而维持种群多样性并避免早熟收敛。

作为早期进化算法的代表，进化规划在连续优化、组合优化及控制系统设计等领域展现出广泛的应用价值。其"无重组"特性尤其适用于高维非线性问题，避免了交叉操作可能引发的局部最优陷阱。进化规划的提出不仅推动了智能优化技术的发展，还为后续差分进化、粒子群优化等算法提供了理论基础，成为连接经典进化思想与现代计算智能的重要桥梁。

4.4.4 进化策略

进化策略的起源可追溯至20世纪60年代,由德国科学家 Ingo Rechenberg 和 Hans-Paul Schwefel 针对流体动力学优化问题提出。他们观察到自然界中生物通过突变和自然选择逐步适应环境的现象,尝试将这一原理数学化,用于解决复杂工程优化问题。早期进化策略主要针对连续参数空间的优化设计,与遗传算法形成互补,成为优化领域的重要工具。

进化策略的核心特点体现在以下几个方面。首先,其设计面向连续空间优化问题,通过实数编码直接操作解向量,避免了传统遗传算法中二进制编码的局限性;其次,算法强调参数自适应机制,典型代表如协方差矩阵自适应进化策略(CMA-ES)能动态调整搜索步长和方向,显著提升收敛效率;再次,操作过程以突变和重组为主导,不同于遗传算法强调交叉操作,进化策略更依赖高斯扰动产生新解;此外,采用精英保留策略,通过 (μ, λ) 或 $(\mu+\lambda)$ 选择机制确保优秀个体存活,其中 μ 代表父代数量,λ 代表子代数量,体现选择压力与种群多样性的平衡。

从算法原理层面,进化策略遵循"生成-评估-选择"的迭代框架。首先初始化包含 μ 个个体的种群,每个个体包含解向量和策略参数(如变异强度);在每轮迭代中,通过高斯分布对父代个体施加扰动,生成 λ 个子代(突变阶段),部分算法会引入重组操作混合多个父代特征;随后评估所有子代的适应度,选取前 μ 个最优个体作为新一代父代(选择阶段)。其中,协方差矩阵自适应机制通过记录成功搜索方向的历史信息,动态调整变异分布的形状,使算法能自动识别问题的高效搜索方向。这种将解参数与策略参数共同进化的设计,使进化策略在非凸、多峰、噪声环境等复杂优化场景中表现出强大的鲁棒性。近年来,其与深度学习结合,在强化学习领域取得了突破性应用。

4.4.5 进化计算算法对比

遗传算法、进化规划和进化策略是进化计算领域的三大核心算法,均以生物进化理论为基础,三者虽共享"迭代进化"的核心理念,但在编码方式、操作策略和应用场景上存在显著差异,见表4-3。

表4-3 遗传算法、进化规划、进化策略对比

维度	遗传算法	进化规划	进化策略
编码方式	二进制/实数编码	通常为实数编码	实数向量(连续空间)
核心操作	交叉为主,变异为辅	仅依赖变异,无交叉操作	变异为主,可能包含重组(类似交叉)
选择机制	基于适应度的概率选择(如轮盘赌、锦标赛)	随机竞争选择(个体间两两竞争)	确定性选择(如保留最优个体)
参数自适应	通常固定参数	较少自适应	强调整体步长的自适应(如1/5成功法则)
典型应用	组合优化(TSP、调度)、深度学习调参	控制策略、游戏AI、时间序列预测	连续优化(机器人控制、神经网络训练)

遗传算法以交叉操作为核心,通过模拟生物有性繁殖交换基因片段,在旅行商问题中,利用两点交叉重组路径编码,擅长解决离散空间的组合优化问题,但其对连续高维问题的处理效率较低。进化规划则摒弃交叉操作,仅依赖变异生成子代,如通过高斯变异调整机器人关节角度,这种强随机性使其在动态环境(如实时游戏AI控制)中展现灵活性,但因缺乏基因重组,收敛速度可能受限。进化策略进一步强化变异机制,结合重组操作和自适应步长

调整，在连续空间优化中表现突出，如机器人运动轨迹规划或飞机翼型设计，但其实现复杂度较高。

在选择机制上，遗传算法采用概率性策略，既保留优质个体又维持种群多样性；进化规划通过随机竞争淘汰弱者，模拟自然界的生存对抗；进化策略则直接保留最优个体，确保优化方向的确定性。从应用场景看，遗传算法适用于结构清晰的离散问题，进化规划在无明确模型的动态控制中更具优势，而进化策略凭借自适应能力成为高维连续优化的首选。总体而言，三者各具特色，遗传算法在组合优化中简洁高效，进化规划适应不确定性，进化策略则在复杂连续空间中精度更优，实际选择时，需结合问题特性与计算资源进行权衡。

4.5 群体智能

在自然界中，生物群体通过相互协作展现出显著的智能化行为特征，这一现象启发了众多群体智能优化算法的诞生。群体智能优化算法的核心在于通过个体间的局部交互与简单规则，涌现出全局层面的高效决策能力，体现了"去中心化"系统的独特优势。这类方法不仅能够突破传统优化算法的局限性，还为复杂系统的建模与动态环境下的适应性求解开辟了创新路径。

4.5.1 蚁群优化算法

集体认知被认为是群体生活的优势之一，但哪些因素真正促进了群体智慧呢？魏茨曼科学研究所于 2024 年 11 月发布了一项名为"钢琴搬运"的实验，实验过程如图 4-11 所示，该实验目标为多个实验对象操纵一个 T 形的物体穿过障碍空间，这个空间被分成三个房间，由两个狭窄的缝隙连接，T 形物体必须从最左边的房间，通过第二个房间，进入第三个房间，完成这一实验需要群体内部协作高效，策略精准。为了确保公平，研究团队制作了两套尺寸不同的迷宫，分别适配蚂蚁和人类的体型，并且将实验分为个体实验和团队实验。团队实验过程中，人类团队被要求不能说话或者有手势交流，甚至被要求戴上口罩和墨镜以遮挡住面部表情。

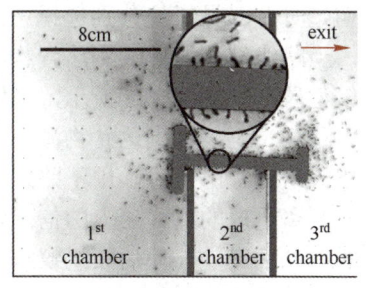
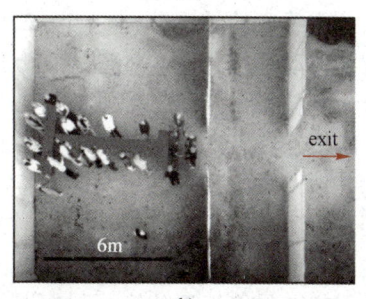

图 4-11 "钢琴搬运"实验图

a) 蚁群实验图　b) 人类群体实验图

实验结果表明，蚂蚁群体即便在没有语言交流的情况下，也能迅速找到解决方案，相比之下，人类在沟通受限时，其团队表现甚至会逊色于个体表现。这一发现彻底颠覆了人们的传统观念：蚂蚁虽不具备人类那样复杂的大脑结构，却凭借极简的行为规则，完成了人类团队在困境中难以达成的任务。这促使科学家开始质疑"复杂必然优于简单"的传统认知，并反思人类是否在追求复杂的人工智能架构时，忽视了自然界中简单机制所蕴含的深刻奥秘。长久以来，人类致力于构建复杂的神经网络，旨在让机器模拟人类大脑的思考方式，但蚂蚁的行为启示我们，简单的规则配合精确的分布式合作，往往能展现出比高度复杂系统更加高效的解决问题的能力。

蚁群优化算法（Ant Colony Optimization Algorithm，ACOA）由马可·多里戈（Marco Dorigo）于 1992 年提出，最初用于解决旅行商问题。蚁群优化算法通过对蚂蚁群体觅食行为的深入模仿，在智能算法领域内得到了极为广泛的应用，成为解决复杂优化问题的重要工具之一。

1. 基本思想

蚂蚁群体能够在没有明显线索的情况下找到食物和巢穴之间的最短路径，并且能够随着环境变化自适应地寻找新的最优路径。这种行为的基础是蚂蚁在寻找食物时会释放一种具有挥发特性的物质——信息素，蚂蚁选择路径的概率与路径上信息素的浓度成正比。在蚂蚁觅食的初始阶段，由于环境中没有信息素，所以蚂蚁选择路径是完全随机的，随着时间推移，如果每只蚂蚁在单位距离上留下的信息素浓度相同，那么对于较短的路径，信息素的残留浓度就会更高，因此后续出发的蚂蚁选择该路径的概率也更大。当较短路径上经过的蚂蚁数量增多时，信息素浓度也随之增加，进而吸引更多的蚂蚁选择该路径，形成正反馈机制，最终引导蚁群发现最短路径。具体过程如图 4-12 所示。

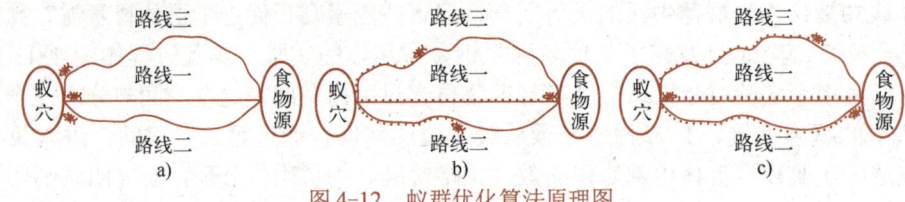

图 4-12 蚁群优化算法原理图

a）蚁群初始状态 b）部分蚂蚁到达食物源 c）部分蚂蚁回到蚁穴

如图 4-12a 所示，假设蚂蚁要从蚁穴移动到食物源，两点之间有三条路径可以选择，路线一、路线二、路线三的长度分别为 1，2，3。初始时有三只蚂蚁分别选择三条不同路径前进，所有蚂蚁的移动速度相同。如图 4-12b 所示，当路线一上的蚂蚁到达食物源时，路线三蚂蚁到达三分之一位置，路线二蚂蚁到达二分之一位置。如图 4-12c 所示，当路线一上的蚂蚁返回到蚁穴时，路线三蚂蚁到达三分之二位置，路线二蚂蚁刚到达食物源，此时，路线一上的信息素为其他两条路径的两倍，当后续其他蚂蚁从蚁穴出发时，由于路线一上的信息素浓度更高，因此有更高的概率选择该路径。最终，距离更短的路线一上的信息素逐渐积累得更多，而路线二上的信息素相对更少，路线三上的信息素最少，使后续蚂蚁有更高的概率不断向路线一上聚集，最终蚁群找到了最短路径。

2. 状态转移概率函数

蚂蚁选择某路径的概率的大小具体由状态转移概率函数决定，状态转移概率函数由信息素浓度和启发式信息两部分决定。在已知静态栅格环境中，t 时刻 i 点上的蚂蚁 k（1，2，$\cdots$，m）将移动到栅格 j。首先计算周围可移动自由栅格的转移概率函数 $p_{ij}^{k}(t)$，计算公式如下。

$$p_{ij}^k(t) = \begin{cases} \dfrac{[\tau_{ij}(t)]^\alpha [\eta_{ij}(t)]^\beta}{\sum_{u \in C}[\tau_{iu}(t)]^\alpha [\eta_{iu}(t)]^\beta} & (j \in C) \\ 0 & (j \notin C) \end{cases} \quad (4\text{-}5)$$

$$\eta_{ij}(t) = \frac{1}{d_{ij}} \quad (4\text{-}6)$$

式中，C 为蚂蚁下一步可移动的邻域集合，$\tau_{ij}(t)$ 为 t 时刻从 i 点到 j 点路径上的信息素浓度，$\eta_{ij}(t)$ 为 t 时刻从 i 点到 j 点的启发式信息，α 为信息素浓度因子，β 为启发式信息因子，d_{ij} 为 i 点到 j 点的欧氏距离。

然后使用轮盘赌算法来确定下一个移动点 j，具体过程为：随机生成一个$(0,1)$的小数 p_r，比较所有 $p_{ij}^k(t)$ 与 p_r 的大小，选出大于 p_r 的最小的 $p_{ij}^k(t)$，该转移概率所对应的索引下标 j 即为下一步移动点。

3. 信息素更新规则

在蚁群探索路径的过程中，同一条路径走过的蚂蚁越多，信息素积累得也就越多，但这些信息素存在自然挥发的现象，计算公式如下。

$$\tau_{ij}(t+1) = (1-\rho)\tau_{ij}(t) + \rho \Delta \tau_{ij}(t) \quad (4\text{-}7)$$

式中，ρ 为信息素挥发速度因子，$(1-\rho)$ 为信息素残留因子，$\Delta \tau_{ij}(t)$ 为本轮循环结束后信息素的增量，其计算方法包括三种：蚁密模型（Ant-Density Model）、蚁数模型（Ant-Quantity Model）、蚁周模型（Ant-Cycle Model）。通常使用蚁周模型能够取得较好的路径规划结果，因为该模型使用全局信息来更新路径上的信息素，而其他两种模型只使用了局部信息。蚁周模型公式如下。

$$\Delta \tau_{ij}^k(t) = \begin{cases} \dfrac{Q}{L_k} & (tour(i,j) \in tour_k) \\ 0 & (tour(i,j) \notin tour_k) \end{cases} \quad (4\text{-}8)$$

式中，Q 为信息素强度因子，L_k 为蚂蚁在此循环中走过路径的总长度，$tour_k$ 为总路径，$tour(i,j)$ 为两相邻路径点。

4.5.2 粒子群优化算法

粒子群优化算法（Particle Swarm Optimization，PSO）的灵感来源于对鸟群觅食行为的研究，通过模拟鸟群觅食过程中的迁徙和群聚行为来寻找最优解，由詹姆斯·肯尼迪（James Kennedy）和罗素·C. 埃伯哈特（Russell C. Eberhart）于 1995 年提出。粒子群优化算法最初是为了图形化地模拟鸟群优美而不可预测的运动，通过对动物社会行为的观察，发现群体中对信息的社会共享提供演化的优势，并以此作为开发算法的基础。这种算法具备实现容易、精度高、收敛快等优点，在解决实际问题中展示出一定的优越性。

想简单直观地理解粒子群优化算法，可以构想这样一个场景：一群鸟儿在森林里四处寻找食物，如图 4-13 所示，它们的目标是找到食物最丰富的地方。然而，这些鸟并不清楚食物的确切位置，只能大致感知食物所在的方向。在寻找过程中，每只鸟都会沿着自己认为正确的方向进行探索，并且会记住自己曾经发现过食物且数量最多的位置。同时，鸟群中的每一只鸟都会将自己每次发现食物的具体位置以及食物的数量信息与其他鸟共享。这样一来，整个鸟群就能知晓目前食物数量最多的位置在哪里。在接下来的搜索过程中，每只鸟都会根据自身记忆中食物数量最多的位置以及鸟群当前记录的食物数量最多的位置来调整自己的飞行方向。经过一段时间的持续探索，鸟群最终能够找到森林中食物最为丰富的那个位置，也就是全局最优解。

图 4-13　粒子群优化算法原理图

鸟群的觅食行为与粒子群优化算法中的对应概念为：鸟群——粒子、森林——求解空间、食物量——目标函数值（适应值）、鸟所处的位置——空间中的一个解（粒子位置）、食物最多的位置——全局最优解。

粒子群优化算法通过设计飞行的粒子来模拟鸟群中的鸟，该粒子没有体积和质量，仅具有速度和位置两个属性。速度表示粒子移动的快慢，位置表示粒子在搜索空间中的位置。在个体层面，每个粒子在搜索空间中独立寻找最优解，并持续记录和更新自身找到的最优解，即个体最优解（Pbest）。在全局层面，所有粒子共享彼此的个体最优解，其中最优的个体最优解被记为全局最优解（Gbest），该解也会不断被记录和更新。种群中的每个粒子会依据自身找到的个体最优解以及整个种群的全局最优解来调整自己的速度和位置，从而在迭代过程中逐步向最优解靠近。

在 n 维连续搜索空间里，定义：$x^i(k)=[x_1^i,x_2^i,\cdots,x_n^i]^T$ 表示 k 时刻粒子 i 当前所在的位置，$v^i(k)=[v_1^i,v_2^i,\cdots,v_n^i]^T$ 表示 k 时刻粒子 i 的速度向量，$p^i(k)=[p_1^i,p_2^i,\cdots,p_n^i]^T$ 表示粒子 i 目前为 Pbest，$p^g(k)=[p_1^g,p_2^g,\cdots,p_n^g]^T$ 表示 Gbest，$\omega(k)$ 表示惯性权重系数。早期粒子群优化算法中粒子速度和位置向量的更新公式如下。

速度向量公式：

$$v_j^i(k+1)=\omega(k)v_j^i(k)+c_1r_1(p_j^i(k)-x_j^i(k))+c_2r_2(p_j^g(k)-x_j^i(k)) \qquad (4-9)$$

位置向量公式：

$$x_j^i(k+1)=x_j^i(k)+v_j^i(k+1) \qquad (4-10)$$

其中，$i=1,2,\cdots,m$；$j=1,2,\cdots,n$；ω 取值范围为$[0,1]$；c_1、c_2 为加速度常数，其值大于等于零；r_1、r_2 为$[0,1]$范围内的随机数。

表明例子下一刻的搜索方向有以下几个因素。

第一，粒子当前搜索方向的惯性，对应式（4-9）右边第一项，惯性权重为$\omega(k)$。

第二，粒子当前位置与自身历史最优位置的偏差，引导粒子朝个体最优方向搜索，即式（4-9）右边第二项，称为个体认知分量，体现粒子的自主思考，自信程度由系数 c_1 表示，c_1 值越大，粒子对自身历史最优位置越自信。为避免陷入局部最优，引入随机系数 r_1，增加搜索的随机性和算法多样性。

第三，粒子当前位置与全局最优位置的偏差，促使粒子向群体最优方向搜索，即式（4-9）右边第三项，称为个体社会分量，反映粒子对群体经验的认可，体现信息共享与合作，信任程度由系数 c_2 表示，c_2 越大，粒子越信任群体最优位置，体现"随大流"。同样地，为避免陷入局部最优，引入随机系数 r_2，增加社会搜索方向的随机性。

4.5.3 人工鱼群算法

人工鱼群算法（Artificial Fish Swarm Algorithm，AFSA）是由李晓磊等人于 2002 年提出的一种基于群体智能的优化算法。该算法灵感来源于鱼群在自然界中的觅食行为，在水域环境中，单个鱼或鱼群能够凭借自身或群体的搜索能力，快速定位到食物资源丰富的区域。人工鱼群算法通过构造人工鱼模拟鱼群的觅食、聚群、追尾和自由移动行为，借助这些行为，人工鱼在问题空间中进行探索。人工鱼群算法的核心目标在于寻获食物密度最高的区域，具有收敛速度快的特点，适用于解决需要高时效性的问题。

人工鱼是真实鱼的抽象与虚拟化表现形式，它借助视觉感知外界环境，内部集成了自身数据及多种行为，能够接收环境刺激并做出回应，如图 4-14 所示。人工鱼所处的环境由问题的解空间以及其他人工鱼的状态共同塑造，其下一时刻的行为既受自身与环境状态的影响，又通过自身活动反作用于环境，进而间接影响其他人工鱼的行为表现。

在人工鱼模型中，人工鱼在其视野范围内感知周围环境，如图 4-15 所示。假设 X 为人工鱼当前位置，Visual 为其视野半径，X_v 为视野内选定的意向移动点。若 X_v 处食物密度高于当前位置 X，则人工鱼从 X 向 X_v 移动至新位置 X_{next}；反之，人工鱼将在视野内搜索其他位置。食物密度通过适应函数 $Y=f(x)$ 体现，即人工鱼当前状态的适应度值，步长（Step）限定人工鱼每次移动的最大距离。人工鱼群算法其余变量和参数包括：N 表示鱼群规模，try_number 表示在视野范围内搜索最优位置的最大尝试次数，δ（$0<\delta<1$）表示鱼群拥挤程度，鱼群的觅食、聚群、追尾和自由移动行为用函数来表示。

图 4-14 人工鱼的结构图　　图 4-15 人工鱼视野范围模型

人工鱼在视野范围内的移动过程用公式表示如下。

$$X_v = X + \text{Visual} \times \text{rand}() \quad (4\text{-}11)$$

$$X_{next} = X + \frac{X_v + X}{\|X_v + X\|} \times \text{Step} \times \text{rand}() \quad (4\text{-}12)$$

其中，rand() 表示生成 [0,1] 随机数的函数，Step 为移动步长。

鱼类没有逻辑推理与综合判断能力，但它们能借助简单行为达成目标。因此，通过模拟鱼类的四种行为——觅食行为、聚群行为、追尾行为以及随机行为，来促使鱼类在周边环境中活动。

> 📖 **知识拓展**
> 人工鱼基本行为

1）觅食行为。觅食行为是人工鱼朝向食物源移动的基础行为，通常借助视觉或味觉来感知水中食物的数量或浓度，进而做出趋向性选择。

2）聚群行为。在人工鱼群算法里，每条人工鱼的运动应遵循两点规则：尽可能向其邻近伙伴的中心位置移动，以及避免过度拥挤。

3）追尾行为。在鱼群游动期间，若某条鱼或数条鱼察觉到食物的存在，其周围的同伴便会紧随其后，迅速向食物所在位置进发。

4）随机行为。单独的鱼在水中通常呈随机游动状态，以在更广阔的范围内搜寻食物或同伴。在算法层面，体现为人工鱼在解空间内随机移动，以开拓新的解空间区域。

> 📖 **知识拓展**
> 其他群体智能算法

4.6 思考与练习

1. 简答题

1）简述感知器与多层神经网络的主要区别，并说明 BP 算法如何解决多层网络训练问题。

2）解释卷积神经网络的核心思想及作用。

3）为什么深度学习需要与进化计算结合？请举例说明两者结合的应用场景。

2. 实验题

1）使用神经网络算法对 MNIST 数据集实现简单的手写数字分类。

2）使用遗传算法求解方程 $y=x^2$ 的解。

3）使用蚁群算法解决旅行商问题。

4）使用粒子群算法优化 Sphere 函数最小值。

第 5 章 大模型技术及应用

本章导读（思维导图）

- 大模型技术及应用
  - 大模型概述
    - 大模型定义：海量参数的神经网络模型
    - 大模型与人工智能的关系：大模型是基础
  - 大模型的核心技术
    - Transformer架构：大模型的核心技术结构
    - 预训练与微调技术：模型的"基础教育"
    - 参数规模与计算资源需求：指数级增长
  - 大模型的关键特性
    - 涌现能力与泛化能力：复杂推理能力、融合创新能力、扩展能力
    - 多任务学习与迁移学习：一个模型学习多个任务、源任务应用到目标任务
  - 大模型的应用领域
    - 自然语言处理：文本生成、问答系统、情感分析
    - 计算机视觉：图像分类、目标检测、图像生成、图像分割
    - 语音识别：机器"听懂"人类语言
  - 大模型的部署与应用
    - 本地部署与云端服务：自有物理设备和虚拟化技术
    - 数据隐私与安全问题：本地化部署和云端部署的隐私与安全
    - 成本优化与资源管理：如何省钱又不浪费资源
  - 大模型案例与智能体
    - GPT-3与GPT-4的应用：强大的语言模型
    - 国内外大模型产品案例：ChatGPT、Google Bard、Microsoft Bing、文心一言、通义千问、腾讯混元
    - DeepSeek与其他创新模型：深度求索人工智能

近年来，像 GPT-3 和 GPT-4 等预训练模型的出现，推动了大模型在各行各业的应用，从金融、医疗到教育、制造，均受益于大模型的智能化支持。大模型不仅提高了任务效率，还促进了行业的变革和创新。本章将深入探讨大模型的基本概念、发展历程、技术原理及其广泛的应用领域。

【案例 5-1】 接入 DeepSeek！山大地纬开启医保基金监管新篇章

山大地纬致力于人工智能领域的研究和应用，在人工智能科创平台、人才团队等方面均走在行业前列，拥有山东省民生服务人工智能应用重点实验室等多个省级创新平台，并与新加坡南洋理工大学、山东大学等共建"人工智能国际联合研究院"，深入开展科技研发及产业转化。

DeepSeek 大模型凭借强大的多模态处理能力、高效的推理性能以及对复杂数据的深度挖掘能力，在提升医保基金监管智能化效率、性能等方面有着出色表现。为进一步深化大模型技术与医保业务的有效融合，山大地纬依托 DareWen 大模型，完成与 DeepSeek 大语言模型的深度对接与本地化部署，打造"智能交互、智能解读、智能监管、智能决策"的医保智能应用。依托该平台，山大地纬目前开发出医保智能问数、智能解读、智能归因、智能仿真等具有感知、决策、执行、记忆能力的各类医保智能体，并实现与"5E"智能监管系统的有效衔接，打造医保领域的"数智监管专家"。

（资料来源：网络资料整理）

机器人小智提问：

① 如果政府想调整医保报销比例，你能预测这个政策实施后对医保基金的影响吗？你的预测准确率有多高？会不会像天气预报一样，有时候也会出错呢？如果使用 DeepSeek 进行预测呢？准确率有多高？

② 如何使用智能交互，它的回答有没有解决你的医保问题呢？

5.1 大模型概述

大模型（Large Language Model，LLM）通常指的是包含海量参数的神经网络模型，基于深度学习技术训练而成。 与传统模型相比，大模型具备更强的学习能力和泛化能力，能够从海量数据中提取复杂的模式和规律，并在多种任务中表现出色。以 GPT 系列模型为代表的大模型，通过预训练阶段学习海量的文本数据，能够生成连贯、准确的语言输出，甚至能进行复杂的推理任务。

5.1.1 大模型的定义与发展历程

大模型是指参数规模巨大的人工智能模型。参数可以理解为模型的"脑细胞"，参数越多，模型的学习能力和表现通常越强。大模型是机器学习和深度学习领域中重要且日益受到关注的模型类型，通常需要海量的训练数据以及高性能的计算资源来支撑其训练和推理过程。它能够捕捉数据中的细节和特征，从而提升模型的准确性和泛化能力。

大模型技术演进经历了从早期的浅层学习到深度学习的飞速发展，再到如今大规模模型的成熟应用。其发展大致分为三个阶段：萌芽期（1950—2005）、沉淀期（2006—2019），以及爆发期（2020年至今）。

1. 萌芽期（1950—2005）

这一阶段主要以传统神经网络为代表。在 20 世纪 50 年代，人工智能的概念刚刚兴起，研究者们开始探索如何模拟人脑的神经网络。1958 年，Frank Rosenblatt 提出了感知机（Perceptron），这是最早的神经网络模型之一，尽管其功能有限，但为后续的研究提供了重要的启示。然而，由于计算能力的限制和理论研究的不足，神经网络的发展在随后的几十年里进展缓慢。直到 20 世纪 80 年代，反向传播算法（Backpropagation Algorithm）的提出，才使得神经网络的训练变得更加可行。

2. 沉淀期（2006—2019）

卷积神经网络（CNN）和后来的 Transformer 架构的提出，使得大模型的应用得以快速发展。2006 年，Geoffrey Hinton 等人提出了深度信念网络（Deep Belief Network，DBN），标志着深度学习时代的开启。随后，卷积神经网络在图像识别领域取得了显著成功，特别是在 2012 年的 ImageNet 竞赛中，AlexNet 的出色表现使得深度学习受到广泛关注。2017 年，Google 的研究团队提出了 Transformer 架构，这一架构通过自注意力机制（Self-Attention）显著提升了自然语言处理任务的性能，为后续的大模型发展奠定了基础。在这一阶段，研究者们逐渐意识到，通过增加模型的深度和参数量，可以显著提升模型的性能。

3. 爆发期（2020 年至今）

2020 年，OpenAI 发布了 GPT-3，这是一个拥有 1750 亿参数的巨型语言模型，其在多种自然语言处理任务中表现出色，甚至能够生成高质量的文本内容。GPT-3 的成功标志着大模型技术的成熟，并引发了业界对大规模预训练大模型的广泛关注。随后，GPT-4 的推出进一步提升了模型的性能和能力，使得大模型在更多领域得到应用，如内容生成、代码编写等。此外，ChatGPT 等基于大模型的 AI 产品的出现，不仅改变了人机交互的方式，也推动了人工智能技术的普及和应用。

大模型的发展历程如图 5-1 所示。

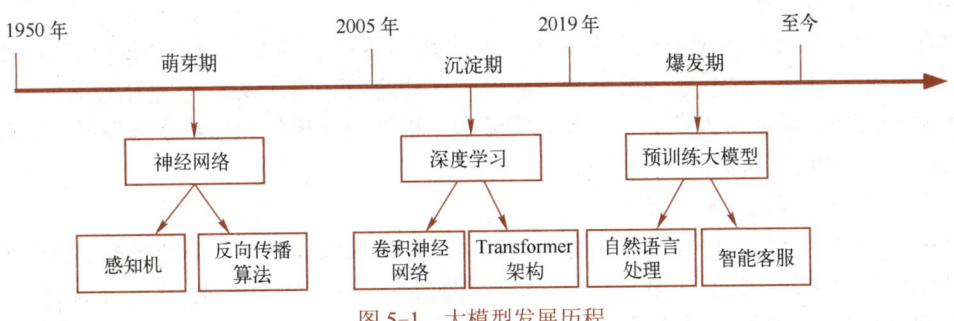

图 5-1　大模型发展历程

5.1.2　大模型与人工智能的关系

1. 人工智能的发展脉络与大模型的兴起

早期的 AI 系统以规则驱动为主，最具代表性的是 20 世纪 70—80 年代兴起的专家系统，这类系统通过人工编码的"if-then"规则模拟人类专家的决策过程，在医疗诊断、地质勘探等领域取得了一定的成功。然而，这种基于显式知识表示的方法在面对复杂、模糊的现实问题时表现出明显的局限性。

随着摩尔定律的持续作用和计算硬件的飞速发展，特别是 GPU 等并行计算设备的普及，AI 研究的重心逐渐转向数据驱动的机器学习方法。这一转变的关键在于算力的指数级提升和数据量的爆炸式增长，为机器学习算法提供了必要的计算资源和训练数据。2012 年 AlexNet 在 ImageNet 大规模视觉识别挑战赛（ILSVRC）中通过深度学习模型取得突破性胜利，将图像识别错误率从 26.2%大幅降低至 15.3%，这一里程碑事件标志着 AI 正式进入深度学习时代。

大模型的诞生是深度学习技术发展的必然产物。2018 年，Google 推出的 BERT（Bidirectional Encoder Representations from Transformers）模型首次实现了双向上下文理解，在 11 项自然语言处理任务上刷新了纪录。2020 年，OpenAI 发布的 GPT-3 模型将参数规模提升至 1750 亿，展现出前所未有的语言理解和生成能力，其涌现出的 Few-shot Learning 等特性更是突破了传统机器学习范式。

> 📖 **知识拓展**
> 大模型发展

2．大模型在 AI 技术体系中的定位

大模型是 AI 技术体系中的"基础设施"，为上层应用提供强大的能力支持。AI 技术结构体系主要体现在基础层、适配层和应用层三个层面，形成了一个从通用能力到领域适配再到垂直场景落地的完整技术体系。

（1）基础层：千亿级参数的通用模型

基础层是大模型技术栈的核心，主要由千亿级参数的通用模型构成，如 OpenAI 的 GPT-4、Google 的 PaLM 等。这些模型通过海量数据（包括文本、代码、图像等多模态数据）进行预训练，学习到丰富的世界知识表征和通用能力。

海量数据预训练：基础层模型通过大规模预训练，吸收了人类社会几乎所有的公开知识，包括语言规律、常识、科学知识、文化背景等。

世界知识表征：预训练过程中，模型将世界知识编码到其参数中，形成了对语言、逻辑和现实世界的深刻理解。

通用能力：基础层模型不仅能够完成文本生成、翻译、摘要等传统 NLP 任务，还具备代码生成、数学推理、多模态理解等高级能力。这种通用性使其成为 AI 基础设施的核心。

基础层的构建需要巨大的算力、数据资源和工程能力。模型的训练成本高昂，且对硬件基础设施（如 GPU 集群）的要求极高。

（2）适配层：领域适配与任务定制

适配层的作用是将基础层的通用能力适配到特定领域或任务中。基础层模型虽然强大，但在特定场景中可能表现得不够精准，因此需要通过提示工程（Prompt Engineering）、参数高效微调（LoRA）等技术进行领域适配。提示工程通过设计特定的输入提示，引导模型生成符合预期的输出。例如，在医疗领域，可以通过设计专业的医学问题提示，让模型生成更准确的诊断建议。提示工程的优势在于无须修改模型参数，即可实现任务定制。对于需要更高精度的任务，可以采用参数高效微调技术，如低秩适应。这类技术仅微调模型的一小部分参数，即可实现领域适配，既节省了计算资源，又保留了模型的通用能力。

领域知识注入：适配层还可以通过引入领域特定的数据或知识图谱，进一步增强模型在垂直领域中的表现。例如，在法律领域，可以注入法律条文和案例数据，提升模型的法律推理能力。

技术挑战：适配层需要在通用性和专业性之间找到平衡，既要充分利用基础模型的通用能力，又要满足特定领域的高精度需求。

（3）应用层：垂直场景的快速部署

应用层是将适配后的模型快速部署到具体业务场景中，形成端到端的解决方案。这一层的目标是实现 AI 技术的商业化落地，以解决实际业务问题。

AI 技术栈层次结构如图 5-2 所示。

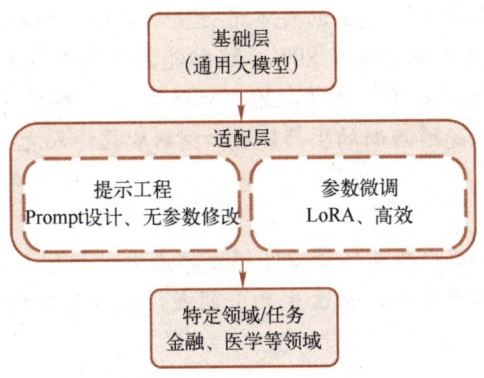

图 5-2　AI 技术栈层次结构

传统 AI 模型通常需要 6～12 个月的开发周期，依赖于大量标注数据集进行训练，通常针对单一任务进行优化，硬件成本中等，适合特定领域的应用场景。相比之下，大模型通过预训练和微调的方式，仅需 2～4 周即可完成开发，且支持零样本或少样本学习，显著降低了对标注数据的依赖。此外，大模型具备强大的跨任务迁移能力，能够灵活应用于多种场景，展现出更高的通用性。然而大模型的训练和部署需要千卡级的高性能硬件支持，导致硬件成本显著高于传统模型。总体而言，大模型在开发效率、数据需求和泛化能力上具有明显优势，但硬件成本是其规模化应用的主要挑战。

传统 AI 模型与大模型的技术对比分析见表 5-1。

表 5-1　传统 AI 模型与大模型的技术对比分析

维度	传统 AI 模型	大模型
开发周期	6～12 个月	2～4 周（微调）
数据需求	大量标注数据	零样本/少样本学习
泛化能力	单一任务优化	跨任务迁移
硬件成本	中等（GPU 集群）	超高（千卡级）

【案例 5-2】　华为盘古大模型重塑工业质检

传统的 AI 开发模式面临数据质量差、样本少、模型精度低等问题，且每个场景需要定制化开发，导致成本高、效率低。盘古大模型通过预训练+微调的模式，解决了这些问题，显著降低了研发成本，缩短了研发时间。

盘古大模型包括 NLP、CV、多模态、科学计算和图网络等多个基础大模型，能够覆盖从语言理解、视觉识别到科学计算等多种任务，盘古基础大模型的 5 类大模型如图 5-3 所示。例如，盘古 NLP 大模型在中文语言理解评测中表现优异，刷

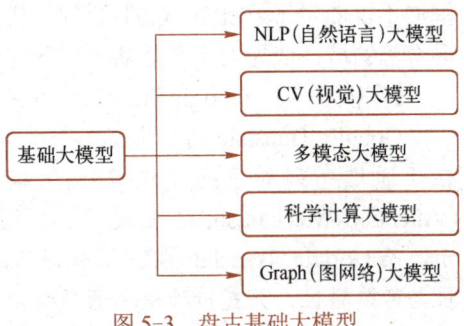

图 5-3　盘古基础大模型

新了多项世界纪录；盘古 CV 大模型在工业质检中大幅提升了检测精度，降低了 90% 的研发成本。此外，盘古大模型还应用于气象预报、药物研发等领域，显著提升了预测精度和研发效率。

令人瞩目的是，华为盘古大模型具备自适应新型缺陷的能力。当生产线引入新材料（如碳纤维）时，传统模型通常需要大量的新样本进行重新训练，而华为盘古大模型仅需 10 张样本即可完成模型迭代，改造成本降低了 80%。这种能力的背后是大模型的参数冗余性，即模型拥有海量参数，这些参数形成了一个复杂的"知识网络"，赋予了模型强大的泛化能力。这种泛化能力使得模型能够快速适应新的生产环境和材料变化，而无须进行大规模的重新训练。

（资料来源：网络资料整理）

机器人小智提问：
① 华为盘古大模型在哪些行业场景中能够发挥最大的作用？为什么？
② 在大模型中输入不同身份，如医生和小朋友，大模型对两种不同身份描述的"会飞的房子"一样吗？

5.2 大模型的核心技术

谷歌研究者在 2017 年提出了 Transformer 模型，它可以实现灵活而强大的信息处理与转换能力。大模型核心技术围绕 Transformer 架构展开，通过自注意力机制（Self Attention）实现长距离依赖建模，自注意力可以对上下文信息进行筛选和提取，从多角度提取上下文信息，使语义在上下文的帮助下更加清晰。

5.2.1 Transformer 架构

Transformer 架构摒弃了传统循环神经网络（RNN）的时序依赖性和卷积神经网络（CNN）的局部感知局限，通过自注意力机制实现了全局上下文建模，成为现代人工智能技术的核心基石。其设计思想基于动态计算输入序列中每个元素与其他元素的关联强度，从而直接捕获长距离依赖关系。例如，在翻译任务中，模型能够同时关注"主语—谓语"的跨位置关联，而非像 RNN 那样依赖逐步传递的隐藏状态。

自注意力机制的核心在于将输入序列映射为"查询""键""值"三组向量，通过计算查询与键的相似度生成自注意力权重，再对值向量进行加权聚合。

Transformer 的突破性在于其数学构造与工程实现的完美统一。自注意力机制解决了全局依赖建模的难题，多头设计实现了语义解耦，位置编码弥补了非时序架构的缺陷。这一框架不仅催生了 BERT、GPT 等划时代模型，更被广泛应用于机器翻译、代码生成、多模态融合等领域，成为人工智能从"局部感知"迈向"全局推理"的里程碑。

> 📖 **知识拓展**
> 自注意力机制

【案例 5-3】 Google Translate 的突破性进展

Google Translate 的推出标志着自然语言处理（NLP）领域的一次范式转变，其核心突破在于通过序列到序列（Seq2Seq）模型、词向量（Word Embedding）及自注意力机制（Attention Mechanism），实现了自然语言的数学化表示与处理。传统方法依赖离散符号表示，而 Google Translate 将词汇映射为连续向量空间中的高维向量，使语义表示具备可微分性与可编辑性，并支持跨语言通用性。这一技术显著提升了机器翻译的性能，例如，在英德翻译任务中，BLEU 评分提升 40%，延迟降低 71%（从 1200ms 降至 350ms），长句错误率减少 59%（从 44% 降至 18%）。这归因于自注意力机制使模型直接捕获跨语言对齐规律（如德语动词后置）和多头设计有效区分词性、时态等语法特征。

RNN 与 Transformer 模型性能对比见表 5-2。

表 5-2 RNN 与 Transformer 模型性能对比

指标	RNN 模型	Transformer	提升幅度
BLEU 评分	23.4	32.8	+40%
延迟（ms/句）	1200	350	-71%
长句错误率	44%	18%	-59%

（资料来源：网络资料整理）

机器人小智提问：
① Google Translate 的成功对自然语言处理领域有哪些深远影响？
② Transformer 模型相比传统 RNN 模型在翻译任务中有哪些显著优势？

5.2.2 预训练与微调技术

预训练是 AI 模型的"基础教育"阶段。在这个阶段，模型会通过大量的通用数据（如书籍、文章、图片等）学习基本的知识和规律。微调是 AI 模型的"专业培训"阶段。在这个阶段，模型会在预训练的基础上，通过特定任务的数据进行进一步学习，从而适应具体的应用场景。举个例子，预训练就像是学生从小学到高中学习各种基础知识，如数学、语文、物理等。对于 AI 模型来说，预训练就是让它学会语言理解、图像识别、数据分析等基本技能。微调就像是学生高中毕业后进入医学院，学习医学知识和技能。对于 AI 模型来说，微调就是让它学会处理特定任务，如医疗诊断、法律咨询、金融分析等。

1. 预训练和微调的具体过程

预训练的具体过程如下。

1）**数据输入**：模型会接触到海量数据，例如，GPT-3 学习了数千亿字词的文本，包括维基百科、书籍、网页等。

2）**任务设计**：模型通过特定的任务进行学习。例如，BERT 通过"掩码语言模型"任务进行学习，即预测句子中被遮盖的词；GPT 通过"下一个词预测"任务进行学习，即根据上文预测下一个词。

3）**参数更新**：模型通过不断调整参数（可以理解为"脑细胞"），逐渐学会理解语言、识别图像等基本技能。

微调的具体过程如下。

1）**任务数据**：模型会接触到特定任务的数据。例如，如果想让它成为一个法律助手，就给它提供法律相关的文本和数据。

2）**参数调整**：模型会调整一部分参数，以适应新的任务。与预训练不同，微调通常只调整模型的一小部分参数。

3）**性能优化**：模型通过微调，逐渐学会处理特定任务，如法律咨询、医疗诊断等。

预训练-微调流程图如图 5-4 所示。

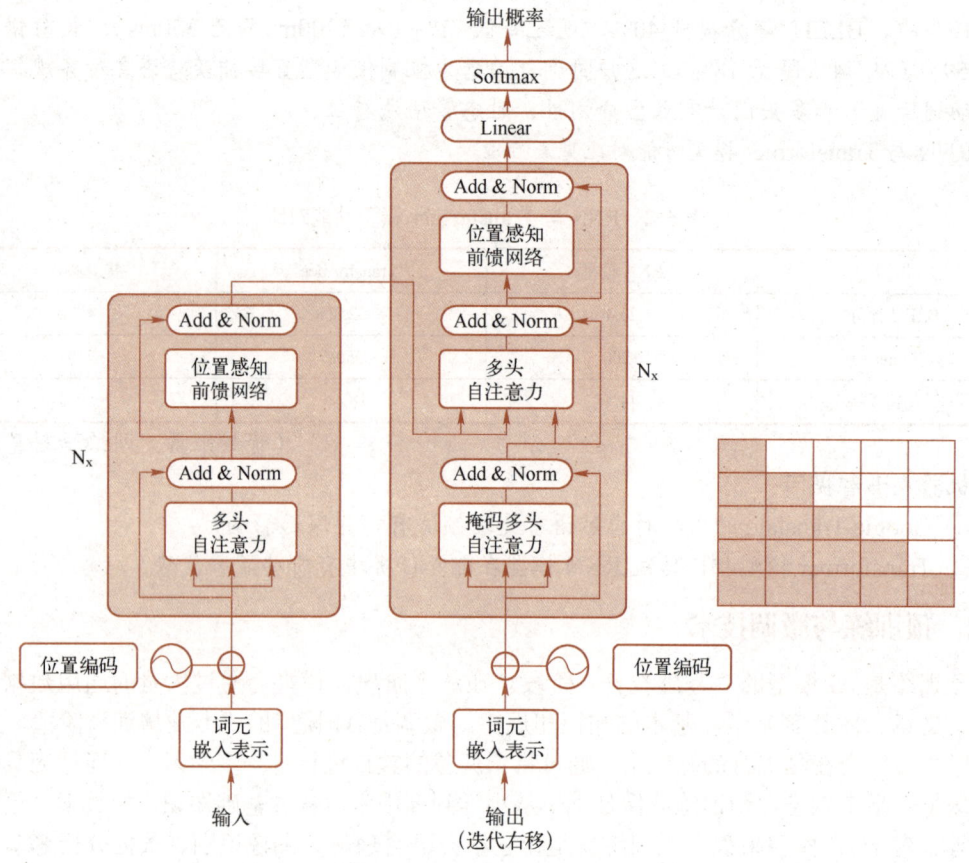

图 5-4 预训练—微调流程图

2. 不同大模型预训练和微调对比

下面介绍几种典型大模型的预训练和微调技术。

（1）BERT：双向语境理解的奠基者

预训练任务：BERT 采用掩码语言建模（Masked Language Modeling，MLM），即在输入文本中随机遮蔽 15% 的词汇，让模型通过上下文预测被遮蔽的词。这种训练方式使模型能够同时学习到词汇的上下文信息，形成双向语境理解能力。

微调场景：BERT 的双向特性使其在需要深度语义理解的任务中表现优异，如文本分类（如情感分析、主题分类）和问答系统（如医疗诊断问答、法律咨询）。在这些场景中，模型需要准确理解句子的整体语义，而非仅依赖单向上下文。

技术特征：其双向编码器架构能够捕捉词汇之间的复杂依赖关系。这种能力使其在处理需要上下文推理的任务时，表现显著优于传统的单向模型。

（2）GPT-3：生成式任务的颠覆者

预训练任务：GPT-3 采用自回归语言建模，即通过从左到右逐词预测的方式来训练模型。模型在生成每个词时，只能依赖当前词左侧的上下文信息。这种训练方式使 GPT-3 在生成式任务中表现出色。

微调场景：GPT-3 的庞大规模（1750 亿参数）和自回归特性使其在零样本学习（Zero-shot Learning）中展现出强大的能力。例如，在创意写作、代码生成、对话系统等开放域任务中，GPT-3 无须特定任务微调即可生成高质量的输出。

技术特征：GPT-3 的核心优势在于其生成式任务泛化能力。通过大规模预训练，模型能够捕捉语言的统计规律，并在未见过的任务中表现出惊人的适应性。此外，GPT-3 的上下文学习能力（In-context Learning）使其能够通过少量示例快速适应新任务。

（3）T5：多任务统一的革新者

预训练任务：T5 采用文本到文本统一框架，即将所有 NLP 任务统一转换为"文本输入—文本输出"的格式。例如，翻译任务可以表示为"将英文翻译为法文：{输入文本}"，分类任务可以表示为"判断情感：{输入文本}"。

微调场景：T5 的标准化设计使其能够同时处理多种任务，包括翻译、摘要生成、文本分类等。这种统一框架简化了多任务学习的复杂性，使得单个模型可以高效地适应不同任务需求。

技术特征：T5 的核心创新在于其任务格式标准化。通过将所有任务转换为相同的输入输出格式，T5 实现了多任务的统一处理。这种设计不仅提高了模型的通用性，还降低了任务适配的复杂性。

典型预训练模型架构特性与适用场景对比见表 5-3。

表 5-3 典型预训练模型架构特性与适用场景对比

	预训练任务	微调场景	技术特征
BERT	掩码语言建模（MLM）	文本分类/问答系统	双向语境理解
GPT-3	自回归语言建模	零样本学习	生成式任务泛化能力
T5	文本到文本统一框架	多任务统一处理	任务格式标准化

BERT 专注于双向语境理解，适合需要深度语义分析的任务，如文本分类和问答系统。它代表了双向编码器的技术路线，强调对上下文信息的全面理解。它更适合封闭域任务，如特定领域的文本分类和问答系统。

GPT-3 擅长生成式任务，在零样本学习和开放域任务中表现卓越，如创意写作和代码生成。它代表了自回归生成模型的技术路线，注重生成能力和零样本学习。它更适合开放域任务，如创意生成和对话系统。

T5 通过任务格式标准化，实现了多任务的统一处理，适合需要同时处理多种任务的场景。它代表了任务统一框架的技术路线，致力于简化多任务学习的复杂性。它更适合多任务场景，如需要同时处理翻译、摘要和分类的综合系统。

5.2.3 参数规模与计算资源需求

1. 参数规模演进趋势

从 2018 年的 BERT-Large 模型（3.4 亿参数）到 2023 年的 GPT-4（约 1.8 万亿参数），模型参数规模在短短五年内增长超过 5000 倍。这一惊人的增长趋势主要得益于数据量爆炸、硬件进步、算法突破几个关键驱动因素。典型模型的参数规模演进曲线如图 5-5 所示。

当前趋势显示，模型参数量每 18 个月增长约 10 倍，这一增长速度与摩尔定律相似。随着芯片制程逐渐接近物理极限，预计 2025 年后增速将趋缓。未来的研究可能会更加注重模型效率的提升，而非单纯追求参数规模的扩大。

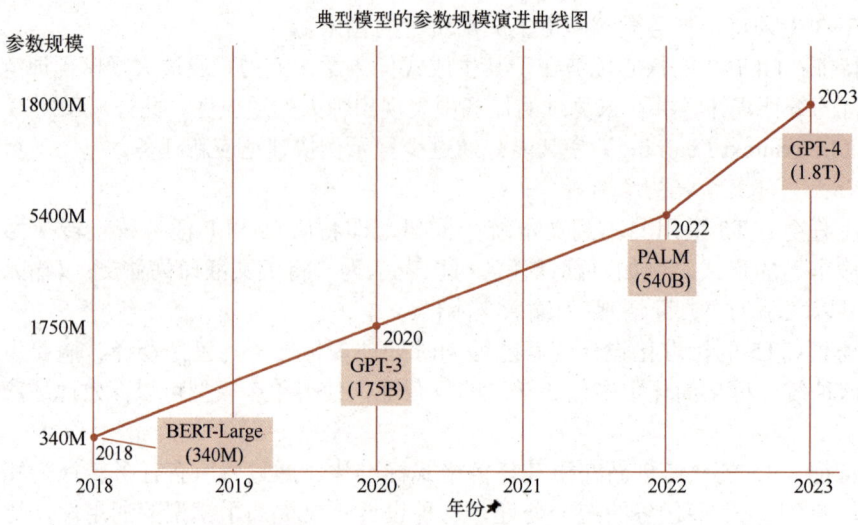

图 5-5　大模型参数规模增长曲线图

2．计算资源消耗

大模型训练涉及多维资源消耗，包括硬件、能源和碳排放等方面。典型模型的计算资源消耗关键指标见表 5-4。

表 5-4　计算资源消耗关键指标

模型	参数规模	GPU 小时（A100 等效）	电力消耗	碳排放量
GPT-3	175B	3,640,000	1,287 MWh	552 t CO_2
PALM	540B	11,500,000	4,060 MWh	1,742 t CO_2
Llama-2	70B	1,720,000	483 MWh	207 t CO_2

注：B 表示十亿。

计算资源主要从以下几个方面进行优化。

1）硬件优化：采用更高效的 GPU（如 H100）或专用 AI 芯片（如 TPU）。分布式训练和混合精度计算可减少硬件资源需求。

2）能源优化：使用绿色能源（如风电、太阳能）降低碳排放。在能源成本较低的地区（如水电丰富的区域）部署训练任务。

3）算法优化：通过模型压缩（如知识蒸馏、量化）减少计算需求。采用稀疏计算和混合专家（MoE）技术降低资源消耗。

5.3　大模型的关键特性

大模型通常具备涌现能力和泛化能力、多任务学习和迁移学习等特性。下面介绍几种大模型的关键特性。

5.3.1　涌现能力与泛化能力

1．涌现能力

当模型规模和训练数据达到一定程度后，大模型不仅原有的能力增强了很多，还出现了许多新能力，特别是复杂推理能力和融合创新能力，这种现象称为"涌现"。

（1）基于普通提示的涌现能力

给定一个提示，模型能够在不更新参数的情况下给出回复。普通提示范式的涌现能力已在多个关键领域得到验证。例如，在代码生成任务中，当参数规模达到千亿级别后，模型能够根据自然语言描述生成可运行的 Python 代码。

（2）基于增强提示的涌现能力

增强提示技术通过引入中间推理步骤，显著扩展了涌现能力的应用边界。以思维链（Chain-of-Thought）为例，思维链把解决问题的过程一步步写出来告诉大模型，大模型得出答案的正确率会提升。

> 📖 **知识拓展**
> 思维链

（3）任务类型对涌现能力的差异化响应

不同任务对模型规模的敏感度存在显著差异，主要表现在以下几个方面。

1）算术推理（如 GSM8K 数据集）：当训练规模达到 10^{22} FLOPS（每秒浮点运算次数）时，模型准确率从 46%跃升至 74%。此类任务依赖基础数学规则的组合能力。

2）代码生成（如 HumanEval 基准）：需突破 10^{23} FLOPS 阈值，准确率从 32%提升至 68%。生成 Python 函数时，模型需同时理解自然语言指令、语法规则及算法逻辑。

3）跨语言翻译（如 WMT21 英德翻译）：在 10^{23} FLOPS 时，翻译准确率从 18%骤升至 85%。此类任务依赖语料中的词频统计与句法对齐。

4）科学常识推理（如 MMLU-STEM 物理题）：需 10^{24} FLOPS 才能实现从 9%到 53%的跃升。

不同任务对模型规模的敏感度的差异见表 5-5。

表 5-5 不同任务对模型规模的敏感度的差异

任务类型	临界 FLOPS 阈值	准确率跃升幅度	典型数据集
算术推理	10^{22}	46% → 74%	GSM8K
代码生成	10^{23}	32% → 68%	HumanEval
跨语言翻译	10^{23}	18% → 85%	WMT21
科学常识推理	10^{24}	9% → 53%	MMLU-STEM

这种差异源于任务的知识密度差异。低密度任务依赖大规模语料中的统计规律，能够较早触发涌现。例如语言模型中的"下一个词预测"，即使模型规模较小，也能通过统计规律较好地完成任务，属于低知识密度任务。又比如数学证明或复杂逻辑推理，需要模型达到一定的规模才能表现出较好的性能，属于高知识密度任务。

2. 泛化能力

泛化能力是指 AI 模型在训练数据之外的数据上表现良好的能力。换句话说，泛化能力强的模型不仅能在训练数据上表现良好，还能在从未见过的数据上表现良好。举个例子，假设你训练了一个 AI 模型来识别猫和狗，如果这个模型不仅能识别训练数据中的猫和狗，还能识别你手机里新拍的猫和狗的照片，那么就说这个模型具有良好的泛化能力。泛化能力的本质在于模型对未知数据的适应能力。

提升泛化能力的三大技术包括最大均值差异（MMD）、对抗训练以及重要性加权。表 5-6 从适用场景、计算复杂度和典型提升效果三个维度，对比了最大均值差异（MMD）、

表 5-6 技术特性与优势对比

方法	适用场景	计算复杂度	典型提升效果
MMD	无监督域适应	$O(n^2)$	目标域准确率+24%
对抗训练	跨模态迁移	$O(n)$	跨域 F1 分数+18%
重要性加权	协变量偏移	$O(n)$	偏移场景召回率+29%

5.3.2 多任务学习与迁移学习

1. 多任务学习

多任务学习（Multi-Task Learning，MTL）是指一个模型同时学习多个相关任务，通过共享部分参数或特征，提高每个任务的性能。与单任务学习相比，多任务学习能够利用任务之间的相关性，提升模型的泛化能力。举个例子，假设你训练一个 AI 模型来识别猫和狗，同时还能识别它们的品种。这个模型通过同时学习这两个任务，可以更好地理解猫和狗的特征，从而提高识别准确率。其核心思想是将不同任务的训练目标联合优化，从而提升模型的泛化能力与计算效率。

2. 迁移学习

迁移学习（Transfer Learning）是指将一个任务（源任务）中学到的知识应用到另一个任务（目标任务）中，从而提高目标任务的性能。举个例子，假设你训练了一个 AI 模型来识别猫和狗，现在你想让它识别老虎和狮子。通过迁移学习，你可以利用识别猫和狗的模型时学到的知识，快速训练出一个识别老虎和狮子的模型。其核心在于利用大规模通用数据（如 ImageNet、Common Crawl）预训练模型，再通过微调（Fine-tuning）或特征提取（Feature Extraction）适配特定任务。迁移学习的关键步骤如下。

预训练：在大规模通用数据集上训练模型，使其学习到广泛的特征表示。

微调：在目标任务的小规模数据集上继续训练模型，调整部分参数以适应特定分布。微调策略包括全参数微调、部分层微调以及适配器微调。

领域自适应：当目标域与源域分布差异较大时，可以通过领域对抗训练、分布对齐等技术缩小域间差距。

迁移学习的优势如下。

数据效率：通过复用预训练模型的知识，显著减少对目标任务标注数据的需求。

快速适配：微调过程通常只需少量迭代即可达到较高性能，缩短模型开发周期。

跨领域泛化：通过领域自适应技术，将模型从源域迁移至目标域，突破数据分布限制。

5.4 大模型的应用领域

大模型通过海量数据的训练以及基于深度学习架构（如 Transformer），已在自然语言处理、计算机视觉和语音识别等多个领域有广泛应用。

🎬 微视频
大模型的应用领域：
自然语言处理和计算机视觉

5.4.1 自然语言处理

自然语言处理（Natural Language Processing, NLP）作为人工智能领域的核心分支，主要致力于解决机器对人类语言的理解与生成问题。传统方法依赖于规则系统与统计模型，在语义深度、上下文连贯性及跨任务泛化能力上存在显著局限。基于 Transformer 架构的预训练模型（如 GPT、BERT、T5 等）通过海量文本数据的自监督学习，实现了从词法分析到语义推理的全面突破。其核心能力不仅限于基础的文本处理，更延伸至跨模态交互、逻辑推演乃至创造性表达。主要应用表现在以下几个方面。

1. 文本生成：AI 的"写作助手"

大模型可以生成高质量的文章、故事、诗歌等。它们通过学习大量的文本数据，掌握了语言的规律和风格。具体如下。

写文章：输入提示词："写一篇关于人工智能发展现状的文章。"它会生成一篇逻辑清晰、语言流畅的文章，内容包括 AI 的历史、现状和未来趋势。

写故事：输入提示词："写一个关于未来世界的科幻故事，主角是一个机器人。"它会生成一个情节丰富、充满想象力的故事。

写诗歌：输入提示词："写一首关于秋天的五言诗。"它会生成一首符合要求的古诗，如"秋风送爽来，落叶满阶台。远山如画里，近水映楼台。"

2. 问答系统：AI 的"百科全书"

> 📖 **知识拓展**
> 知识问答双塔结构

大模型通过学习大量的知识数据，掌握各种领域的知识。具体如下。

知识问答：输入问题："什么是量子计算？"大模型会给出详细的解释："量子计算是一种利用量子力学原理进行信息处理的计算方式，它通过量子比特实现并行计算，能够解决传统计算机无法处理的复杂问题。"

实用建议：输入问题："如何学好编程？"大模型会提供实用的建议："1. 选择一门编程语言入门，如 Python；2. 通过在线课程或书籍系统学习；3. 多动手实践，完成小项目；4. 参与开源社区，与他人交流学习。"

实时搜索：大模型还可以结合搜索引擎，实时回答用户的问题。例如，输入问题："今天北京的天气怎么样？"它会结合实时数据回答："今天北京晴，气温 15～25℃，空气质量良好。"

3. 情感分析：AI 的"情感专家"

大模型可以分析文本的情感倾向。它们通过学习大量的情感标注数据集，掌握了情感表达的规律。具体如下。

评论分析：输入评论："这部电影太棒了，演员表演非常出色！"大模型会判断出这是正面情感，并给出情感得分（如正面情感概率为 95%）。

社交媒体监控：企业可以利用大模型分析社交媒体上的用户评论，了解用户对产品的评价。例如，输入多条评论后，大模型会生成情感分析报告："80% 的用户对新产品表示满意，15% 的用户提出改进建议，5% 的用户表示不满意。"

客服反馈：大模型可以分析客服对话中的用户情感，帮助客服人员更好地理解用户需求。例如，输入用户对话："我等了这么久还没解决问题，太失望了！"大模型会判断出用户情绪为负面，并提示客服人员尽快处理。

5.4.2 计算机视觉

计算机视觉是让 AI "看懂"世界的一门技术，而大模型正在为计算机视觉带来革命性的变化。下面通过几个具体的例子,介绍大模型是如何在计算机视觉中发挥作用的。

1. 图像分类:让 AI 认识物体

图像分类是计算机视觉中最基础的任务之一,它的目标是让 AI 识别图像中的物体是什么。例如,Vision Transformer(ViT)是一个基于 Transformer 的大模型,专门用于图像分类。它将图像分割成小块(如 16×16 像素),然后像处理文本一样处理这些图像块,最终识别出图像中的物体。举个例子,如果你给 ViT 一张猫的照片,它可以通过分析图像块,准确地告诉你这是一只猫。

2. 目标检测:让 AI 找到物体

目标检测不仅要识别图像中的物体,还要找到物体的具体位置。例如,DETR(DEtection Transformer)是一个基于 Transformer 的目标检测模型,通过自注意力机制,直接预测图像中物体的类别和位置。举个例子,如果你给 DETR 一张街景照片,它可以找到照片中的汽车、行人、交通标志,并标出它们的位置。

3. 图像生成:让 AI 生成图像

图像生成是让 AI 根据文字描述或草图生成图像。例如,DALL·E 是一个基于 GPT 的大模型,专门用于图像生成,可以根据文字描述生成高质量的图像。举个例子,如果你输入"一只穿着宇航服的猫",DALL·E 可以生成一张可爱的太空猫图片。

4. 图像分割:让 AI 理解图像的细节

图像分割是将图像中的每个像素分类,从而理解图像的细节。例如,Segment Anything Model (SAM) 是一个基于 Transformer 的图像分割模型,可以自动分割图像中的物体,甚至不需要大量的标注数据。举个例子,如果你给 SAM 一张医学影像,它可以自动分割出肿瘤区域,帮助医生进行诊断。

5.4.3 语音识别

语音识别是让机器"听懂"人类语言的技术,而大模型(如 Transformer、Whisper 等)让这项技术变得更强大、更智能。下面介绍大模型是如何在语音识别中发挥作用的。

微视频
大模型的应用领域:
语音识别技术

1. 语音识别的基本过程

语音识别的目标是将人类的语音转换成文本。这个过程可以分为以下几个步骤。

语音输入:机器接收人类的语音信号(如你说"你好")。

特征提取:从语音信号中提取关键特征,如音高、音长、频谱等。

模型处理:使用大模型将语音特征转换成文本。

文本输出:机器输出转换后的文本(如"你好")。

2. 大模型在语音识别中的作用

大模型通过其强大的学习能力,显著提升了语音识别的准确性和效率。以下是它在语音识别中的主要作用。

(1)捕捉语音中的上下文信息

问题:人类的语音中常常有连读、省略、口音等问题,传统模型很难准确识别。

大模型的解决方案:Transformer 通过自注意力机制,可以捕捉语音中的上下文信息。例如，它能理解"I'm gonna"是"I am going to"的缩写。

（2）处理长距离依赖

问题：一句话中的某些词可能需要结合上下文才能理解。例如，"他去了银行"中的"银行"是指金融机构还是河边的堤岸？

大模型的解决方案：Transformer 可以处理长距离依赖关系，结合上下文准确识别语音中的每个词。

（3）多语言支持

问题：传统语音识别模型通常只能处理单一语言。

大模型的解决方案：大模型（如 Whisper）通过多语言训练，可以支持多种语言的语音识别。例如，它既能识别英语，也能识别中文、法语等。

3．具体应用场景

（1）智能语音助手

例子：苹果的 Siri、谷歌的 Google Assistant、亚马逊的 Alexa。

大模型的作用：这些语音助手使用大模型来准确识别用户的语音指令，并做出相应的回应。例如，你说"播放周杰伦的歌"，它会立刻为你播放。

（2）实时语音转文字

例子：会议记录、课堂笔记、视频字幕生成。

大模型的作用：大模型可以实时将语音转换成文字，准确率高且速度快。例如，在视频会议中，它可以实时生成字幕，方便参会者理解。

（3）语音翻译

例子：出国旅行时，用语音翻译工具与当地人交流。

大模型的作用：大模型可以先将语音转换成文本，再将文本翻译成目标语言。例如，你说中文"你好"，它可以翻译成英文"Hello"并朗读出来。

（4）语音搜索

例子：在搜索引擎中用语音输入查询内容。

大模型的作用：大模型可以准确识别用户的语音查询，并返回相关结果。例如，你说"附近有什么好吃的餐厅？"，它会为你推荐附近的餐厅。

【案例 5-4】 科大讯飞：智能座舱多模感知系统

科大讯飞智能座舱多模感知系统，依托科大讯飞独立自主研发的深度机器视觉和语音算法，采用视觉语音双模融合感知技术，提供了业界领先的汽车座舱多模人机交互和驾驶安全守护技术解决方案，包含多模语音、人脸识别、视线追踪、疲劳监测、分心检测、行为检测等座舱安全监测核心功能。科大讯飞通过异构将语音降噪、唤醒、识别、合成从 CPU 移植到 NPU 后，能够降低 60%的 CPU 算力需求。

1）人脸识别。红外异质 FaceID 技术，不仅可以实现无感登陆，还具备活体检测功能，守护账户安全，谨防攻击。

2）注视感知。汽车级视线追踪技术，可实现注视唤醒交互、屏幕注视感知、人眼位置感知等功能，有效监测驾驶过程中的分心、疲劳和危险动作，并及时提醒车内用户，避免安全事故发生，保障驾乘安全性。

3）多模语音。通过唇音免唤醒、唇音检出、唇音增强等技术，解决高噪场景下识别效果差、语音交互过程中误触发的问题，满足用户在多种复杂场景下的使用需求。无须唤醒，响应快速，从而提升交互效率。

（资料来源：网络资料整理）

机器人小智提问：
① 科大讯飞的免唤醒语音交互相比传统唤醒词模式，在车载场景中有哪些显著优势？
② 红外异质 FaceID 技术相比传统人脸识别在车载登陆中有哪些显著优势？

5.5 大模型的部署与应用

高效部署大模型并平衡性能、隐私与成本，是企业及开发者面临的关键问题。本节将从本地部署与云端服务、数据隐私与安全问题、成本优化与资源管理三大维度展开分析。

5.5.1 本地部署与云端服务

1. 本地部署

本地部署通过将模型运行在用户自有设备或服务器上，实现数据与计算的完全自主控制。本地部署带来的确定性延迟保障了关键业务的连续性：医疗影像诊断系统在 200ms 内完成 CT 图像的三维重建，电网故障预测模型在 10ms 级响应速度下实时调整供电策略。其核心优势如下。

数据隐私保护：敏感数据无须上传至云端，避免第三方服务器泄露风险。

低延迟与离线可用性：无须依赖网络连接，适用于工业现场、偏远地区等场景。

高度定制化：用户可针对业务需求调整模型参数或集成私有知识库。

2. 云端服务

云端部署依托云计算平台（如华为云、阿里云）提供弹性资源。依托虚拟化技术将算力转化为可动态调配的流动资源，其核心优势在于突破物理硬件的约束。当业务面临突发流量时，云平台可在 3min 内完成从 10 到 10000 并发用户的资源扩展，而本地部署需至少 48h 的硬件采购与调试周期。其主要优势如下。

动态资源扩展：根据负载自动调整计算资源，避免硬件投资浪费。华为云的云端服务可支持从 10 到 10000 并发用户的平滑扩展。

实时计算与全球覆盖：通过全球分布的服务器节点降低延迟。

运维简化：云服务商提供一站式模型托管、监控与更新服务。阿里云的 PAI 平台支持从模型训练到部署的全流程自动化。

本地部署与云端服务数据对比见表 5-7。

表 5-7 本地部署与云端服务数据对比

场景	本地部署（7B 模型）	云端服务（同等模型）
延迟	<100ms	200ms~2s
数据隐私等级	高	中（依赖服务商）

两种模式的差异在成本、性能和安全维度上形成鲜明对比。本地部署在数据隐私和响应速度方面占据优势，云端服务则以分钟级扩容能力和周级模型迭代频率，为业务不确定性提

供缓冲空间。

选择部署策略的本质是对核心需求的优先级排序——当业务涉及不可再生的敏感数据或存在硬实时要求时，本地部署是不可替代的解决方案；而在应对全球化服务、资源弹性需求显著的场景中，云端方案能有效避免硬件投资的沉没风险。

5.5.2 数据隐私与安全问题

1．本地化部署的数据隐私与安全：锁在家里的保险箱

本地化部署通过物理隔离与硬件级加密，实现端到端的数据闭环控制。采用 AES-256 加密算法对存储介质进行全盘加密，该算法通过 14 轮非线性变换将数据块转化为不可逆密文，结合自毁芯片设计，可在检测到非法访问时触发数据熔断机制。

这好像把重要的数据放在自己的"家里"（如公司的服务器），用厉害的锁（AES-256 加密）保护起来。如果有人想偷偷打开，保险箱甚至会自己"毁掉"里面的东西，让坏人什么都拿不到。例如，银行会把用户的存款信息放在自己的服务器里，用密码保护起来，不让坏人偷走。

2．云端部署的数据隐私与安全：密码协议与隐私技术

云端安全体系依赖密码学协议与隐私计算技术构建防御层。TLS 1.3 协议在传输层实施前向保密加密，每次会话生成临时密钥，确保历史通信数据无法被破解。例如，把行李寄存在一个安全的仓库（如云端），这个仓库有很多保安（如 TLS 1.3 协议），用户每次取行李，保安都会给用户一个新的密码，就算坏人知道了昨天的密码，今天也没有用。而且，仓库还会在行李上撒一些"魔法粉末"（差分隐私技术），让坏人就算偷看了也猜不到行李的真正样子。

5.5.3 成本优化与资源管理

大模型的规模化应用背后，本质上是一场算力资源与资金投入的精准博弈。大模型的训练和推理需要大量的计算资源，主要体现在以下几个方面。

硬件成本：需要高性能 GPU/TPU 集群，单次训练可能消耗数百万美元。

电力消耗：训练一个大模型的碳排放量可能相当于几十辆汽车一年的排放量。

存储需求：模型参数和训练数据的存储需要大量硬盘空间。

运维成本：需要专业的团队维护硬件和软件环境。

1．成本优化：如何让大模型"省钱"

为了降低大模型的成本，研究者们提出了多种优化方法。

（1）模型剪枝与知识蒸馏

模型剪枝（Pruning）：去掉模型中不重要的参数，减少计算量。例如，将参数量从 1750 亿（GPT-3）压缩到数十亿，同时保持性能。

知识蒸馏（Knowledge Distillation）：用一个大模型（教师模型）训练一个小模型（学生模型），让小模型模仿大模型的行为，从而用更少的资源实现接近的性能。

（2）混合精度训练

混合精度训练使用 16 位浮点数（FP16）代替 32 位浮点数（FP32）进行计算，减少内存占用和计算量，同时加速训练过程。例如，NVIDIA 的 A100 GPU 支持混合精度计算，可将训练速度提升 3 倍。

（3）稀疏计算

稀疏计算只对模型中活跃的部分进行计算，跳过不重要的部分。例如，Google 的 Switch Transformer 通过稀疏激活机制，将计算成本降低了 7 倍。

（4）分布式训练优化

分布式训练优化使用数据并行、模型并行和流水线并行等技术，将训练任务分配到多个 GPU/TPU 上，以提高资源利用率。例如，Megatron-LM 通过高效的并行策略，成功训练了万亿参数模型。

2. 资源管理：如何让大模型不浪费资源

高效的资源管理是降低成本的关键，主要体现在以下几个方面。

（1）动态资源分配

动态资源分配根据任务需求动态分配计算资源。例如，在模型推理时，可以根据请求量自动调整 GPU 实例的数量，避免资源浪费。

（2）弹性计算

弹性计算利用云计算的弹性特性，按需使用资源。例如，AWS 和 Azure 提供的 Spot 实例可以以较低的成本使用闲置计算资源。

（3）资源共享与隔离

资源共享与隔离通过容器化技术（如 Docker）和虚拟化技术（如 Kubernetes），实现多个任务共享同一集群资源，同时保证隔离性。

（4）能效优化

能效优化利用低功耗硬件和节能算法，减少电力消耗。例如，谷歌的 TPU v4 在能效上比上一代提升了 2 倍。

5.6 大模型案例与智能体

随着大模型在各领域的应用扩展，出现了越来越多的大模型和智能体。本节主要介绍几种常见的大模型案例与智能体。

5.6.1 GPT-3 与 GPT-4 的应用

OpenAI 推出的 GPT-3 和 GPT-4 两代模型虽共享 Transformer 架构的基因，却在应用场景的深度与广度上展现出代际差异。

1. GPT-3：全能的语言模型

GPT-3 是由 OpenAI 开发的第三代生成式预训练模型，拥有 1750 亿个参数。它的应用场景非常广泛，具体如下。

内容生成：GPT-3 可以自动生成文章、故事、诗歌，甚至编程代码。例如，开发者可以用它快速生成网站的前端代码。

语言翻译与摘要：GPT-3 支持多语言翻译，并能将长篇文章压缩成简洁的摘要。

智能客服：许多企业使用 GPT-3 构建聊天机器人，提供 24*7h 的客户支持。

教育与辅导：GPT-3 可作为学习助手，解答学生的疑问，生成个性化练习题。

2．GPT-4：更强大的多模态模型

GPT-4 是 GPT-3 的升级版，不仅在语言处理上更强大，还支持多模态输入（如文本和图像）。

图像理解：GPT-4 可以分析图像内容并生成描述。例如，给它一张医学影像，它可以辅助医生进行初步诊断。

复杂任务处理：GPT-4 能够解决更复杂的逻辑问题，如编写高级程序代码或进行学术研究。

安全性与可控性：GPT-4 在训练中加入了更多的安全机制，减少了生成有害内容的风险。

在这场智能革命的背面，技术的双刃剑效应日益显现。GPT-4 虽然将有害内容过滤效率提升至 98%，但其生成的深度伪造视频仍能以每秒 150 帧的速度制造虚假信息；尽管 OpenAI 声称训练数据已进行匿名化处理，但斯坦福大学的研究显示，通过特定提示词仍能诱导模型输出训练语料中的敏感个人信息。

5.6.2　国内外大模型产品案例

1．国外大模型

ChatGPT：基于 GPT-3 和 GPT-4 的聊天机器人，广泛应用于教育、编程、内容创作等领域。例如，学生可以用它辅助完成作业，程序员可以用它调试代码。

Google Bard：谷歌开发的对话式 AI，专注于提供准确的信息和实用的建议。它被集成到谷歌搜索中，为用户提供即时答案。

Microsoft Bing：微软的智能搜索助手，结合了 GPT 技术，能够生成内容、规划行程，甚至帮助用户撰写邮件。

2．国内大模型

百度文心一言：百度的生成式 AI 模型，支持文本、图像、视频的多模态生成。例如，广告公司可以用它快速生成创意文案和视觉内容。

阿里通义千问：阿里巴巴的 AI 模型，主要用于企业服务，如数据分析、智能客服和市场营销。

腾讯混元大模型：腾讯的 AI 模型，专注于游戏开发和内容创作。例如，游戏开发者可以用它生成角色对话和剧情脚本。

5.6.3　DeepSeek 与其他创新模型

DeepSeek 是杭州深度求索公司推出的 AI 助手，于 2025 年 1 月 15 日正式上线。凭借自然语言处理、机器学习与深度学习、大数据分析等核心技术优势，DeepSeek 在推理、自然语言理解与生成、图像与视频分析、语音识别与合成、个性化推荐、大数据处理与分析、跨模态学习以及实时交互与响应 8 大领域表现出色。其本质特征体现在动态嵌入技术与知识图谱的深度融合上。DeepSeek 具有以下特点。

语义理解：DeepSeek 能够理解用户的搜索意图，而不仅是匹配关键词。例如，搜索"如何学习机器学习"时，它会直接提供学习路径和资源推荐。

个性化推荐：基于用户的历史行为和兴趣，DeepSeek 可以提供定制化的内容推荐，如适合你的学术论文或新闻文章。

根据功能定位和技术路径差异，可将其他相关创新模型分为 4 大类，见表 5-8。

表 5-8 创新模型分类

模型类别	典型代表	核心技术特征	适用场景
生成式模型	GPT-4、Stable Diffusion	自回归生成、扩散过程	内容创作、图像生成
检索增强模型	REALM、RAG	外部知识库检索集成	开放域问答、事实核查
图神经网络模型	GraphSAGE、GAT	邻域聚合、注意力机制	社交网络分析、药物发现
多模态模型	CLIP、Flamingo	跨模态对比学习	视觉问答、视频理解

大模型和智能体正在深刻改变人们的生活和工作方式。从 GPT-3 和 GPT-4 的智能对话，到 DeepSeek 的精准搜索，再到 Stable Diffusion 的创意图像生成，这些技术展示出 AI 的无限潜力。未来，随着多模态模型、边缘计算和绿色 AI 技术的发展，AI 将变得更加高效、智能和环保。

5.7 思考与练习

1. 问答题

1）什么是大模型，它与传统模型的主要区别是什么？
2）大模型通常采用什么架构？
3）什么是 Transformer 模型，它有什么特点和应用？
4）大模型有哪些关键特性？
5）大模型有哪些应用场景？
6）部署大模型时，如何实现成本优化？

2. 操作题

1）假设你正在训练一个用于图像分类的大模型，请描述你将如何进行数据预处理、模型选择、训练过程和性能评估。
2）设计一个实验，验证在大模型训练中，增加训练数据对模型性能的影响。

第 6 章 人工智能伦理

本章导读（思维导图）

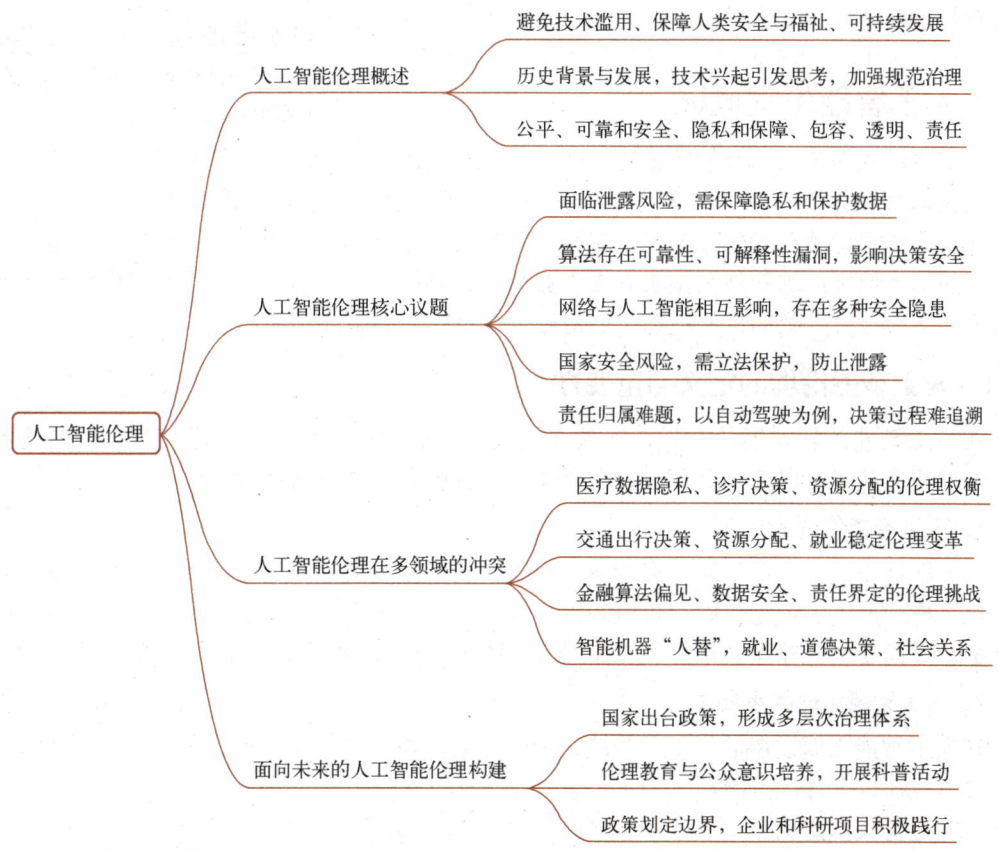

人类在享受人工智能技术发展带来的各种福祉的同时，围绕人工智能产生的伦理问题也越来越突出。本章将深入探索人工智能伦理，从它的定义、历史与基本原则出发，剖析数据隐私、算法安全等核心议题，揭示在医疗、交通、金融等多领域的冲突。思考如何构建面向未来的人工智能伦理体系，实现技术与伦理的和谐共生，让人工智能真正造福人类。

【案例 6-1】 中国香港跨国公司"AI 换脸"诈骗案

2024 年 1 月中旬,中国香港发生一起跨国公司"AI 换脸"诈骗案,某跨国公司香港分公司职员收到英国总部首席财务官有关机密交易的消息后,参与了内部组织的视频会议。诈骗人提前运用网络搜索获取公司公开资料,利用 Deepfake 技术制作出高层发言视频,在会议中冒充英国总公司高管下达命令,致使香港分公司职员信以为真,先后 15 次转账 2 亿港元。转账后,香港分公司向英国总部询问才知被骗。此案造成了巨大的经济损失,引发社会对 AI 换脸技术潜在风险的高度关注与广泛讨论。警方提示,面对 AI 视频可要求对方做即时动作,提问私密问题以核实身份,警惕亲友"打钱"要求,谨慎使用面部识别授权。

> 知识拓展
> AI 动态换脸诈骗

(资料来源:网络资料整理)

机器人小智提问:
① 中国香港跨国公司职员是如何被"AI 换脸"所骗的,应该如何识别真伪?
② 现在很多 App 刷脸就能登录和付款,但 AI 换脸技术这么厉害,那是不是应该关闭所有的面部识别功能?

> 微视频
> 人工智能伦理的定义与重要性

6.1 人工智能伦理概述

本节将深入探讨人工智能的伦理问题。首先将明确人工智能伦理的定义与重要性,理解为何在技术蓬勃发展之际,伦理考量成为不可或缺的基石。接着追溯其历史背景与发展脉络,从早期的理论萌芽到如今的多元实践,洞悉这一领域的演进历程。最后详细阐述人工智能伦理的基本原则,这些原则指引着人工智能在正确的轨道上前行,确保其发展既能充分发挥潜力,又能符合人类的价值观念、道德规范以及社会的整体利益。

6.1.1 人工智能伦理的定义与重要性

在人工智能蓬勃发展的今天,深入探究人工智能伦理的定义,洞悉其对于规范技术应用、维护社会秩序与保障公众利益的重要性,有着极为关键的意义。

1. 人工智能伦理的定义

人工智能伦理是一门涉及诸多领域的交叉学科,主要关注在人工智能系统的开发、部署和使用过程中产生的道德原则、价值观以及社会影响等诸多问题。其涉及的领域主要包括隐私保护、数据安全、算法公正性、责任归属、透明度与可解释性等方面。

2. 人工智能伦理的重要性

在人工智能飞速发展的当下,若缺乏伦理约束,技术易走向失控。人工智能伦理的重要性主要体现在以下几个方面。

(1) 避免技术滥用

人工智能伦理的制定有助于避免技术滥用,避免不良后果。在电信诈骗领域,利用人工智能换脸技术进行的诈骗行为已成为全球最具危害性的有组织犯罪之一。还有大数据"杀熟"问题,实质上就是经营者对算法的滥用,利用消费者的信任和信息不对称,实行价格歧视,侵害消费者的权益,背离公平诚信的价值原则。通过制定和遵守人工智能伦理准则,可以有效遏制此类技术的非法应用。

（2）保障人类安全与福祉

安全是人工智能发展的基石，若人工智能系统被黑客攻击或出现故障，可能会对人类生命财产安全造成威胁。2018 年，波音 737 MAX 系列客机的自动防失速系统被指存在缺陷，导致两起严重空难，数百人丧生，这凸显了人工智能系统在安全可控方面的重要性。在医疗领域，人工智能辅助诊断系统若出现错误诊断，可能会误导医生给出错误治疗方案，给患者带来巨大风险。因此，人工智能伦理要求技术做到安全可控，确保不会对人类安全和福祉造成损害。

> **知识拓展**
> 10·29 印尼客机坠海事故

（3）维护公平与公正

人工智能系统的决策和行为可能会对不同人群产生不同的影响，如果训练数据存在偏差或算法设计不当，可能会导致人工智能对某些群体产生歧视和不公平待遇。在招聘过程中，如果人工智能系统基于有偏差的历史数据进行筛选，可能会对女性、少数族裔等群体造成不公平的排除。此外，在司法领域，如果人工智能辅助量刑系统使用的数据存在偏差，可能会导致不同种族或社会阶层的人受到不公正的判决。人工智能伦理强调公平公正，要求在设计和使用人工智能时，避免歧视和偏见，确保不同群体都能得到平等的机会和待遇。

（4）保护隐私与数据安全

人工智能的发展离不开大量的数据，这些数据往往涉及个人隐私和敏感信息。如果数据被泄露、滥用或盗取，将对个人的隐私和安全造成严重侵犯。2017 年，美国一家医疗保险公司 Anthem 曾遭受黑客攻击，约 8000 万客户的个人信息被盗取，这凸显了数据安全的重要性。在互联网广告和推荐系统中，如果企业过度收集用户数据并用于精准广告投放，可能会侵犯用户隐私。人工智能伦理要求严格保护个人隐私和数据安全，确保数据的收集、存储、使用和共享都符合法律法规与道德规范。

（5）确保人类的主体地位

随着人工智能技术的不断发展，其能力和自主性不断提高，可能会对人类的主体地位产生挑战。在一些工作场景中，人工智能可能会取代人类的工作岗位，导致部分人群失业和社会结构的变化。此外，一些人工智能系统可能会通过结论的输出去分析、识别和塑造人的观念与认知体系，引发"人工智能塑造人类"的结果，人类主体性将会遭受挫折。人工智能伦理强调人类的主体地位，要求将人工智能作为实现人类目标的工具，而不是让其超越或取代人类。

（6）促进人工智能的可持续发展

伦理规范可以为人工智能的发展提供明确的方向和指导，避免技术的滥用和误用。同时，良好的伦理环境也有助于增强公众对人工智能的信任和接受度，促进人工智能技术的广泛应用与推广。欧盟的《通用数据保护条例》（GDPR）和中国的《生成式人工智能服务管理暂行办法》等法规与政策，都对人工智能的伦理和法律问题做出了规定，为人工智能的健康与可持续发展提供了保障。如果人工智能技术的发展忽视了伦理问题，可能会引发公众的担忧和抵制，阻碍技术的进一步发展。

> **知识拓展**
> 《生成式人工智能服务管理暂行办法》

综上所述，人工智能伦理在规范技术发展和维护社会利益方面发挥着关键作用。通过制定和遵守这些道德准则，可以确保人工智能技术的发展和应用符合人类的道德标准与社会价值观，从而保障人类的福祉以及社会的可持续发展。

6.1.2 人工智能伦理的历史背景与发展

人工智能伦理的历史背景与发展是一个复杂而多维的领域，它伴随着人工智能技术的兴起而逐渐受到关注。

1. 历史背景

早在 20 世纪，科幻小说和电影就开始探讨人工智能可能带来的伦理问题。例如，1920 年捷克作家卡雷尔·恰佩克的科幻剧作《罗素姆万能机器人》中，就提出了机器人是否会取代人类、拥有自我意识后是否会反抗人类等问题，引发了人们对人工智能伦理的初步思考。随着计算机技术的不断进步，人工智能在 20 世纪中叶开始逐渐兴起。早期人工智能研究主要集中在逻辑和数学领域，试图通过建立规则和算法，使计算机能够模拟人类的思维过程。随着技术的不断发展，人工智能逐渐渗透到各个领域，成为人们生活和工作中不可或缺的一部分。

微视频
人工智能伦理背景、发展历程与基本原则

> 1950 年，艾伦·图灵发表了"计算机器与智能"一文，提出了著名的图灵测试，用于判断机器是否具有智能，这一时期人们更多地关注人工智能技术本身的发展和突破，但也为后续的伦理问题讨论埋下了伏笔。

20 世纪 70 年代至 80 年代，专家系统等人工智能技术在医疗、工业等领域得到应用，开始出现了关于人工智能决策准确性和可靠性的讨论。例如，在医疗领域，人们开始思考如果人工智能系统出现错误诊断，责任该如何界定等问题。

2. 发展历程

自 20 世纪末至 21 世纪初，人工智能伦理问题开始进入人们的视野，初步探索阶段便已引发对人机关系的深入思考。随着深度学习等技术的突破，人工智能迎来了快速发展的黄金时期，但伴随而来的是对潜在风险的担忧。2018 年 5 月 26 日，李彦宏在贵阳大数据博览会上首次提出 AI 伦理四原则。

知识拓展
人工智能发展历史节点

（1）AI 的最高原则是安全可控

一辆无人驾驶汽车如果被黑客攻击了，它有可能变成一个杀人武器，这是绝对不允许发生的，所以 AI 的使用要求具备安全性和可控性。

（2）AI 的创新愿景是促进人类更平等地获取技术和能力

如今，中国的百度公司（Baidu）、阿里巴巴集团（Alibaba）、腾讯公司（Tencent），美国的 Facebook（已改名 Meta）、Google、微软，都拥有很强的 AI 能力，但是世界上不只有这些大公司需要 AI 的能力和技术，其他公司、组织和机构也需要 AI。如何能在新时代让所有企业、所有人都能平等地获取 AI 的技术和能力，以防止因为技术的不平等导致人们在生活、工作等各方面变得越来越不平等。

（3）AI 存在的价值是教人学习、让人成长，而非超越人、替代人

AI 做出来的东西不应该只是简单地模仿人类，也不是根据人类的喜好完全赠予。AI 应该通过个性化推荐，教人学习，帮助每一个用户变成更好的人。

（4）AI 的终极理想是为人类带来更多的自由与可能

将来，借助 AI，劳动可能不再成为人们谋生的手段，而是变成个人自由意志下的一种需求。人类想去创新、创造，所以才去工作，这是 AI 的终极理想，即为人类带来更多的自由和可能。

未来，AI 时代伴随技术的快速进步以及产品的不断落地，人们将切身感受到 AI 给生活带来的改变，从而也需要有新的规则、新的价值观、新的伦理。国际组织和各国政府纷纷出台相关政策与法规，加强对人工智能伦理的规范和治理，力图引导其走上健康、负责任的发展道路。人工智能伦理的发展历程见表 6-1。

> **知识拓展**
> 电影《人工智能》中的伦理问题引人深思

表 6-1 人工智能伦理的发展历程

发展阶段	代表性事件
初步探索阶段（20 世纪末—21 世纪初）	2001 年，史蒂文·斯皮尔伯格执导的电影《人工智能》中，机器人小男孩大卫对母爱的渴望以及人类对机器人的态度，引发了人们对人机关系伦理的深入思考
快速发展与问题凸显阶段（21 世纪初—21 世纪 10 年代初）	1. 深度学习技术的突破使人工智能迎来了快速发展时期，开始广泛应用于各个领域 2. 2016 年，AlphaGo 战胜世界围棋冠军李世石，引发全球对人工智能的高度关注和热议 3. 美国电气电子工程师协会在 2016 年发布世界首个人工智能道德准则设计草案，提出了如何将人类规范和道德价值嵌入人工智能系统等伦理问题
规范与治理加强阶段（2018 年至今）	1. 2018 年 5 月 26 日，李彦宏在贵阳大数据博览会上首次提出 AI 伦理四原则 2. 2018 年，欧盟的《通用数据保护条例》（GDPR）在一定程度上规范了人工智能对个人数据的使用和保护 3. 中国相继出台了《新一代人工智能治理原则——发展负责任的人工智能》《新一代人工智能伦理规范》《科技伦理审查办法（试行）》等，力图引导人工智能走上 "科技向善" 的健康发展道路

6.1.3 人工智能伦理的基本原则

面对必须有人类生命、财产损失的问题时，人工智能该如何抉择？人工智能或者智能机器人是否应该有人权？人工智能技术是否应该遵循人类的道德规范？人类在对人工智能的发展充满期待的同时，对伦理道德问题也有很多担忧，因此在很多科幻作品中都出现了机器人伤害人类的情节。所以人们在畅想未来的同时，也要思考如何限制机器人的行为，保证人类安全。

科幻小说作家、科普作家、文学评论家艾萨克·阿西莫夫的作品《我，机器人》在 1950 年末出版。这本书引言的标题是"机器人的三大法则"，可见，他把"机器人三大法则"放在了整本书最突出、最醒目的位置。机器人三大法则对人工智能时代的伦理问题具有一定的指导意义，其内容如下。

> **知识拓展**
> 阿西莫夫笔下机器与人的深度交织

- 第一法则：机器人不得伤害人，也不得见人受到伤害而袖手旁观（保护）。
- 第二法则：机器人应该服从人的一切命令，但不得违反第一法则（服从）。
- 第三法则：机器人在不违反第一、第二法则的情况下要尽可能保护自己（生存）。

这些法则存在一些问题，执行起来比较困难。例如，当机器人遇到坏人行凶时，依照第一法则，机器人不能伤害坏人，也不能看到好人受到伤害而袖手旁观，这是让机器人非常矛盾的事情。有人担心，如果机器人真的聪明到需要用三大法则来约束它们的时候，恐怕这三大法则也起不到什么效果了。未来还需要探索更合理的准则方式来约束人类与人工智能之间的关系，保证机器永远是人类的助手伙伴。

2021年11月25日，联合国教科文组织在法国巴黎发布了《人工智能伦理问题建议书》——这是全球首个针对人工智能伦理制定的框架规范，提出发展和应用人工智能首先要体现出四大价值，具体如下。

> 📖 **知识拓展**
> 《人工智能伦理问题建议书》全文

- 尊重、保护和提升人权及人类尊严。
- 环境与生态系统的发展。
- 保证多样性和包容性。
- 构建和平、公正与相互依存的人类社会。

该建议书明确了规范人工智能技术的十大原则和十一个政策领域，尤其强调在利用人工智能解决环境问题的同时，要避免因为使用这项技术而破坏环境。

人工智能技术的飞速发展对社会、经济乃至人类生活产生了深远的影响。为确保人工智能技术的健康发展，并避免其可能带来的负面影响，全球范围内对于人工智能伦理的讨论与规范制定日益重视。2018年，微软发表了《计算未来》（The Future Computed）一书，其中提出了人工智能开发的六大原则：公平、可靠和安全、隐私和保障、包容、透明、责任。

1. 公平

人工智能系统应该避免任何形式的偏见和歧视，确保在不同群体之间的公平对待。假设设计一个帮助雇主筛选求职者的人工智能系统，如果利用公共就业数据进行筛选，系统很可能会"学习"到大多数软件开发人员为男性，因此在选择软件开发人员职位的人选时，该系统很可能偏向男性，尽管实施该系统的公司想要通过招聘提高员工的多样性。

如果人们假定技术系统比人更少出错、更加精准、更具权威，这也可能造成不公。许多情况下，人工智能系统输出的结果是一个概率预测，如"申请人贷款违约概率约为70%"，这个结果可能非常准确；但如果贷款管理人员将"70%的违约风险"简单解释为"不良信用风险"，而拒绝向所有人提供贷款，那么就有30%的人虽然信用状况良好，但贷款申请也会被拒绝，导致不公。因此，需要对人进行培训，使其理解人工智能结果的含义和影响，弥补人工智能决策中的不足。

2. 可靠和安全

人工智能系统应具备高度的可靠性和安全性，防止系统故障或误操作对用户和社会造成损害。有新闻报道，一辆行驶中的新能源汽车系统出现了问题，车辆仍然以每小时70英里（1英里约等于1.61公里）的速度高速行驶，但是驾驶系统已经死机，驾驶员无法重启自动驾驶系统，严重危及驾乘人员安全。

2025年2月，某三甲医院AI系统将肺癌误判为肺炎，7次建议活检均被主任医师驳回，患者延误治疗3个月后死亡，这一事件引发轩然大波。家属手持医院与AI厂商签订的《免责协议》哭诉："机器犯错，活人背锅？"这起案件撕开了AI医疗的残酷真相：当算法掌握生死权，人们究竟在信任什么？纽约长老会医院中，一位25岁女性胸痛被GPT-5诊断为焦虑，17min后猝死。尸检显示冠状动脉堵塞85%，AI因训练库中年轻女性心脏病案例仅占0.3%而产生误判。

这些案例无一不在警示，人工智能系统在某些领域直接关联生命财产安全，必须具备高度的可靠性和安全性。

3. 隐私和保障

人工智能技术应尊重个人隐私，确保敏感信息得到妥善保护。Facebook 因 Cambridge Analytica 事件陷入了数据泄露的风波，再次强调了隐私保护的重要性。在医疗领域，人工智能技术的应用要遵循严格的伦理道德规范，确保患者的数据安全和隐私得到保护。

Strava 是一款在欧美国家流行的健身 App，会将数据自动上传到平台，使得很多人可以在社交媒体平台上看到私人健身数据。问题随之而来，很多军事基地的现役军人在锻炼时也使用该 App，他们锻炼的轨迹数据也会全部上传，那么整个军事基地的地图数据自然也会上传到平台。军事基地的位置是高度保密的信息，但是军方从来没想到一款健身 App 就能够轻松地把数据泄露出去，如图 6-1 所示。📖

> 📖 **知识拓展**
> 健身应用 Strava 泄漏军机

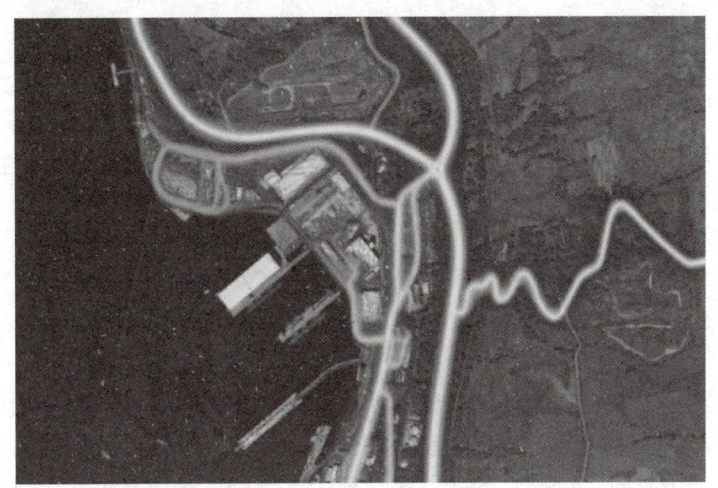

图 6-1 Strava 用户在英国皇家海军克莱德核导弹基地内外的活动路线

4. 包容

由于人工智能技术具有跨国界特性，其研发和应用往往涉及多个国家和地区，因此要考虑到世界上的各类人群。以领英（Linked in）为例，他们有一项服务称为"领英经济图谱搜索"。领英、谷歌和美国一些大学联合做过一个研究，研究通过领英实现职业提升的用户中是否存在性别差异。该研究主要聚焦全美排名前 20 院校 MBA 毕业生，他们在毕业之后会在领英上描述自己的职业生涯，研究主要就是对比这些数据。该研究的结论是，至少在全美排名前 20 院校的 MBA 毕业生中存在自我推荐上的性别差异，即男性 MBA 毕业生通常在毛遂自荐的力度上超过女性。登录领英的系统，就会有一些关键字域要选择，其中有一项是自我总结。在该项上，男性对自己的总结和评估通常会高过女性，女性在自我评价方面是偏低的。📖

> 📖 **知识拓展**
> 领英经济图谱

领英于 2021 年 1 月在亚太地区开展了机会信心指数调研，聚焦性别话题，考察男性和女性受访者对所在市场经济前景的信心、市场现存机会的丰盈程度、个体成功获取机会的信心和挑战等多个层面的差距。《2021 领英机会信心指数报告》显示，中国受访者机会信心指数在亚太地区排名第二。然而与受访男性相比，女性普遍对克服挑战的信心不足，在职场中没有安全感。对中国女性来说，缺乏人脉、技能和时间可能是阻挡在机会之前的三座大山。

相关结果如图 6-2 所示。

图 6-2　2021 领英机会信心指数报告

作为一个招聘者，在招聘人员时要获得不同的数据信号，应将数据信号的权重降下来，才不会干扰对应聘者的正常评估。但是，这又涉及程度的问题，数据信号不能调得过低，也不能调得过高，要有一个正确的度。数据能够为人类提供很多洞察力，但数据本身也包含一些偏见。那么，如何从人工智能伦理的角度来更好地把握偏见的程度，以实现包容性是非常关键的。

> 📖 **知识拓展**
> 领英：职场女性如何在性别差距中突围

5. 透明

人工智能系统的决策过程应该尽可能透明，让用户明白自己的数据是如何被使用和处理的。人工智能领域突飞猛进的过程中最重要的技术之一就是深度学习，深度学习是机器学习中的一种模型。在现阶段，一般认为深度学习模型的准确度是所有机器学习模型中最高的，但仍存在是否透明的问题。透明度和准确度无法兼得，人们只能在二者之间权衡取舍，如果要更高的准确度，就要牺牲一定的透明度。所以现在面临的问题是，深度学习的模型很准确，但是其存在不透明的问题。如果这些模型、人工智能系统不透明，就存在潜在的不安全问题。

20 世纪 90 年代在卡耐基梅隆大学有一个有关肺炎方面的研究，其中一个团队进行基于规则的分析，帮助决定患者是否需要住院。基于规则的分析准确率不高，但由于其都是人类能够理解的一些规则，因此透明度高。它们"学习"到哮喘患者死于肺炎的概率低于一般人群，该结果显然违背常识，因为如果一个人既患有哮喘，也患有肺炎，那么死亡率应该是更高的。研究之所以"学习"得出这一结果，其原因在于一个哮喘病人由于常常会处于危险之中，一旦出现症状，他们的警惕性更高，接受的医护措施会更好，因此能更快得到更好的医疗。这就是人的因素，即如果一个人患有哮喘，那么他通常会更迅速采取应急措施。人的主观因素并没有作为客观数据放在训练模型的数据图中，如果人类能读懂这个规则，就可以对其进行判断和校正。但如果它不是基于规则的模型，不知道其是通过这样的规则来判断的，是一个不透明的算法，人类按照该结论就会建议哮喘患者不要住院进行治疗，这显然是不安全的。

所以，当人工智能应用于一些关键领域，如医疗领域、刑事执法领域时，应当非常小心谨慎。

6. 责任

人工智能系统采取了某个行动，做了某个决策，就必须为带来的结果负责。人工智能的问责制是一个非常有争议的话题，会涉及法律或者立法问题。如果机器代替人类进行决策、采取行动时出现了不好的结果，那么到底由谁来负责？通过采取问责制，当出现不好的结果时，不能让机器或者人工智能系统当替罪羊，人类就必须要承担责任。当前，在国内外已经出现多例因为自动驾驶系统导致的车祸。

【案例6-2】 自动驾驶引起的交通事故

2016年5月，一位新能源汽车车主在美国佛罗里达州高速公路开启自动驾驶模式，不幸发生车祸，车主当场死亡。同年7月，一位车主驾驶新能源汽车行驶在高速公路上时发生侧翻，撞到路边护栏，当时也开启了自动驾驶模式。早在2016年1月，我国"法治在线"栏目就曾曝光一起发生在我国河北邯郸的新能源汽车自动驾驶模式致人死亡事件，车主驾驶新能源汽车在高速公路行驶时，由于前车躲避障碍物，车主躲闪不及撞上道路清扫车，发生车祸，这是国内报道的首起新能源汽车自动驾驶模式引发的有人员死亡的交通事故，如图6-3所示。

图6-3 "法治在线"："自动驾驶"安全不安全！？

（资料来源：网络资料整理）

机器人小智提问：

① 自动驾驶出了这么多事故，是否还可信？假如你购买了自动驾驶汽车，是否敢放心上路？

② 自动驾驶事故频发，政府出台了一系列监管政策。这些政策在保障安全的同时，会不会限制技术创新，如何在两者之间找到平衡？

③ 当自动驾驶车辆面临不可避免的碰撞时，程序应优先保护车内乘客还是行人，这一决策涉及哪些法律和伦理难题，又该如何制定统一标准？

其实，不仅是自动驾驶汽车，还有其他很多领域，如刑事案件问题、军事领域问题等，存在伦理问题。例如，现在很多武器已经自动化或者人工智能化，如果一个自动化武器伤了人类，那么这样的案件应该如何裁定？这就牵涉法律中的法人主体问题，人工智能系统是否可以判定为一个法律主体？如果判定它是法律主体，那就意味着人工智能系统有自己的权利，也有责任。因此，人工智能要对自己的行为负责，但是这个逻辑链是否成立？如果人工智能作为一个法律主体存在，那么其要承担相应的责任，也享有接受法律援助的权利。因此，法律主体一定要是人类。

6.2 人工智能伦理的核心议题

本节将深入探讨人工智能伦理的核心议题，涵盖数据隐私与安全困境，剖析算法、网络、国家安全层面的风险，以及棘手的责任归属难题，理性审视人工智能发展中不可忽视的伦理挑战。

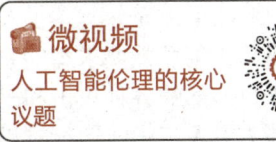

微视频
人工智能伦理的核心议题

6.2.1 数据隐私与安全困境

现有的人工智能算法几乎都是由数据驱动的，人工智能模型的生成与优化需要海量数据进行训练，这就涉及数据隐私保护与治理的问题，如人们网购时的消费记录、个人偏好等行为的数字化轨迹，包括年龄、性别、家庭住址甚至宗教信仰等用户数据都面临泄露的风险。毫无疑问，隐私和数据保护在人工智能的整个生命周期都必须得到保障，并且确保每个人对自己的数据拥有完全的控制权，不会因隐私数据受到伤害、歧视或者攻击。

2019 年 11 月，一名本科毕业生逯某受雇于黎某，利用自己开发的爬虫软件"淘评评"，通过淘宝商品详细信息接口和淘宝信息分享接口，爬取淘宝客户的淘宝数字 ID、淘宝昵称和手机号信息。逯某前后爬取了 5000 多万条信息，并从其他地方下载了 11 亿多条数据，导致大量用户信息泄露。黎某则利用这些信息建立微信群，通过群发淘宝优惠券赚取返利。该事件充分说明数据安全的重要性。

> 📖 **知识拓展**
> 淘宝数据泄露大案

表 6-2 展示了国内外关于人工智能与数据隐私的相关立法，说明在人工智能蓬勃发展的时代，数据隐私保护的重要性愈发凸显，已成为全球共识。

表 6-2 人工智能与数据隐私立法的全球进展

政策名称或事件	简介
2018 年欧盟通过《通用数据保护条例》	对个人数据与隐私数据的采集、管理和使用进行了严格保护
2020 年美国出台《国家生物识别信息隐私法》	在原有的个人隐私数据保护的基础上，针对人脸等生物信息识别进行了隐私保护
2021 年 8 月我国施行由最高人民法院出台的《关于审理使用人脸识别技术处理个人信息相关民事案件适用法律若干问题的规定》，11 月 1 日起施行《中华人民共和国个人信息保护法》	这两部法规都针对性地规制了人脸信息处理，适用于因信息处理者违反规定或约定使用人脸识别技术处理人脸信息，以及基于该技术生成的人脸信息所引发的民事案件。规定处理个人信息应具有明确、合理目的，不得过度收集个人信息
2021 年 9 月英国颁布《新兴技术宪章》	明确提出要合法地使用人脸识别等技术
2023 年 7 月国家网信办、国家发展改革委、教育部等七部门联合公布《生成式人工智能服务管理暂行办法》，并于 2023 年 8 月 15 日起施行	该办法被认为是全球首部生成式人工智能立法，明确要求人工智能应当遵守法律法规，尊重社会公德和伦理道德，保障人工智能技术应用的安全、可靠、可控，鼓励生成式人工智能技术在各行业、各领域的创新应用
2023 年 10 月美国白宫发布《关于安全、可靠和可信地开发和使用人工智能的行政命令》	将建立人工智能安全和安保新标准作为行动目标之一，要求基础模型公司与联邦政府共享关键信息，以保障人工智能安全
由国家网信办、工业和信息化部、公安部、广电总局联合发布的《人工智能生成合成内容标识办法》，将于 2025 年 9 月 1 日起施行	规定了对人工智能生成合成内容进行标识的要求，有助于厘清责任、对违法犯罪行为追责，一定程度上保护数据隐私，减少恶意滥用

6.2.2 算法安全风险

人工智能算法直接定义了智能系统中"智能行为"可能的模式与性能。2023 年，自动辅助驾驶系统 Autopilot 发生了一起事故。在高速行驶时，该系统搭载的深度学习算法未能准确识别前方静止的白色卡车，导致车辆直接撞上，造成严重车损。事后调查发现，由于算法在可靠性、可解释性等方面存在漏洞，其决策结果不可预知且无法验证，计算过程也难以追溯，此次事故充分暴露了人工智能算法在实际应用中潜藏的安全风险。

可信人工智能要求智能系统所采用的算法必须具有可靠性和安全性，要求人工智能能够抵御来自外部的各种攻击和干扰，包括公开的网络攻击行为和隐藏的试图操控算法的行为，并有能力对人工智能运行过程中的意外和错误进行最小化处理，针对各种可能的潜在风险，能够事先予以披露，并建立相应的评估机制。

6.2.3 网络安全风险

网络与人工智能相互影响，网络支撑人工智能技术发展，人工智能也为网络安全带来新内涵。然而，机器学习软件架构和人工智能工具存在安全漏洞，已被用于网络攻击，给人工智能应用带来威胁。

人工智能带来的新型攻击威胁与网络安全隐患不容小觑，如智能安防设备易被攻破，云端个人数据常遭非法入侵和病毒攻击。在舆情监测方面，"谣言视频""机器人水军"等频繁助推舆情发酵，使得舆论操控和数据滥用频发。在金融领域，存在电商与互联网公司利用人工智能"杀熟"等问题。为防范这些问题，需扩展传统网络安全属性，涵盖智能安防、舆情监测、金融风控等网络安全可信的多个方面，以保障网络与人工智能协同发展的安全环境。

> 📖 **知识拓展**
> 5000 万条个人数据泄露背后的政治阴谋

6.2.4 国家安全风险

在人工智能发展进程中，对于关乎国家安全、生命安全等领域的人工智能技术与核心算法，需及时立法保护，防止泄露，其拥有和使用机构应受国家监管，且各国都应建立关键技术出口管制法规。在 2024 年 9 月 12 日的第十一届北京香山论坛上，中国军事科学院原副院长何雷中将指出人工智能使战争形态朝智能化迈进，他强调人工智能的智能化战争不能以牺牲人性和道德为代价，建议联合国牵头制定国际规则，限制人工智能在军事中的应用。

> 📖 **知识拓展**
> 何雷呼吁限制人工智能在战争中的应用

目前，各国都在加快制定相关法规，以对这类关键军事人工智能技术进行监管和出口管制，避免其对国防安全和民众安全造成威胁。人工智能本质"向善"，旨在造福人类。在研发和应用中，在未出现具有自主意识的智能系统前，应以人类伦理规范和道德标准为参照，探索机器智能伦理边界，解决人工智能伦理与安全问题，避免技术滥用，确保人工智能更好地服务于人类社会。

6.2.5 人工智能的责任归属难题

在人工智能广泛应用的时代，责任归属难题日益凸显。以自动驾驶事故为例，从技术层面看，自动驾驶系统由算法和大量数据训练而成，那么是算法存在漏洞，还是数据不够完善导致系统误判？开发算法的工程师、提供数据的相关方，以及负责测试的人员，似乎都与事故存在关联。从使用层面讲，汽车制造商将自动驾驶汽车投入市场，车主按照正常使用流程驾驶，那么制造商和车主在事故中又该承担怎样的责任？这一案例充分展现了人工智能责任归属的难题。

人工智能决策过程往往是一个黑箱，难以清晰追溯责任源头。传统的责任认定规则在面对人工智能时存在空白，法律也未能及时跟上技术发展的步伐。究竟是从技术开发和产品制造角度，还是从使用和监管角度来明确责任，目前尚无定论。对于人工智能的责任归属难题，需要科技界、法律界以及社会各界共同努力，建立起合理的责任界定和承担机制。

6.3 人工智能伦理在多领域的冲突

随着人工智能渗透进各个领域，其伦理问题引发的冲突也愈发显著。本节将深入探讨人工智能伦理在多领域的碰撞，从医疗领域的伦理权衡到交通出行的伦理变革，再到金融服务中的伦理挑战以及智能机器"人替"伦理困境，全方位剖析人工智能的复杂伦理难题。

6.3.1 医疗领域的伦理权衡

在数字化医疗时代，人工智能为医疗领域带来诸多变革，但其发展也伴随着复杂的伦理权衡。在医疗 AI 兴起的当下，若患者数据被用于训练 AI 模型，一旦存储环节出现漏洞，大量包含疾病史、基因数据等的敏感信息的泄露会给患者带来难以预估的风险，如就业歧视、保险拒赔等，这凸显了保障数据隐私的重要性。

> 📖 知识拓展
> 人工智能伦理在多领域的冲突

在诊疗决策上，IBM Watson for Oncology 曾在应用中出现问题。它为医生提供癌症治疗方案建议，但部分方案未充分考虑患者个体差异，像某些治疗手段对于高龄且身体虚弱的患者而言可能引发过度医疗。医生面临抉择时，是完全依赖 AI 给出的方案，还是结合患者实际状况并凭借自身经验调整，这是关乎患者生命价值与医疗伦理的关键。

> 📖 知识拓展
> IBM 的 Watson 为什么会在医疗行业失败？

从医疗资源分配来看，一些先进的人工智能辅助诊断设备价格高昂。例如，某高端影像 AI 诊断系统价值数百万，只有大型三甲医院才有能力购置，这使得偏远地区或基层医疗机构难以配备，患者无法平等享受 AI 辅助诊断带来的精准服务，加剧了医疗资源分配不均的矛盾。这些问题表明，人工智能在医疗领域的深入应用，需要谨慎权衡伦理问题，让技术更好地服务大众。国内外围绕人工智能在医疗领域积极布局政策，见表 6-3，从应用鼓励到监管规范，旨在推动其安全、有效、创新地融入医疗体系。

表 6-3 国内外围绕人工智能在医疗领域应用的相关政策

政策名称	简介
2016 年 6 月国务院办公厅印发《关于促进和规范健康医疗大数据应用发展的指导意见》	支持研发健康医疗相关的人工智能技术
2018 年 4 月国务院办公厅印发《关于促进"互联网+医疗健康"发展的意见》	积极推进和创新"互联网+"人工智能应用服务，鼓励开展多种智能应用
2022 年国家药品监督管理局发布《人工智能医疗器械注册审查指导原则》	明确了人工智能医疗器械的适用范围等，加强了 AI 医疗产品的监管
2022 年 11 月国家卫生健康委、国家中医药局、国家疾控局联合发布《"十四五"全民健康信息化规划》	提出加速 AI 在医疗领域的应用，特别是在智能诊疗、个性化医疗和健康管理方面
2023 年中共中央办公厅、国务院办公厅印发《关于进一步完善医疗卫生服务体系的意见》	推动人工智能在医疗领域的疾病早期筛查、精准诊疗和健康管理方面的应用
2024 年国家医疗保障局印发《放射检查类医疗服务价格项目立项指南（试行）》	提出将人工智能辅助诊疗技术纳入放射检查项目的扩展应用
2024 年国家卫生健康委、国家疾控局等联合印发《卫生健康行业人工智能应用场景参考指引》	列出了 84 个典型应用场景，涵盖医疗服务、药物研发、医学教学等多个领域
2024 年英国药品和保健品监管局（MHRA）公布《人工智能对医疗产品监管的影响》	确保 AI 技术在医药产品中的应用安全、有效，推动创新技术广泛使用
2025 年 1 月美国食品药品监督管理局（FDA）发布《关于使用人工智能用于支持药品和生物制品监管决策的考量（草案）》	提供了确保 AI 技术在药品和生物制品监管中安全、有效和可靠使用的具体建议

6.3.2 交通出行的伦理变革

随着科技的飞速发展，人工智能在交通出行领域掀起了一场深刻的变革，同时也引发了一系列伦理问题。自动驾驶汽车是人工智能在交通领域的典型应用，案例 6-2 中的事件引发了对自动驾驶伦理的深度思考。在类似情况下，自动驾驶系统应如何做出决策？如果面临不可避免的碰撞，是优先保护车内乘客，还是行人或其他车辆？这涉及生命价值的权衡，也是交通出行伦理变革中亟待解决的难题。

在智能交通管理方面，人工智能通过分析大量交通数据，通过优化信号灯时长来缓解拥堵，但这也可能带来新的伦理问题。在一些城市，为了保障主干道的顺畅通行，智能交通系统会延长主干道信号灯的绿灯时长，导致次干道车辆等待时间过长。这在一定程度上造成了交通资源分配的不公平，影响了次干道上驾驶人员的出行体验和效率。

此外，人工智能在交通出行中的广泛应用，还可能导致部分传统交通岗位人员失业。智能调度系统的使用，使得一些人工调度员面临岗位调整。如何平衡技术进步与就业稳定，也是交通出行伦理变革中需要考虑的重要因素。针对人工智能在交通出行领域发展带来的伦理问题，国内外均推出了相关政策，部分介绍见表6-4。

表6-4 全球自动驾驶车辆监管政策

政策名称	简介
2014年9月16日美国加利福尼亚州首次发布《自动驾驶汽车法规》	要求制造商报告自动驾驶系统的性能和安全数据，确保公众知情权
2017年6月德国联邦交通和数字基础设施部发布《自动化和网联化车辆交通伦理准则》	要求自动驾驶系统的设计和开发要遵循伦理道德原则，确保公平、公正和透明
2020年1月美国国家公路交通安全管理局发布《自动驾驶系统安全原则》	强调了安全、隐私、伤害最小化等要求，为自动驾驶技术的发展提供了一定的伦理和安全指引
2021年7月工业和信息化部、公安部、交通运输部联合印发《智能网联汽车道路测试与示范应用管理规范（试行）》	要求测试主体和运营主体加强对测试和示范应用过程中数据的管理，保护个人信息和重要数据安全
2022年6月23日深圳市第七届人民代表大会常务委员会第十次会议通过《深圳经济特区智能网联汽车管理条例》，并于2022年8月1日起施行	明确完全自动驾驶的智能网联汽车在无驾驶人期间发生道路交通安全违法情形的，由公安机关交通管理部门依法对车辆所有人、管理人进行处理
2022年11月23日上海市第十五届人民代表大会常务委员会第四十六次会议通过《上海市浦东新区促进无驾驶人智能网联汽车创新应用规定》，并于2023年2月1日起施行	无驾驶人智能网联汽车发生交通事故并造成损害，由该无驾驶人智能网联汽车所属的企业先行赔偿，并可依法向负有责任的自动驾驶系统开发者、汽车制造者等进行追偿
2024年3月欧洲议会批准《人工智能法案》，相关规则将分阶段实施，大部分规则将于2026年8月2日开始生效	要求人工智能系统的开发和使用方式应尽量减少意外伤害，这对于交通出行领域的人工智能应用至关重要

6.3.3 金融服务中的伦理挑战

在金融服务领域，人工智能的应用日益广泛，为行业带来了效率提升和创新发展，然而，这背后也隐藏着诸多伦理挑战。以算法偏见问题为例，2018年，美国一家大型金融机构在使用人工智能信用评估系统时，被发现对不同种族人群存在评估偏差。该系统在分析大量数据进行信用评分时，由于训练数据存在偏差，导致少数族裔群体获得较低信用评分的概率更高，贷款难度增大。这不仅违背了公平公正的原则，还可能加剧社会经济的不平等。

此外，人工智能在金融决策中的应用也引发了责任界定难题。当智能投资顾问为客户提供投资建议时，如果出现投资损失，很难明确是算法本身的缺陷，还是市场的不可预测因素所导致，责任归属难以判断，这使得投资者的权益保护面临困境。

人工智能在金融服务领域的发展，虽然带来了诸多便利，但算法偏见、数据安全、责任界定等伦理挑战不容忽视。金融机构、监管部门以及科技开发者需共同努力，建立健全相关机制，确保人工智能在金融服务中的应用符合伦理规范，切实保障消费者权益。

6.3.4 智能机器"人替"伦理困境

随着人工智能技术的进步，智能机器逐渐替代人类从事各类工作，这一现象在带来便利的同时，也引发了复杂的伦理困境。

> 📖 知识拓展
> 无人工厂 24h 运转

在就业层面,富士康作为全球知名的电子制造企业,从2011年开始大规模引入机器人替代人工生产线。大量重复性、规律性的工作被机器人接手,导致许多流水线工人失业。这反映出智能机器"人替"对就业结构的冲击,如何保障失业人群的生活和再就业,成为亟待解决的社会伦理问题。智能机器人工作场景如图6-4所示。

从道德决策角度来看,智能机器缺乏人类的情感和道德判断能力。在医疗护理领域,一些智能护理机器人能够完成基本的护理工作,如协助病人翻身、喂食等。但当遇到突发情况,如病人突发疾病需要紧急情感安抚时,机器人无法像人类护工一样给予情感关怀,做出符合人性的道德决策。这就使得在关乎人类情感和尊严的服务场景中,智能机器"人替"存在明显的短板。

图6-4 机器人代替人类进行24h不间断工作

此外,智能机器"人替"还影响社会关系的构建。在一些客服场景中,智能客服机器人替代人工客服,虽然能够快速解决常见问题,但当客户遇到复杂、个性化问题时,缺乏情感交流的智能客服无法给予客户满意的回应,可能导致客户对企业的信任度下降。智能机器"人替"在推动社会发展的进程中,所面临的就业、道德决策、社会关系等多方面的伦理困境,需要社会各界共同关注并寻找解决之道。

6.4 面向未来的人工智能伦理构建

面对人工智能引发的一系列伦理问题,构建面向未来的人工智能伦理体系迫在眉睫。本节将从建立伦理审查与监督机制,到加强伦理教育以提升公众意识,再到探索技术创新与伦理协同共进的模式等方面进行探讨,全方位为人工智能的健康发展筑牢伦理根基。

> 📖 **知识拓展**
> 面向未来的人工智能伦理构建

1. 人工智能伦理审查与监督机制

在科技飞速发展的当下,人工智能已深度融入社会生活的各个领域,其伦理审查与监督机制的重要性愈发凸显。目前,国家已相继出台《新一代人工智能治理原则》等相关政策,见表6-5。不少省市也积极响应,如北京、上海等地结合自身产业特色与发展需求,制定了针对性的管理细则。这些政策从不同角度规范了人工智能的研发和应用,为人工智能的发展保驾护航。

表6-5 国家出台的人工智能伦理审查与监督政策

政策名称	简介
2019年6月国家新一代人工智能治理专业委员会发布《新一代人工智能治理原则——发展负责任的人工智能》	提出公平公正、包容共享、尊重隐私等原则,为人工智能的发展提供治理框架和行动指南
2020年7月1国家标准化管理委员会、中央网信办、国家发展改革委等发布《国家新一代人工智能标准体系建设指南》	强调在人工智能发展中安全和伦理的重要性,提出了相应的标准研制方向,以确保技术发展不会对社会造成负面影响
2021年9月国家新一代人工智能治理专业委员会发布《新一代人工智能伦理规范》	将伦理道德融入人工智能的全生命周期,提出了增进人类福祉、促进公平公正、保护隐私安全等六项基本伦理要求
2021年12月国家网信办、工业和信息化部、公安部、国家市场监管总局发布《互联网信息服务算法推荐管理规定》	规范互联网信息服务中的算法推荐活动,保护公民、法人和其他组织的合法权益,维护国家安全和社会公共利益

(续)

政策名称	简介
2023 年 9 月科技部等十部门发布《科技伦理审查办法（试行）》	将人工智能列入应设立科技伦理（审查）委员会的科技活动单位范围内，在 7 大类需要实行清单管理的重大风险新兴科技活动中，有 4 大类涉及人工智能伦理审查
2024 年 4 月 16 日，中国社会科学院国情调研重大项目《我国人工智能伦理审查和监管制度建设状况调研》起草组发布《人工智能示范法 2.0（专家建议稿）》	提出成立人工智能伦理专家委员会，以更好地开展人工智能伦理问题研究、指导伦理审查等工作

总体而言，国家与各省市在人工智能伦理审查与监督机制建设上协同发力，形成了多层次、全方位的治理体系。既立足当下，解决现实问题，又着眼未来，为人工智能长远发展奠定坚实基础，确保技术始终服务于人类福祉，推动社会进步。

2. 伦理教育与公众意识培养

在人工智能时代，伦理教育与公众意识培养是确保技术健康发展的重要基石。我国高度重视人工智能伦理教育，教育部积极推动高校开设人工智能伦理相关课程，引导学生树立正确的技术价值观。并鼓励高校在计算机科学、自动化等专业课程体系中融入人工智能伦理内容，从理论层面加深学生对人工智能伦理问题的理解。这一政策旨在促使高校培养既懂技术又具备伦理素养的专业人才，为未来人工智能领域的发展提供智力支持。

在公众意识培养方面，一些企业和社会组织积极开展科普活动。例如，百度公司举办的人工智能科普讲座，走进社区和学校，向公众普及人工智能的原理、应用以及潜在的伦理风险。通过生动有趣的案例和互动环节，让普通民众了解到人工智能在数据隐私、算法偏见等方面可能带来的问题，提升公众对人工智能伦理的关注度和认知度。

通过多主体、多渠道开展伦理教育和公众意识培养，能够营造良好的人工智能发展环境，让公众在享受技术便利的同时，有效防范伦理风险，使人工智能真正造福人类社会。

3. 技术创新与伦理协同共进模式

在人工智能快速发展的进程中，技术创新与伦理协同共进模式成为必然趋势。众多企业积极响应，在技术创新中践行伦理准则。例如，谷歌旗下的 DeepMind 公司在开发人工智能算法时，专门设立伦理审查小组。该小组由技术专家、伦理学家和法律专家组成，对每一项新算法在设计构思阶段就开始进行伦理评估。在开发医疗图像识别算法时，审查小组严格把关数据来源的合法性和隐私保护措施，确保算法在提高疾病诊断准确性的同时，不会侵犯患者隐私。通过这种方式，DeepMind 在技术创新的道路上充分考虑伦理因素，实现了技术与伦理的协同发展。

此外，一些科研项目也在探索技术创新与伦理协同共进的有效路径。例如，欧盟的"伦理机器人"项目，在研发新型机器人技术的过程中，通过与社会各界广泛沟通，将人类价值观和伦理原则融入机器人设计。项目团队通过开展公众参与活动，收集不同群体对机器人应用的期望和担忧，并据此调整技术研发方向，让机器人在服务人类的同时，避免引发伦理争议。这些政策推行和实践案例充分表明，只有构建技术创新与伦理协同共进模式，才能让人工智能在符合道德规范的轨道上稳健前行，为人类创造更大价值。

6.5 思考与练习

1. 问答题

1）运用人工智能存在风险，这些风险问题属于人工智能伦理的范畴吗？
2）用 AI 工具再次查找人工智能伦理的定义。

3）人工智能算法存在哪些安全风险，如何应对这些风险？

4）从文中可知，构建面向未来的人工智能伦理体系有哪些重要举措？

5）如果人工智能拥有了情感和道德判断能力，它会和人类的情感与道德观完全一致吗？

6）假设人工智能可以创造出完美的艺术作品，那么这些作品是否具有和人类创造的艺术作品同样的价值？

7）当人工智能在医疗领域广泛应用后，医患关系会发生怎样的变化？

8）在智能机器"人替"的趋势下，未来社会的家庭结构会受到怎样的影响？

2. 辩论题

1）自动驾驶的伦理优先性：乘客安全是否应高于行人安全？

正方观点：自动驾驶系统应优先保护车内乘客安全，因为乘客是产品的直接使用者，车企对乘客负有更高责任。

反方观点：自动驾驶系统应优先保护行人安全，因为行人处于弱势地位且无法控制车辆，伦理上需遵循"最小化整体伤害"原则。

2）军事 AI 的自主权：是否应允许人工智能自主决定使用致命武力？

正方观点：允许 AI 自主决策可提升作战效率，减少士兵伤亡，且 AI 在复杂战场中能更快分析局势。

反方观点：致命武力的决策必须保留人类控制权，AI 缺乏道德判断能力，可能导致滥杀无辜或触发不可控的伦理危机。

第 7 章
人工智能在工业中的应用

本章导读（思维导图）

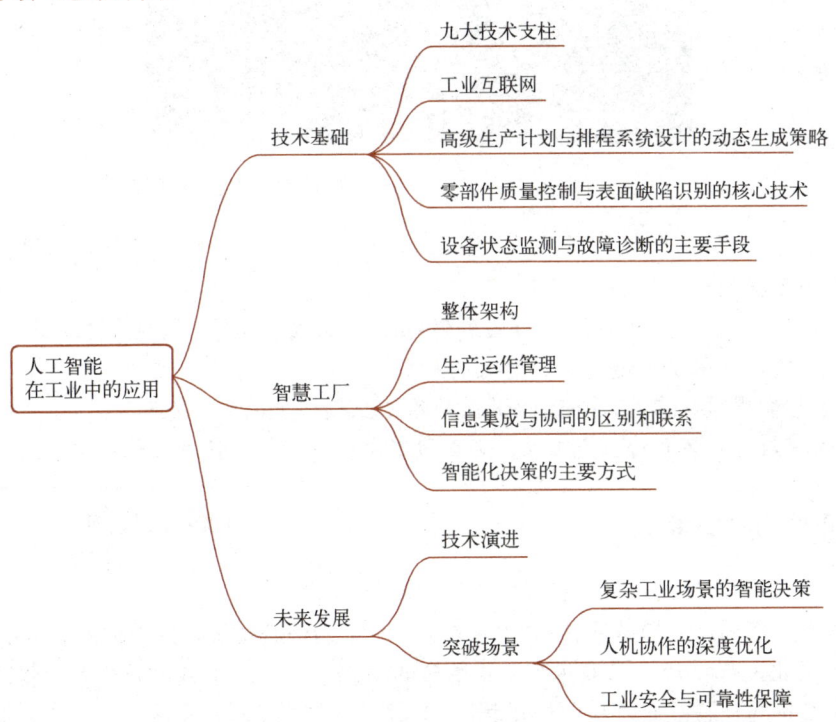

相较于传统工业的依赖大量人力、生产流程烦琐且效率受限等问题，人工智能技术开启了工业发展的新大门。从智能工厂的自动化生产线，到故障预测系统；从智能供应链优化物流配送，再到质量检测环节利用图像识别技术精准甄别瑕疵。人工智能深度嵌入工业领域，不仅重塑了生产模式，更推动着产业迈向高端化、智能化和绿色化。本章将对工业 4.0 的技术基础、智慧工厂以及工业人工智能的发展趋势进行详细介绍。

【案例 7-1】 智能焊接机器人的工作实况📖

据报道，2020 年特斯拉上海超级工厂的汽车生产线上，智能焊接机器人的工作实况令人惊叹，充分展现出智能制造的魅力，如图 7-1 所示。当 Model 3、Model Y 等不同车型的车身零部件流转至焊接区域,库卡(KUKA)公司提供的智能焊接机器人迅速开启作业模式。其配备的超精密激光视觉传感器如同敏锐的双眼,能够在数秒内完成对复杂车身结构的扫描,并精准捕捉到每个焊点的精确坐标,定位误差小于 0.5mm。紧接着,依托深度学习算法,机器人快速调取海量数据库中的焊接工艺方案,针对铝合金材质的车身框架,瞬间优化出适配的焊接电流、电压与焊接速度。经生产数据对比,引入这批机器人后,特斯拉该车间的焊接效率提升 45%,原本需要 3h 的焊接任务,如今 1h 出头即可完成。焊接缺陷率更是从 4% 直降至 0.8%,极大提升了整车品质。

> 📖 **知识拓展**
> 智能焊接机器人工作实况

图 7-1 特斯拉上海超级工厂 Model Y 生产线的库卡机器人

(资料来源:凤凰网)

机器人小智提问:

① 特斯拉工厂的日常生产中,若遇到停电或系统短暂故障,智能焊接机器人该如何迅速恢复工作状态,确保生产进度不会受大的影响?

② 除了智能焊接机器人,你还能说出哪些工业领域上的机器人?

③ 如果黑灯工厂不开灯、无工人,那么谁在深夜的车间里认真工作?

7.1 工业 4.0 概述

> 🎬 **微视频**
> 工业 4.0 的发展
>

工业 4.0 作为当今制造业领域极具颠覆性的发展范式,正重塑着全球产业格局。它以数字化、网络化、智能化为核心特征,深度融合信息技术、先进制造技术与工业生产,开启了第四次工业革命的新篇章。在工业 4.0 架构下,通过引入工业物联网实现设备间互联互通,从而构建起庞大而高效的信息交互网络。

7.1.1 工业 4.0 的起源与定义

工业 1.0 开启于 18 世纪 60 年代的英国,以蒸汽机的发明与广泛应用为标志,实现了从手工劳动向机械化生产的伟大转变,迈入了机械制造时代。19 世纪中叶至 20 世纪初迎来工业 2.0,电气时代拉开帷幕。电力作为新能源广泛应用于工业生产的各个环节,电动机取代蒸汽机成为工厂的核心动力。20 世纪 70 年代起,工业 3.0 蓬勃发展,电子信息技术与自动化技术深度融合,步入信息化时代。德国西门子公司的智能工厂是这一时期的杰出代表。工业 4.0 这一概念起源于德国,是应对全球产业竞争、科技进步趋势下应运而生的先进制造业发展战略。例如，德国大众汽车的"透明工厂"，依托赛博物理系统，将虚拟设计、生产模拟与现实制造紧密相连，整个工厂宛如一个有机智能体，各要素协同运作，开启智能互联的全新工业时代。如图 7-2 所示。

图 7-2　工业 1.0 到 4.0 的代表产物
a) 蒸汽机　b) 电动机　c) 智能工厂　d) 智慧工厂

工业革命是人类历史发展进程中的璀璨华章，从工业 1.0 到工业 4.0，技术的飞跃推动着工业体系不断进化，其发展历程如图 7-3 所示。

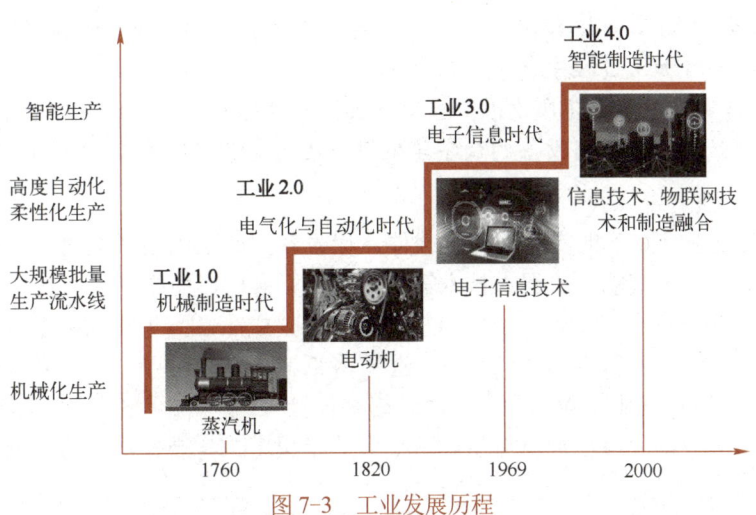

图 7-3　工业发展历程

工业 4.0 旨在构建一个高度灵活、个性化且智能化的产品与服务生产模式。它依托赛博物理系统，将实体物理世界与虚拟数字世界深度融合，打破传统制造业各环节间的孤立状态。在生产环节，智能机器、设备、生产线以及仓储物流系统等借助物联网技术实现实时通信、协同作业；同时，大数据与人工智能赋能生产决策，让制造流程具备自感知、自学习、自决策、自执行能力，实现从大规模标准化生产迈向定制化、分布式、柔性化生产的转变，重塑工业生产全价值链，开启全新工业时代。

7.1.2 工业 4.0 的核心概念和目标

工业 4.0 作为引领性的战略理念，涵盖了诸多具有深度学术内涵与实践意义的核心概念，主要包括赛博物理系统、智能工厂和工业互联网。

1. 赛博物理系统（Cyber-Physical System，CPS）

赛博物理系统是工业 4.0 的基石性概念。它基于复杂系统理论，旨在实现物理实体和虚拟信息空间的深度融合与双向交互。在工业生产场景下，实体的机器设备、生产线乃至整个工厂设施，通过各类传感器实时采集物理参数，并将数据传输至虚拟软件控制系统和数字模型中。控制系统依据预设算法及实时数据进行分析，最后生成优化指令并反馈至物理实体，以驱动其精准动作。

【案例 7-2】 赛博物理系统在实际操作环境中的具体应用

2023 年，日本发那科（FANUC）在其山梨县生产基地的工业机器人装配生产线中，成功应用赛博物理系统（CPS），实现了生产过程的智能化与高效化。FANUC 生产线通过高精度传感器网络实时采集机器人运动状态、负载情况及环境参数，并利用工业物联网（IIoT）实现设备互联。基于 CPS 构建的数字孪生模型，能够映射物理生产线的实时状态，多物理场耦合仿真技术优化机器人的动作路径与装配工艺。通过机器学习算法分析数据，动态调整机器人的动作参数，确保装配精度稳定在 ±0.01mm 以内，形成"感知-仿真-优化-执行"闭环。CPS 的应用使生产线整体效率提升 15%，装配精度达到 ±0.01mm，能耗降低 10%，故障率减少 20%。

（资料来源：FANUC 官方发布的《2023 智能制造技术白皮书》）

机器人小智提问：

① 除了多物理场耦合仿真技术，还有哪些新兴的仿真技术可能被应用于数字孪生模型，以进一步提升对加工过程中复杂现象的模拟精度？

② 随着智能制造技术的不断发展，当更多类型的设备和环节被纳入到基于 CPS 构建的生产体系中时，如何确保不同设备的数字孪生模型之间能够实现无缝对接与协同工作？

2. 智能工厂

智能工厂是工业 4.0 落地实践的关键载体，代表着生产组织模式的根本性变革。它依托物联网、大数据、人工智能、机器人技术等前沿科技集群构建而成。

智能工厂内的所有生产要素，从原材料、半成品、成品，到各类加工设备、仓储物流设施等，均被赋予唯一的数字身份标识，通过将低功耗广域网（Low Power Wide Area Network，LPWAN）、蓝牙、Wi-Fi 等多种通信协议接入统一的网络平台，实现实时数据交互。同时，利用大数据分析挖掘海量生产数据中的隐藏模式与规律，能够预测设备故障概率以及优化生产排程。

3. 工业互联网

工业互联网构建起工业生态系统的"神经网络"，其学术本质是跨领域、跨企业的网络化协同创新平台。通过打破工厂边界，将产业链上下游企业、科研机构等多元主体紧密相连。从技术架构看，它包含边缘层、平台层与应用层。边缘层负责现场设备的数据采集与初步处理；平台层汇聚海量数据，提供数据存储、分析、建模等基础服务，同时支持工业应用的开发与部署；应用层面向不同行业、企业的个性化需求，衍生出诸如远程设备监控与运维、供应链协同优化、个性化定制生产等多样化的应用场景。

【案例 7-3】 工业互联网的实际应用案例

2022 年 3 月，安琪集团与中国电信宜昌分公司合作，在安琪健康食品产业园开工建设 5G +工业互联网标识解析项目。项目实施后，园区关键设备数控化率达到 95.77%，设备综合利用率提升 54%，资源综合利用率提升 76%，产品质量损失率下降 84%，生产效率提升 50%，运营成本下降 28.67%，销售增长率 15.58%，每年可为企业节省数百万元成本投入。

（资料来源：极目新闻）

机器人小智提问：

① 如何在复杂的工业环境下，保障工业物联网设备间通信的实时性与稳定性，克服如电磁干扰、信号遮挡等挑战，确保传输零延迟、零中断，以满足工业生产高精度和高可靠性要求？

② 工业互联网在推动产业升级的过程中，如何平衡不同规模企业的应用成本与收益？小型企业资金和技术资源有限，如何帮助它们以较低成本接入并能够有效利用工业互联网，实现与大型企业的协同发展和公平竞争？

工业 4.0 承载着重塑制造业未来、驱动经济社会进步的重任，其目标具有多元性、系统性与前瞻性，从生产效能提升到产业生态革新，全方位勾勒出未来工业发展蓝图。

1. 实现高度智能化生产

依托赛博物理系统，各类传感器如同敏锐的"神经末梢"，能够实时捕捉设备运行状态、产品加工参数等数据。通过内置的智能算法与数字模型，能够对这些数据进行即时分析处理，实现设备故障的提前预警与自主修复，以实现高度智能化生产。

2. 推动产业协同创新生态构建

工业 4.0 致力于打破产业边界，一方面促进制造业与信息技术产业深度融合，为工业生产注入数字化基因。例如，软件开发公司为机械制造企业量身定制基于云计算的产品全生命周期管理系统（Product Life-cycle Management，PLM），集成设计、仿真、制造、售后等环节数据，实现产品研发与生产过程的可视化管控。

另一方面，强化产业链上下游协同创新。利用各方基于共享的研发数据和市场反馈信息，联合攻克技术瓶颈与安全难题，共同优化产品性能。同时，高校、科研机构作为创新源头，借助产学研合作网络将前沿科研成果加速向产业转化，形成"基础研究—技术开发—产业化应用"的良性循环，提升整个产业的技术竞争力与创新活力，打造开放、共赢的产业生态系统。

3. 助力可持续发展愿景达成

工业 4.0 将可持续发展作为核心目标之一，通过智能化生产管控实现精准投入。首先，借助大数据分析与智能算法，精确计算原材料需求，避免过度采购与浪费；其次，在生产过程中，优化工艺参数以降低能耗，提高能源利用效率；与此同时，开发应用新型环保材料，推广清洁生产工艺，减少污染物排放；然后，利用物联网技术对企业环境指标进行实时监测，一旦超标立即预警并启动整改措施，确保企业生产符合环保法规要求；最后，借助工业互联网优化物流配送路径，降低运输过程中的碳排放，从生产、运输、消费的全链条践行绿色发展理念，助力人类社会与自然环境和谐共生，迈向可持续发展的未来。

7.2 工业 4.0 的技术基础

工业 4.0 是依托其背后起支撑作用的技术基础而发展起来，主要包括人工智能、虚拟现实、工业网络安全、工作自动化、3D 打印、工业机器人、工业大数据、工业云计算和工业物联网九大技术支柱。通过将核心技术应用到工业生产流程中，不仅实现了工业的产业升级，更为精准生产提供了保障。工业生产流程主要分为工业物联网的构建、高级生产计划与排程系统设计、零部件质量控制与表面缺陷识别以及设备状态监测与故障诊断。

7.2.1 工业物联网技术在工业 4.0 中的角色

工业物联网（Industrial Internet of Things，IIoT）在工业流程中的多个关键层次发挥着不可替代的作用。

1. 感知与数据采集层

工业物联网实时捕捉生产过程中的物理参数、状态信息及位置追踪数据，将传统工业环境下难以察觉的隐性信息转化为数字信号。通过这种大规模、高精度的数据采集，工业物联网为后续的数据分析与决策奠定了坚实基础，让工厂运营者可以洞察生产的每一个细微环节。

2. 数据传输与网络连接层

IIoT 搭建起工业数据高速流转的"信息高速公路"。基于多种通信协议，如 LPWAN、Wi-Fi、蓝牙、5G 等，将采集自底层的海量数据迅速、稳定地汇聚至工厂数据中心或云端平台。其中，5G 技术以其高速率、低时延、高可靠性的特性，尤其适配工业场景下实时性要求极高的应用。在智能工厂布局中，不同区域、不同层级的设备通过工业物联网实现无缝连接，打破了传统工厂内部的信息孤岛现象，确保数据在设计部门、生产车间、质量管控、仓储物流等环节自由流通，实现生产流程上下游的紧密协同，极大提升了工厂整体运营效率。

3. 数据分析与智能决策层

依托工业物联网收集的海量数据，通过深度挖掘发现隐藏在其中的生产规律、质量隐患、设备故障等。利用机器学习算法分析历史故障数据与实时设备运行状态，构建精准的故障预测模型，能够提前安排设备维护，降低突发停机风险。同时，依据市场需求动态调整产品产量与种类，优化生产排程，降低运营成本，实现企业管理层的智能决策方案。

工业物联网技术贯穿工业 4.0 的各个关键环节，从感知底层物理世界，到构建高效数据网络，再到赋能智能决策，全方位重塑工业生产模式，助力工业宏伟蓝图的实现。

7.2.2 高级生产计划与排程计划

在现代工业生产体系中，高级生产计划与排程计划（Advanced Planning and Scheduling，APS）扮演着极为关键的角色。生产活动涉及原料采购、设备运转、人力调配等诸多复杂环节，任一环节失序都可能导致成本增加和交付延时。APS 借助先进的算法与智能模型，能够对生产中的各类资源和约束条件进行精准分析、合理规划，提升企业生产效率、增强市场竞争力，其方案设计过程如图 7-4 所示。

生产在面临节拍变动、设备冲突等诸多复杂困扰时，APS 系统以库存、设计等数据为基础，结合物料、工装模具等条件约束，对计划订单进行基于多目标优化的自动排产模拟。经仿真分析后，以甘特图输出排程结果，并依据评估调整策略，实现滚动排程，提升生产效率与订单交付率，助力企业应对生产动态变化。

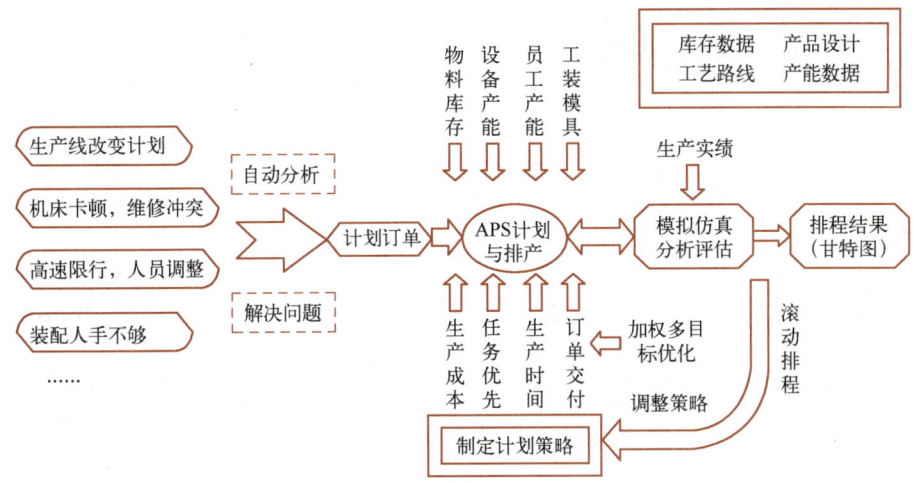

图 7-4 高级生产计划与排程计划方案设计过程

系统在设计过程中将涉及多层面复杂流程与关键技术的运用，主要包含数据整合层、模型构建与算法设计层以及系统集成与可视化层。

1. 数据整合层

高级生产计划与排程系统的首要任务是全方位采集和整合各类数据。一方面，内部数据源自企业内部运营环节，包括生产设备实时运行参数、库存数据、订单信息等。另一方面，外部数据如市场动态数据、供应商数据等。将这些异构数据汇聚至统一的数据仓库，并为系统提供完整、准确的数据源，确保决策依据可靠。

2. 模型构建与算法设计层

基于整合后的数据，构建科学合理的高级生产计划与排程系统是关键步骤。通过对有限人力、设备工时及原材料供应等参数进行数模模型构建，采用优化算法求出最大产出或最低成本。

3. 系统集成与可视化层

构建完成的模型需与企业现有信息系统深度集成，实现无缝对接与协同运作。将高级生产计划与排程系统和制造执行系统（Manufacturing Execution System，MES）相连，MES 能够实时反馈车间生产进度和设备状态，计划系统据此动态调整排程；与供应链管理（Supply Chain Management，SCM）系统集成，能够协同上下游企业进行物料配送和成品发货，优化供应链整体效率。

高级生产计划与排程系统如图 7-5 所示。

系统从销售接单开始，自动提取订单信息并进行评审，随后基于销售订单与库存信息制订主生产计划，并通过物料需求计划模块生成采购或生产建议。与此同时，通过整合设备、人员、产能等资源信息，生成初步排程计划。在生产过程中，系统实时监控进度，对订单变更、设备故障等突发事件进行动态调整，最大限度地减少对交期的影响。车间生产执行排程计划的同时，实时采集制造数据并反馈至 APS 系统，形成闭环管理。此外，系统维护主数据（如产品 BOM、资源能力）以确保计划制订的准确性。

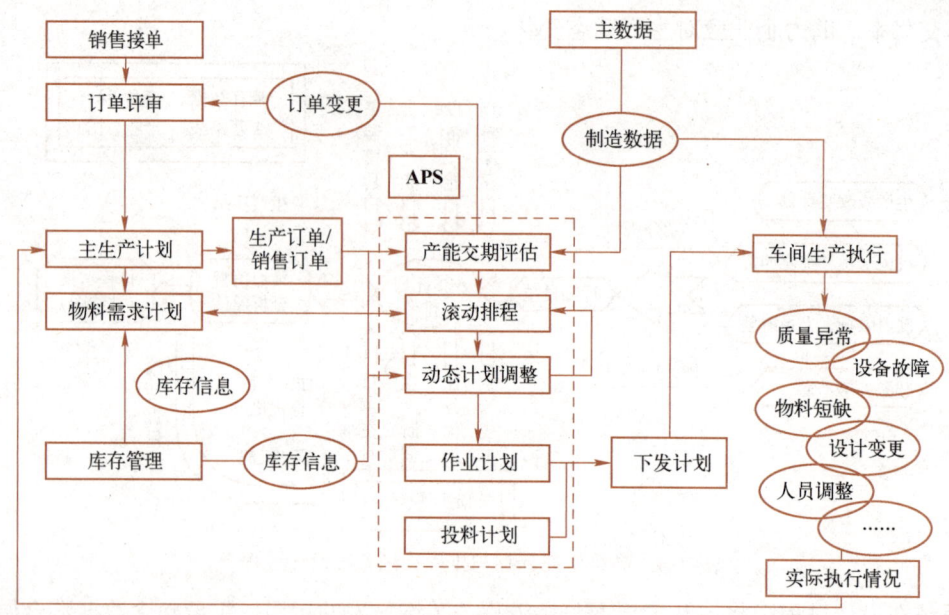

图 7-5　高级生产计划与排程系统

7.2.3　零部件质量控制与表面缺陷识别

零部件作为工业产品的基础构成单元,其质量控制与表面缺陷识别至关重要,这一过程涉及零部件全生命周期的信息采集及通过前沿技术的质量智能分析。

1. 采集零部件全方位信息

传感器能够捕捉零部件表面的微观纹理和色泽变化,可清晰地分辨零部件表面是否有纹路不规则、磨损等缺陷,避免电子产品短路隐患。但仅通过单一传感器进行数据收集会存在诸多局限,因此多模态数据融合成为趋势。除光学与力学数据外,现阶段还在生产过程中融合了声学、热学等信息。

2. 构建稳定高效的数据通道

各工位产生的零部件质量数据通过工业以太网汇聚至车间级数据中心,其高带宽特性确保高清图像、大量传感器数据能够瞬间传输且无卡顿。对于一些远程操控或移动检测场景,5G 网络可实现检测数据实时回传至工厂技术中心,专家远程进行诊断,突破了地域限制,从而加快问题解决速度,保障生产连续性。

3. 智能分析与缺陷识别

(1) 基于深度学习的缺陷识别模型构建

深度学习算法是表面缺陷识别的核心技术力量。卷积神经网络(Convolutional Neural Network,CNN)通过构建多层卷积和池化结构,自动学习零部件表面图像特征,如图 7-6 所示。循环神经网络(Recurrent Neural Network,RNN)及其变体适用于处理序列数据,通过记忆单元捕捉信号时序特征,识别故障隐患,提前预防零部件加工缺陷产生。

零部件缺陷分析主要分为分类和定位两大任务。分类包括二值化(区分正常与缺陷)和多类别分类(细分缺陷类型);定位包含检测(用边界框标记缺陷位置)和分割(生成掩码勾勒缺陷形状范围)。

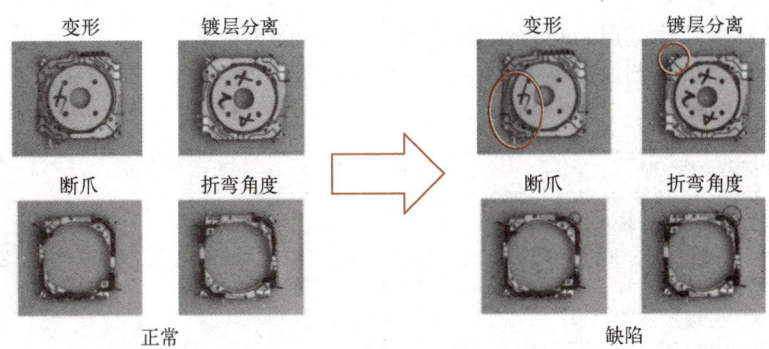

图 7-6　零部件缺陷分析

（2）传统机器学习辅助决策

在一些小样本、特定领域场景，传统机器学习算法仍发挥重要作用。其中，支持向量机（Support Vector Machine，SVM）依据有限样本构建超平面，区分正常与缺陷零部件，在高维数据空间具有良好的分类性能。决策树算法则以其直观易懂的树形结构，结合工艺规则，对零部件加工参数合理性进行分析，辅助优化工艺，从源头上控制质量。

4. 反馈与优化设计

一旦识别出零部件表面缺陷或质量异常，系统将立即通过 MES、工业物联网向生产设备和操作人员实时反馈。在产品组装线上，若检测到某电子元件引脚存在焊接缺陷，MES 系统瞬间向贴片机及回流焊设备发送停机指令，同时在操作终端显示缺陷位置与类型，指导工人快速修复，避免不良品继续流入后续工序，降低废品率。通过数据挖掘分析不同工艺参数下零部件质量分布规律，企业可回溯优化生产工艺。

【案例 7-4】　基于线性回归模型的零件关键尺寸预测与合格判定案例分析

1. 实验目的

本实验旨在利用 Python 编程，借助 NumPy 库和 Sklearn 库中的 LinearRegression 模型，通过已知的零件参数数据和对应的关键尺寸实际值，构建线性回归模型。并使用该模型对新生产零件的关键尺寸进行预测，最后依据设定的标准尺寸范围判断零件是否合格，以加深对线性回归模型在实际工业生产质量控制中应用的理解。

2. 实验原理

线性回归是一种用于建立自变量（如零件参数）与因变量（如零件关键尺寸）之间线性关系的统计方法。通过最小化预测值与实际值之间的误差平方和，找到最优的回归系数，从而得到能够描述两者关系的线性方程。在本实验中，利用已知的零件参数数据和关键尺寸实际值拟合线性回归模型，再使用该模型对新零件的关键尺寸进行预测。

3. 实验步骤

（1）导入所需的 Python 库，包括 NumPy 和 Sklearn 中的 LinearRegression 模型。
（2）模拟已知的零件参数数据 X 和对应的零件关键尺寸实际值 y。
（3）创建 LinearRegression 模型对象。
（4）使用 fit 方法对模型进行拟合，即根据已知数据找到最优的回归系数。
（5）模拟新生产的零件参数 new_part。
（6）使用拟合好的模型对新零件的关键尺寸进行预测。

（7）设定标准尺寸范围 standard_size_min 和 standard_size_max。

（8）根据预测结果判断零件是否合格，并输出相应的结果。

4．代码及运行结果

```python
import numpy as np
from sklearn.linear_model import LinearRegression
# 模拟已知的零件参数数据
X = np.array([[10, 20, 30], [12, 22, 32], [15, 25, 35], [18, 28, 38], [20, 30, 40]])
# 对应的零件关键尺寸实际值
y = np.array([50, 52, 55, 58, 60])
# 创建线性回归模型对象
model = LinearRegression()
# 拟合模型
model.fit(X, y)
# 模拟新生产的零件参数
new_part = np.array([[16, 26, 36]])
# 预测新零件的关键尺寸
predicted_size = model.predict(new_part)
# 设定标准尺寸范围
standard_size_min = 54
standard_size_max = 56
# 判断零件是否合格
if standard_size_min <= predicted_size[0] <= standard_size_max:
    print("零件合格")
else:
    print("零件不合格")
```

运行结果：零件合格

7.2.4 设备状态监测与故障诊断

先进制造系统对设备的可靠性和稳定性提出了极高要求，设备状态监测与故障诊断成为保障生产连续性、提升生产效率的关键环节，其拓扑结构如图 7-7 所示。

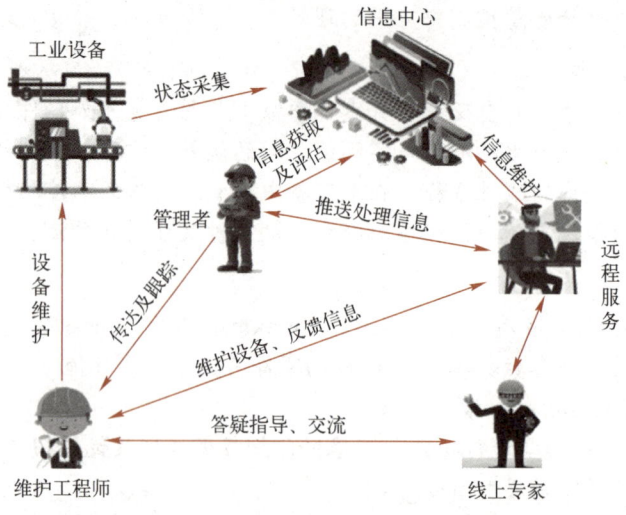

图 7-7 工业设备状态监测与故障诊断拓扑结构

工业设备经状态采集将信息传至信息中心，中心评估后推送处理信息给管理者与远程服务，再由管理者向维护工程师传达故障并接收反馈。维护工程师则依据指令维护设备，反馈信息并与线上专家交流，而线上专家为工程师答疑指导。设备状态监测与故障诊断需要各方协作，此过程可分为构建网格数据、传输预处理、分析诊断和反馈运维四个阶段。

1. 构建网格数据阶段

为精准洞悉设备运行状况，需在设备关键点进行传感器布局。对于旋转类设备，加速度传感器能够敏锐捕捉设备运转时细微的振动变化，通过对振动频率、幅值及相位的精确测量，深度解析设备内部潜在故障隐患。

2. 传输预处理阶段

（1）适配网络选型搭建

在工厂车间内部，工业以太网成为固定设备数据传输的主力军，可确保高频、大容量数据无损汇聚。而对于诸如户外采矿设备、港口远程起重机等移动或分布式设备，5G 网络可实现设备状态数据实时回传，使技术人员可以远程掌控设备动态。

（2）数据净化预处理流程

传输至数据中心的原始数据常伴有噪声、缺失值或异常值等。例如，针对振动信号，小波变换算法通过精准滤除高频噪声，凸显故障特征频率，以发现设备故障部位；线性插值算法可对缺失值进行优化，保障数据连贯性。同时，借助数据归一化、标准化手段，统一不同物理量纲数据尺度，可以提升故障诊断精准度与效率。

3. 分析诊断阶段

传统物理模型诊断扎根于设备运行的力学、电学、热学等基础原理构建数学模型，以推断设备正常与故障状态下的运行规律。但随着大数据与人工智能技术的崛起，数据驱动诊断模式已成为当前设备诊断的新方法。其中，深度学习领域的 CNN 方法在处理设备外观图像和内部探伤影像时，可自动学习图像特征，精准识别设备表面裂纹、内部结构缺陷；循环神经网络（RNN）在解析振动、电流等时序数据时，能够精准捕捉动态故障趋势，提前预警设备故障风险。

4. 反馈运维阶段

在自动化流水生产线，关键设备故障可瞬间触发 MES 系统，向上下游设备下达停机或应急调整指令，阻止故障蔓延；同时故障详情、精准定位信息直抵维修人员移动端，助力其迅速响应，争分夺秒抢修，降低生产损失。同时，根据深度挖掘算法可分析不同设备在多元工况下的故障规律、维修成本曲线、使用寿命周期等关键信息，企业据此优化设备维护规划，提前布局预防性维护，以实现设备运维闭环优化。

7.3 智慧工厂

智慧工厂以数字化转型为核心，将各类智能技术深度应用于生产各环节，借助传感器与网络通信技术，设备实现互联互通，实时产生海量数据。通过大数据分析技术进行深度挖掘，能精准洞察生产状况。人工智能技术则赋能生产决策，依据订单需求、设备状态等因素进行智能排产，优化生产顺序与资源分配等，达到精准生产、高效运营，是现代制造业的重要发展方向。

7.3.1 智慧工厂的整体架构与功能模块

智慧工厂作为核心枢纽，其外延由 5 大关键模块构成：物流过程管控，精准调度物资运输与仓储，保障供应链流畅；生产执行跟踪，实时监测生产流程，确保生产计划精准落地；质量工作监督，依据标准对产品全生命周期质量进行把控；现场运行监管，借助监控技术对设备运转及人员操作进行实时监督；制造资源控制，统筹调配原材料、设备、人力等资源。各模块协同运作，推动智慧工厂实现智能化、高效化生产。

智慧工厂在建设过程中需要将企业策略与工业制造联系起来，并基于各功能模块进行精细分工，其建设方案如图 7-8 所示。

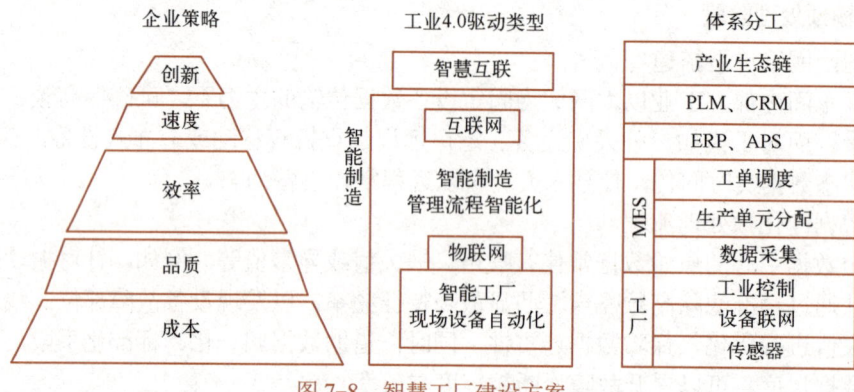

图 7-8 智慧工厂建设方案

该建设方案主要以提升企业竞争力为主。企业策略遵循从成本、品质到创新的进阶路径。工业 4.0 驱动下，智慧互联借助互联网实现按需生产，智能制造借助物联网推动管理流程智能化，二者共同构建现场设备自动化的智能工厂。解决方案包括产业生态链，以及 PLM、CRM（Customer Relationship Management）等管理系统，还有 ERP（Enterprise Resourse Planning）、APS 协同 MES 进行工单调度等现场管控，实现高效协同。

智慧工厂作为制造业转型升级的巅峰形态，其采用层层递进、相互支撑的整体架构，以下将从基础设施、数据交互模式、智能管控以及应用创新等方面进行深度概述。

1. 基础设施

基础设施为智慧工厂搭建起物理世界与数字世界交互的基础平台，涵盖了工厂的硬件设施与网络架构。

（1）硬件设施

各类先进的自动化生产设备是智慧工厂中的核心要素。高精度数控机床具备微米级甚至纳米级的加工精度，能够满足航空航天、精密电子等高端产业复杂零部件的制造需求；智能机器人广泛分布于生产线各环节，大幅提升生产效率与质量稳定性。

（2）网络架构

工业物联网网络负责设备间的数据传输与交互。基于多种通信技术，如低功耗广域网用于连接分布广泛、低功耗需求的传感器，Wi-Fi 和蓝牙实现近距离设备快速组网，5G 技术为远景操控提供有力支撑。

2. 数据交互模式

数据交互层承担着数据汇聚、传输、存储与初步处理的关键职责，是智慧工厂实现智能化决策的信息枢纽。采用分布式文件系统和分布式数据库,实现数据的高扩展性、高可用性存储,确保数据不丢失、随时可访问。同时,配备数据缓存机制,加速频繁访问数据的读取速度,提升系统整体性能。再运用数据清洗、去噪、归一化等技术,去除原始数据中的错误值、异常值和冗余信息,提高数据质量。

3. 智能管控

智能管控层犹如智慧工厂的智慧核心,基于数据交互层提供的数据,运用先进的算法与模型,实现生产过程的智能决策、优化调度与精准控制。

(1)生产计划与排程系统

利用线性规划、遗传算法、模拟退火算法等智能算法,结合订单需求、设备产能、原材料库存等约束条件,制订最优的生产计划。

(2)制造执行系统

负责将生产计划细化分解到车间各个工序与设备,实时监控生产进度、质量状况、设备运行状态等信息,并及时反馈给上层系统。当出现生产异常时,MES系统迅速发出警报,并启动应急预案,协调相关资源进行修复与调整,确保生产过程的连续性与稳定性。

(3)设备管理与维护系统

通过对设备历史运行数据和故障记录的深度挖掘,建立设备故障预测模型,提前预判设备可能出现的故障类型及时间节点,合理安排设备维护计划,避免突发停机造成的生产损失。

4. 应用创新

应用创新层聚焦于将智慧工厂的技术优势转化为实际的市场竞争力与经济效益,催生出一系列创新应用模式与业务形态。

1)大规模定制生产。基于底层自动化生产与中间层智能管控,接收客户个性化订单,快速转化为定制化生产方案,驱动生产线柔性制造,以满足市场多样化需求。

2)虚拟工厂与远程运维。构建工厂数字孪生模型,在虚拟空间模拟优化生产,同时借助网络远程监控、诊断、修复全球工厂设备,提升运维效率。

3)工业大数据分析。深度挖掘生产、市场、供应链数据,为企业决策提供依据,如优化产品设计、精准营销。

7.3.2 基于大数据的智慧工厂生产运作管理

生产运作管理是工业领域中极为关键的管理活动。它指对生产运作系统的设计、运行与维护过程进行计划、组织、协调和控制,旨在高效地将各类生产要素转化为产品或服务。其中,大数据在处理非固定时间范围内的数据捕捉、管理和处理方面具有更强的决策力及流程优化能力,工业数据如图7-9所示。

工业数据的中心为管理、能耗、质量、制造、设备等关键数据,外围则是销售、人员、建材等众多业务环节。箭头表明外围业务环节产生的数据流向中心关键领域,呈现工业数据在企业运营中的关联与整合关系。目

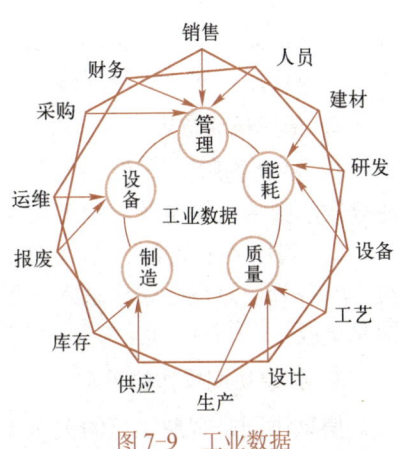

图7-9 工业数据

前，基于大数据的智慧工厂生产运作方式有以下几种。

1）<u>自动化生产</u>。通过大量自动化设备，如工业机器人、自动化流水线等，按照预设程序精准执行生产任务。

2）<u>数据驱动的决策式生产</u>。借助物联网、大数据技术收集生产各环节数据，并基于此数据优化生产计划、调整工艺参数，实现精准决策等。

3）<u>柔性化生产</u>。能快速响应市场变化，实现多品种、小批量生产。依靠智能仓储与物料配送系统，可灵活调整生产线，切换生产不同产品，满足客户多样化定制要求。

4）<u>协同化生产</u>。企业内部各部门以及与外部供应商、合作伙伴之间，基于信息系统实时共享信息、协同作业，打破信息孤岛，保障生产链条顺畅衔接，提升整体生产运作效能。

【案例 7-5】 以下为某汽车制造工厂部署智慧工厂系统后的运作案例

2024 年，德国斯图加特某汽车制造工厂通过部署智慧工厂系统，显著提升了生产运作管理效率。在生产计划方面，利用大数据分析历史销售数据与市场趋势，精准预测车型需求量，优化生产排程，使产能利用率提升约 20%。在质量管控上，实时采集生产线数据，与质量标准对比，及时发现并纠正机械臂参数异常，避免次品产生，使产品合格率提高 15%。在设备管理方面，通过传感器监测设备运行状态，预测关键部件磨损，提前维护，使设备故障率降低 30%，保障了生产连续性。

（资料来源：西门子《2024 年智能制造实践报告》）

机器人小智提问：

① 当前智慧工厂主要聚焦于单一企业或单一行业的智能化，而未来制造业将更加注重产业链的协同与全球化布局。如何基于人工智能的协同机制，实现跨行业、跨地域的数据共享与生产协作，提升整体效率与资源利用率？

② 随着智慧工厂的普及，未来在人才需求和培养方面，会有哪些新的变化和挑战？

7.3.3 智慧工厂的信息集成与协同

智慧工厂的信息集成与协同是现代制造业数字化转型的核心。通过物联网、大数据、云计算等技术，实现设备、系统与人员无缝连接，确保生产数据实时采集、分析与共享。

1. 智慧工厂中的信息类型

在智慧工厂中包含多种关键信息。首先是设备信息，涵盖各类生产设备的型号、性能参数等。其次是生产流程信息，包含生产工艺的步骤等，关乎产品的制造过程与质量把控。再者是人员信息，对于合理安排人力、保障生产效率至关重要。

2. 信息集成方式

1）借助物联网技术，通过在设备上安装传感器，能实时采集设备的运行数据，并将这些分散的数据传输至统一的工业物联网平台，实现设备信息的汇聚集成。

2）利用企业资源计划（ERP）系统，将生产、采购、销售等各环节涉及的物料、人员、财务等信息进行整合录入，形成涵盖整个工厂运营的综合信息库，实现不同业务板块的信息集成。

3. 信息协同操作的手段

信息协同是智慧工厂的关键支撑与核心要素。它打破工厂内外部各环节、各主体间的数据壁垒，实现信息顺畅流通。

1）制造执行系统（MES）。MES 能与底层的设备控制系统以及上层的 ERP 系统交互，依据生产计划调度生产资源，协调设备、人员、物料之间的关系。

2）采用协同办公软件。让不同部门的员工可以实时沟通交流，共享生产相关信息，共同处理生产中出现的问题。

3）建立数据共享中心。打破各信息系统之间的数据壁垒，使得设备、生产、人员、物料等各类信息能在不同业务部门和系统间按需流动，全面提升智慧工厂的协同运作效率，推动整个生产运营高效且稳定地发展。

各部门之间的协同关系如图 7-10 所示。

信息协同是服务供应商、分子公司等多方主体，借助工业大数据分析，在服务、设计、制造等方面协同。

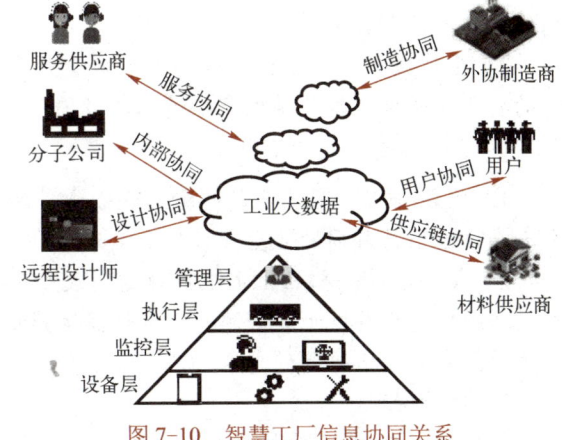

图 7-10　智慧工厂信息协同关系

7.3.4　智慧工厂的智能化决策

智慧工厂中的智能决策是指依托物联网、大数据、人工智能等先进技术，对工厂内设备运行、生产流程等数据进行分析，进而生成科学合理的决策方案。与其他智能决策相比，它具有鲜明的工业属性，目前智慧工厂中的智能决策方式主要有如下几种。

1. 基于规则的决策

依据预先设定好的规则和逻辑进行决策，例如，当设备温度超过某一阈值时，将自动触发报警并安排维护任务。

2. 基于模型的决策

利用构建的数学模型、机器学习模型等，例如，通过线性规划模型优化生产资源分配，或者运用决策树模型判断产品是否合格等。

3. 基于案例的决策

参考以往类似的成功或失败案例，对比当前情况进行决策，例如，参照之前解决产品质量问题的案例来处理当下出现的相似质量隐患。

【案例 7-6】　假设有一家小型椅子生产工具厂，当前仓库已有 50 把椅子（期初库存），未来 8 周每周的椅子需求预测分别为 [30, 40, 50, 60, 50, 40, 30, 20]。每次生产椅子的批量为 50 把，为了应对可能的需求波动，设定安全库存为 20 把。请制定一个主生产计划，确定每周是否需要生产以及生产的数量，以满足需求并保持安全库存。

1. 实验目的

理解主生产计划（Master Production Schedule，MPS）的基本概念和作用。掌握主生产计划的制订方法，学会根据需求预测、期初库存、生产批量和安全库存等信息，合理安排生产计划。通过 Python 编程实现主生产计划的制订过程，提高运用编程工具解决实际生产管理问题的能力。

2. 实验原理

主生产计划是对企业生产的最终产品的计划安排,它需要综合考虑多个因素,如需求预测、库存水平、生产能力等。在本实验中,根据以下原理制订主生产计划。

1)库存计算。每周的预计库存等于上一周的期末库存减去本周的需求预测,再加上本周的主生产计划数量。

2)生产决策。如果预计库存低于安全库存,则需要进行生产。生产数量应满足生产批量的要求,即生产数量是生产批量的整数倍。

3. 实验步骤

1)问题分析。明确问题的输入和输出。输入包括期初库存、需求预测、生产批量和安全库存,输出是每周的主生产计划和期末库存。

2)算法设计。初始化主生产计划列表和库存列表;遍历每周的需求预测,计算预计库存。如果预计库存低于安全库存,则根据生产批量计算需要生产的数量,并更新主生产计划和库存列表。输出每周的需求预测、主生产计划和期末库存。

3)代码实现

使用 Python 语言实现上述算法。

4. 代码及运行结果

```
# 期初库存
initial_inventory = 50# 需求预测
demand_forecast = [30, 40, 50, 60, 50, 40, 30, 20]# 生产批量
production_lot_size = 50# 安全库存
safety_stock = 20
# 初始化主生产计划列表
mps = [0] * len(demand_forecast)# 初始化库存列表,第一个元素为期初库存
inventory = [initial_inventory]
for i in range(len(demand_forecast)):
    # 计算本周库存
    projected_inventory = inventory[i] - demand_forecast[i] + mps[i]
    # 如果预计库存低于安全库存,则需要生产
    if projected_inventory < safety_stock:
        # 计算需要生产的批量数
        production_quantity = ((safety_stock - projected_inventory) // production_lot_size + 1) * production_lot_size
        mps[i] = production_quantity
        projected_inventory += production_quantity
    # 更新库存列表
    inventory.append(projected_inventory)
# 输出结果 print("周次\t 需求预测\t 主生产计划\t 期末库存")for i in range(len(demand_forecast)):
    print(f"{i + 1}\t{demand_forecast[i]}\t\t{mps[i]}\t\t{inventory[i + 1]}")
```

运行结果如图 7-11 所示。

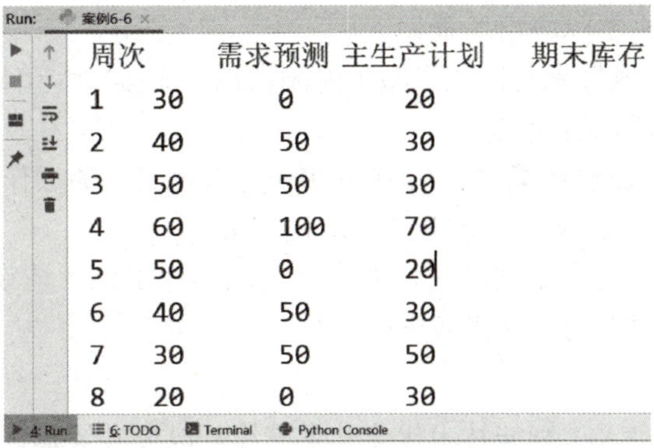

周次	需求预测	主生产计划	期末库存
1	30	0	20
2	40	50	30
3	50	50	30
4	60	100	70
5	50	0	20
6	40	50	30
7	30	50	50
8	20	0	30

图 7-11 案例 7-6 运行结果

7.4 工业人工智能的未来发展趋势

工业人工智能与新兴技术正呈现出多维度的融合发展新趋势和新态势。一方面，工业人工智能与物联网的深度融合越发紧密，通过物联网广泛连接工业设备，使其能精准分析设备状态、预测故障，实现智能化的设备管理与生产流程优化，打造高效协同的工业物联网生态。另一方面，工业人工智能和大数据技术协同共进，借助大数据强大的数据存储和处理能力，其得以深挖数据价值，构建更精准的预测模型并用于质量管控、供应链优化等多环节，提升工业运营的整体效益。

与此同时，未来工业领域中涉及的人工智能技术的突破重点有如下几个方面。

1. 复杂工业场景的智能决策

目前工业人工智能在简单、标准场景下决策较成熟，但面对复杂多变的实际工业生产环境（如多设备耦合、多工艺协同等情况），精准决策仍有挑战，未来需重点突破，提升复杂场景下的智能决策能力，保障生产高效运行。

2. 人机协作的深度优化

工业生产中人与机器协作是关键，未来要进一步探索如何让人工智能更好地理解人类意图、辅助工人操作，同时确保人类能便捷地与智能系统交互，实现人机和谐共生，提高整体生产效率和质量。

3. 工业安全与可靠性保障

随着人工智能在工业应用加深，系统安全、数据安全等问题凸显，未来需聚焦于如何通过技术手段保障人工智能应用时工业生产的安全性和可靠性，避免因技术故障等带来重大损失。

7.5 思考与练习

1. 问答题

1）智慧工厂由哪几部分组成？

2）企业的生产计划主要有哪几种类型？CPS 和 ERP 有什么区别？

3）AI 可以通过分析设备数据预测故障，但如何确保预测的准确性？请基于预测性维护系统，说明其工作原理与实际应用场景。

4）如何采用人工智能技术帮助工厂减少能源消耗与碳排放？请提出一种 AI 驱动的绿色制造方案，并说明其对环境的影响。

5）在深海、太空等极端环境中，AI 如何实现无人化工厂的运作？请设计一个适用于极端环境的 AI 工厂方案，并说明其技术难点与解决方案。

6）AI 可以根据用户需求定制产品，如个性化汽车或手机。请设计一个 AI 驱动的个性化制造流程，并说明如何平衡个性化与生产效率。

2. 实践题

某制造工厂希望通过人工智能技术优化其生产线，以提升效率、降低成本并减少资源浪费。请你设计一个 AI 驱动的智能生产线优化系统，描述其核心功能，并说明如何利用 AI 算法实现这些功能。选择一个具体产品（如手机、汽车零部件）的生产线，模拟 AI 系统的应用过程，展示系统如何优化生产流程、提高效率与质量。提出至少一个创新功能（如基于 AI 的预测性维护、个性化生产）和一个趣味性元素（如通过 AR/VR 技术展示生产线优化效果），并提交系统设计方案（500 字以内）、数据流程图（图表形式）和模拟应用场景展示（PPT 或视频，3min 以内）。

第 8 章
人工智能在医疗领域的应用

本章导读（思维导图）

- **人工智能在医疗领域的应用**
  - **在医疗领域的应用概述**
    - 挑战：医疗资源紧缺、管理模式不佳、复杂疾病难攻克、患者数据隐私无保障
    - 智能医学的产生：1972年利兹大学研发的AAPHelp
    - 智能医学的定义：通过人工智能的方法，辅助或替代人类进行医疗行为的科学
    - 智能医学的特点：个性化、高效化、互联化、数据化
  - **人工智能技术的临床实践**
    - 病理图像智能解读：病变检测、图像分割、图像配准、图像融合
    - 医疗领域的常用模型：卷积神经网络、循环神经网络、图神经网络等
    - 医疗方案生成：健康方案推荐、疾病监测与风险评估、图神经网络与药物研发、生物医学关联预测
  - **人工智能在医疗领域的未来**
    - 医疗机器人：手术机器人、护理机器人
    - 构建"以人为本"的医疗体系：监管、审核、控费与支付的智能化
    - 实现诊疗一体化：术前规划、手术导航、愈后评估和康复管理
    - 与新兴技术的全面融合：物联网、区块链技术、虚拟现实和增强现实
    - 在医疗行业的发展趋势：普惠化、规范化和远程化

"人工智能不会把医生淘汰，但不懂人工智能的医生会被淘汰。"在科技进步的浪潮中，人工智能正稳步渗透至医疗领域，引领一场医疗范式的深刻变革。依托大数据与云计算等前沿科技的力量，医疗数据的处理与解析能力实现了质的飞跃，为医生提供了更为精准的诊断依据，同时显著优化了患者的诊疗体验。本章将从典型案例出发，介绍人工智能技术在医学影像分析、健康方案推荐、疾病监测与风险评估、药物研发、生物医学关联预测、医疗机器人等方面的多种应用。

【案例8-1】 AI（Artificial Intelligence）界还有"老中医"？！

AI 写作、AI 绘画、AI 主播……人工智能作为一种模拟和复制人类智能的技术，应用范围越来越广泛。你知道吗，AI 界还有"老中医"！最近，上海市中医医院嘉定院区利用人工

智能技术和大数据进行体质辨识，辅助望闻问切。

上海市中医医院嘉定院区引入的微型中医四诊仪如图 8-1 所示，它能利用人工智能技术和大数据，在线采集患者的面象和舌象，进行 AI 智能识别。医院特色诊疗中心治未病科主治医师冷静介绍，设备可以通过面诊患者额部、眼部、鼻部和嘴部的健康状况来判断体质，"比如，看舌诊的图片分析舌色是红还是暗，舌体是不是胖大，舌苔是不是厚腻，判断是阳虚质、阴虚质还是痰湿质等。"下一步，医院还计划引入脉诊仪开展远程搭脉、辨别体质。"带上一个指环脉诊仪，医生可以进行准确率很高的脉诊，并实时传到患者的病史里，实现个性化、精准化的中医理论指导下的辨证施膳。"

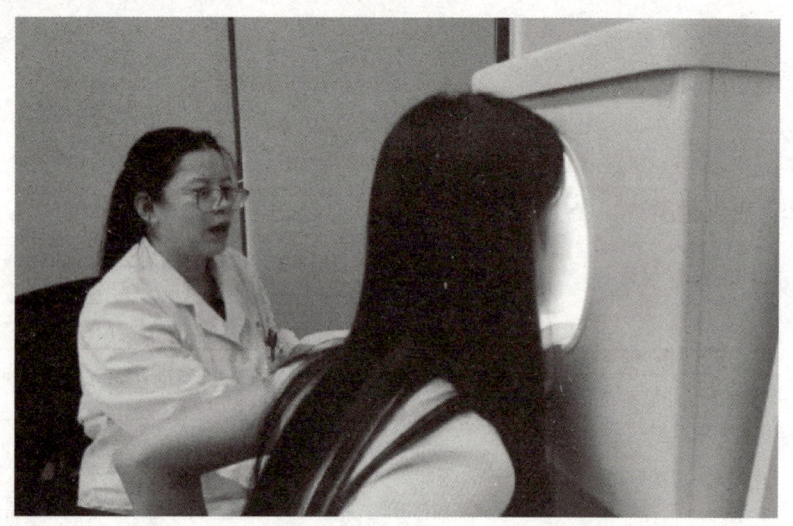

图 8-1　医生使用中医四诊仪面诊患者额部、眼部、鼻部和嘴部的健康状况

为何传统的中医也要运用人工智能呢？现在年轻人越来越重视中医养生，养生不再是退休大爷大妈的专属，中医要通过科技赋能，让更多人群了解并接受。年轻人对中医养生的兴趣显著增加，这不仅源于他们对健康的重视，还得益于中医的现代化与数字化发展。人工智能技术和互联网的应用，使得中医诊疗变得更加便捷和精准，也推动了传统中医在现代社会的普及和发展。

（资料来源：澎湃新闻）

机器人小智提问：
① 你接触过智能中医诊断吗，它依托于哪些先进技术？
② 如果你去医院看病是会挂老中医的号还是会挂机器人中医的号，为什么？
③ 对比普通中医诊断，运用人工智能的诊断方式有哪些本质区别？

8.1　人工智能与医疗概述

医生作为整个医疗行业最核心的组件，一直都是很稀缺的资源，往往一个优秀的医生需要多年的学习和临床积累。最大限度地释放医生资源，是保证医疗领域稳定运行的前提。传统医疗面临诸多挑战：在疾病诊断上，现有技术面临诊断难，误诊、漏诊频发的问题；在资源配置上，存在地域、层级差异，分配不均；医疗服务效率低下，冗长流程与患者需求矛盾突出，这些亟待解决的问题严重阻碍了医疗领域进一步发展。

8.1.1 传统医疗领域面临的挑战与需求

医疗数据的爆发式增长急需高效存储与精准分析，传统医疗依靠经验的诊疗模式难以满足对疾病深度洞察的需求，民众渴望个性化医疗服务，而医疗资源分配不均仍待优化，这一切都催促着传统医疗迈向"数智化"新台阶。

目前，传统医疗领域所面临的巨大挑战主要有以下几个方面。

1. 医疗资源紧缺，医生超负荷难提诊疗效率

对于医疗资源分配不均，究其根本是我国各地区经济差异、地理条件、人口流动等诸多因素引起，所造成的影响体现在以下几个方面。

（1）各地区医疗水平差距显著

我国医疗资源分配不均，表现为城市与城市内部及城市与乡镇之间的差距。东部一、二线城市强于西部三、四线城市，且农村地区普遍低于城市。图 8-2 为目前城乡医疗供需结构图，高资源、高需求的医疗供给更加偏向于城市，因此提升基层医疗卫生技术水平刻不容缓。

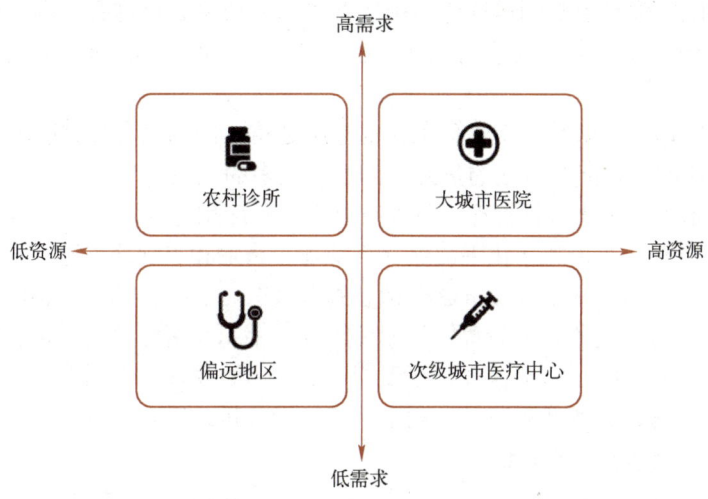

图 8-2 城乡医疗供需结构图

（2）基层医院诊疗水平参差不齐

医生的经验差异也会对诊断结果造成影响，不同资历、不同专业领域的医生在面对复杂病症时判断可能存在偏差。这些因素综合导致误诊、漏诊现象发生，给患者带来极大痛苦，延误治疗时机，甚至危及生命。

（3）医生人手不够，影响患者诊疗体验感

我国存在人均医生数量低，医生高负荷工作，用户诊疗效率较低的现象。《2023 年我国卫生健康事业发展统计公报》显示，医师日均担负诊疗人次和日均担负住院床日这两项工作量都有所上升，几乎各级医院都存在这样的情况，见表 8-1。该数据呈现只增不减的态势，随着我国老龄化进程加快，医护工作者未来将面临巨大的压力。

表 8-1　医院医师担负工作量

机构类别	医师日均担负诊疗人次		医师日均担负住院床日	
	2022 年	2023 年	2022 年	2023 年
医院:	6.2	6.6	2.1	2.3
公立医院	6.6	7.1	2.0	2.3
民营医院	4.8	4.9	2.3	2.5
医院中: 三级医院	6.7	7.3	2.0	2.3
二级医院	6.1	6.0	2.2	2.5
一级医院	4.9	5.3	1.9	1.9

（数据来源：《2023 年我国卫生健康事业发展统计公报》）

面对医疗资源紧缺与医生超负荷困境，人工智能大有用武之地。针对各地区医疗水平差距显著问题，人工智能可以提供前期的智能导诊，让民众足不出户获取初步诊断结果，识别出潜在病症，并提供相应的诊断思路和检查建议，帮助基层医生节约宝贵时间，缩小城乡在疾病诊断能力上的差距。

2. 传统医院管理模式存在问题，流程十分烦琐

当你进入医院，你是否听到过这样的抱怨？"这队伍怎么排这么长啊，啥时候才能看上病？""这化验的地方怎么离看病的地方这么远！"等。如此产生的问题，大多数都是由于流程管理不到位。

医院流程的管理，历来是医院管理工作的重中之重，因为只有加强医院流程管理，不断优化医院的业务流程，才能在有限的资源中创造出更多的效益。

人工智能技术可以优化流程管理，目前有以下几种应用方向。

- **电子病历管理**：利用数字化手段保存、管理、传输和重现病人医疗记录。
- **智能导诊与分诊**：利用导诊机器人指导患者就医、引导分诊，分担医院压力。
- **质量管理**：器械设备与药品智能化闭环管理，手术等医疗过程质量管理。
- **精细化运营**：智能化病房管理、绩效管理、人力财税等综合后台管理。
- **路径优化**：统计患者就医路径，利用人工智能分析，重构医院诊室位置和路径。

3. 对于困难疾病无法攻克的瓶颈

人工智能对于困难疾病的探索涉及众多方面。在药物研发中，它能对药物分子的化学结构进行建模，预测药物的活性、毒性以及与靶点的结合亲和力，助力筛选出更具潜力的药物分子，加速研发进程。在疾病诊断方面，通过分析蛋白质与蛋白质相互作用网络、基因调控网络等生物分子网络，挖掘疾病相关的生物标志物，实现对疾病的精准诊断与早期预测。在生物医学图像分析中，针对组织切片图像、细胞图像等构建图结构，从而进行细胞分类、病灶识别等。此外，人工智能还能用于模拟生物系统的动态变化，如细胞信号传导过程，加深对生物机制的理解，为生物医学研究与临床应用提供有力支持。

> **知识拓展**
> 基于图神经网络的抗癌药物协同预测

4. 数据公开使得患者隐私无法保障

各种研究都依赖着大量用户数据信息，但医疗行业数据的特殊性始终是制约大数据赋能医疗的主要因素。医疗数据包含大量个人健康状况、生理数据等敏感信息，其中的隐私问题备受关注。然而,获取高质量的数据,又是在医疗领域迈向下一个新台阶的必经之路。为此,各个 AI 医疗企业也应担负起社会责任,保证用户信息不被泄露,政府有关部门也可以通过法律制约保障医疗行业的有序推进。

> 📖 **知识拓展**
> 奇安信:2023 年国内医疗卫生行业泄露数据超 9 亿条

8.1.2 智能医学的定义与特点

自 1956 年,计算机科学家约翰·麦卡锡在达特茅斯会议上说服与会者接受"人工智能"的定义开始,人工智能就迎来了蓬勃发展的时期。当时医学界的研究者便开始了对于人工智能技术在医疗上的探索。

1. 智能医学的产生与发展

人工智能在医疗领域的探索之路可以追溯到 20 世纪 70 年代。1972 年,利兹大学研发的 AAPHelp 能根据病人的症状计算出剧烈腹痛可能的原因。1976 年,斯坦福大学研发出用于感染诊断以及抗生素选择的 MYCIN 专家系统,图 8-3 展示了 MYCIN 系统的临床咨询过程模拟人类的诊疗过程。医生用户(非专家)提交其患者数据,接收反馈的临床建议,以及经由内部说明机制反馈的信息。

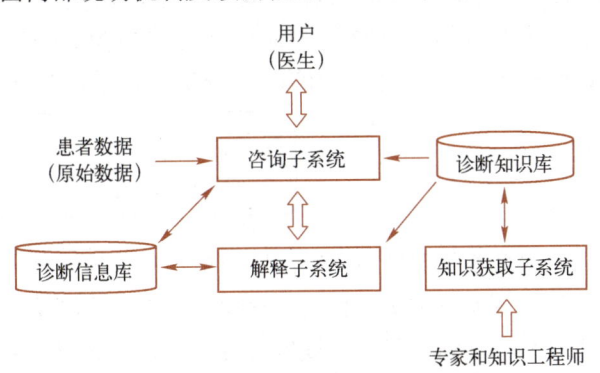

> 📖 **知识拓展**
> 早期用于细菌感染患者诊断和治疗的专家系统 MYCIN

图 8-3 MYCIN 系统的临床咨询过程

自 2011 年起,智能医学进入"成年期"。2016 年 10 月,百度发布百度医疗大脑,其作为百度大脑在医疗领域的具体应用,大量采集与分析医学专业文献和医疗数据,通过模拟问诊流程并基于用户症状,给出诊疗的最终建议。2017 年 7 月,阿里健康发布医疗"Doctor You"AI 系统。而科大讯飞从 2015 年起便着手"AI+医疗"的产业布局,分别研发了智医助理、语音电子病历、影像辅助诊断系统和人工智能辅助诊疗平台等产品。

2. 智能医学的定义阐述

智能医学,顾名思义,就是"智能"的"医学",智能是手段,医学是目的。结合当前人工智能与医学领域的发展趋势,提出智能医学的概念:智能医学,即通过人工智能的方法,辅助或替代人类进行医疗行为的科学。通过分析和处理患者的生理数据、影像数据、病理数据等信息,为医疗工作者提出更为科学、准确的诊断和治疗方案。

3. 智能医学的显著特点

当前人工智能在医学领域的应用主要有疾病诊断和治疗方案分析,基于影像学的智能诊断、病灶勾画与识别、影像三维重建以及疾病风险预测和健康管理等。无论是完成哪种类型的任务，人工智能在该领域呈现出来的特点可以归纳为以下几个方面。

（1）个性化

智能医学能依据患者独特的基因构成、身体状况、疾病类型与阶段等诸多因素，为每位患者量身打造专属的医疗方案。同时还能够利用先进智能设备，在整个医疗过程中持续追踪患者的各项生理指标、症状变化以及对治疗的反馈情况等。

（2）高效化

智能医学可以实现快速诊断决策和流程优化整合。凭借先进的人工智能算法，智能医学可迅速处理海量的医疗数据，如对 X 光、CT（Computed Tomography）、MRI（Magnetic Resonance Imaging）等医学影像进行快速分析和解读。

（3）互联化

借助互联网、物联网和云计算等技术，打破了医疗信息的地域限制和机构壁垒，使得医疗机构之间、医护人员之间以及医患之间能够实时共享医疗数据。

（4）数据化

智能医学汇聚了来自不同渠道的海量数据，包括患者的基本信息、病史、症状描述、实验室检验结果、医学影像数据以及基因检测数据等。通过将这些异构数据进行标准化整合，构建起全面且丰富的患者健康数据库，为后续的深度分析和精准医疗应用奠定基础。

> 微视频
> 病理图像智能解读

8.2 病理图像智能解读

在当今数字化医疗高速发展的时代，医学影像诊断成为精准医疗的核心环节之一。在大语言模型出现之后，其对于病理图像分析领域的重大贡献也逐渐显现。它能够深度挖掘病理图像中的隐含信息，对复杂病症特征进行精准描述，为诊断提供更为全面、深入的参考。这种多模态的医学图像处理方式可以缓解影像科医生短缺与临床阅片任务繁重的矛盾，也将成为未来在医疗领域的一个必然趋势。

8.2.1 医学影像处理

医学影像处理是利用计算机技术和图像处理算法，对医学影像如 X 光、CT、MRI、超声等图像进行分析和解读。许多计算机辅助的医学影像工作都是基于深度学习的模型训练而成，在医学影像处理中的应用主要集中表现在病变检测、图像分割、图像配准及图像融合 4 个方面。

1．病变检测

病变检测技术是通过对医学图像进行多次训练后，快速准确地识别出病变区域特征并将不同的病理情况进行分类，从而提高医生的诊断效率以及患者的治疗效果和生存率。模型通常采用卷积神经网络系列，常见的有卷积神经网络、全卷积神经网络、快速的区域卷积神经网络、更快速的区域卷积神经网络、YOLO（You Only Look Once）架构和特征金字塔网络等，图 8-4 为常用目标检测模型构成模块的结构对比图。

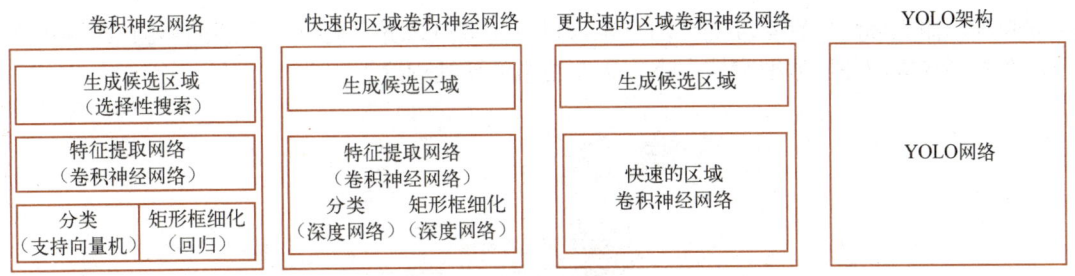

图 8-4 医学影像处理中常用模型的各模块结构对比图

模型的训练通常包括**数据预处理、数据加载、模型构建、模型训练、模型测试和调优**等步骤，图 8-5 为肺部病变检测模型从输入到输出分类结果的流程图。首先将原始的尺寸一致的医学影像和对应的数据集标签存入到模型中，如图中的数据集包含三类病理标签。在模型的选择上，由于医学图像许多是三维立体图像，因此也会使用专门的 3D 医学图像处理模型进行训练，而对于心脏动态的 MRI 图像序列，通常会使用循环神经网络或其变体来捕捉心脏在不同时间点的状态变化。模型的预测结果会以标签的形式出现，并运用多种评价指标综合判断该模型的准确程度。

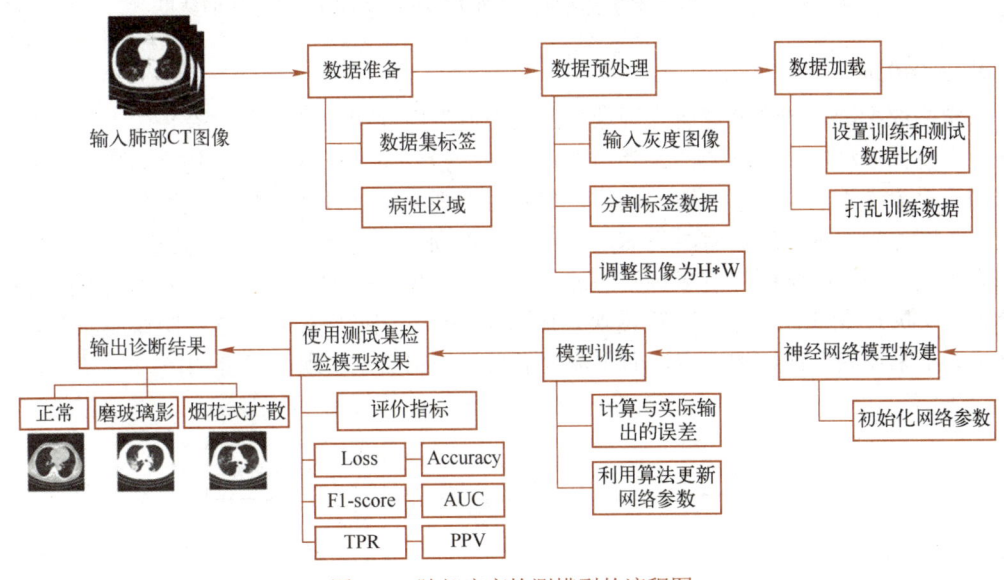

图 8-5 肺部病变检测模型的流程图

2. 图像分割

医学图像分割旨在从医学图像的器官、病变、组织等中识别出特定的解剖结构。准确的分割可以提供可靠的目标结构的体积和形状信息，从而有助于疾病诊断、定量分析以及手术计划等进一步的临床应用。

除了使用现有数据集进行训练，在医学影像标注领域也出现了集成多种功能的软件供医疗工作者使用，可以处理多种数据格式如图像、视频、三维数据等，实现多样化的标注类型，如 ITKSNAP、MISAT、Mango 和 Pair 等。

例如，图 8-6 为使用医学图像分割与标注软件 MISAT 对细胞图像标注的结果，依据肿瘤细胞的形态、结构和生长特征，标注出不同类型的肿瘤细胞，如肺癌细胞、肝癌细胞、胃癌细胞等，如果标注位置不准确，用户也可以手动调整边界。同时，它还能够测量细胞的直径、面积等参数，并根据细胞核大小来判断细胞的恶性程度。

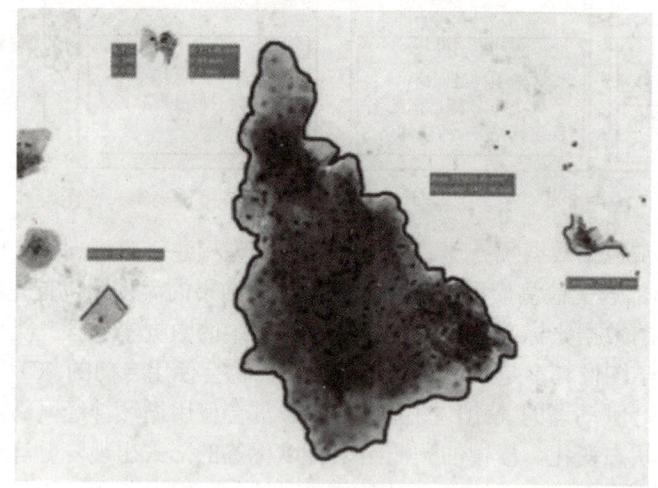

图 8-6　使用医学图像分割与标注软件 MISAT 对细胞图像标注的结果

3. 图像配准

医学图像配准是图像处理研究领域中的一个典型问题和技术难点，图 8-7 为图像配准的定义。它将在浮动图像坐标中的参考点经过空间转换到参考图像坐标，其目的是比较或融合针对同一对象在不同条件下获取的图像，如图像可能来自不同的医疗采集设备、取自不同的时间、不同的拍摄视角等，有时也需要用到针对不同对象的图像配准问题。医学图像配准需求的来源，是由于医学图像有多种模态的数据，不同模态的图像能够反映人体的不同特征，如 MRI 反映人体解剖结构，PET 反映人体功能结构。因此医生希望这些图像能够叠加在一个坐标系下来反映人体结构特点，而不需要靠自己的想象来实现图像叠加。

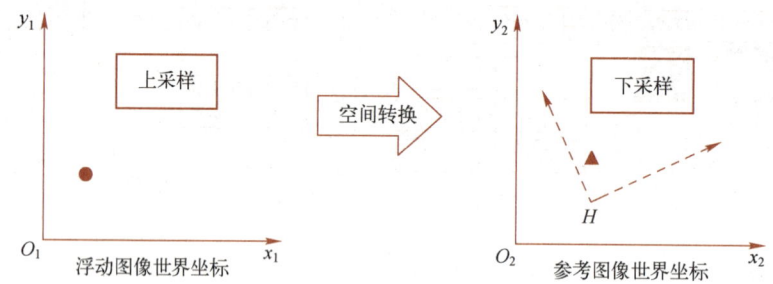

图 8-7　图像配准的定义

图像配准的关键在于找到一个映射关系 T，并对于 T 不断逼近，直到使得像素点的空间位置一致。如果用数学公式来表示，可以写成如下公式。

$$\chi_y = T(\chi_f) \tag{8-1}$$

4. 图像融合

医学图像的多模态影像融合技术将来自不同成像技术的图像进行融合，从而提高诊断的精度和效果。由于每种影像技术都有其独特的优势和局限性，单一模式可能无法提供完整的信息,而通过多模态影像融合,能够结合不同影像技术的优点,帮助医生获得更全面的病变信息。

图像融合目前作用于脑部检测与评估、心血管疾病、神经系统疾病、骨骼与关节疾病和外科手术导航技术中。常用的深度学习方法有多模态卷积神经网络、多模态自编码器与生成对抗网络。在未来,随着硬件性能的提升、算法的优化以及医学影像数据库的增加,多模态影像融合技术将会在医学诊断中发挥越来越重要的作用。

8.2.2 基于大语言模型的病理图像分析

通用大语言模型通常是在大规模的文本数据上进行训练,这些数据来源广泛,包括新闻、小说、社交媒体等。医学语言在数据的组织和处理方式上与通用文本有很大差别,如电子病历包含结构化和非结构化数据,包括病人的症状、诊断结果、治疗过程等,若在医学领域也同样使用相同的语言模型,将会限制其在实际临床任务中的精准性。

目前出现了一些专门针对医疗和生物场景中使用的大语言模型如 BiomedGPT,可同时处理并整合视觉与语言数据,涵盖医学影像以及病例描述、电子病历等医疗文本。在病理学和实验室学中,可用于疾病诊断、医学图像分析、临床报告生成和医疗文本总结等多种任务。

表 8-2 归纳了大语言模型在病理学和实验室学中的应用。其中最显著的一个应用就是医疗报告的生成,它可以与 8.2.1 节提到的医学影像处理技术相结合,构建出既可以"看懂"图像,也可以"解释"图像的多模态医疗语言模型。此外,大语言模型还能够进行临床决策支持、患者教育、质量控制等任务。

表 8-2 大语言模型在病理学和实验室学中的应用

分类	描述
医疗报告生成	生成病理学和检验医学的医疗报告
医疗数据分析	分析大量临床数据,疾病诊断、治疗计划和结果分析
临床决策支持	为临床医生提供决策支持,对患者护理做出更准确和更明智的决策
患者教育	开发聊天机器人或虚拟助手,帮助患者获取有关其病情、治疗方案
质量控制	监控检验流程并识别潜在的误差来源或质量问题
医学文献分析	分析医学文献并提取相关信息用于临床决策

【案例 8-2】 揭秘"Med-Go"如何改变医学未来

"Med-Go"是个"全能"的医生,它可以从内外妇儿全方位"思考"患者的症状并做出判断,能够有效辅助医生分析复杂疑难和罕见病例,提供精准且透明的临床诊疗建议。该技术基于 200 亿高质量医学数据构建的人工智能医学大模型,其核心在于深度学习与自然语言处理技术。通过阅读 6000 多本教材和翻译国际权威的医学文献,研发团队为这一模型注入了丰富的医学知识。这种技术不仅是简单的数据处理,更是一个复杂的解构过程,让计算机能以人类医生的思维方式分析医学问题。例如在数字化种植中,通过口腔扫描仪、数字化导板等高精尖技术,能快速生成口腔模型及个性化种植导板,让检查过程更舒适、治疗过程更微创与精准。同时,增加了 AI 辅助分析、AI 治疗方案设计、AI 面诊等智能技术的方案设计,全面提升了医生的诊疗效率和医疗质量。

"Med-Go"为什么这么厉害?因为给它喂的"料"不但足,而且紧跟国际、国内权威教材。张海涛说:"即使一些国际权威教材还没有中文版本,那就由几个学会和60多名专家一页一页翻译,把一万多页的新书翻译出来,喂给了它。"理论上而言,"Med-Go"比一个主任医师掌握的知识更新、更全,"PK"过真实医师的可能性很大。

(资料来源:智慧医疗网)

机器人小智提问:
① 该技术是如何缓解传统医疗中所面临的问题的?
② "Med-Go"所基于的200亿高质量医学数据是如何收集和筛选的,这些数据的来源有哪些?

8.3 人工智能辅助医疗方案

人工智能技术不仅能够在病理诊断领域对图像进行精准分析,人工智能与医疗的深度融合技术还重塑了医疗全流程的模式。它除了可以借助人工智能推荐系统为患者提供个性化的健康诊疗方案,增强医患沟通,还可以从海量的医疗数据中提取有价值的信息,为临床研究、疾病与药物关联性预测以及治疗方案的制定提供科学依据,助力医疗决策迈向精准化与智能化。

8.3.1 健康方案推荐与疗效预测

随着人们对于生活质量的追求越来越高,自我健康管理逐渐成为大众生活中至关重要的部分。运用新一代信息、通信、人工智能、生物信息等技术手段,感测、分析并整合健康数据采集、健康检测及监测、健康评估、健康干预4个关键环节的各项信息,从而对个体或群体的健康需求做出智能响应的新模式。利用人工智能助力健康管理,可以为人们提供更加精准、高效、便捷的健康服务,帮助人们更好地管理健康。表8-3列举了人工智能健康管理的分类和目标群体,目标群体的范围还将逐步扩大,汲及的领域也从原来的疾病管理到运动健康管理、营养健康管理、睡眠健康管理等多个方面。

表8-3 人工智能健康管理的分类和目标群体

主要流程	环节和产品	目标群体
健康数据采集	采集生活习惯、既往病史、健康体检等个人基本信息	亚健康群体
健康检测及监测	使用传感器、物联网、智能手机应用技术采集并上传云端	运动康复人群
健康评估	利用深度学习、数据挖掘并结合生理指标做出健康评估	健康群体
健康干预	根据健康评估结果做出健康管理规划和康复运动指南	患者群体

你是否想拥有一个专属于你的健康私人管家?现在人工智能技术可以实现这一功能。个性化治疗方案生成通过分析患者的遗传信息和生活方式因素,提供量身定制的治疗建议。这种方法能够提高治疗的精准性和有效性,通过了解患者的基因特征和生活习惯,医疗提供者可以制订更符合患者需求的治疗计划,减少副作用,提高治疗效果。例如,在肿瘤治疗的应用中,研究人员开发了深度学习模型,能够分析患者肿瘤的基因特征,预测其对不同化疗药物的反应。这些模型可以识别与治疗效果相关的生物标志物,从而推荐最有效的治疗方案,提高患者的治愈率。

同时，疗效预测分析模型可以利用决策树、随机森林、支持向量机等多种机器学习算法，分析大量患者数据，识别健康趋势和风险因素。这些模型可以预测疾病的进展、再入院率和手术并发症的风险，帮助医疗提供者制定预防措施。通过整合多种数据源，如电子健康记录、基因数据和生活方式信息，预测模型能够提供更全面和更准确的健康评估。

【案例 8-3】 支付宝推出 AI 健康管家，寻医、问药、陪诊 AI 帮办

2024 年 9 月 5 日，支付宝在"2024 Inclusion・外滩大会"上发布了 AI 应用新产品"AI 健康管家"，图 8-8 为支付宝研发负责人正在讲解"AI 健康管家"核心功能，该产品可以为用户提供找医生、读报告、陪看诊、问医保、管健康等 30 多项 AI 健康服务，涵盖日常看病就医、家庭健康管理所需。同时，面向医疗及泛健康行业，支付宝宣布开放专业智能体协作生态，目前，浙江省卫健委、上海市仁济医院、杭州市医保局等超过 20 个专业智能体首批入驻"AI 健康管家"，为用户提供服务。

与当下主流的 AI+医疗服务产品相比，支付宝"AI 健康管家"特点显著，应用场景更加广阔。其提供"一站式"服务，由于背靠支付宝平台，"AI 健康管家"针对用户具体需求，链接全国 3600 家公立医院及各地的卫生系统，广泛整合平台所连接的庞大服务资源，而非某一家医院的 AI 服务功能。

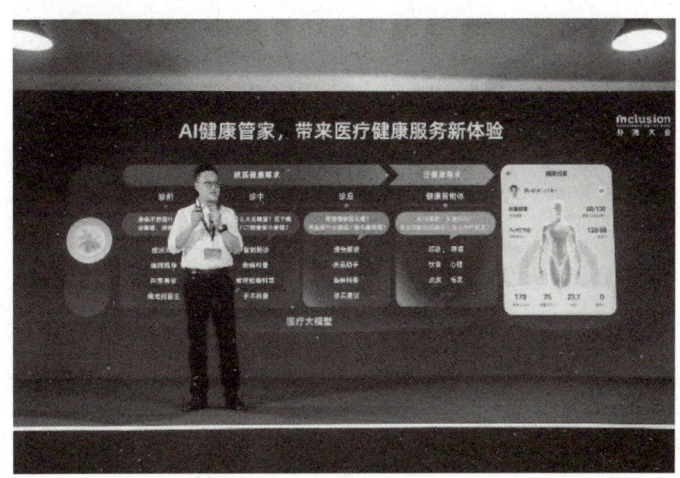

图 8-8　支付宝研发负责人讲解"AI 健康管家"的核心功能

（资料来源：网络资料整理）

机器人小智提问：
① 如何将"AI 健康管家"与线下医疗服务更好地结合，提升整体医疗健康服务水平？
② 你认为支付宝"AI 健康管家"中哪个功能最实用，说出你的原因。

8.3.2　疾病监测与风险评估

疾病监测与风险评估有助于高危人群的早识别以及危险因素的早干预，并促进健康教育和健康管理，降低疾病发病率。尤其是对于慢性非传染病，如果患者发病时没有进行及时的干预，将会给其生命健康带来很大威胁。

我国心脑血管疾病、癌症、慢性呼吸系统疾病的死亡比例呈现逐年上升的趋势，且年龄分布呈现低龄化。此外，我国防控管理措施尚未有效解决慢性病持续蔓延的问题。目前，基于真实数据的疾病风险预测可以灵活构建风险预测模型、自动建立临床决策系统，从而促进

精准的健康管理模式。

伴随着物联网技术的发展，使人们对于自己的健康监测管理更加方便、快捷，例如，可穿戴传感器、智能手表和植入式监视器等支持物联网的设备正在改变患者的生活。随着 5G 技术的普及和可穿戴设备的不断进化，人们已经可以通过智能手表、运动追踪器等设备实时监测心率、血压、睡眠质量等健康数据。

【案例 8-4】 手腕上的健康专家：dido E55S Pro 智能健康手表

dido E55S Pro 是一款可以让人随时了解身体的各项数据的智能健康手表，图 8-9 为该手表的健康展示页面，它支持血糖监测、血氧监测、心率监测、体温监测、血压监测等多种监测功能，同时还拥有同其他智能手表一样的消息推送、运动计步等功能。E55S Pro 支持心律健康评估，即使不连接手机也可以使用。只需将手指放在侧面电极键上 30s，就能生成心电波形图和报告，在 App 中可以查看详细的报告，简单明了。

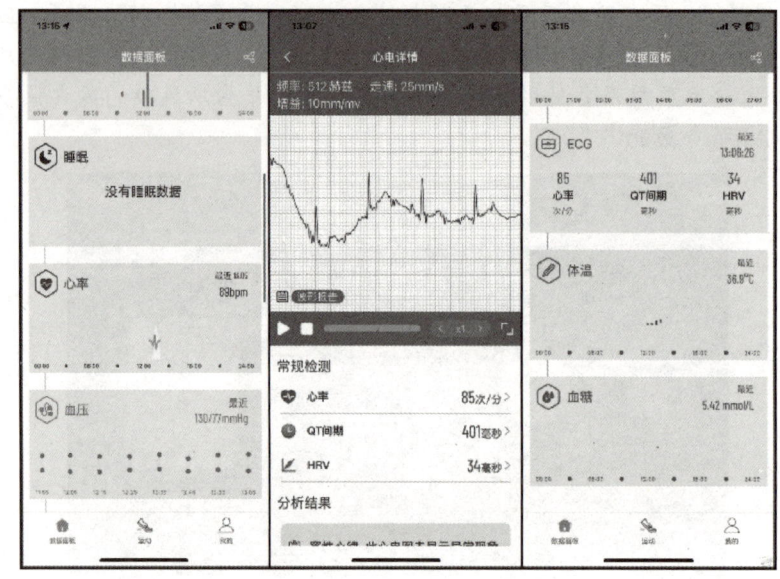

图 8-9　dido E55S Pro 的血糖、血氧、心率、体温、血压风险的展示页面

dido E55S Pro 是业内首款支持"无感血糖特征趋势"技术的手表。这项技术通过近红外光谱分析法并结合专研算法，高频捕捉血糖特征生成区间值，并生成变化图表，为存在血糖异常风险的人群带来了很大的便利，也给平时对身体方面粗心大意的人群带来十足的安全感。

（资料来源：网络资料整理）

对于健康人群，这种穿戴设备可以实现对身体基本情况的实时掌握，让人们可以足不出户就可以看到身体发生的种种变化；对于患病人群，实时的监测可以让患者及时了解自己的病情发展，并根据实际情况随时就医。

8.3.3　图神经网络与药物研发

微视频　图神经网络与药物研发

药物发现与研发是制药企业和化学科学家的重要研究领域。人工智能和机器学习技术使制药领域实现了现代化，机器学习和深度学习算法已被应用于多肽合成、虚拟筛选、毒性预测、药物监测和释放、药效团建模、定量构效关系、药物重定位、多药理和生理活性等药物发现过程。目前，图神经网络是在药物研发中使用较多的一种网络类型，因为其更能够考虑分子结构之间的关系，且符合分子结构的形态。

1. 图神经网络的工作原理

图神经网络的主要思想是对于每个节点，都需要考虑其所有邻居以及自身所包含的特征信息。不同的图神经网络的本质区别在于如何进行节点之间的信息传递和计算。常用的图神经网络包括图卷积网络、图注意力网络、图循环神经网络、图自编码器和图生成网络等。

图神经网络一般包括三个层面信息，对于顶点集合（V）、边集合（E）和图整体信息（U），通常用向量表示。如图 8-10 所示，图神经网络的计算过程就是对各层面信息进行优化迭代变换，通过学习数据得到它们的最优表示。在获取优化后的属性向量后，再根据实际任务进行分类和回归。

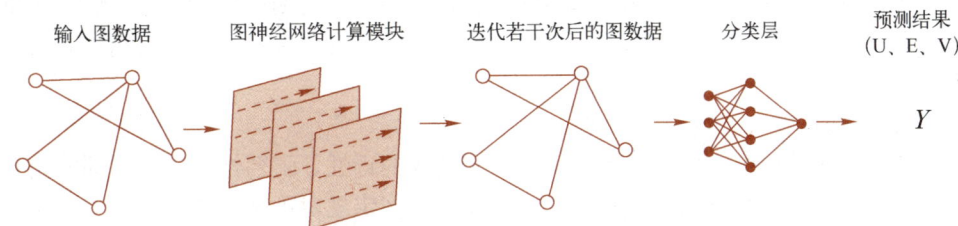

图 8-10 端到端的图神经网络预测任务的流程图

2. 医学领域中图数据层面的具体任务

（1）图层面的任务

在功能性磁共振成像分析中，将大脑的不同功能区域看作节点，区域之间的神经连接和功能协同关系作为边，形成大脑功能连接图。例如，将患有帕金森病、癫痫等不同神经系统疾病的患者的大脑功能连接图分别归类，同时与健康对照组区分，可以为神经系统疾病的精准诊断和鉴别提供依据。

（2）边层面的任务

> **知识拓展**
> 用图自编码器分析疾病—基因作用关系

边层面的任务常用于检测两个节点是否在未来存在关联。在疾病传播研究中，将一个社区的居民作为节点，通过流行病学调查获取居民之间的接触信息作为边，判断这些边所代表的接触关系中，哪些是导致传染病传播的高风险接触关系，哪些是低风险接触关系，这就是边分类任务，其有助于制定精准的防控措施。可以采用图自编码器模型，分析经典基因数据集 DG-AssocMiner 中疾病与基因之间潜在的关联模式。

（3）节点层面的任务

在基因调控网络研究中，将基因作为节点，基因之间的调控关系作为边。当某一关键基因发生突变时，需要判断网络中其他基因是被激活表达（一类）还是被抑制表达（另一类），这就是节点分类任务，对理解疾病的发病机制和药物研发具有重要意义。

3. 药物研发系列的应用

由于新药研发存在周期长、费用高和成功率低等特点，人工智能药物设计作为计算机辅助药物设计领域的一个热点方向，已被应用到药物研发的各个阶段。本小节将讨论国内外人工智能在药物发现与研发中的主要应用。

（1）药物分子设计

在药物开发中，多肽、激酶以及其他小分子化合物已占据重要地位。尤其是多肽，因其具有跨越细胞屏障、作用于目标靶点的能力，现已成为目前药物开发研究的热点。深度学习算法可以学习现有药物分子的化学空间特征，然后生成具有相似或新的化学性质的分子结构。例如，生成式对抗网络中的生成器可以根据训练集中药物分子的结构特征，生成新的小分子化合物或多肽结构，这些新结构可能具有更好的成药性和药理活性。

（2）药物再利用

在面对一些突发公共卫生危机时，从零开始的药物研发并不能满足治疗疾病的需求，而药物再利用的出现则恰好解决了这一棘手问题。药物再利用不仅可以省去前期的药物靶点研究和先导化合物筛选，还可以免去已上市药物的安全性和毒性预测。药物再利用可以给患者、医院甚至企业带来较好的收益，然而，不能忽视一个事实，即在药物重新利用的过程中，若改变药物剂量，则可能会提高药物毒性。尽管这些药物已通过了治疗其原始适应症时的毒性预测，但不能因此忽略药物在新用法下的潜在危险性，以避免给患者带来不必要的伤害。

（3）药物性质预测

在药物开发的过程中，药物本身的特性，即药物的毒性、耐药性、药物之间的相互作用等，也值得关注。药物的特性并非随意产生，而是有一定规律可循。若利用人工智能自动化提取疗效一致药物的结构中存在的一些共性，则人工智能极有可能对药物自身的某些性质进行预测，从而推断出药物性质。

（4）药物不良反应与毒性预测

药物的毒性预测和优化是药物开发的临床前阶段最耗费资金和时间且失败率极高的任务。如今，在计算能力与数据可用性飞速发展的背景下，更多人工智能算法开始用于药物不良反应与毒性预测。相对于用动物研究药物毒性的传统方法，人工智能的应用受到较少的经费、时间和伦理问题的限制，并且许多计算机算法已被证明在预测药物毒性方面表现出色。

（5）药物联合治疗

药物联合治疗是治疗癌症和感染性疾病的一种有效策略。随着新药的不断研发，需要建立一种高效的计算方法以帮助药学专家进行药物间反应的预测，这有助于选择效果最佳且毒性最小的治疗方案。不同药物作用于疾病的不同靶点或病理生理过程，产生协同作用，能更全面地攻击疾病。以癌症治疗为例，一种药物可能抑制肿瘤细胞的增殖，另一种药物则诱导肿瘤细胞凋亡，联合使用可显著提高对肿瘤的杀伤效果；在感染性疾病治疗中，如针对结核菌感染，联合使用异烟肼、利福平、吡嗪酰胺等药物，能从不同环节杀灭结核菌，提高治愈率，降低复发率。

> **知识拓展**
> 斯坦福大学研发 Decagon 预测联合用药的副作用

8.3.4 生物医学关联预测

生物医学关联预测，是指运用一系列前沿的科学技术和分析方法，对生物医学领域内多元要素之间的潜在联系进行系统性推断与评估的过程。识别药物与疾病的关联可以有效地挑选出候选关联并进行进一步验证，同时也可以加速药物开发。关联预测在生物医学领域涉及多个方面，包括药物与靶点关联预测、药物与疾病关联预测、基因与疾病关联预测、疾病与疾病关联预测、融合关联预测等。

【案例 8-5】 《自然·医学》:一次血检预测 52 种疾病?

蛋白质在生命过程中扮演着重要角色,特定蛋白质的存在及多少也能预示疾病的发生和进展,如 B 型利尿钠肽之于心力衰竭、肌钙蛋白之于急性冠脉综合征。

《自然·医学》杂志发表了一项有关的新研究,科学家们利用迄今为止最大的蛋白质组学研究项目——英国生物库药物蛋白质组学项目(UKB-PPP)中 40 余万人、约 3000 种血浆蛋白和 218 种疾病的信息,生成了长期预测模型。

通过机器学习框架分析相关数据,研究者发现,对 67 种疾病,在现有的血检数据基础上增添 5~20 个血浆蛋白质即可有效提升疾病预测效果,效果最好的要数多发性骨髓瘤、非霍奇金淋巴瘤、扩张型心肌病和特发性肺纤维化。在多发性骨髓瘤中,添加 5 种蛋白质可将模型的预测效果评估指标 C 指数提高 0.25(C 指数最大为 1)。

在这 67 种疾病中,含蛋白质的预测模型中位检出率为 45.5%,而临床模型仅有 25%;前者的中位似然比(LR)达到 4.55,相较后者改善 0.12~6.92 不等。这项研究能够有效提升当前临床预测模型的效果,对高危个体实行早期识别、有针对地预防、及时诊断和治疗。以预测性能最佳的蛋白质为核心,还有希望进一步优化生物标志物组合,实现临床转化。不过研究者也提及,虽然这项研究的规模非常庞大,但涉及的人群和诊断方法仍不够丰富。在临床转化之前,更仔细地讨论样本处理方法和蛋白质组学技术对结果精度的影响是很有必要的。

(资料来源:澎湃新闻)

机器人小智提问:

① 当血浆蛋白质数据存在噪声或缺失值时,人工智能算法应如何改进,以保证疾病预测结果的可靠性和稳定性?

② 针对报道中提到的疾病预测模型,如何运用迁移学习技术,将模型快速适配到其他类似但数据量较小的数据集上?

8.4 医疗机器人技术

目前对于医疗机器人的应用十分广泛,适用于成人和儿童的普通外科、胸外科、泌尿外科、妇产科、头颈外科以及心脏手术。其中最常作用的手术区域包括腹腔、妇科场景以及胸腔。大部分此类型的手术需要在狭窄的腔体内完成,手术操作的视野和空间都非常有限,特别是在妇科恶性肿瘤的手术中,需要更多精细分离、缝合以及淋巴结清扫。本节将通过实际案例介绍两种经典的医疗机器人,分别为手术机器人和护理机器人。

8.4.1 手术机器人

手术机器人是融合机械工程、电子技术、计算机科学、生物医学工程等多学科知识,专为医疗场景设计开发,能够辅助或替代医护人员完成特定医疗任务的智能化机电设备。其旨在利用先进的自动化技术与精准的操控性能,同时运用远程控制技术实现远程手术指导,提升医疗服务的质量、效率与安全性。

手术机器人的出现,是由于其能够减小人工操作所带来的一些不可避免的问题,例如,长时间握手术刀会使医生手指麻木,手术机器人能够过滤掉人手的自然颤抖。此外,从患者角度来看,手术机器人配备高精度的传感器和先进的运动控制系统,可将医生的手部动作精准地转化为机械臂的操作,在关键手术指标的精准度上也超越了人类医生。更重要的是,可以通过更小的切口进行手术,减少对患者身体的创伤,降低术后疼痛、出血和感染的风险,从而缩短住院时间,加快患者的恢复速度,使患者能更快地恢复正常生活和工作。

手术机器人的原型可以追溯到 1495 年列奥纳多·达·芬奇所设计的仿人型机械,如图 8-11 所示。直到 20 世纪 50 年代,这份手稿才被后人发现。起初达芬奇机器人手术系统以麻省理工学院研发的机器人外科手术技术为基础。目前,大多数的手术机器人都是以达芬奇机器人为原型进行设计,主要由三部分组成,分别为主刀医生控制台、床旁机械臂系统和视频成像系统。

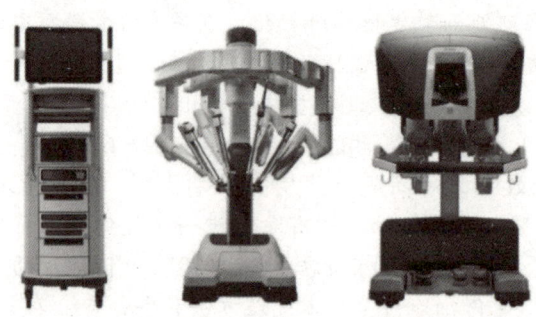

图 8-11 达芬奇机器人的三部分

【案例 8-6】 哈尔滨医科大学附属第二医院首创基于 AI 与大数据的骨科手术机器人

哈尔滨医科大学附属第二医院骨外科一病房团队成功应用智能化骨科手术机器人治疗复杂骨盆骨折,突破性完成黑龙江省首例骨科智能手术机器人全流程辅助复杂骨盆骨折闭合复位内固定手术,患者术后恢复良好。该手术的高质量完成标志着哈医大二院骨科亮剑"硬科技",成功破解"复杂骨盆骨折闭合复位经皮固定"这项国际难题,也预示着哈医大二院在加速推动骨科微创诊疗理念与技术推广层面迈上新台阶,为患者提供更优质、更便捷、更低风险的诊疗服务,进一步创新开辟智能化骨科发展新篇章。

全球最先进的智能化骨科手术机器人全流程辅助骨盆骨折闭合复位内固定手术治疗,基于患者术前影像,借助基于 AI 与大数据的自动手术规划,将患者健侧肢体进行镜像配准,通过精细化自动分割与重建,实现个性化、定量化的复位规划。

(资料来源:央广网)

机器人小智提问:

① 分析手术机器人在减少患者创伤和加快术后恢复方面起到了哪些关键作用?

② 手术机器人的购置成本通常非常高昂,医院需要投入数百万美元购买设备。医院将会如何平衡支出成本和使用手术机器人所获得的收益?

8.4.2 护理机器人

护理机器人的出现是为了解决目前护理人员数量不足、工作负担过重的问题。护理人员不仅要照顾患者的日常生活起居,如喂食、翻身、清洁等,还要负责监测患者的生命体征等医疗任务。护理机器人能够高效地完成一些重复性高、劳动强度大的基础护理工作。同时,在医院或护理机构中,患者之间的交叉感染是一个严重的问题。特别是对于一些患有传染性疾病的患者,护理人员频繁接触会增加感染的风险。护理机器人可以在隔离病房等环境中进行护理操作,减少人员接触,从而降低交叉感染的可能性。

为了高效准确地为患者，特别是老年患者提供护理，根据国际标准化组织的定义，将护理机器人定义为"训练有素的操作员在专业医疗保健环境中使用的机械、电气和控制机制系统，这些系统与患者直接互动执行任务，护士、医生和其他医疗保健专业人员可以根据他们在环境中的感觉来改变他们的行为"。护理机器人可以在医院、老年人护理机构和家庭中充当补充医护人员。它们可以执行后勤和费力的体力任务，对抗老年人群的孤独和不活动，或者可以分配一些常规任务，如测量患者的生命体征。

> 微视频
> 医疗管理及公共卫生智能优化与防控

8.5 医疗管理及公共卫生智能优化与防控

医疗管理长期以来面临着资源分配不均、流程繁杂、效率亟待提升等诸多难题。人工智能凭借其超强的数据处理能力与快速学习进化的特性，能够在海量信息中敏锐捕捉风险信号，为决策者提供科学依据。本节将深入探索人工智能如何赋能医疗管理及公共卫生智能优化与防控。

8.5.1 医疗资源调配

在医疗资源长期面临分配不均、调配效率低等困境的当下，人工智能技术的介入为医疗资源调度带来了创新性的解决方案。众多医疗机构和科技企业积极探索，催生出一系列成功案例，目前市场上借助人工智能技术进行医疗资源调度的实例显著改善了整体的医疗环境。结合国内外的应用场景，使用人工智能技术进行的医疗调度实例涉及以下几个方面。

- **预测患者流量**：利用整合后的历史患者记录、天气信息、传染病传播模式等多源数据，助力医院提前调配资源，增加医护人员班次，储备充足的抗病毒药物，可以避免急诊室拥堵，确保患者得到及时救治。
- **智能床位分配**：系统结合实时病房使用情况和患者出入院预测模型，对床位资源进行智能调控。如果达到模型阈值，医院迅速调整普通病房为 ICU 用途，并安排提前出院方案，减少患者等待 ICU 的时间。

> 知识拓展
> 时间序列预测未来的床位需求

- **手术排程优化**：结合对手术房间的要求，包含洁净度、房间大小等与历史手术数据，对算法进行验证，使手术时间占手术室运营时长的比例最大化，见案例 8-7。

【案例 8-7】 清华长庚医院的手术智能排程优化，让手术室"室尽其用"

清华长庚医院的常规手术事务流程如下：术前，由医生发起手术排程申请，患者预付暂缴款后，控台（包括手术控台、麻醉控台）进行手术确认，医护人员完成术前访视与术前护理工作；手术当日，患者报到后按手术排程进行手术，医护人员进行术中记录；术后，患者进入恢复室护理，系统进行手术评价，手术室管理人员记录护理日志，并进行质控统计及管理分析等。

如图 8-12 所示，实现术间自动分配，依据科室、医生手术日预分配及申请后自动分配，减少控台排程确认工作量 0.5h/天；实现人员自动排班，结合人员专业成熟度与出勤班表，系统匹配人员，遇特殊情况可以手动微调，减少人员排班时间 0.5h/天；实现术间动用率可视化展现，在护理日志模块呈现，便于直观掌握动用状态及动用率，助力控台人员调整，系统还能进行人力分析与质控管理，减少管理人员手工作业时长 1.5h/天，提高数据统计准确率。

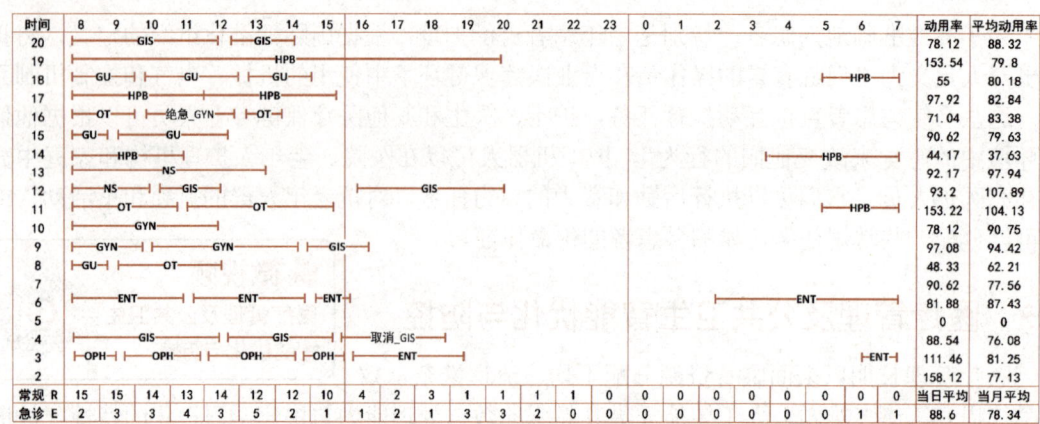

图 8-12 术间动用率可视化排程图

（资料来源：网络资料整理）

机器人小智提问：
① 传统的手术排程容易出现哪些问题？
② 当手术室出现突发设备故障时，人工智能如何快速评估故障对手术排程的影响，并重新规划最优排程方案，以减少延误损失？

8.5.2 动态网络模型构建传染病传播路径

一直以来，人类社会面临传染病的严重威胁，如肺炎病毒等对人们的生命健康和生活都造成巨大影响。如何缓解传染病流行、遏制传染病爆发是整个社会所面临的紧迫问题。在公共卫生智能优化与防控上，人工智能算法可以通过构建传染病传播路径、计算动态传播变化来进行定点潜在的传染病热点区域，并提供全方位的传播路径预测。

影响传播路径的因素有多种，且呈现出结构复杂性、特征多元化、关系多样化等特点，仅采用规则的数据结构无法准确描述出人与人之间的复杂程度，因此，通常使用动态的网络模型来完成此类任务。图 8-13 为传染病传播的整个过程，从图中可以看出，节点表示被关注人员，连接边表示人与人之间的接触关系，如果两个个体频繁接触，那么网络中就会存在一条连接边。其中五角星代表初始选取的感染点，标号代表节点在迭代次数为 n 时受到感染的状态。

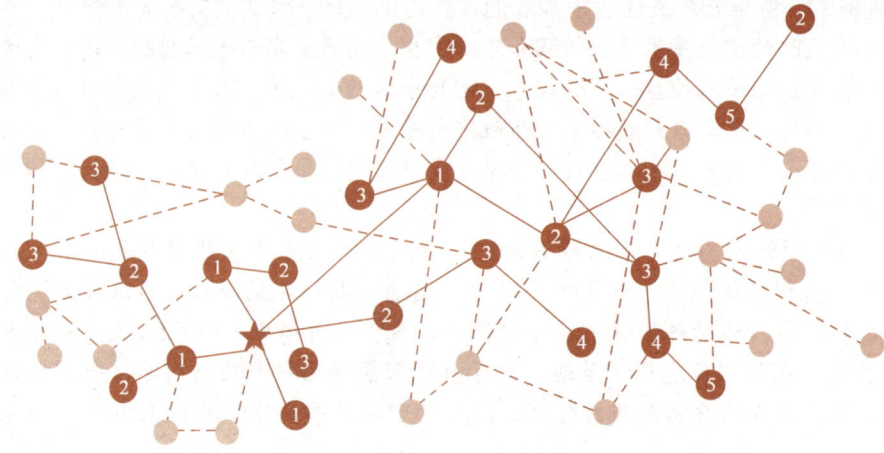

图 8-13 动态网络模拟人群感染传播图

为了进一步探索传染病的传播和流行规律，帮助有关部门制定传染病防治措施，人工智能算法可以通过建立传染病的传播模型，了解传染病的扩散传播规律，为预测和控制疾病提供可靠的信息。图 8-14 为复杂网络构建传染病模型的传播流程图，主要流程分为 7 步。首先可以选取适合的复杂网络结构，如规则网络、随机网络、小世界网络和无标度网络等，基于位置或地理信息选取初始感染节点，如城市的中心商业区、大型居民区等，确立初始感染人，运用消息传递机制来更新自身状态。在每一层的计算中，每个节点会将自身的特征信息作为消息发送给其邻居节点，同时也会接收来自邻居节点发送的消息。然后，节点根据收到的所有消息以及自身的当前状态，通过特定的聚合函数和更新函数来计算新的节点状态。当达到节点传染治愈率后停止循环，并输出各周期中各种状态的节点数量。

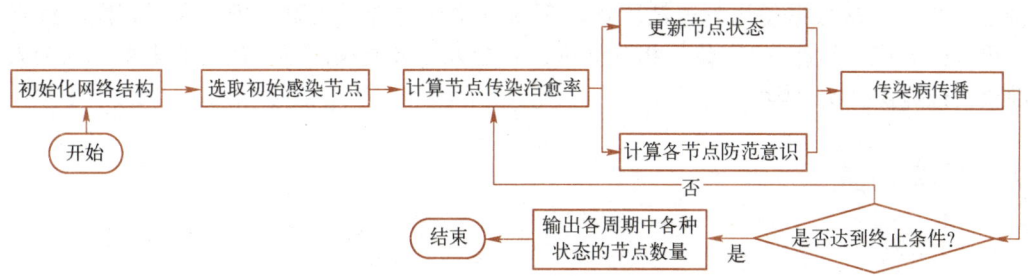

图 8-14　复杂网络构建传染病模型传播流程图

8.6　医疗人工智能的未来发展

随着医疗企业的各项服务普遍应用于生活中，个性化健康管理成为常态，医疗服务模式重新被构建，医患交流互动更加高效，医疗公平性逐步提升，并且覆盖更多老龄化群体和经济欠发达地区。未来将形成一种全新的医疗模式，可以概括为以下三个方面。

1. 人工智能在"以人为本"的新型医疗体系中的价值

在医疗服务流程中，人工智能为多方协作提供便利。医疗支付和监管方利用人工智能实现监管、审核、控费与支付的智能化，不仅提升了工作效率，还保障了医保基金的合理使用。药品及医疗器械提供方借助人工智能分析健康数据，能够研发更贴合人群需求的产品。医疗服务提供方运用人工智能技术，能够为人群提供精准的诊疗服务，提升医疗服务质量和效率。

2. 更趋向于全流程的诊疗一体化

在未来人工智能医疗趋向于全流程的诊疗一体化，能在患者就医的各个阶段提供支持，将各个环节紧密相连。在全流程管理下，考虑多主体的医疗布局，从医疗服务提供方、医疗支付和监管方到药品及医疗器械提供方，共同把握医疗体系改革脉搏，助力医疗体系发展。

3. 人工智能与新兴技术的全面融合

（1）人工智能与物联网的融合

运用多模态的人工智能技术，实现全方位的健康监测。物联网技术将各种医疗设备、可穿戴设备和智能家居连接起来，实时采集人体的生理数据和环境数据。AI 通过对这些数据进行分析，提供个性化的健康管理方案，能够实现疾病的早期预警和预防，构建智能医疗生态系统。

（2）人工智能与区块链技术的融合

人工智能与区块链技术融合，保障医疗数据的安全共享。区块链技术的去中心化和不可篡改性，为医疗数据的安全共享提供了保障。AI 可以在遵守数据隐私和安全的前提下，利用全球范围内的医疗数据，提升诊疗和研究的水平，建立信任机制，增强系统的透明度和可信度。

（3）人工智能与虚拟现实和增强现实的融合

运用虚拟现实和增强现实技术，为医学教育和临床应用带来革命性变化。医学教育将借助 VR/AR 技术，实现手术模拟、解剖学习和临床技能训练，提升学习效果与实践能力。在临床诊疗中，医生可以借助 AR 设备，实时获取患者的生理数据和医学影像，辅助手术和诊断，提高医疗精度。

在未来，人工智能医疗行业将走向普惠化、规范化和远程化。政策法规不断完善，行业标准逐步统一，从数据使用到算法监管，都将有严格的规范约束，确保人工智能医疗在安全、可靠的轨道上运行。"三化"相互促进，共绘人工智能医疗行业的美好未来，为全人类的健康福祉提供坚实保障。

8.7 思考与练习

1. 问答题

1）什么是智能医学，它具有哪些显著的特点？

2）请对比医学领域中图像配准和图像融合的区别与联系。

3）在借助人工智能技术进行病变检测时，卷积神经网络系列模型具有什么特点，在处理医学图像上有哪些优势？

4）为什么人工智能可以帮助传统医疗缓解资源紧缺的问题，使用的是什么技术？

5）与通用场景的语言模型相比，针对于医疗和生物场景中使用的大语言模型在软件设计时更应该考虑什么？

6）医疗机器人的原型是什么，简述其设计理念和工作原理。

7）为什么在药物研发中更常使用图神经网络这种数据结构，简述图神经网络的工作原理。

8）阐述人工智能在医疗领域的发展趋势，并讨论其对未来医疗健康领域的影响。

9）构建一个图神经网络模型来解决实际任务时一共有几个步骤，分别是什么？

10）复杂网络构建传染病模型是采用什么机制来更新节点信息？

2. 案例分析题

腾讯觅影是腾讯公司首款将人工智能技术运用在医学领域的 AI 产品。腾讯觅影由腾讯互联网合作事业部牵头，聚合了腾讯公司内部包括 AI Lab、优图实验室、架构平台部等多个顶尖人工智能团队的能力，把图像识别、大数据处理、深度学习等领先的技术与医学跨界融合研发而成。

请查阅相关资料和视频，回答下列问题。

1）腾讯觅影给出的基于多维度的深度诊断和病症预测，能辅助医生提升诊疗效率。但如果医生过度依赖腾讯觅影的诊断结果，可能会带来哪些潜在问题？

2）腾讯觅影在构建"医学知识图谱"时，需要处理海量医学信息，你认为从权威医学书籍文献、诊疗指南和病历等资料中提取有用信息可能会遇到哪些困难？

3）当腾讯觅影面对罕见病或新出现疾病的诊断时，由于临床案例数据相对匮乏，它可能会采取什么策略来进行诊断辅助？

第 9 章
人工智能在交通领域的应用

本章导读（思维导图）

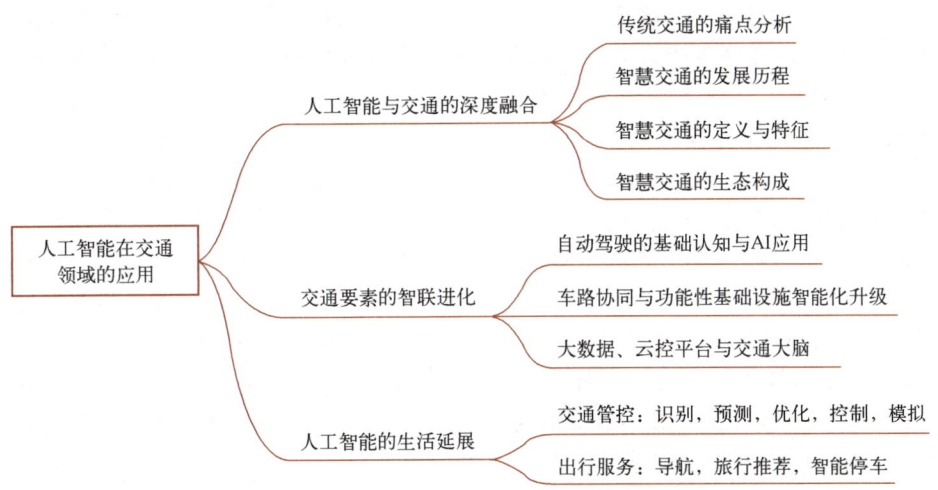

在数智时代，人工智能技术的迭代升级为交通领域带来了前所未有的变革。这一变革不仅推动了交通模式的智慧化转型，更是实现交通强国战略的关键驱动力，引领交通行业迈向高质量发展新阶段。本章将从交通的现状出发，对智慧交通进行概述，并通过深入的分析全面解读人工智能技术与交通产业的融合应用。

【案例 9-1】 科幻照进现实？穿梭于武汉街头的无人驾驶车给出答案

自动驾驶作为人工智能赋能汽车行业的典型应用场景，既是数字经济与实体经济深度融合的新赛道，也是发展新质生产力的重要领域。随着无人驾驶出租车"萝卜快跑"在武汉的商业化运营、多条无人驾驶公交线路在市区运营、无人驾驶物流车队在特定区域进行包裹配送，无人车已经进入市民的日常生活，如图 9-1 所示。用户通过"萝卜快跑"App 下单，就可以享受 24h 全天候服务。

图 9-1　无人车行驶在国家智能网联汽车（武汉）测试示范区

"萝卜快跑"搭载百度 Apollo 第五代自动驾驶系统，利用人工智能和传感技术实现自动导航、避障和安全行驶，利用车路协同技术实现车辆与道路、云端实时交互，利用云端决策系统实时处理大量数据，包括路况信息、交通信号、车辆状态和交通参与者的动态数据，提升安全性和效率。在安全保障方面，无人驾驶出租车通过感知、决策、供电、制动和计算的五重冗余系统确保极端情况下的安全响应。在远程护航方面，通过 5G 网络连接远程驾驶舱，紧急情况下可以实时介入控制。截至目前，自动驾驶累计出行服务订单数量突破 250 万单，服务人次超过 330 万人。

> 知识拓展
> 百度 Apollo 计划

无人车背后是"智慧路"在做支撑。武汉已经建设 106km 的智能化道路，形成由 1800 多个智能摄像头、毫米波雷达、激光雷达、气象和道路环境检测器等组成的感知网络，覆盖示范区全区 160km² 范围的高精度城市信息模型，实现 360° 无死角感知。

无人车还在不断成长。误把塑料袋当行人、遇阻停车引发交通拥堵、撞到闯红灯的行人……AI 司机的"云大脑"在后台 24h 进修，每次急刹车、每次避让行人都会变成它的学习案例。武汉的无人车已经积累了 250 万单的"驾龄"，就像有驾校教练在云端不断地教它，它会越开越老练。

武汉无人驾驶车的运营标志着中国自动驾驶技术从测试迈向大规模商用化。未来，自动驾驶技术有待突破大算力，增强人、车、路、云一体化协同，从而加速产业化进程。

（资料来源：《瞭望》新闻周刊）

机器人小智提问：
① 无人车是如何"看路"的？它会比人类司机眼神更好吗？
② 出行路况信息错综复杂，AI 司机遇到突发状况会死机吗？
③ AI 司机怎样学习新技能？未来的无人车会不会比老司机还稳？

9.1　智慧交通概述

城市化进程加速推进、人口规模持续扩张，传统交通系统在严峻考验下不堪重负。在此背景下，智慧交通作为一种创新型解决方案应运而生，为解决交通难题带来新的契机。本节深入剖析传统交通的主要痛点，挖掘其背后成

> 微视频
> 智慧交通概述

因。同时，探寻智慧交通的发展足迹，解码智慧交通的定义、特征和新范式。

9.1.1 传统交通的痛点分析

目前，交通领域主要面临以下几个痛点问题。

1. 交通拥堵

根据公安部数据显示，全国机动车保有量快速攀升，2024年已达4.53亿辆，如图9-2所示。全国范围内96个城市的汽车保有量突破百万辆大关，其中6个城市更是超过500万辆。机动车数量远超道路承载力，致使交通效率明显下降。尤其是在早晚高峰时段、节假日期间以及城市主干道上，瞬时流量严重过载，部分区域甚至出现路网瘫痪。根据高德地图《2024年中国主要城市交通分析报告》显示，北京东三环北路累计严重拥堵时长高达1625h，全国高速拥堵里程在春节假期达到峰值。

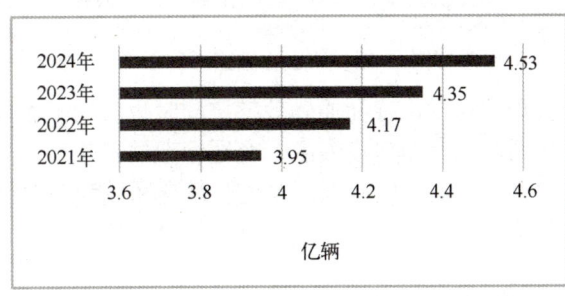

图9-2　2021—2024年全国机动车保有量

2. 交通安全

交通系统犹如一张环环相扣的精密网络，任一环节出现问题，都可能成为引发交通事故的导火索。一旦事故发生，人们的生命和财产都会遭受重大影响。国家统计局数据显示，2023年全国发生交通事故25.47万起，交通事故死亡人数达6万人，造成直接财产损失总计11.79亿元。事故导致的基础设施受损和车辆故障还会降低道路通行能力，造成交通拥堵的恶性循环。

> 📖 知识拓展
> 自动驾驶车辆编队行驶

3. 环境污染

在大部分城市的中心城区，尾气排放已经成为空气污染的主要来源。研究显示，机动车尾气排放占PM2.5来源的40%。这种污染加剧温室效应，导致极端天气频发，对生态环境造成不可逆的影响，更直接威胁着公众健康。在欧洲，每年与大气颗粒物污染相关的死亡人数中，有35%可归咎于机动车尾气污染，是交通事故死亡的2倍。

4. 停车难

按照住建部颁布的《城市停车设施规划导则》，人口规模超过50万人的城市，机动车停车位的总供给量应控制在机动车保有量的1.1～1.3倍之间，城市公共停车场的服务半径不应超过300m。目前，我国城市机动车拥有量与停车位的比例普遍较低，大城市平均约为1∶0.8，中小城市约为1∶0.5。在北上广深等一线城市核心区夜间停车缺口高达35%，上海的金融区工作日白天停车位缺口率高达48%，医院、学校、景区周边平均寻位时间达26min。让市民能够"停得下"且"停得好"，已经成为交通管理面临的重要课题。

5. 数据孤岛

跨部门、跨层级的数据孤岛现象普遍，数据互通率低，数据权属不清、共享和管理机制缺失，导致交通数据无法有效整合和利用，难以形成数据闭环生态，使得交通规划和决策缺乏科学依据。如图 9-3 所示，一线城市因信息不共享面临的交通规划困境尤为突出。信息割裂使得交通监控和预测能力受限，应急事件处理滞后，同时也造成资源浪费和重复建设。

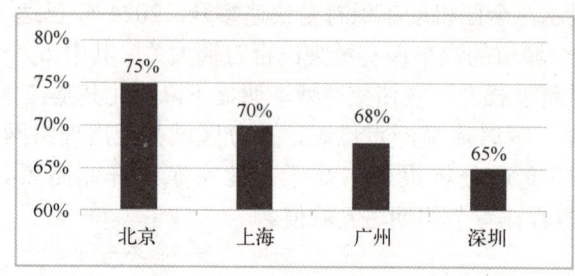

图 9-3　部分一线城市面临数据孤岛困境的比例

以上痛点问题影响公众的日常出行和通勤效率，同时也制约了城市的整体运行效能与发展潜力。究其原因主要包括基础设施建设滞后、交通管理技术落后、交通参与者行为难以预测以及数据共享机制不完善。解决这些问题，发展智慧交通成为关键所在。

9.1.2　智慧交通

作为高新 IT 技术与交通领域深度交融的创新成果，智慧交通凭借先进技术的强大赋能，成功突破了传统交通系统长期存在的瓶颈制约。如今，它正以蓬勃的发展态势，成为驱动交通强国建设的核心引擎与关键支撑力量。

> 📖 **知识拓展**
> 《交通强国建设纲要》全文

1. 智慧交通的发展历程

智慧交通的发展是一个不断演进的过程，大致可分为以下几个阶段。

（1）起步探索阶段（20 世纪 60—70 年代）

这一时期，汽车保有量快速增长，交通拥堵和事故频发。欧美等国家率先开展智能交通系统的研究，如美国的电子路径诱导系统、日本基于计算机控制的交通信号系统，这些尝试旨在利用电子信息技术改善交通管理，可看作智慧交通的雏形。

（2）初步发展阶段（20 世纪 80—90 年代）

随着计算机技术、通信技术的发展，智能交通系统（ITS）概念正式提出并逐步完善。各国开始大规模实施智能交通项目，美国的智能车辆—高速公路系统包含先进交通管理系统、先进出行者信息系统等；欧洲的尤里卡联合研究开发计划侧重车辆智能化和车路协同；日本的先进道路交通系统和智能车辆信息系统推动了交通信息采集、处理和发布，以及车辆控制技术的发展。

（3）快速发展阶段（21 世纪初—21 世纪 10 年代）

互联网和移动通信技术普及，智慧交通发展加速。交通信息实现互联互通，如实时交通信息可通过互联网、手机应用获取；智能交通管理系统集成更多功能，实现交通信号自适应控制、交通事件自动检测；智能运输服务兴起，电子不停车收费（ETC）、智能公交调度系统提升运输效率和服务质量；一些国家开展车联网（V2X）技术研究和测试，探索车辆与外界信息交互。

(4) 创新融合阶段（21 世纪 10 年代至今）

大数据、人工智能、物联网、5G、区块链等新技术与交通深度融合。大数据用于交通数据分析预测，辅助交通规划和管理决策；人工智能使自动驾驶技术取得重大进展，从辅助驾驶向高度自动驾驶甚至无人驾驶迈进；物联网实现交通基础设施和车辆广泛互联，实时采集和共享海量数据；5G 提供高速、低延迟通信，支撑车路协同和智能交通应用；区块链技术保障交通数据安全、可信，助力构建可信交通生态。📖

> 📖 **知识拓展**
> 智慧交通的未来展望

2. 智慧交通的定义

智慧交通是以现代信息技术为基础，深度融合大数据、云计算、人工智能、物联网、5G 等高新科技，对人、车、路、环境等交通要素进行全面感知、分析、决策和控制的新型综合交通运输体系。它通过先进的技术手段，实现交通信息的实时采集、传输、处理和共享，进而对交通系统进行精准调控和优化管理，以提高交通运输效率、保障交通安全、降低能源消耗、减少环境污染，为人们提供更加便捷、舒适、高效、绿色的出行服务，促进交通运输行业的可持续发展。

3. 智慧交通的特征

1) **全面感知**。通过物联网技术，广泛部署传感器，实时采集交通系统中的各种信息，包括车辆的速度、位置、流量，道路的路况、气象条件，以及行人的出行信息等。

2) **可靠通信**。利用 5G、V2X 等多种通信技术，实现车与车、车与基础设施、人与基础设施之间的高速、低延迟通信，确保信息能够及时、准确地传输。

3) **智能处理**。借助云计算、大数据、人工智能等技术，对采集到的海量交通数据进行分析、挖掘和处理，提取有价值的信息，为交通管理和出行决策提供支持。

4) **协同优化**。强调公共交通、私家车、共享单车、步行等各种交通方式之间的协同配合，通过智能调度和优化，提高整个交通系统的运行效率与服务质量，减少交通拥堵及能源消耗。

5) **服务便捷**。为出行者提供多样化、个性化的出行服务，使出行更加便捷、舒适。同时，也为交通管理部门提供高效的管理工具，提高管理效率和决策水平。

6) **绿色低碳**。通过优化交通流量、推广新能源车辆、提高交通设施的能源利用效率等方式，减少交通运输对环境的影响，实现绿色低碳出行。

7) **安全可靠**。利用自动驾驶、车路协同等先进技术手段，提高交通安全水平，减少交通事故的发生。同时，建立完善的应急管理机制，能够在突发事件发生时快速响应，保障交通系统的正常运行。

9.1.3 智慧交通的新范式

人车路云一体化是指将人、车、路、云等要素通过先进的人工智能技术、信息技术、通信技术和传感器技术紧密结合起来，形成一个全面融合与协同的智慧交通生态系统。这一概念代表了现代交通系统发展的高级阶段，旨在实现人、车、路、云之间的信息互联互通、实时交互和智能协同，达到优化交通系统运行效率、提升交通安全水平、改善出行服务质量、促进交通运输可持续发展的目标。图 9-4 为人、车、路、云四要素之间的关系。

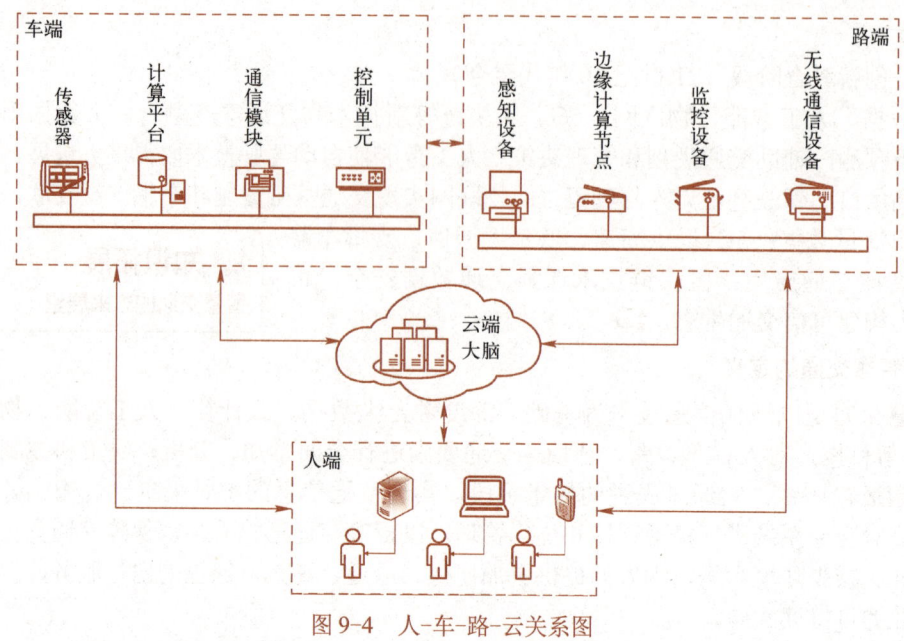

图 9-4 人-车-路-云关系图

1. 人：交通活动的主体

"人"指的是所有交通参与者，包括驾驶员、乘客、行人等。在人车路云一体化系统中，个人可以通过智能设备和应用程序获取实时交通信息，享受个性化的出行服务，并参与到交通系统的互动中。

2. 车：交通的载体

"车"指的是具备智能化和网联化能力的智能网联汽车或自动驾驶汽车，这些车辆配备了传感器、计算单元和通讯模块，能够与外界进行信息交互和协同控制，并基于收集到的数据进行决策，以实现更安全高效的行驶。

3. 路：交通的基础设施

"路"指的是通过智能化改造具备感知、通信和调控能力的道路基础设施，如智能信号灯、电子标志标牌、路况监测设备等。这些设施不仅能够感知周围环境并自动调整工作状态，还能与其他要素进行信息交换，共同优化交通流量。

4. 云：数据处理和智能决策的中心

"云"是整个系统的大脑，基于人工智能、云计算和大数据技术构建的服务平台，负责存储、分析和挖掘来自人、车、路的海量数据，提供诸如路线规划、事故预警、远程诊断等服务，为整个交通系统提供智能决策支持。

9.2 自动驾驶的交通工具

汽车不再需要方向盘，列车能自主穿梭于轨道，天空中的飞行器也能自动巡航，这不再是科幻电影里的场景，而是自动驾驶交通工具正在引领我们奔赴的未来。想知道这一切如何实现吗？本节将探秘自动驾驶的神奇世界。

微视频
自动驾驶的交通工具

9.2.1 自动驾驶的基础认知

自动驾驶一直是智慧交通变革中的焦点，想要深入洞悉这一前沿应用，需要精准把握自动驾驶的定义、技术原理和分级标准。

1. 自动驾驶的定义

自动驾驶是指通过一系列先进的传感器、控制器、执行器以及智能算法等，赋予交通工具在无须人类驾驶员持续直接干预的情况下，自动完成行驶任务的能力。其核心在于让交通工具具备环境感知、决策规划以及精准执行的自主运行机制。

2. 自动驾驶的技术原理

（1）环境感知层：洞察周围世界

环境感知层相当于人类驾驶员的"眼睛"和"耳朵"，借助车载传感器与定位导航系统，结合车联网通信设备，可以全方位、实时地采集周边环境信息和全局环境信息，实现超视距感知。其感知的准确性和实时性直接影响下层决策、规划和控制模块的运行效能。表 9-1 列举了目前使用最多的感知定位设备的类型、特性及优缺点。

表 9-1 感知定位设备的类型、特性及优缺点

设备		类型	特性	优缺点
传感器	摄像头	前视摄像头	拍摄车辆周边图像，运用计算机视觉技术提取特征，识别障碍物类型信息	优点：技术成熟，信息量大，价格低廉，安装简易； 缺点：检测精度易受天气、光线等外界环境条件干扰
		环视摄像头		
		侧视摄像头		
		后视摄像头		
		内置摄像头		
	雷达	激光雷达	发射激光束并测量反射光的时间，构建出周围环境的三维点云图，精确获取障碍物的特征信息	优点：精确度高，稳定性强，适应黑夜或低能见度环境； 缺点：探测范围窄，受恶劣天气影响大
		毫米波雷达	发射及接收毫米波频段电磁波探测障碍物的运行状况信息，实时跟踪周边车辆的速度和相对位置变化	优点：精确度高，探测距离远，抗干扰能力强，全天候工作，不受天气、光照影响； 缺点：无法感知障碍物类型，无法精准建模周围环境
		超声波雷达	发出的超声波信号遇到障碍物会被反射回来，探头接收到反射波后，根据发射和接收之间的时间差以及超声波在空气中的传播速度，计算出障碍物与雷达之间的距离	优点：成本低，技术成熟，近距离检测精度高； 缺点：检测范围有限，易受干扰，受环境影响大，信息维度单一
定位导航		北斗、GPS	通过接收来自多个卫星的信号进行定位	优点：覆盖范围广，厘米级精度，室内外无缝切换； 缺点：受环境影响大，需要依赖基础设施
		蜂窝网	基于蜂窝网络基站信号，通过测量信号强度或时间差来确定位置	优点：定位精度高，实时数据传输，高可靠性通信，适合大规模部署； 缺点：对网络依赖性强
		V2X 直连通信	通过车与车、车与路侧设备之间的直接通信，感知周围环境并进行定位	优点：低时延，非视距感知能力强； 缺点：对硬件要求较高
		高精度地图	结合传感器采集的道路信息，提供精准的道路和障碍物信息	优点：厘米级精度定位，支持复杂场景，可与传感器融合； 缺点：数据量大，更新成本高

（2）决策规划层：基于数据的智能抉择

在获取大量感知数据后，机器学习与深度学习算法对感知数据进行深度分析和理解，结合地图信息，制定出安全、高效的行驶策略，如规划行驶路径、决定车速以及判断何时进行加减速、转向等操作。

（3）精准执行层：将指令转化为行动

执行系统接收决策层输出的控制指令，精准驱动交通工具的动力系统、转向系统和制动系统等各个部件，执行规划好的行驶动作。动力系统依据指令调整发动机转速或电机功率，实现加速、减速操作；转向系统精确控制方向盘转动角度，使车辆按照规划路径行驶；制动系统在需要时，及时施加制动力，确保车辆安全停车或保持合适车距。这些系统协同工作，让自动驾驶交通工具能够将决策层的指令精准转化为实际行动，实现安全、稳定的自主行驶。

3. 自动驾驶技术的分级标准

为了更清晰地划分自动化程度，行业内制定了详细的自动驾驶技术分级标准。目前，国际上采用国际汽车工程师协会（SAE International）发布的 SAE J3016 标准，而中国采用 2021 年 8 月批准发布的《汽车驾驶自动化分级》（GB/T 40429-2021）国家标准来评定自动驾驶技术的不同级别。两个标准均精确定义了从 0 到 5 的 6 个级别，并明确了各级别的界定标准与技术要求。表 9-2 对比了自动驾驶的国内标准和国际标准。

表 9-2 自动驾驶国内标准和国际标准对比

级别	GB/T 40429-2021	SAE J3016
0 级	应急辅助：系统仅提供瞬时危险警告或短暂干预（如紧急制动），驾驶员全程负责操作	无自动化（L0）：完全由人类驾驶，系统仅提供预警（如车道偏离提示）
1 级	部分驾驶辅助：系统可持续执行单一方向或速度控制（如定速巡航或车道居中），需驾驶员全程监控	驾驶辅助（L1）：系统可辅助转向或加减速，人类需持续监控环境
2 级	组合驾驶辅助：系统同时控制方向和速度（如自适应巡航+车道保持），驾驶员仍需全程监控并随时接管	部分自动化（L2）：系统可同时控制转向和加减速，但人类需持续监控并随时接管
3 级	有条件自动驾驶：系统在特定设计运行域（ODD）内完全接管驾驶，驾驶员可在系统请求时接管（需预留接管时间）	有条件自动化（L3）：系统在 ODD 内可执行全动态驾驶任务，人类需在系统请求时接管（通常预留数秒响应时间）
4 级	高度自动驾驶：系统在 ODD 内完全接管驾驶，即使人类未响应接管请求，仍能安全处理（如限定区域的无人出租车）	高度自动化（L4）：系统在 ODD 内可处理全部驾驶任务，无须人类接管（如 Waymo 在特定区域运营）
5 级	完全自动驾驶：系统在任何场景下均可完全驾驶，无 ODD 限制（如全地形全气候无人驾驶）	完全自动化（L5）：系统在所有条件下实现无人驾驶，无须人类参与

从 0 级迈向 5 级的进程里，自动驾驶的每一次级别进阶，都意味着技术的巨大飞跃。随着层级递升，自动化程度持续提高，人类干预程度相应降低，系统自主运行能力显著增强，各层级间呈现出清晰可辨的差异。在 3 级及更低层级，车辆主要依靠辅助驾驶功能，人类驾驶员依旧要承担关键的驾驶职责；而到了 4 级，车辆已近乎实现完全自动驾驶，可在更广泛的场景和复杂环境中独立应对行驶任务，极大降低对人类操作的依赖；达到 5 级的自动驾驶即为无人驾驶，在任何情况下都能完全自主运行，独立完成从起点到终点的所有操作，无须人类驾驶员干预，是自动驾驶技术的最高形态。

> 📖 **知识拓展**
> 自动驾驶的应用场景和行业主流厂商

【案例 9-2】 上百台无人车开进 2022 年北京冬奥会

作为 2022 年北京冬奥会比赛场地，首钢园进驻了 Robotaxi、无人巴士、无人物流、无人配送、无人零售、无人环卫、无人安防等 7 种应用场景的无人驾驶车辆，几乎涵盖了市面上所有主流无人车类型。这也是国内目前为止，在封闭园区内开展的最多车型、最多场景的自动驾驶示范运行。图 9-5a、b 分别展示了无人售货车和无人巡检车。

图 9-5　无人售货车和无人巡检车

a) 无人售货车　b) 无人巡检车

百度和超星未来的 Robotaxi 提供载客服务；北汽的自动驾驶车队为多人旅游或参观提供服务；美团无人配送车和新石器无人零售车满足餐饮需求；首钢园与百度联手落地无人驾驶小巴在既定路线上接驳游人；智行者蜗小白负责清洁工作；优必选智能巡检机器人 ATRIS 进行无人巡查及预警……基于自动驾驶技术的多场景无缝对接，北京冬奥会向世界展示了未来交通和智慧城市的雏形。

北京冬奥会采取了智能网联与单车智能相结合的方式，从车、路、云、仿真、示范五个方面推进车型研发、道路建设、平台开发、场景测试及运营，进一步提高自动驾驶技术的稳定性与可靠性，凸显了中国在自动驾驶领域的领跑实力。

（资料来源：网上资料整理）

机器人小智提问：

① 北京冬奥会期间，无人车都完成了什么工作？

② 冬奥会上各种类型的无人车如果走进我们的日常生活会怎么样？

③ 这么多无人车一起跑，它们会不会"撞车"或者迷路呢，怎么保证它们的安全？

9.2.2　自动驾驶的 AI 应用

自动驾驶的每个环节都离不开高效的人工智能算法。人工智能算法的不断迭代推动着自动驾驶的发展，两种融合已成为必然。

1. 环境感知中的应用

（1）基于计算机视觉的目标检测与识别

车载摄像头采集目标图像后，车辆可以对图像进行模式识别，以实现基于视觉的目标检测与识别，基本原理如图 9-6 所示。基于深度学习的目标检测算法可以提升目标检测性能。其中，One-Stage 检测如 YOLO 系列和 SSD 能够在一次前向传播中直接预测目标物体的类别和位置，具有检测速度快的优势，适合实时性要求较高的自动驾驶场景。Two-Stage 检测如 Faster R-CNN 则先通过区域提议网络（RPN）生成可能包含目标物体的候选区域，然后对这些候选区域进行分类和位置回归，检测精度相对较高。

人工智能通识

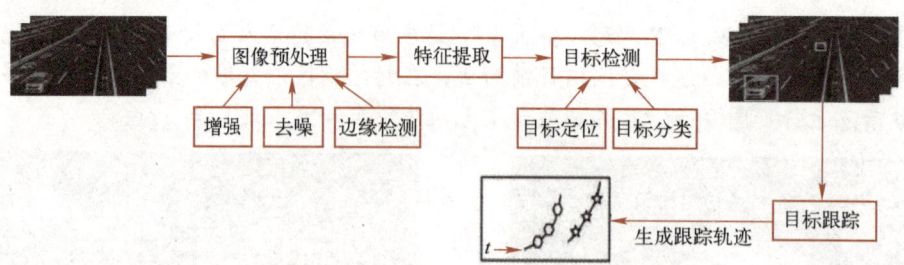

图 9-6　目标检测与识别的基本原理

在行人、车辆、交通标志和信号灯识别方面，针对行人识别，深度学习模型会学习行人的身体结构、行走姿态等特征，即使在不同光照条件、遮挡情况和复杂背景下，也能尽可能准确地识别出行人；对于车辆识别，模型不仅关注车辆的外形轮廓，还会学习不同车型的细节特征，以区分各种类型的车辆；在交通标志和信号灯识别中，模型通过大量数据学习不同标志与信号灯的颜色、形状、图案等特征，确保在各种天气和路况下都能及时准确地识别，为自动驾驶车辆的决策提供可靠信息。在复杂场景下，如雨天、雾天、夜晚等低能见度的环境，或者城市街道中存在大量遮挡物的场景，目标检测与识别面临诸多挑战。为应对这些挑战，深度学习模型不断改进和优化，例如，采用更复杂的网络结构，在模型中引入注意力机制，使模型能够更加关注关键区域的特征，提高在复杂场景下的目标识别能力。同时，通过生成对抗网络（GAN）等技术合成大量复杂场景下的训练数据，对模型进行强化训练，增强模型对复杂场景的适应性。

📖 目标检测性能的评价指标包括实时性、识别精度和召回率。

（2）多传感器数据融合

不同的传感器各有优缺点，通过融合多种传感器数据，优势互补，可以弥补单一传感器在复杂环境下的不足，提高车辆对各种道路环境的适应性和鲁棒性，满足自动驾驶的高精度、高实时性需求。以摄像头和激光雷达融合为例，摄像头和激光雷达分别进行检测并获取数据，如图 9-7a 所示。

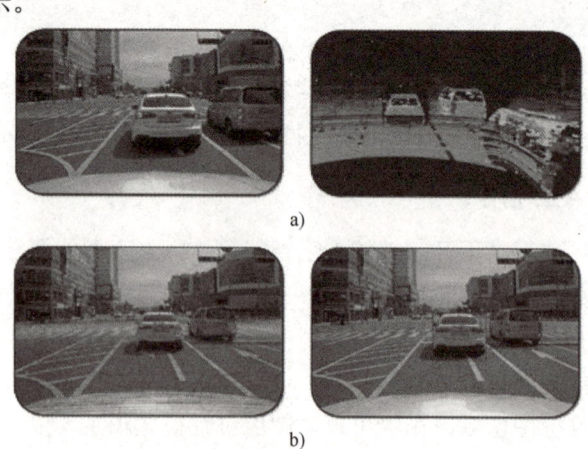

图 9-7　多传感器数据融合前后效果对比
a）独立检测效果　b）融合检测效果

- 摄像头：利用卷积神经网络进行图像识别。在训练过程中，大量带有标注的图像数据被输入到 CNN 模型中，模型通过不断学习图像中不同物体的特征，逐渐具备准确识别行人、车辆、交通标志和信号灯的能力。

- 激光雷达：在数据处理时，基于密度的空间聚类算法会对复杂的激光雷达点云数据进行聚类分析，将点云划分为车辆、行人、建筑物等不同的物体类别，即使在遮挡或部分重叠的情况下也能有较好的效果。

在独立检测之后，采用基于贝叶斯网络的融合算法，根据不同传感器在不同场景下的置信度，对各传感器提供的结果进行加权融合，从而得到更全面、准确的环境感知结果。图 9-7b 是数据融合和深度估计后的效果。

📖 鲁棒性是计算机科学的术语，衡量的是系统在非理想条件下的抗干扰能力和适应能力。

2. 车辆路径规划中的应用

车辆行驶路径选择的优劣和行驶的流畅度取决于路径规划算法的优劣。根据对环境信息的把握程度，路径规划分为全局路径规划和局部路径规划。

（1）全局路径规划

全局路径规划为自动驾驶车辆规划从起点到终点的整体行驶路线。搜索算法和机器学习算法相结合是常见的策略。A*算法是一种经典的搜索算法，它通过评估函数来选择当前最优的搜索节点，在地图上搜索从起点到终点的最短路径。然而，A*算法在处理大规模复杂地图和实时变化的交通状况时存在一定局限性。机器学习算法则可以对历史交通数据和实时路况信息进行分析，从而预测不同路段的拥堵情况和通行时间。例如，利用深度学习中的循环神经网络（RNN）或长短期记忆网络（LSTM）对时间序列交通数据进行建模，学习交通流量随时间和空间的变化规律，从而预测未来一段时间内各路段的拥堵概率。结合这些预测信息，在 A*算法的基础上，可以对路径进行优化，选择避开拥堵路段的更快捷的路线。

（2）局部路径规划

局部路径规划则关注车辆在行驶过程中，根据实时感知到的周围环境变化，对当前行驶路径进行动态调整。当车辆行驶过程中前方突然出现障碍物或者其他车辆临时变道时，需要及时调整路径以避免碰撞。图 9-8 显示了车辆局部避障路径连续规划的过程。基于强化学习的局部路径规划方法将车辆的当前状态作为输入，将车辆的动作作为输出。强化学习模型通过不断与环境交互，根据环境反馈的奖励信号来学习在不同局部场景下的最优动作策略，实现实时、灵活的路径调整，确保车辆在复杂多变的行驶环境中安全、高效地行驶。

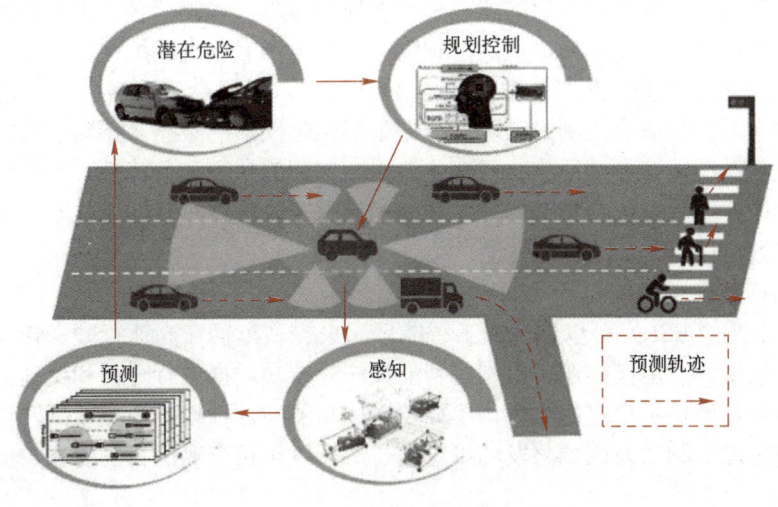

图 9-8 车辆局部避障路径连续规划过程

3. 驾驶决策中的应用

在基于强化学习的驾驶决策模型中，车辆被看作一个智能体，其在不同的交通场景下需要做出各种决策，如加速、减速、保持当前速度、转弯、变道等。模型不断尝试不同的决策动作，并根据最终的行驶结果获得奖励或惩罚反馈。如果车辆在安全、高效的情况下完成了一次行驶任务，如按时到达目的地且没有发生碰撞、违规行为，模型会得到正奖励；反之，如果发生碰撞、违反交通规则或者行驶效率低下，模型则会得到负奖励。通过大量的训练和学习，模型逐渐掌握在各种交通场景下的最佳决策策略。以交叉路口场景为例，当车辆接近交叉路口时，模型会综合考虑路口的交通信号灯状态、各个方向来车的速度和距离、行人的通行情况等因素。如果信号灯为绿灯且路口没有冲突车辆和行人，模型可能决策车辆加速通过；如果信号灯即将变红且距离较近，模型可能决策车辆减速停车等待；如果有其他车辆抢行或者行人突然横穿马路，模型则会决策车辆紧急制动或者采取避让措施，以保障行驶安全与顺畅。

> 📖 **知识拓展**
> 智慧泊车

4. 控制执行中的应用

自动驾驶控制系统模拟驾驶员特性，按照目标轨迹准确操纵车辆行驶。具体控制流程如图 9-9 所示。

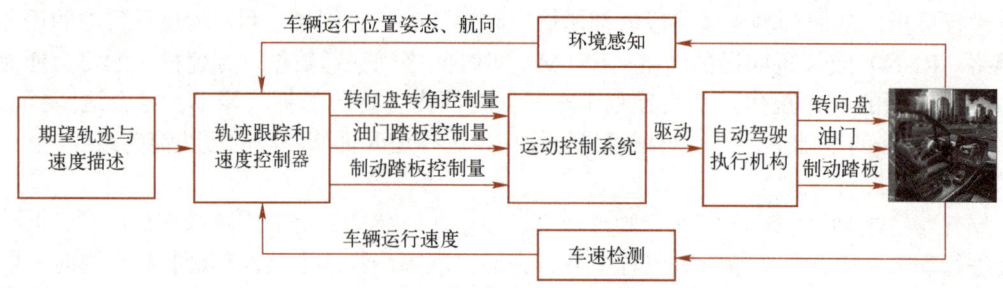

图 9-9 自动驾驶控制系统的具体控制流程

（1）车辆动力学控制

人工智能技术可以对车辆动力学模型进行优化和实时调整。利用模型预测控制（MPC）结合机器学习算法，根据车辆当前的状态和行驶环境信息，预测车辆在未来一段时间内的运动状态，并通过优化算法计算出最优的控制输入，使车辆能够准确地跟踪规划的路径，同时保持良好的行驶稳定性和舒适性。在实际行驶过程中，车辆会受到各种不确定性因素的影响。基于机器学习的自适应控制方法可以根据车辆实时反馈的数据，不断调整控制参数，使车辆动力学控制系统能够自动适应这些变化，提高控制的精度和鲁棒性。在线学习算法根据车辆行驶过程中的实际响应与预期响应之间的差异，实时调整车辆的悬挂参数、轮胎刚度等动力学模型参数，优化车辆的行驶性能。

（2）车辆行驶稳定性控制

电子稳定程序（ESP）可以结合人工智能算法来提高车辆在高速行驶、转弯、紧急制动等情况下控制效果。利用模糊逻辑控制等智能算法对感知数据进行分析和处理，当车辆出现转向不足或转向过度等不稳定趋势时，模糊逻辑控制器根据预设的模糊规则，快速计算出需要对各个车轮施加的制动力或调整发动机输出扭矩，以纠正车辆的行驶姿态，保持车辆的行驶稳定性。

此外，通过对大量车辆行驶数据的学习，神经网络模型可以建立车辆行驶状态与控制策略之间的复杂映射关系。在实际行驶中，模型根据实时采集的车辆状态数据，快速输出最优的控制指令，实现对车辆行驶稳定性的精准控制，有效提高自动驾驶车辆在各种复杂工况下的行驶安全性。

5. 人车交互中的应用

（1）车载大语言模型

通过集成大语言模型和自然语言处理技术，车辆座舱实现了语音识别、语义理解等功能。驾驶员可以通过自然语言指令控制车辆功能，如设置导航目的地、调节车内环境、播放音乐等，从而显著提升驾驶体验的便捷性和舒适性。大语言模型还支持自然语言生成技术，能够以自然语言形式向驾驶员输出信息。AI 技术与车内应用及数据的深度融合，为用户提供了闭环的服务体验，使智能座舱成为驾驶员的个性化助手。

> 📖 **知识拓展**
> 智能座舱

（2）AIGC 支持下的多模态交互

用户可以通过眼动追踪、面部表情识别、语音指令、手势控制等多种自然模态与车辆进行无缝交互，实现"无感操作"，进一步提升驾驶体验的流畅性和智能化水平。例如，融合 AIGC 和 NLP 技术的语音助手能够理解驾驶员的自然语言问题并提供即时回答。同时，语音助手还能通过语音情感分析技术调整音调，为用户提供更具人性化的对话体验。

9.3 智慧交通基础设施

随着单车智能的局限性逐渐显现，车路协同技术恰逢其时地登上了历史舞台，打破了以往车辆与道路各自为政的局面。本节将从车路协同技术开始，深度解读交通基础设施的华丽转身，揭示它们如何携手重塑交通蓝图。

9.3.1 车路协同基础设施

车路协同技术是实现智慧交通的必然技术途径。它是将先进的无线通信和新一代信息技术综合应用于车辆与道路基础设施，通过车与车、车与路之间的信息交互和共享，实现车辆与道路基础设施之间的协同感知、协同决策和协同控制，从而提高道路交通的安全性、效率及通行能力，减少交通拥堵和环境污染。

车路协同技术通过部署在车辆上的传感器和道路基础设施上的传感器，实时获取车辆与道路的原始信息；通过路侧边缘计算单元，初步对原始数据进行实时分析处理和融合；通过车载单元（OBU）、路侧单元（RSU），利用 5G、蜂窝车联网（C-V2X）等通信技术，实现车与车、车与路之间的高速、低延迟信息传输；通过边缘云、区域云、云控中心，借助云计算、大数据、人工智能等计算技术，对采集到的大量数据进行分析、处理和决策，为车辆提供精确的导航、预警、控制等服务。这不仅提升了车辆本身的智能化水平，而且构建了一个更加高效、安全和绿色的现代交通生态系统。图 9-10 展示了车路协同的系统架构。

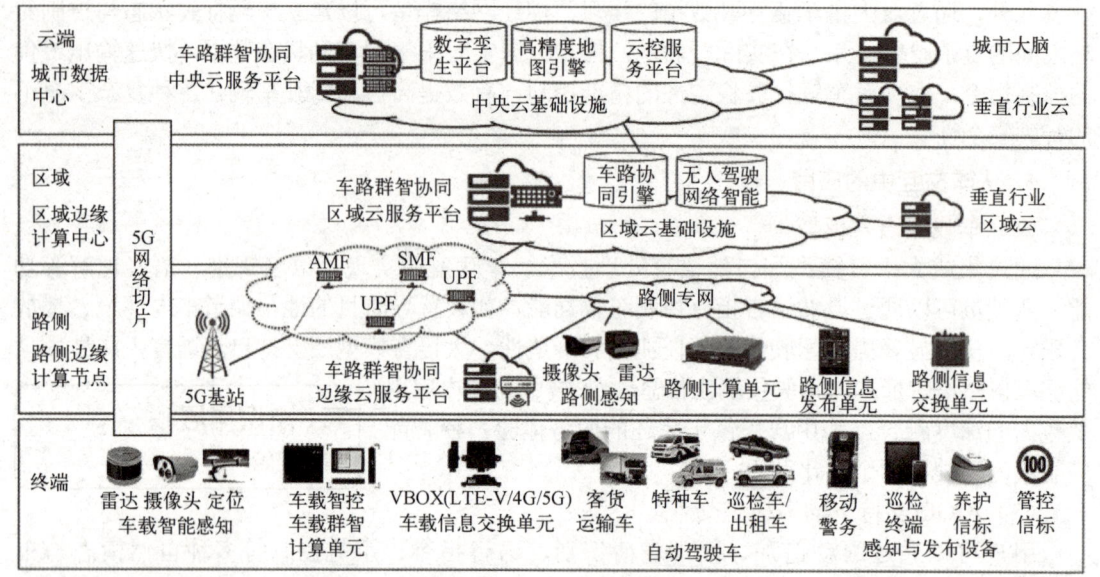

图 9-10　车路协同系统架构

1. 车载单元

OBU 是安装在车辆上的 V2X 智能通信终端，主要由微处理器、存储单元、通信模块、电源管理模块和天线等部分组成，用于实现车辆与外界的通信和信息交互，具有通信、存储和简单的数据处理计算能力。其工作原理是通过无线通信技术，与 RSU 或其他外部设备进行通信。当车辆行驶过程中靠近 RSU 时，OBU 会接收来自 RSU 的信号和数据，同时也可以向 RSU 发送车辆自身的信息，从而实现车与路之间的信息交互。

2. 路侧单元

RSU 是安装在道路两侧的 V2X 通信设备，主要由运算、存储、加密、主通信、其他通信、天线、GNSS、电源、外围等部分组成，用于与 OBU 进行通信，具有无线通信、车辆身份识别、数据交互等功能，运算能力相对 RSCU 较弱。它将路侧设备与车辆、云端连接起来，使路侧设备采集到的数据能够上传至云端，车辆能够及时获取路侧的信息，同时也让云端能够对路侧设备和车辆进行管理与控制。

3. 路侧边缘计算单元（RSCU）

RSCU 是安装在城市路口、高速公路匝道节点、特定测试路段的计算设备，覆盖范围相对较小。通常采用标准机架式服务器或嵌入式设备等形式，具有计算能力强、低延迟处理、环境适应性强、数据安全性高的功能特点。它将智能集成到边缘节点，在路侧传感设备和数据源附近，实时处理和分析采集到的大量原始数据，为车路协同应用提供及时、准确的信息支持，从而减轻网络传输压力和云端计算负担，提升系统的实时性与可靠性。

9.3.2　功能性基础设施

人工智能、物联网和云计算技术为物理设施赋予了实时感知、数据采集、信息高效交互以及决策支持的能力，实现了交通状况的监控、与车端和云端的高效协同。

1. 智能路灯

智能路灯广泛应用于城市道路、高速公路、园区、景区等场所，其功能特点如下。

1）智能照明控制功能。具备光感应和时控功能，能根据环境光线强度自动调节亮度，既满足基本照明需求又节省能源。

> 📖 知识拓展
> 智慧高速示范路—京雄高速公路

2）通信功能。可充当通信基站，支持多种无线通信技术，为智能交通设备提供网络连接，便于实现设备间的互联互通。

3）环境监测功能。集成多种传感器，可实时监测空气质量、温度、湿度、噪声等环境参数，为城市环境管理提供数据支持。

4）视频监控功能。安装高清摄像头后，能对道路进行实时监控，辅助交通管理和治安防范，实现对交通事故、违法违规行为的及时发现与取证。

2. 电子警察

电子警察主要安装在城市道路的十字路口、路段以及高速公路的特定区域，用于监测和查处闯红灯、超速、压线、违规变道、不按导向车道行驶等交通违法行为。其系统构成如下。

1）前端采集设备。包括高清摄像头、闪光灯、车辆检测器等。摄像头用于抓拍车辆图像，闪光灯在光线不足时辅助照明，车辆检测器负责感应车辆的到来和通过。

2）数据处理单元。对采集到的图像和数据进行分析处理，识别车辆的车牌号码、颜色、车型等信息，判断车辆是否存在交通违法行为。

3）传输网络。将前端采集设备获取的数据传输到交通管理中心的数据库，以便进行存储、查询和管理。

4）后端管理平台。实现对电子警察系统的集中管理和控制，包括设备状态监测、参数设置、数据统计分析、违法信息处理等功能。

3. 电子站牌

电子站牌安装在城市公交站点，为乘客提供便捷的公交出行信息服务，提高公交出行的吸引力和服务质量。其功能特点如下。

1）实时公交信息显示。通过与公交智能调度系统连接，实时显示各路公交车辆的当前位置、预计到站时间、线路走向等信息，让乘客准确掌握公交动态，合理安排出行时间。

2）公交服务信息查询。提供公交线路查询、站点查询、换乘查询等功能，方便乘客规划出行路线。部分电子站牌还支持语音查询功能，为视力不好或有其他特殊需求的乘客提供便利。

3）多媒体信息发布。可发布广告、新闻、天气、政府公告等多媒体信息，丰富乘客在候车时的信息获取渠道。

4）互动功能。一些电子站牌具备触摸屏，乘客可以通过触摸操作与电子站牌进行互动，如反馈意见、参与问卷调查等。部分电子站牌还支持与手机的交互，乘客可以通过手机扫描二维码以获取更多公交信息或进行移动支付。

4. 交通指挥机器人

智慧交通指挥机器人能够辅助或替代交通警察进行交通指挥和管理工作，如图9-11所示。其功能特点如下。

图9-11 机器人交警

1）指挥疏导。模拟交警手势指挥交通，还能与信号灯联动，优化信号控制以提高通行效率。

2）智能监测。利用摄像头和分析系统，监控交通状况，抓拍违章行为，分析交通数据，为执法和规划提供支持。

3）信息发布。通过显示屏或语音，发布路况信息和安全提示，引导出行并提高安全意识。

4）应急处理。检测到事故等突发情况时自动报警，也可远程控制，以实现快速响应和处理。

5）环境感知。能监测气象和空气质量等环境信息，为交通管制提供数据。

6）自主充电。电量低时自动前往充电区域，保障设备持续运行。

7）人机交互。通过触摸屏幕、语音等方式，与人们交互，提供交通信息查询等服务。

9.4 大数据驱动的交通大脑

如果有一种"智能生命体"可以动态反映现实世界，将交通的所有细节精确展现在眼前，那么，必将极大提升交通管理效率和应急抢险水平。本节将在介绍交通大数据的基础上，揭示交通大脑中的人工智能技术及其在交通管控方面的具体应用。

9.4.1 交通大数据

交通大数据是指在交通领域中产生、收集和处理的海量数据。这些数据来源于各种交通相关的设备、系统和活动，包括但不限于车载设备、路侧交通设备、交通管理部门的记录以及出行者的移动设备，涵盖了交通系统的各个方面，如车辆运行数据、路况信息、客流数据、运输货物信息等。交通大数据除具备大数据的共同特征外，还具有以下独有特征。

1. 时空性强

交通数据与时间和空间紧密相关。这种时空特性要求对交通大数据的分析必须考虑时间序列和空间分布的因素，以便准确把握交通系统的动态变化。

2. 动态性高

交通系统是一个动态的系统，交通大数据也随之具有高度的动态性。车辆的行驶状态、路况的实时变化、交通信号的调整等都使得交通数据不断更新。相比其他领域的数据，交通数据的更新频率较高，需要实时采集和处理，以提供准确的交通信息。

3. 多源性广

交通大数据来源广泛，包括各种传感器、智能交通设备、车辆自身的电子控制单元以及出行者的移动设备等。这些不同来源的数据具有不同的格式、精度和采样频率，需要进行融合与整合处理，才能为交通管理和决策提供全面、准确的支持。

4. 复杂性高

交通涉及人和车的行为、道路设施、交通规则等多个方面。交通大数据不仅包含了这些因素之间的相互作用关系，还受到天气、突发事件等外部因素的影响。因此，交通大数据的复杂性较高，分析和挖掘其中的规律需要综合运用多种技术与方法，同时需要考虑到各种因素之间的非线性关系。

5. 安全性和隐私性要求高

交通大数据涉及个人的出行轨迹、车辆的行驶信息等敏感内容，与人们的隐私密切相关。同时，交通系统的安全运行也依赖于数据的安全性和可靠性。因此，在交通大数据的采集、存储、传输和使用过程中，需要采取严格的安全措施，保护数据的安全性与隐私性，防止数据泄露以及被恶意利用。

9.4.2 数字交通大脑

数字交通大脑是一种运用物联网、大数据、人工智能等前沿技术，对交通系统进行全方位感知、智能化分析与精准化决策的复杂智能系统。它通过整合交通领域的各类数据和资源，模拟人类大脑的思维与决策过程，实现对交通流量的优化调控、交通设施的智能管理以及出行服务的个性化定制等功能，旨在提升交通系统的运行效率、安全性和服务质量，推动交通领域向智能化、可持续化方向发展。

1．云控平台：交通大脑的信息触手

1）**数据汇聚与处理**。云控平台负责收集来自车、基础设施等多源的交通数据，如车辆行驶状态、路况信息、交通流量等，并进行清洗、存储和预处理，为交通大脑提供准确、全面的数据基础。云控平台的架构和数据交互如图 9-12 所示。

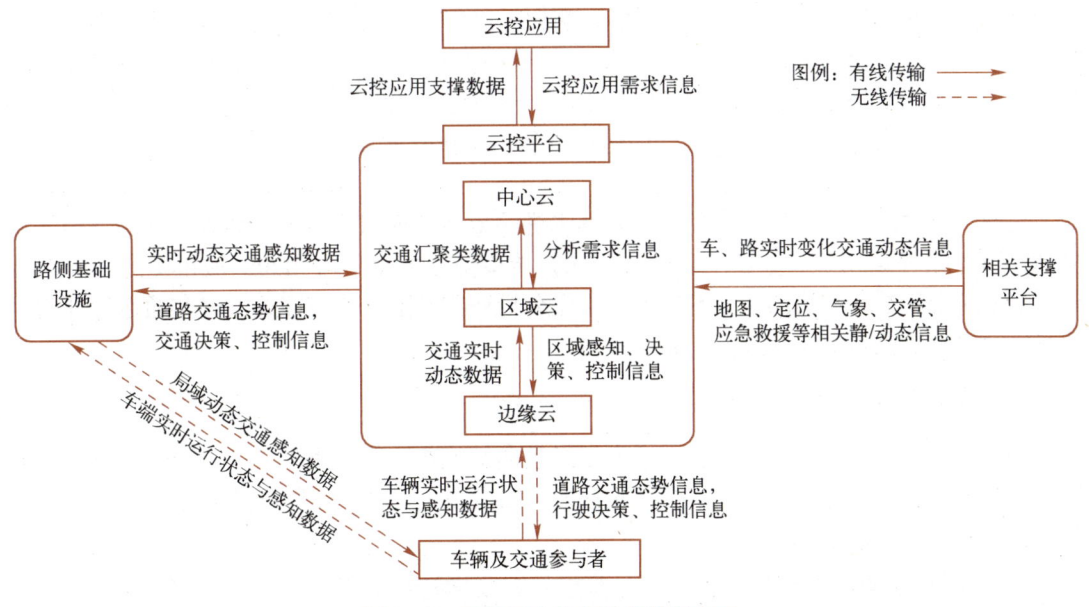

图 9-12 云控平台的架构和数据交互

2）**云边协同与控制下发**。云控平台具备云边协同能力，可将交通大脑分析后的控制指令准确、及时地下发到路侧设备、车辆等终端，实现对交通流的实时调控。

2．交通大脑中 AI 技术

多种人工智能技术共同构成了交通大脑强大的功能体系，使其能够实现对交通运行状态的全面感知、动态监测和智能决策，见表 9-3。

表 9-3　交通大脑应用的主要人工智能技术和应用场景

人工智能技术	功能描述	应用场景
自然语言处理	处理和理解交通相关信息，实现人机语音无障碍交互，提升用户体验	语音识别与交互
计算机视觉	自动化提取视频图像数据	交通流监测、交通违法监控、停车收费与监测、驾驶员状态监测与预警
知识图谱	构建交通数据的多维度交叉关联体系，提升交通系统的认知与决策能力	交通数据处理与认知
深度学习	利用深度神经网络对交通数据进行处理和分析	视频图像识别、交通违法行为监测、交通流量统计
机器学习	通过对大量交通数据的学习和分析，建立交通模型，实现对交通流量、路况等的预测和分析	交通预测、交通拥堵分析、事故风险评估
强化学习	通过让智能体在交通环境中进行试错学习，不断优化其决策策略，以实现最优的交通控制和调度	交通信号灯控制
交通仿真技术	通过虚拟仿真技术预测道路拥堵情况，为城市交通管理提供决策支持	交通规划与优化
孪生决策平台	基于实时数据，动态调整交通组织策略，提升道路通行效率	交通组织优化
可计算路网模型	构建可计算的路网模型，精准掌握路网承载力和交通运行态势	路网承载力分析

3. 大模型：交通大脑的核心动力

交通大模型基于深度学习等人工智能技术，具有强大的数据分析、学习和推理能力，能够对海量的交通数据进行深度挖掘与理解。例如，百度 ACE 3.0 中的交通行业大模型，由语言大模型、视觉大模型和跨模态大模型构成，能够对车、路、云、图等多源数据进行深度融合与分析，实现交通态势感知、预测、决策等一系列智能化功能，帮助交通大脑更加高效、精准地运行，从而优化交通系统的整体运行效率和服务质量。

📖 **知识拓展**
综合交通大模型及其应用场景

交通大脑通过接入交通大模型，可将其先进的算法和模型应用于交通流量预测、信号灯控制、出行路径规划等业务场景。例如，知行城市交通大模型与 IDPS 城市交通大脑融合后，能在城市级交通态势感知的基础上，自主分析研判，形成决策建议，使交通运行评估、策略方案优化等业务更加高效、专业、灵活。

9.4.3　交通大脑助力交通管控

交通大脑的应用标志着交通管理从人工经验向智能化决策的重大转型，为解决复杂交通问题提供了全新的思路和工具。其在交通管理中的应用主要体现在以下几个方面。

1. 交通图像自动识别与分类

基于 AI 算法的图像自动识别技术对监控系统采集到的车辆画面进行分析和处理，从中提取车道线、交通标志、车辆类型、行人位置等关键信息，并将这些信息转化为可供后续决策使用的结构化数据。其核心目标是让系统能够"看懂"监控图像中发生的一切，这相当于为城市装上智能眼睛，实时观察并分析道路状态，为自动驾驶、导航及交通管理提供精准基础数据。图 9-13 为基于 AI 算法进行图像自动识别的过程。

2. 公共交通调度优化

智能调度系统深度挖掘实时交通状况、乘车需求和车辆运行状态等公交运营数据，动态调整发车间隔、车辆资源和停靠站点，以实现对公交系统全方位的智能化管控。其系统构成如图 9-14 所示。智能调度策略主要包括动态发车计划与实时车辆调配。

第 9 章 人工智能在交通领域的应用

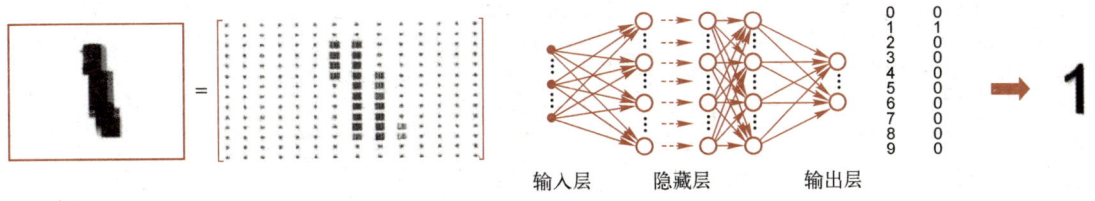

图 9-13 基于 AI 算法的图像自动识别过程

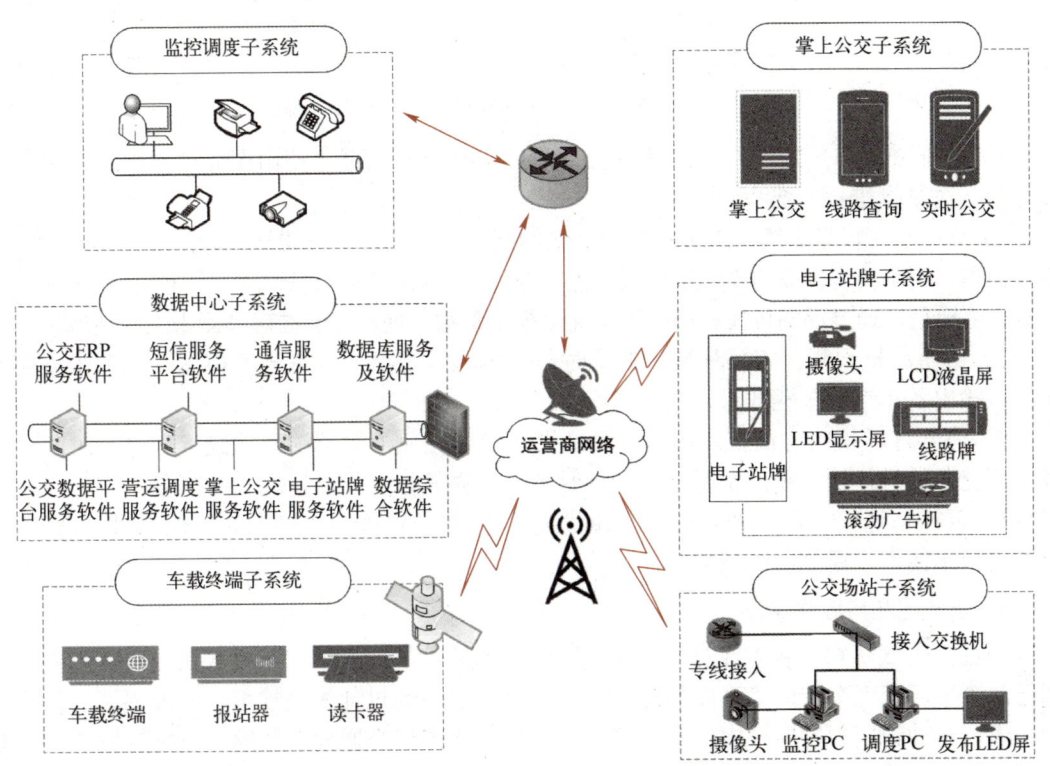

图 9-14 公共交通智能调度系统构成

1）**动态发车计划**。基于对历史客流数据、实时客流监测以及出行时段规律的分析制定发车计划。例如，在工作日早晚高峰时段，通过算法预测某些热门线路的客流量剧增，系统自动缩短发车间隔，增加发车频次，以满足通勤需求；而在平峰期，则适当拉长发车间隔，避免资源浪费。

2）**实时车辆调配**。根据突发状况灵活应变，若某路段出现交通事故导致拥堵，系统监测到途经该路段的公交车运行缓慢，会立即从临近线路调配车辆前往支援，疏散该线路积压的乘客，保障乘客出行顺畅。

3. 流量预测与信号灯控制

利用深度学习、强化学习技术，通过分析历史和实时交通数据，预测交通流量变化趋势，智能信号控制系统动态调整交通信号灯配时方案，从而优化交通流，减少拥堵，提高道路通行效率。具体过程如图 9-15 所示。

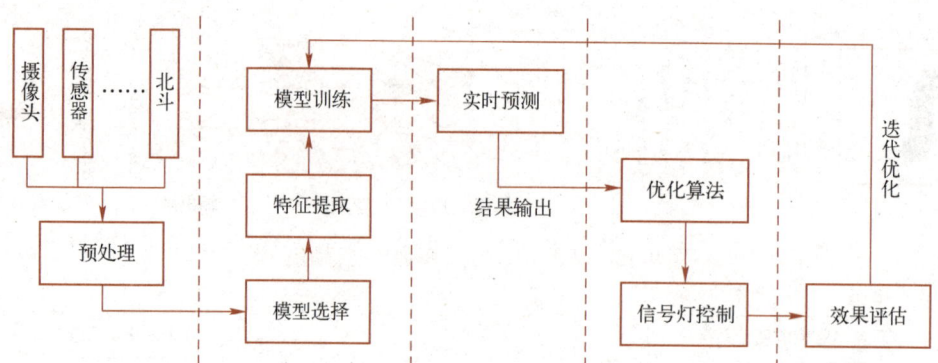

图 9-15 信号灯配时优化过程

1) **数据采集与预处理**。通过前端设备采集实时交通数据，使用图像处理技术检测车辆并计数，对数据进行清洗和归一化。

2) **深度学习模型训练**。选择长短期记忆网络或循环神经网络等适合时间序列预测的深度学习模型，利用模型提取历史流量模式、天气条件、节假日等交通流量的时空特征，使用历史数据训练模型，通过反向传播和梯度下降优化模型参数，使其能够准确预测未来交通流量。

3) **交通流量预测**。将预处理后的实时数据输入训练好的深度学习模型，预测未来交通流量，输出各车道的车辆数量、拥堵概率。

4) **信号灯时长动态调整**。根据预测结果，使用强化学习算法计算最优信号灯时长，并发送到交通信号控制系统，实时调整绿灯时长，优先放行交通流量较大的车道。

5) **反馈与迭代**。监测调整后的交通状况，评估信号灯配时方案的效果，并根据评估结果迭代优化模型，提高预测精度和控制效果。

4. 执法监测与应急响应

通过"全域感知—智能计算—协同控制"的闭环机制，人工智能技术在交通安全中的应用已从"事后处理"转向"事前预防+事中快速响应"。通过计算机视觉、图像识别、模式识别技术，自动识别视频监控中的交通事故、逆行、违停等交通异常情况，及时触发警报并联动应急部门启动应急响应策略，调度救援资源。图 9-16 是 AI 执法员进行鸣笛治理。

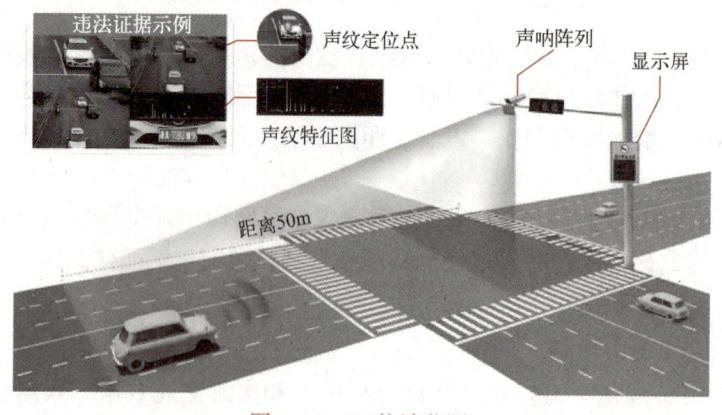

图 9-16　AI 执法监测

5. 道路巡检与养护

人工智能使道路巡检由人力模式进化为智能模式。在不影响正常交通的情况下，智能巡检车以每小时大于 80km 的速度进行道路巡检。后端交通大脑通过部署在路侧的大量传感器，实时收集路面状况、结构安全等数据，并引入大模型等人工智能技术构建路网三维模型，精准判断路面病害位置和程度，实现养护资源精准投放，预测数据演变趋势，达到道路智能化预防性养护目标。实际巡检效率提升 4～5 倍，准确率高于 90%，大幅缩短病害发现与修复周期。图 9-17 显示了路面病害智能识别效果。

图 9-17　路面病害智能识别效果图

6. 数字孪生地图

数字孪生地图是一种利用数字化技术对现实世界中的地理空间、地理实体及其相关现象进行全面、精确模拟和映射的地图。它通过整合多源数据，借助先进的建模、仿真和可视化技术，在虚拟空间中构建出与真实世界高度相似的数字模型。它助力精准定位与实时感知，凭借高精度地理空间及实时信息，结合定位技术，实现精准位置确定，帮助交管部门及时掌握路况等动态。在智能路径规划上，依靠丰富地理与实时数据，综合多因素计算出最优路线，支持多种出行模式规划。同时，还能增强导航体验，借助三维可视化清晰呈现环境，利用虚拟场景模拟特殊路况。图 9-18 对比了常规地图和车道级地图的显示效果。

> 📖 **知识拓展**
> 数字孪生技术

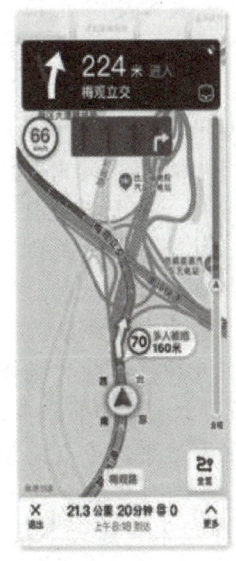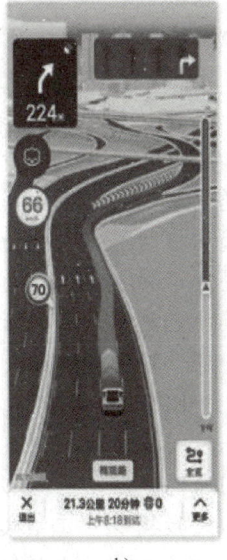

a)　　　　　　　b)

图 9-18　常规地图和车道级地图效果对比

a) 常规地图　b) 车道级地图

【案例9-3】 AI交管大脑重塑交通治理新模式

保定市公安交警支队依托交管大脑的智慧车管、智慧指挥、智慧监督、智慧融媒四大系统，通过整合实时路况、实时警力、实时警情等12类的内容资源，与AI、大数据和云计算等技术相结合，打造一图展示、一键调度、一线跟踪、全程闭环的指挥调度新模式，实现了交通的实时感知、精准预测、分析研判等端到端的交通优化方案。

针对交警工作中最常见的事故处理、指挥调度等问题，交管大脑运用AR实景调度的方式，集中显示辖区路况、交通事故警情、视频点位等信息，能够第一时间发现拥堵和事故警情，做到最近警力调配、最快时间处置，及时缓解交通拥堵，如图9-19所示。

图9-19　AI交管大脑实景调度

通过集成电子警察、卡口、雷达等感知设备与边缘计算设备（如雷视一体机），系统可以对视频、雷达、信号控制数据进行边缘侧的融合，完成毫秒级的计算，实现对机动车、非机动车、行人、标识标线、交通事件的全时空、全要素数字化的精准感知。

交管大脑深度融合人工智能，基于AI深度学习，让红绿灯"看清"路口车流状况、"看懂"交通演变规律。针对保定城市路网特点，保定市交警建设了176个智能路口，实现了16条道路的绿波、8条道路的动态绿波，以及32个路口、56个方向的智能可变车道控制等人工智能信号控制效果。在执行AI交通优化以后，以前需要多次等灯的路段，现在可以一路绿灯通过。数据分析显示，在执行人工智能信号优化以后，主干道行车速度提升3.3km/h，停车次数降低26%，路口排队长度平均减少20～30m，市民的出行体验得到有效提升。

交管大脑通过对交通违法、交通事故的规律分析，基于深度学习的人脸识别算法和视频图像解析技术，能够全面掌握道路交通安全隐患点，进行靶向式精准治理，并结合现场智慧声光加互联网，实现预警提示和视频的自动关联，实时提醒民众，并对重点车辆实行全程监督、实时预警。目前准确率已达到了99.5%以上，超过人类本身的能力。

除了道路和车辆的管理，他们还依托大数据深入挖掘视频智能分析感知、语音语义自主服务等AI技术，通过精细化交管业务应用，建成了"智慧车管服务系统"，并且把数据资源转化成了媒体内容，第一时间推送涉及交通的百姓身边事，为市民营造更安全、更畅通、更舒适的品质出行环境和沟通桥梁。

借助5G、云计算、大数据及人工智能等数字技术，庞大复杂的交通流变成可知、可控、可调度的数据流。机动车和驾驶人的数据全部接入"交管大脑"。大脑可以自动分析道路拥堵的原因，调动综合手段优化交通。在交管大脑的加持下，核心城区实现了动态绿波控制，可以最大概率做到一路绿灯，通过设置自适应可变车道，检测流量并实时变换车道方向，将车辆通行效率提升了 25%。

（资料来源：《大国交通—车路智行》微纪录片）

机器人小智提问：
① AI 交管大脑是怎样让交通变得更聪明的？
② AI 交管大脑解决了保定市的哪些交通问题？
③ 遇到紧急病情，AI 交管大脑能帮急救车规划出一条到医院的"零拥堵"路线吗？

9.5 人工智能赋能出行服务

人工智能不仅是一次技术创新，更是对传统出行服务模式的一次全面升级。它正在以一种前所未有的方式改变人们的出行方式。本节主要介绍人工智能在出行服务中的具体应用。

9.5.1 智能导航系统

智能导航系统以电子地图为基础，向用户提供精确位置信息，并通过复杂的算法规划出最优路径，同时以语音、图像等多种方式为用户提供导航指引，帮助用户到达目的地。具体实现流程主要包括数据采集与处理、定位、路径规划、导航与引导以及系统更新与优化等环节，每个环节都应用了人工智能技术。具体可以归纳为以下几个方面。

1．交通流量预测与路况分析

1）机器学习算法。利用历史交通数据和实时交通信息，通过机器学习算法建立交通流量预测模型。这些模型可以预测未来一段时间内的交通流量变化趋势，提前为用户规划出避开拥堵的最佳路线。

2）图像识别技术。基于深度学习的图像识别技术可以对交通监控视频进行分析，自动识别车辆、行人、交通标志和信号灯等物体，实时监测交通状况，及时发现交通事故、道路施工等异常情况，并将相关信息及时推送给用户。

2．语音交互与智能助手

1）语音识别技术。通过语音识别技术将用户的语音指令转化为文字信息，并进行语义理解和处理。用户可以通过语音输入目的地、查询路线、调整导航设置等，无须手动操作，提高了驾驶安全性和使用便利性。

2）自然语言处理。利用自然语言处理技术对用户输入的文字或语音信息进行理解和分析，准确识别用户的意图，并生成相应的回答和导航指令。同时，还可以与用户进行多轮对话，提供更加个性化的服务。

3．个性化推荐与智能优化

1）用户画像技术。通过收集用户的历史导航数据、兴趣点偏好、行驶习惯等信息，建立用户画像。基于用户画像，为用户提供个性化的推荐服务。

2）强化学习算法。利用强化学习算法，导航系统能够根据用户的反馈和实际行驶情况不断优化路径规划与推荐策略。

9.5.2 智能旅行推荐系统

智能推荐利用机器学习、数据挖掘等技术，根据用户的行为、偏好、历史数据以及其他相关信息，自动为用户提供个性化推荐内容。该系统通过收集和分析大量的数据，包括用户的浏览记录、购买行为、搜索关键词、评分评论等，来理解用户的兴趣和需求。然后，运用各种算法和模型，对数据进行处理和分析，预测用户可能感兴趣的旅行产品、服务或信息，并将这些推荐结果展示给用户，其具体流程如图 9-20 所示。

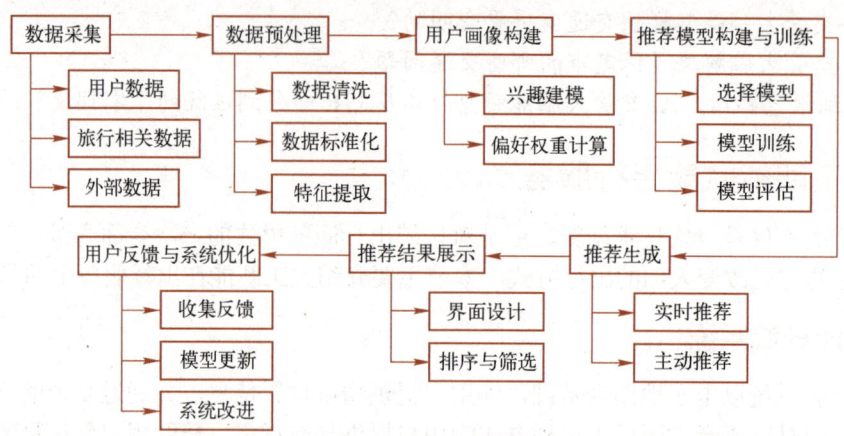

图 9-20　智能旅行推荐系统的具体流程

1. 基于用户行为洞察的个性化推荐

1）**深度学习算法**。利用神经网络分析用户旅行数据、浏览及收藏偏好。卷积神经网络处理图像，依据用户对景点照片操作判断其对景点视觉风格喜好。循环神经网络处理旅行时间、搜索历史等序列数据，捕捉用户行为模式，进行定制推荐。

2）**协同过滤算法**。基于用户行为数据，利用协同过滤寻找兴趣相似的用户。依据相似用户的旅行经历与评价，为目标用户推荐旅行目的地、景点、酒店等。结合深度学习模型，将用户与旅行产品特征映射到低维向量空间，靠向量相似度计算做推荐。

2. 依托自然语言处理的交互与理解

1）**文本分类与情感分析**。针对用户输入的旅行目的地描述、景点评价等文本，先利用词袋模型、TF-IDF 提取特征，再借助支持向量机、朴素贝叶斯算法判断文本主题类别，如景点介绍、美食推荐等。同时，利用情感分析判断用户对旅行事物的情感态度，帮助系统理解用户需求。

2）**问答系统**。以自然语言处理构建智能问答系统，理解用户的旅行问题。例如，用户问"巴黎有哪些著名博物馆"，系统经语义分析、实体识别、知识库检索后，生成自然语言回复。问答系统大多基于深度学习的编码器—解码器架构，如基于 Transformer 的 BERT 模型，先预训练再针对任务微调，从而提升回答准确性。

3. 借助图像识别的场景化推荐与评估

1）**景点识别与推荐**。利用深度学习的卷积神经网络识别、分类用户上传或系统采集的景点图片，确定景点名称、类型等信息。经训练大规模 CNN 模型学习不同景点图像特征，精准识别著名景点。并结合用户对景点图片喜好与识别结果，推荐相关景点与旅行线路。

2）**酒店与餐厅图像分析**。通过分析酒店、餐厅图片，提取外观、房间设施、餐厅环境等特征，帮助用户直观地了解情况。利用图像识别评估酒店、餐厅星级与档次，如识别酒店大堂装修、房间家具配置判断星级，为用户选择提供参考。

4. 基于智能算法的行程规划优化

1) **基于规则和约束的算法**。融合人工智能规划算法，依据用户旅行时间、预算、兴趣及景点距离、开放时间、交通等信息，用约束满足问题（CSP）求解算法，将行程规划转化为约束满足问题，经搜索推理得到最优行程方案。

2) **强化学习算法**。借助强化学习，依据用户反馈与实际旅行情况，优化行程规划。根据用户旅行后提出的改进意见，强化学习算法调整后续规划策略，以提升行程质量。系统将行程规划视为马尔可夫决策过程（MDP），经试错学习找出最优行动策略，生成契合用户需求的行程。

9.5.3 智能停车系统

智能停车系统通过各种传感器、控制器和软件平台，实现车辆的自动识别、车位的自动引导、停车计费的自动结算以及停车场的综合管理等功能。出行前，车主借助 App 应用，就能依据系统整合的停车场数据，提前知晓目的地周边停车场的实时空位与收费情况，可以合理规划行程。出行途中，车牌自动识别技术让车辆快速通过停车场出入口，节省排队等待时间。进入停车场后，智能引导功能通过指示灯、电子屏或手机导航，带领车主迅速找到空闲车位。取车时，反向寻车引导又能助力车主快速定位爱车，让停车环节无缝融入整个出行流程，优化了出行服务。

- **车牌识别**：捕捉车牌图像进行预处理，以增强车牌字符的清晰度。然后，基于深度学习模型进行字符分割和识别，快速准确识别车牌信息，完成车辆身份认证。
- **车位检测**：基于计算机视觉技术，通过安装在停车场内的摄像头对车位区域进行监控。利用深度学习算法，对视频中的车位进行检测和分析，判断车位是否被占用。
- **智能引导**：根据停车场的布局和车位状态信息，为车主规划最佳的停车路径。利用图搜索算法在停车场的地图上搜索从车辆当前位置到空闲车位的最短路径或最优路径，并通过显示屏或语音提示等方式引导车主前往车位。同时，实时监测停车场内的车辆流动情况和车位状态变化，动态调整引导策略。
- **异常检测**：人工智能实时监测停车场内人车行为，及时发现异常并预警，保障安全秩序。
- **智能结算**：依据停车数据，优化收费标准与结算方式，动态调整费用，实现精准计费，全方位提升智能停车系统的智能化水平。

9.6 思考与练习

1. 问答题

1）什么是智慧交通，它具有哪些特征？
2）简要说明人车路云一体化系统的构成及相互关系？
3）自动驾驶技术分为几个等级？请简述每个等级的主要特征。
4）简要说明自动驾驶的人工智能技术应用包括哪些方面？
5）对比传统设施，举例说明智慧交通基础设施的功能特点？
6）计算机视觉技术在智慧交通中的应用有哪些？请举例说明。

7）如何利用 AI 预测交通拥堵并提供信号灯优化方案？

8）人工智能在交通管控中的应用有哪些优势？请举例说明。

9）请举例说明人工智能对出行服务的影响？

2. 实践题

1）假设你负责开发一个智能停车系统，该系统需要利用 AI 技术检测空闲车位并引导车辆停放。请设计一个简单的方案，说明如何利用传感器和图像识别技术实现车位检测，并结合手机 App 为用户提供导航服务。请分析该系统的潜在应用场景及其对城市交通的影响。

2）交通安全是城市管理的重要课题。请设计一个基于 AI 的交通安全监控系统，利用摄像头和图像识别技术检测交通违规行为（如闯红灯或超速）。请说明你的系统如何实现实时检测和报警功能，并分析其对提高交通安全的作用。

第 10 章
人工智能赋能生物识别

本章导读（思维导图）

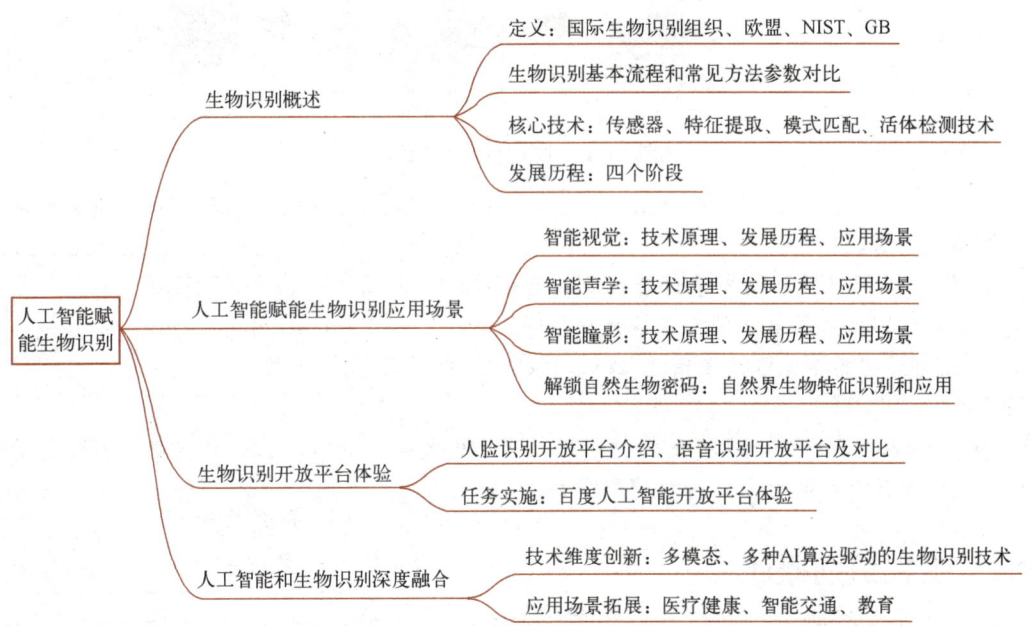

从古代以简单的生物特征辨别身份，到如今人工智能全面加持下的智能识别体系，科技以超乎想象的速度改写着生物识别的发展轨迹。智能视觉可以精准捕捉面部细微特征，智能声学可以识别独特声纹，这些技术早已悄无声息地融入并改变着人们的生活。本章主要介绍人工智能如何赋能生物识别，以及二者深度融合的基础与应用，内容涵盖发展历程、关键技术、应用场景以及开放平台等多个维度。

【案例 10-1】 日本银行机构采用静脉识别系统

2004 年，日本东京三菱 UFJ 银行率先采用富士通公司研发的手掌静脉认证技术。在 ATM 取款时，取款人需将手掌对准 ATM 的扫描口，系统会自动与之前注册时所登记的手掌静脉资料进行对比识别。该系统通过近红外光照射手掌，由传感器感应手掌反射的光。静脉中的血红蛋白对波长 760nm 附近的近红外光有吸收，导致静脉部分的反射较少，从而在影像上产生静脉图案。系统读取静脉数据后，与预先存储的手掌静脉数据进行对比，以此对用户进行识别。

大垣共立银行从2017年春天起，在所有店铺柜台实现"刷手掌"服务。用户无须印章、存折或是卡片，仅需手掌即可在银行完成业务，如开户、取款、投资信托的签约与解约等。客户在ATM上输入出生年月日，然后将手掌覆盖在感应器上，系统利用近红外光扫描手掌静脉网络，将扫描得到的静脉图像数据与数据库中存储的用户静脉数据进行比对，确认是否为本人，确认后客户再输入密码即可办理业务。手掌静脉识别流程如图10-1所示。

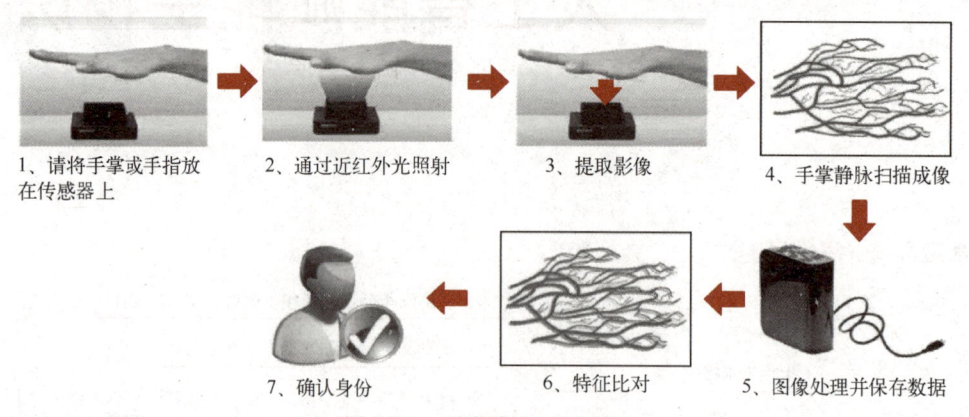

图10-1　手掌静脉识别流程

（资料来源：网络资料整理）

机器人小智提问：

① 除了案例中提到的手掌静脉识别，你在电影里还见过哪些生物识别技术用来开门或者解锁机密呢？

② 面对多胞胎等遗传特征相近人群，静脉识别能否避免错误匹配？

③ 假如未来有一天，所有的生物识别技术都失灵了，你能想出一种全新、有趣的身份验证方式来保护自己的电子设备和隐私吗？

> **知识拓展**
> 影片中涉及的生物特征识别技术

> **微视频**
> 生物识别概述

10.1　生物识别概述

指纹、虹膜、声纹、静脉、步态……这些看似平常的生物特征，实则蕴含着巨大的能量。生物识别技术利用这些人体天然密码，可以打破传统认证的局限，借助于人工智能技术构建起更加安全、高效的身份识别体系。本节将介绍生物识别的概念、关键技术和发展历程。

10.1.1　生物识别的定义

国际生物识别组织（International Biometric Group，IBG）在2009年指出，**生物识别技术是通过计算机与光学、声学、生物传感器以及生物统计学原理等高科技手段密切结合，利用人体固有的生理特性（如指纹、指静脉、人脸、虹膜等）和行为特征（如笔迹、声音、步态等）来进行个人身份的鉴定**。根据IBG在2009年的统计结果，当时市场上已有多种针对不同生理特征和行为特征的应用。其中，指纹识别的占有率最高。

欧盟《通用数据保护条例》（GDPR）将生物识别数据定义为**通过特定技术处理自然人的**

身体、生理或行为特征而得出的个人数据,这些数据能够识别或确认该自然人的独特身份,如面部图像、指纹、虹膜、语音样本等。

美国国家标准与技术研究院(NIST)对生物识别的定义是基于个体的生理或行为特征进行自动识别的科学和技术,包括特征提取、匹配算法、系统设计和性能评估等方面,以实现准确、可靠的身份识别与验证。

中国《信息安全技术 生物特征识别信息保护基本要求》国家标准中指出,生物识别信息是生物识别技术所处理的、能够识别自然人独特标识的个人信息,包括指纹、掌纹、虹膜、视网膜、人脸、声音、笔迹等。

以上不同权威机构或组织对生物识别定义的具体描述虽然不同,但均包含以下共同点:基于生物特征(包括生理特征和行为特征,见图 10-2)、用于身份识别或验证以及涉及技术手段。

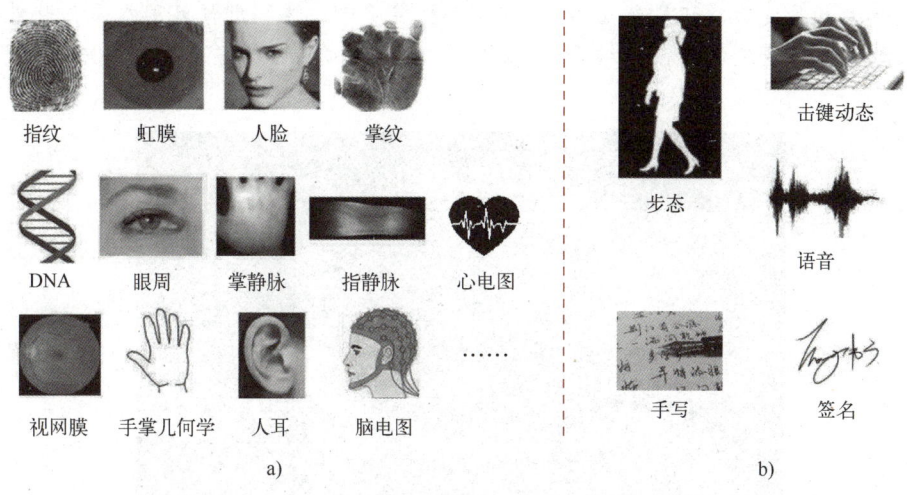

图 10-2 生理特征和行为特征
a) 生理特征 b) 行为特征

生物识别技术以精准、安全、便捷的姿态,融入人们生活的方方面面,从手机解锁到机场安检,从银行交易到门禁出入,生物识别技术为需要进行身份认证的各类应用提供服务,如图 10-3 所示。

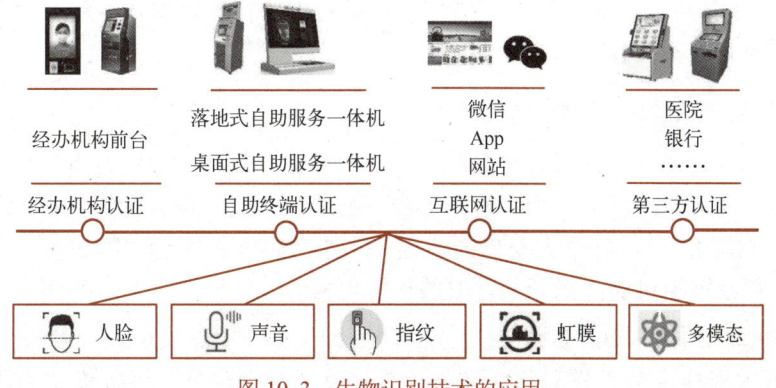

图 10-3 生物识别技术的应用

【案例 10-2】中国科学院银河水滴步态识别系统

> **知识拓展**
> 算能步态识别一体机

2018 年在中央电视台的人工智能类节目《机智过人》中,银河水滴科技 CEO 黄永祯成功战胜《最强大脑》记忆大师,并从 10 个身高体型相似的人中识别出目标"犯罪嫌疑人",从 21 只体型、毛色相似的金毛犬及剪影中识别出目标金毛犬(见图 10-4),被图灵奖得主姚期智称赞"机智过人"。

银河水滴科技在远距离多特种生物识别方面,以步态识别和人脸识别技术较为突出。步态识别方面,在普通 2k 摄像机下,识别距离可达 50m,在 5G 技术支持下,响应速度可达 20ms,可实现实时分析;支持 360° 跨视角识别;在万人样本库中以图搜图,可实现唯一性检索,是人脸识别技术在真实场景下的突破性进展。人脸识别方面,在普通 2k 摄像机下,可对 25m 外人群进行实时人脸识别,视频中人脸区域达到 12×12 像素即可使用;基于 ARM 嵌入式平台的人脸识别,在主流数据库上达到 99%的识别率并保持实时速度;支持识别目标大视角变化,识别率达到 90%以上的准确率,达到刑侦可用水平。此外,还能完成超大范围人群密度测算,可对普通 2k 摄像机 100m 外 1000m^2 范围内 1000 人规模进行实时计数。

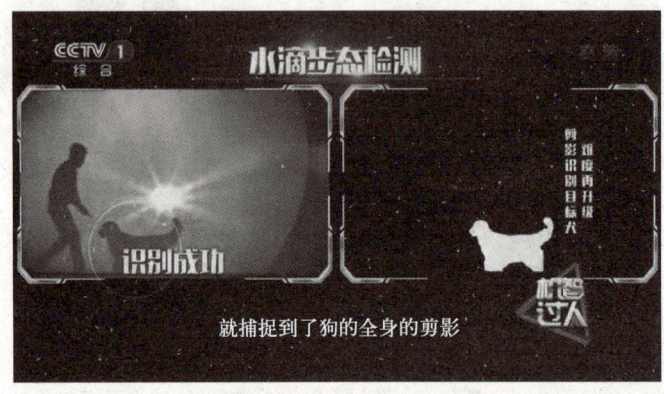

图 10-4 银河水滴科技成功靠步态识别狗的剪影

(资料来源:网络资料整理)

机器人小智提问:

① 对于身体有残疾或行动不便的人,其步态特征可能与正常人有较大差异,银河水滴的步态识别技术能否准确识别?如何保证识别的准确性和安全性?

② 在个人手机与个人计算机设备中,可应用的生物特征识别技术涵盖哪些类型,其对应的生物识别特征分别是什么?

10.1.2 生物识别关键技术解析

生物特征识别技术结合计算机科学与光学、声学、生物传感器以及生物统计学等原理,通过利用人体固有的生理特征(如指纹、人脸、虹膜、掌纹、指静脉等)和行为特征(如笔迹、语音、步态等),来进行个人身份的鉴定。本小节将深入解析生物识别的关键技术,涵盖其原理、应用及前沿进展,揭开其背后的科学奥秘。

1. 生物特征识别技术的基本流程

生物特征识别技术主要分为硬件设备和软件算法两个部分。硬件设备用于获取生物特征数据,如指纹识别中的光学或电容式传感器,人脸识别中的摄像头等。软件算法部分主要用于处理和分析采集的数据,包括特征提取、匹配等操作。生物特征识别流程如图 10-5 所示。

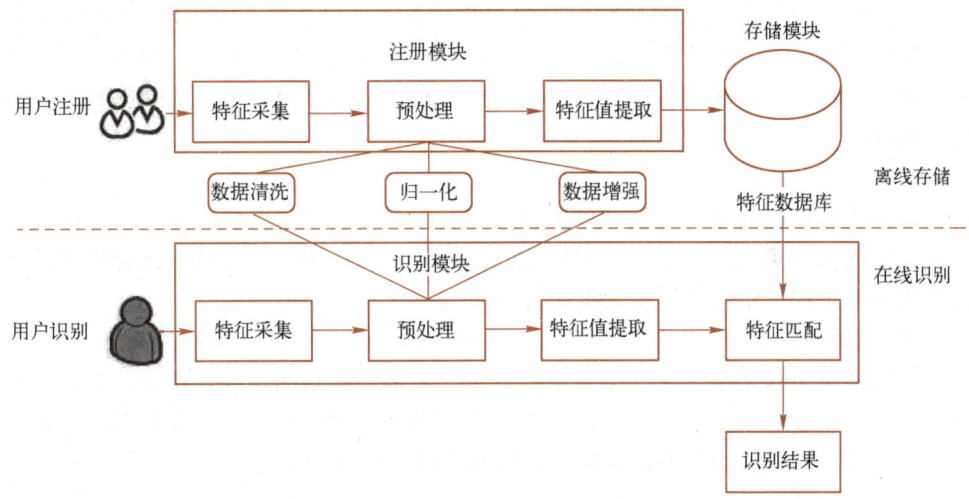

图 10-5 生物特征识别流程

2. 生物识别技术种类

生物识别技术种类繁多,它们是保障信息安全的坚固壁垒,也是推动便捷生活的核心动力。指纹识别的便捷性、语音识别的交互性、静脉识别的隐蔽性等,每一种技术都有其独特的价值,常见的生物识别技术参数对比见表 10-1。

表 10-1 生物识别技术参数对比

参数	种类			
	人脸识别	指纹识别	虹膜识别	掌纹识别
误识率	百分之一	千分之一	百万分之一	万分之一
拒识率	四分之一	百分之一	百分之一	百分之一
识别时间/s	小于 1s	小于 1s	大于 1s	大于 1s
识别模式	非接触	接触(常见)	非接触	接触/非接触
特征可变性	低	无	低	低
影响因素	光照、年龄、姿态、表情、妆容	伤痕、干燥、油腻、污渍	光线、识别距离	年龄、生理状态
稳定性	一般	易磨损	终身不变	终身不变
安全性	中,易仿照	中,易盗用	高,难仿照	高,难仿照
便捷性	采集方便,应用广泛	需接触	非接触、造价高、有距离限制	目前未普及,造价高
防伪性	活体检测较难	活体检测较难	高	高
数据安全性	一般	需保护	需保护	需保护

3. 人工智能赋能生物识别关键技术

(1)传感器技术

传感器可以感知周围环境或者特殊物质,如气体、光线、温湿度等,通过将模拟信号转换为数字信号,发送到中央处理器(Central Processing Unit,CPU)处理,最终生成气体浓度、光线强度、温度、湿度等数据并显示。

(2)特征提取技术

人工智能算法能够自动从大量数据中学习特征表示,以图像识别为例,CNN 可以通过卷积层和池化层自动提取图像中的边缘、纹理、形状等特征,而无须人工预先定义这些特征的提取方法。这种数据驱动的自动特征提取方式,极大提高了特征提取的效率和准确性,尤其适用于处理高维度、复杂的数据。

(3)模式匹配技术

将提取的生物特征与预先存储的模板特征进行比对,自动从大量数据中学习模式,而无须人工预先定义所有模式,极大提高了模式匹配的能力和适应性,并且可结合快速搜索算法来优化模式匹配过程,实现多模态数据的融合。

(4)活体检测技术

卷积神经网络可自动学习人脸图像中的纹理、表情、眼睛的开合等特征,通过分析这些特征来判断该人脸是否来自活体。活体检测技术增强了生物识别系统的安全性,有效防止了通过照片、视频、指纹模型等非活体样本进行身份欺诈的行为。

10.1.3 生物识别技术的发展历程

指纹识别准确率超过 99%,人脸识别速度以 ms 计,虹膜识别误识率低至百万分之一,这些震撼数据的背后,是生物识别技术和人工智能的交融在漫长岁月里一次次突破极限的奋进史。本小节主要回溯生物识别技术的发展历程。

1. 启蒙阶段(古代—20 世纪中叶)

在古代中国通过手印和脚印来鉴别身份,在契约签订等场景下使用手印,虽然没有形成科学系统的识别技术,但这是生物识别理念的萌芽。古巴比伦商人将指纹作为合同印章,应用在重要的商业契约中,为后世生物识别技术的发展提供了原始的实践基础和理念雏形。1880 年,亨利·福尔茨(Henry Faulds)首次提出利用指纹进行身份识别的科学依据。

2. 技术起步阶段(20 世纪中叶—20 世纪末)

20 世纪 60 年代,计算机技术的兴起为生物识别技术带来了新的发展契机。自动指纹识别系统(AFIS)开始出现,使得指纹识别可以通过计算机来处理和比对,此阶段的发展历程如图 10-6 所示。

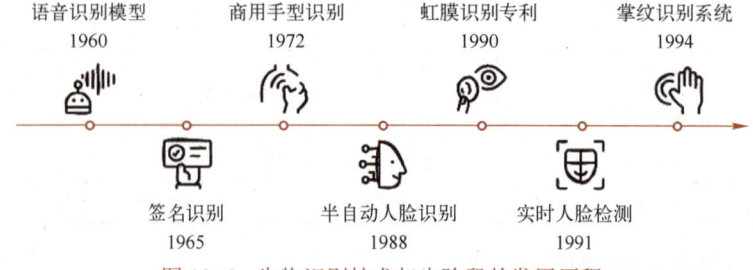

图 10-6 生物识别技术起步阶段的发展历程

3. 快速发展阶段（20 世纪末—21 世纪 10 年代）

20 世纪末，生物识别技术逐渐成熟并开始应用于民用领域，如门禁系统、银行取款机等。同时，人工智能技术也在不断发展，开始尝试应用于生物识别领域。进入 21 世纪，随着计算机性能的大幅提升、数字图像处理技术的进步和模式识别算法的改进，生物识别技术迎来了快速发展阶段。2001 年，9.11 事件促进了生物识别技术发展，美国立法规定将自动人脸识别应用于国家安全。2013 年，苹果公司在 iPhone 5s 上推出了 Touch ID 指纹识别功能，使得指纹识别几乎成为智能手机的标配功能。

4. 深度学习驱动的变革阶段（21 世纪 10 年代至今）

随着深度学习等人工智能技术的广泛应用，生物识别技术与人工智能的融合进入了新阶段。人工智能能够快速处理大量生物识别数据，自动提取生物特征，提高识别准确性和效率，还可以自动学习与优化生物识别模型，使生物识别技术更加智能化和高效化。

10.2 人工智能赋能生物识别的应用场景

科技浪潮奔涌向前，人工智能与生物识别技术深度融合，从安防领域的精准身份核验，到医疗健康的智能诊断，再到金融支付的便捷安全保障，这一融合正深刻地改变着人们的生活与工作方式。接下来将详细介绍人工智能赋能生物识别的应用场景，从理论到实践，从基础原理到实际案例，全方位介绍这一前沿技术在现代社会中的广泛应用。

10.2.1 智能视觉

人脸识别技术作为生物识别技术的关键组成部分，能够依据人的脸部特征信息实现身份识别。它不仅是人工智能领域的一个重要分支，更是当下备受瞩目的热门研究方向，在金融、安防、医疗、公共服务等多个领域都有广泛的应用。

1. 人脸识别的原理

人脸识别系统主要包括 4 个组成部分，分别为人脸图像采集及检测、人脸图像预处理、人脸图像特征提取以及人脸图像匹配与识别，如图 10-7 所示。

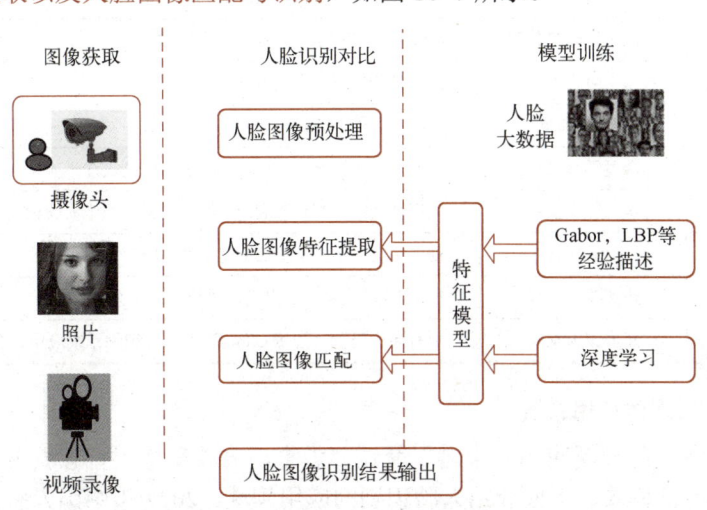

图 10-7　人脸识别系统基本流程图

（1）人脸图像采集及检测

当用户在采集设备的拍摄范围内时，采集设备会自动搜索并拍摄用户的人脸图像。人脸检测在实际中主要用于人脸识别的预处理，即在图像中准确标定出人脸的位置大小。人脸检测过程中使用 Adaboost 算法挑选出一些最能代表人脸的矩形特征（弱分类器），按照加权投票的方式将弱分类器构造为一个强分类器，再将训练得到的若干强分类器串联，组成一个级联结构的层叠分类器，有效地提高了分类器的检测速度。

（2）人脸图像预处理

人脸图像预处理是以人脸检测结果为基础，对图像进行预处理，最终为特征提取服务的过程。对于人脸图像，其预处理主要涵盖光线补偿、灰度变换、直方图均衡化、归一化、几何校正、滤波以及锐化等步骤。

（3）人脸图像特征提取

人脸识别系统所采用的特征一般有视觉特征、像素统计特征、人脸图像变换系数特征以及人脸图像代数特征等。而人脸图像特征提取，也就是人脸表征，实则是对人脸进行特征建模的过程，它围绕人脸的特定特征展开。

（4）人脸图像匹配与识别

将提取的人脸图像的特征数据与数据库中存储的特征模板进行搜索匹配，同时设定一个阈值，当相似度达到这一阈值时，就把匹配得到的结果输出。人脸识别就是将待识别的人脸特征与已得到的人脸特征模板进行比较，根据相似程度对人脸的身份信息进行判断。

2. 人脸识别技术的发展历程

人工智能赋能下的人脸识别技术发展经历了从萌芽到高速发展的多个阶段，每个阶段都伴随着技术的突破与应用场景的拓展，见表 10-2。

表 10-2 人脸识别技术发展历程

时间	发展阶段	主要事件和成果
20 世纪 50 年代	早期探索阶段	研究主要集中在社会心理学领域
20 世纪 60 年代	开启工程化研究	布莱索发表首篇人脸自动识别学术论文
20 世纪 70 年代	自动识别研究起步	Kadena 和 Kelly 采用模式识别技术，利用脸部特征点距离分类识别
20 世纪 80—90 年代	进入实际应用探索	基于外貌的统计识别方法发展
1991—1997 年	快速发展期	美国国防部 FERET 项目推动算法改进，"特征脸"算法提出
2006—2011 年	深度学习兴起	深度学习成为研究方向，稀疏表示受到关注
2012 年	三维人脸识别突破	克里泽夫斯基等首次利用深度学习进行三维人脸识别
2014 年	准确率超越人眼	香港中文大学团队算法准确率达 98.52%，超人眼识别能力
2020 年	快速发展阶段	日本 NEC 公司开发出可识别戴口罩人脸的系统
2023 年	拓展应用领域	中科通达研发"智瞳 CitmsFR"人脸识别系统应用于公共安全领域

3. 人脸识别技术的应用领域

人脸识别技术已经广泛应用于金融、交通、教育、公共安全、智慧城市等领域，未来将全面改变人们的生活模式，下面介绍人脸识别的应用领域。2024 年中国人脸识别应用领域占比情况如图 10-8 所示。（数据来源：中商情报网）

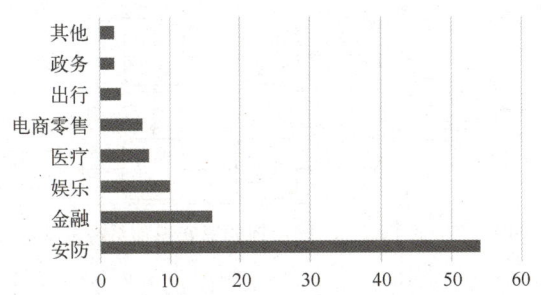

图 10-8　2024 年中国人脸识别应用领域占比

（1）安防领域

人脸识别技术凭借其高效、精准的特性，已深度融入安防领域，为维护社会安全稳定发挥着关键作用。其广泛应用于智能门禁管理、视频监控预警、安检核验身份、重点区域防护和社区治安防控中。

> 📖 **知识拓展**
> 人脸识别身份验证实验

（2）金融领域

人脸识别技术在金融领域的应用日益广泛，其通过生物特征的唯一性和高安全性，为金融行业带来了诸多创新和变革。其主要应用场景包括身份验证与开户、支付与交易安全、反欺诈与风控、智能客服与个性化服务以及合规与监管等。中国工商银行、招商银行等推出"刷脸开户"，用户通过手机 App 即可完成身份认证。

（3）交通领域

人脸识别技术在交通领域应用广泛，包括公共交通的无票化通行和实名制管理、驾驶员的疲劳检测和身份绑定、交通执法的违章追踪和黑名单预警、个性化出行服务（如智能汽车交互和 VIP 乘客服务），以及交通流量与行为分析（如客流统计和危险行为监测），显著提升了交通管理效率、安全性和用户体验。

10.2.2　智能声学

"小爱同学，播放一首轻音乐！"

"小维你好，打开电视机播放××节目！"

在智能家居行业，不论是智能家电、智能音箱还是机器人，语音识别技术都是其必备的基本功能之一。从控制方式来看，除了部分智能家电外，语音控制已经成为市场的主流。智能化的生活离不开语音交流，因此语音识别就成为重中之重。下面来了解语音识别的魅力所在。

1. 语音识别的原理

语音识别技术就是让智能设备听懂人类的语音。它是一门涉及数字信号处理、人工智能、语言学、数理统计学、声学、情感学以及心理学等多学科交叉的科学。语音识别的本质是一种基于语音特征参数的模式识别，即通过学习，系统能够把输入的语音按照一定模式进行分类，进而依据判定准则找出最佳匹配结果。图 10-9 为基于模式匹配原理的语音识别系统框架图。

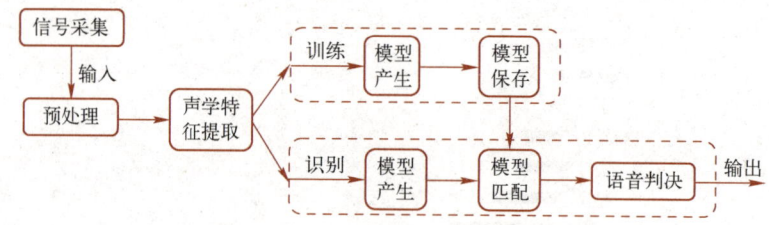

图 10-9 基于模式匹配原理的语音识别系统框架图

语音识别系统模型通常由声学模型和语言模型两部分组成。一个连续语音识别系统的语音识别过程可分为 6 步：语音信号采集、预处理、声学特征提取、声学模型训练、语言模型训练和语音判决。

（1）语音信号采集

使用麦克风等音频采集设备，将声音的机械振动转换为模拟电信号，根据应用场景选择合适的麦克风，如单声道、立体声、阵列麦克风等。通过模数转换器（ADC）将模拟信号转换为数字信号，确定合适的采样频率和量化精度，常见的采样频率有 8kHz、16kHz，量化精度有 16 位、32 位等。

（2）预处理

对输入的原始语音信号进行预处理，采用滤波等方法去除环境噪声和设备噪声，提高语音信号的质量；进行语音信号的端点检测，确定语音的起始和结束位置，去除静音部分，减少后续处理的数据量；对语音信号的幅度进行归一化处理，使不同强度的语音信号具有统一的幅度范围，增强系统稳定性。

（3）声学特征提取

从预处理后的语音信号中提取出能够表征语音本质特征的参数，如梅尔频率倒谱系数（Mel Frequency Cepstrum Coefficient，MFCC）、线性预测倒谱系数（Linear Prediction Cepstrum Coefficient，LPCC）等，这些特征参数能反映语音的频谱特性、共振峰等重要信息，用于后续的模式匹配。

（4）声学模型训练

声学模型是语音识别系统的底层模型，也是语音识别系统中最关键的部分之一，常用 HMM 进行训练，将语音特征序列与对应的状态序列建立联系，估计模型的转移概率和观测概率。也可采用深度神经网络（DNN）等模型，学习语音特征的深层次表示。

（5）语言模型训练

语言模型训练需要收集大量文本数据，采用 N 元语法模型等统计语言模型，计算词语之间的概率关系，或使用基于深度学习的语言模型（如 Transformer 等），学习语言的语义和语法信息，用于生成语音判决所需的语言模型。

📖 知识拓展
基于 AI 与生物识别技术的智能燃气灶

（6）语音判决

将提取的语音特征与声学模型、语言模型等进行匹配，找到最匹配的语音模式，同时对产生的多个识别候选结果依据一定的准则进行筛选和排序，挑出最有可能正确的结果。

2. 语音识别技术的发展

从人类对古老机器发出简单指令，到如今与智能设备流畅对话，语音识别技术拉近了人与机器的距离。下面从国外和国内两个方面介绍语音识别技术的发展历史。

（1）语音识别技术的国外发展历史

语音识别技术在国外的发展经历了从无到有，实现了从理论萌芽到实践突破，具体见表10-3。

表 10-3　语音识别技术在国外的发展历史

时间	语音识别技术发展事件
20 世纪 50 年代	贝尔实验室率先实现 10 个英文数字发音的识别
20 世纪 60 年代	卡内基梅隆大学开始进行连续语音识别的开创性工作
20 世纪 70 年代	IBM 公司和贝尔实验室相继推出了实时的 PC 端孤立词识别系统
20 世纪 80 年代	引入隐马尔可夫模型（Hidden Markov Model，HMM），从孤立词识别系统向大词汇量连续语音识别系统发展
2006 年	辛顿提出深度置信网络，促进了深度神经网络研究的发展，掀起了深度学习的热潮
2009 年	辛顿和他的学生将深度神经网络应用于语音的声学建模，成功建立小词汇量连续语音识别数据库
2011 年	微软亚洲研究院发表深度神经网络在语音识别上的应用的文章，在大词汇量连续语音识别任务上获得突破
2017 年	谷歌发布全新端到端语音识别系统，可将语音识别错误率降低至 5.6%，相对于传统的语音识别系统有 16%的性能提升
2018—2019 年	亚马逊 Alexa、谷歌 Assistant 等智能助手不断拓展功能和应用场景，语音识别技术在智能音箱、智能家居等领域的应用进一步普及
2020 年	实时语音转写功能得到广泛使用
2022 年	OpenAI 发布 Whisper，这是一个基于 68 万 h 数据训练的开源语音识别模型
2023—2024 年	语音识别技术与多模态技术融合的趋势加强

（2）语音识别技术的国内发展历史

我国语音识别研究起步较晚但发展较快，中国科学院的自动化研究所、声学研究所等科研机构及清华大学等高校都在进行语音识别领域的研究和开发。汉语语音语义的特殊性使中文语音识别技术的研究更具有挑战性。国家高技术研究发展计划（863 计划）智能计算机主题专家组为语音识别技术研究专门立项，并取得了高水平的科研成果。语音识别技术在国内的发展历史见表10-4。

表 10-4　语音识别技术在国内的发展历史

时间	语音识别技术发展事件
1958 年	中国科学院声学研究所能够利用电子管识别 10 个元音
1973 年	中国科学院声学研究所开始计算机语音识别研究
1986 年	语音识别技术被 863 计划专门列为研究课题
2003 年	863 计划重启停滞多年的语音识别评测，国内陆续成立许多语音识别公司
2010 年	互联网公司开始推出语音搜索等服务，并逐渐组建语音识别研发团队
2018 年	阿里巴巴推出新一代语音识别模型——深度前馈序列记忆网络模型，将全球语音识别准确率提高至 96.04%，错词率降低至 3.96%
2018 年	云从科技发布 Pyramidal-FSMSN 语音识别模型，将语音识别准确率提升到 97.03%，同时刷新全球语音识别准确率的纪录
2021 年	科大讯飞"语音识别方法及系统"发明专利荣获第二十二届中国专利金奖
2023 年	科大讯飞发布全链条自主可控的讯飞星火认知大模型；长虹推出云帆 AI 大模型，为全球首个大模型智慧家电 AI 平台
2024 年	科大讯飞语音识别实现全国地级市方言全覆盖，涵盖 288 个地市 202 种方言

3. 语音识别技术的应用领域

在人工智能应用开发领域,语音识别技术展现出丰富且实用的功能。在语音输入方面,它能够帮助用户摆脱生僻字和拼音的困扰,实现即时语音输入,无论是略带口音的普通话,还是方言以及英语等,都能有效识别,让沟通交流更为顺畅。语音搜索功能则允许用户以语音形式直接输入搜索内容,广泛应用于网页、车载、手机等各类搜索场景,在视频网站、智能硬件、手机厂商等众多行业均适用。语音指令功能使用户无须手动操作,可直接通过语音向设备或软件发布指令并控制操作,涵盖智能硬件、车载系统、机器人、手机 App、游戏等多个领域。在社交聊天场景中,语音输入可直接转换为文字,带来便捷的输入体验。

10.2.3 智能瞳影

虹膜识别借助人工智能的强大算力与算法优化,已成为保障信息安全、提升身份验证效率的有力武器,并以其独一无二的特性,成为生物识别领域的核心技术之一。从安防监控到金融交易,从智能门禁到移动支付,它的身影无处不在,接下来将详细介绍虹膜识别的原理、发展历程和应用领域。

1. 虹膜识别的原理

虹膜识别技术和人脸识别、指纹识别类似,都属于基于生物特征的身份认证技术。虹膜识别技术利用眼睛虹膜的独特纹理和结构进行个人身份的验证,虹膜识别流程如图 10-10 所示。

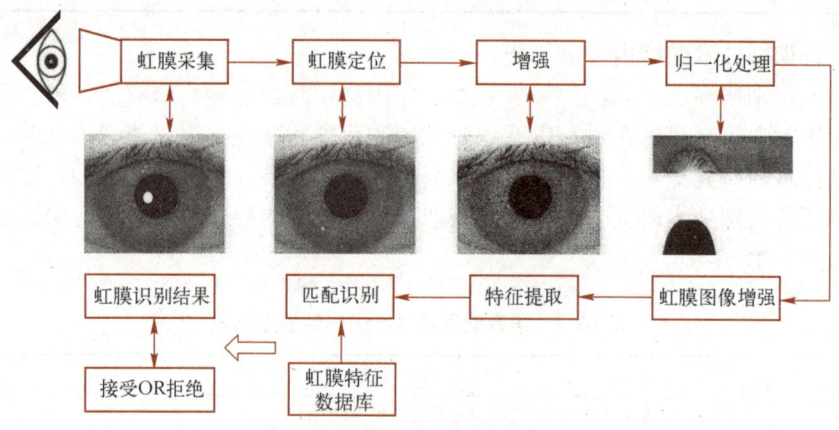

图 10-10 虹膜识别流程

当用户站在虹膜识别设备前,设备中的光学成像组件迅速启动,利用近红外光照射人眼,获取包含虹膜的原始图像信息。随后,图像被传输至图像预处理模块,进行灰度化处理,去除可能存在的噪声干扰,校正图像的倾斜角度,调整亮度和对比度,让虹膜区域更加突出、清晰,为后续步骤做准备。之后,通过先进的算法,对预处理后图像进行分析,提取出虹膜中的独特纹理、血管分布、色素斑等特征,并将这些特征转化为数字化的特征编码,这些编码就如同每个人的虹膜"身份证"。最后,将提取的特征编码与数据库中预先存储的虹膜特征模板进行比对,计算两者之间的相似度得分。当相似度达到设定的阈值,系统判定身份匹配成功,完成识别;若相似度未达标,则识别失败。

2. 虹膜识别技术的发展历程

1885 年,Alphonse Bertillon 将利用生物特征识别个体的思路应用在巴黎的刑事监狱中,当时所用的生物特征就包括虹膜。1987 年，眼科专家 Alan Safir 和 Leonard Flom 首次提出利用虹膜图像进行自动虹膜识别的概念，为现代虹膜识别技术奠定了理论基础。1991 年，美国洛斯阿拉莫斯国家实验室的 Paul Johnson 实现了一个自动虹膜识别系统，使虹膜识别从理论走向了实际的系统实现。

3. 虹膜识别技术的应用领域

虹膜识别技术以精准、安全的特性，打破了传统识别的局限，成为众多行业信赖的"守门人"。图 10-11 为虹膜识别在国外出入境、机场、监狱、反恐、难民管理、边检方面的应用。

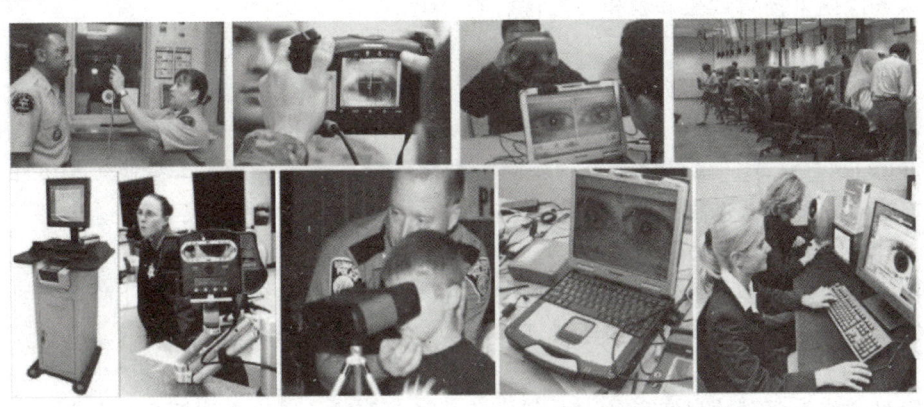

图 10-11　国外虹膜识别技术的应用

（1）安防领域

许多重要场所（如政府机关、军队基地、科研机构、金融机构等）使用虹膜识别门禁系统，只有通过虹膜识别的人员才能进入，防止未经授权的人员进入。一些高端小区也采用虹膜识别门禁，提升小区安全级别。在部分边境口岸，虹膜识别技术用于出入境人员身份验证，能够快速准确地核实旅客身份，提高通关效率，并打击非法出入境活动。

（2）金融领域

银行等金融机构在用户开户、登录网上银行或手机银行等场景中使用虹膜识别确认用户身份，防止账号被盗用。部分金融机构在远程开户业务中引入虹膜识别，通过视频连线等方式采集用户虹膜信息，完成身份验证，确保开户的安全性和真实性。在银行金库等重要区域的门禁系统中使用虹膜识别，只有授权人员通过虹膜识别才能进入，保障金库安全。表 10-5 为虹膜识别在金融交易中的应用。

表 10-5　虹膜识别在金融交易中的应用

单位	应用
中国工商银行	2024 年 12 月，获得虹膜识别技术的专利
中国银行	2023 年 11 月，申请基于虹膜的支付验证专利
腾讯	2023 年，为安全支付注册虹膜识别商标
Worldcoin	2023 年 7 月，加密货币使用虹膜扫描创建数字身份
印度银行	2023 年 1 月，在高额交易中使用虹膜识别技术
日本三菱 UFJ 银行	2018 年，最初在部分 ATM 和员工内部测试中使用

（3）医疗领域

虹膜识别技术可用于患者身份验证，防止身份盗窃。还能辅助医疗诊断，通过虹膜纹理变化等检测眼部疾病、糖尿病、神经退行性疾病和精神疾病等。虹膜识别技术显著提升了患者安全管理、医疗流程效率和隐私保护水平，成为智慧医疗的重要技术支撑。

10.2.4　解锁自然生物密码

自然生物有着自己独特的生存密码，以往，这些密码的解读困难重重，但现在，人工智能赋予了强大的分析工具。本节将深入挖掘生物隐藏在外表和行为背后的密码。

【案例 10-3】 自然生物识别

（1）海南长臂猿声纹识别

2021 年底，华为联合世界自然保护联盟（IUCN）、海南国家公园研究院开展 Tech4Nature 项目试点。通过声音监测终端、无线连接、云服务和人工智能（AI）组成的实时监测方案，声音采集设备数据可 24h 实时传至云端，实现 90 天稳定监测。

（2）长江江豚声波信号监测

常州市新北区生物多样性综合观测站配置江豚声呐观测系统，利用水下作业自动采集和远距离传输江豚声波信号数据，为掌握江豚活动分布规律提供支持。

（3）AI 智能鸟类识别

中国科学院昆明动物研究所的 AI 智能鸟类识别系统，通过高清探头对鸟类实时监控，可以智能识别鸟的种类、数量、行为等信息。例如，每到二三月份，红嘴鸥中的雄鸟会换上繁殖羽，头会变黑，通过 AI 智能鸟类识别可以发现它与红嘴鸥是同一种鸟。

（4）家蚕基因组破译

我国科学家利用阿里云通义千问的农业大模型成功破译了家蚕基因组，首次揭示了丝蛋白基因是如何有序表达从而生产出结构复杂的丝蛋白的，成功将育种周期从 8 年缩短到 2 年。

（资料来源：网络资料整理）

机器人小智提问：

① 除了保护珍稀动物，你觉得破译家蚕基因组能给我们的日常生活带来哪些意想不到的改变？

② 如果把长江江豚声波信号监测技术用在寻找海底宝藏上，你觉得可行吗，为什么？

③ 如果把这些生物识别技术用在你养的宠物身上，能开发出什么有趣的宠物智能设备？

1. 自然界生物特征识别

从微观的细胞结构，到宏观的生态行为，自然生物的特征识别丰富多样，为人工智能赋能生物识别提供了无尽的素材。每一个特征都是生物在漫长进化过程中留下的独特印记，它们不仅是认识生物多样性的窗口，更是推动生物识别技术进步的关键。

在自然界中，生物特征识别涵盖多个维度，包括外观特征、生理特征、行为特征、声音特征。图 10-12 为鸟类视觉识别流程图，该识别过程基于动物外观特征展开，使用高清摄像头全自动拍摄，持续进行视频采集。采集到的视频数据会被用于物种识别，当识别准确率达到 85%及以上，系统便自动存储数据，同时自动截图，记录识别发生的时间、物种种类与数量等关键信息。最后，借助 GIS 技术，这些存储的信息将实时显示，方便用户随时查看。

第 10 章 人工智能赋能生物识别

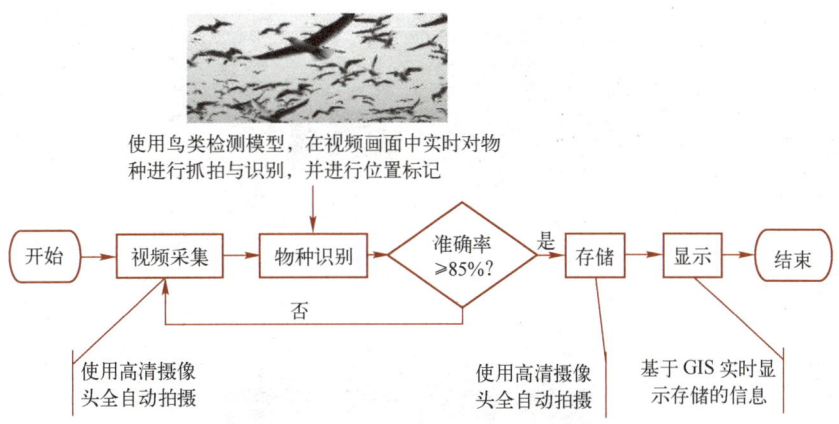

图 10-12 鸟类视觉识别流程图

鸟鸣声信号采集与数字化如图 10-13 所示，使用传声器捕获自然环境中的鸟鸣声，并将收集到的信号放大，把原始鸟鸣声转换为可处理的声信号。这些放大后的声信号经 A/D 转换器处理，完成从模拟信号到数字信号的关键转变，由此生成的数字声信号能够方便后续分析、传输或长久存储，为鸟类研究、生态监测等领域提供数据基础。

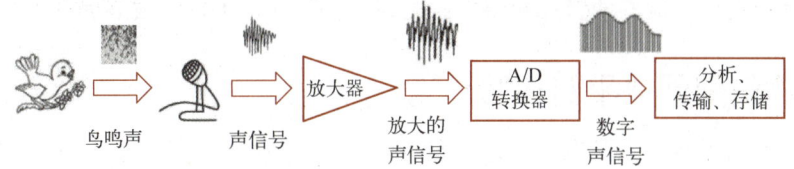

图 10-13 鸟鸣声信号采集与数字化

2. 自然界生物特征识别技术的应用

在科学技术飞速发展的今天，生物特征识别技术已不仅局限于人类领域，在自然生物方面也有极为广泛且深入的应用。

自然界生物特征识别技术在生态保护领域有着极为重要的应用，为野生动物监测与保护、植物多样性保护带来了新的契机。图 10-14 为 LemurFaceID 用于狐猴面部识别的流程图，图 10-15 为野生动物智能监测流程图。

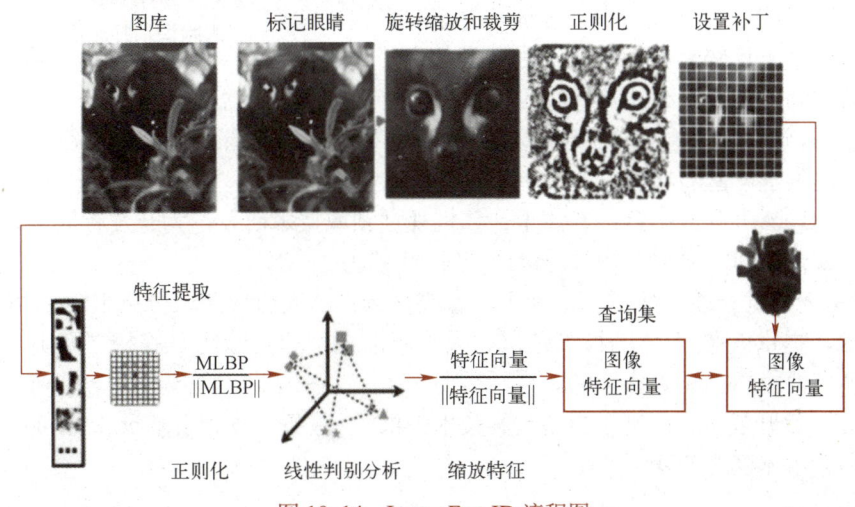

图 10-14 LemurFaceID 流程图

197

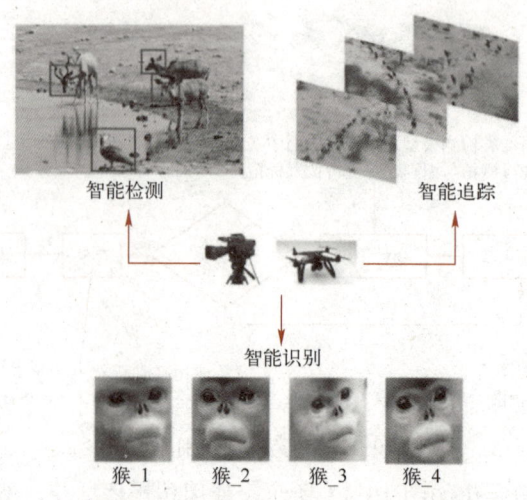

图 10-15　野生动物智能监测流程图

在农业与畜牧业现代化进程中，动植物特征识别技术作为关键的科技支撑，正发挥着日益重要的作用。它借助先进的传感器、图像处理、机器学习等技术，能够精准地对动植物的各类特征进行识别与分析，为农业和畜牧业的高效、精准、可持续发展提供有力保障。

10.3　生物识别开放平台体验

生物识别开放平台整合了先进的人工智能技术，涵盖机器学习、深度学习等前沿算法，能够对各类生物特征数据进行高效处理与精准分析。无论是人类，还是动物的独特体征，或是植物的专属特点，平台都能凭借强大的运算能力与智能算法来准确识别。

10.3.1　生物特征识别开放平台介绍

人工智能生物特征识别开放平台将理论知识与实际操作深度融合，运用先进的算法和模型，对生物特征进行分析和识别。

1. 人脸识别开放平台

在数字化时代，各类人脸识别开放平台不断涌现，它们以各自独特的技术优势和应用场景，为人们的生活和工作带来了极大的便利。下面介绍几款具有代表性的人脸识别开放平台及其特点。

> 📖 **知识拓展**
> 人脸识别开放平台

1）虹软视觉开放平台：作为全球领先的视觉智能技术平台，虹软以免费的人脸识别技术为核心，提供了丰富的功能，如图 10-16 所示。

2）旷视 Face++ 开放平台：专注于计算机视觉领域技术研发，为开发者提供人脸识别、人像处理、人体识别、文字识别、图像识别等 AI 能力。

3）阿里云视觉智能开放平台：基于图像或视频中的人脸检测、分析/比对技术，以及人体检测技术，提供人脸/人体的检测定位、人脸属性识别和人脸比对等独立模块，为开发者和企业提供高性能的在线 API 服务。

4）神目 AI 开放平台：基于自主专利技术提供 AI 服务，发布了基于 Android、Windows 的人脸识别、活体检测 SDK。

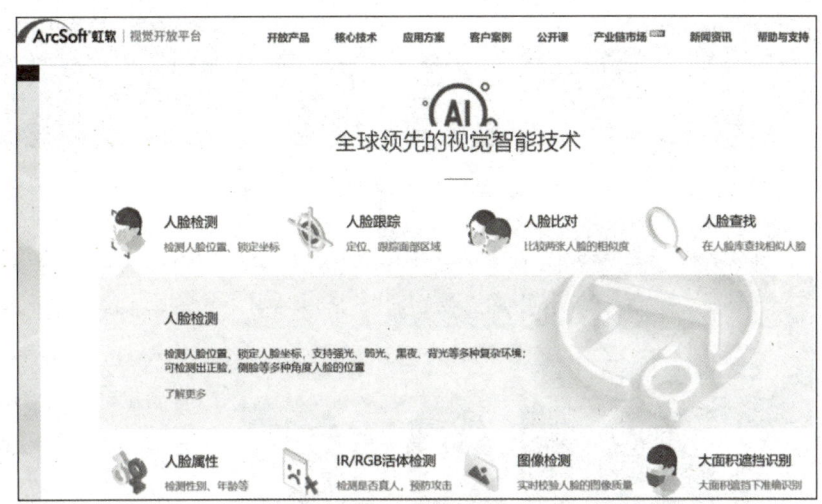

图 10-16　虹软视觉开放平台

2．语音识别开放平台

在人工智能技术蓬勃发展的当下，各类语音识别开放平台不断涌现，为各行业的智能化变革提供了强大助力。常用的语音识别开放平台见表 10-6。

表 10-6　常用的语音识别开放平台

开放平台	语种	识别种类	识别速度	成功率/%
百度	普通话、英语、粤语和四川话	离线、在线	毫秒级，可快速将 60s 内语音识别为文字	98
科大讯飞	65 个语种、24 种方言、1 个民族语言	语音听写、语音转写、实时语音转写	毫秒级	98
阿里	Sensevioce 可支持超过 50 种语言	录音、实时、一句话	单机单句百毫秒级	96.7
依图	中文普通话，20 多种口音，中文对话可夹杂英文词汇、英语、阿拉伯语	实时	毫秒级	99.2
腾讯	普通话、23 种方言混合、普粤英混合、英语日语等 15 个语种	一句话、离线、录音文件、实时、语音流异步识别	录音文件识别 30min，音频 10s	97.8
			一句话 30s，音频 3s	

10.3.2　任务实施——百度人工智能生物特征识别开放平台体验

下面以百度人工智能开放平台"人脸与人体识别"功能为例，介绍人脸检测与属性分析的任务流程，其他功能如动物识别、植物识别、语音识别等可自行体验。实施步骤如下。

1）登录百度人工智能开放平台，单击"体验 AI"→"Web 端前往 AI 能力体验中心"。

2）打开百度 AI 能力体验中心界面，左侧标签显示体验类型，如"图像识别""人脸与人体识别""语音技术"和文字识别，单击"人脸与人体识别"标签，如图 10-17a 所示。如果是移动端，则"人脸与人体分析"界面如图 10-17b 所示。

3）在图 10-17a 中单击"人脸检测与属性分析"，弹出"人脸检测与属性分析"界面，有相关的功能介绍、功能演示、应用场景等，如图 10-18 所示。

人工智能通识

图 10-17 "人脸与人体分析"标签页
a) Web 端 b) 移动端

图 10-18 "人脸检测与属性分析"界面

4）单击图 10-18 中的"立即使用"按钮，如果未登录百度账号，则会弹出登录对话框，选择适合的登录方式登录百度账号，如果没有账号，则单击"注册"按钮，完成注册。

5）登录成功后，可开启人脸检测和属性分析功能。在功能演示区，上传图片或者使用示例图片查看人脸检测结果，如图 10-19 所示。右侧"Request"区域显示相应的参数选择和设置,"Response"区域显示检测结果,如图10-20所示。

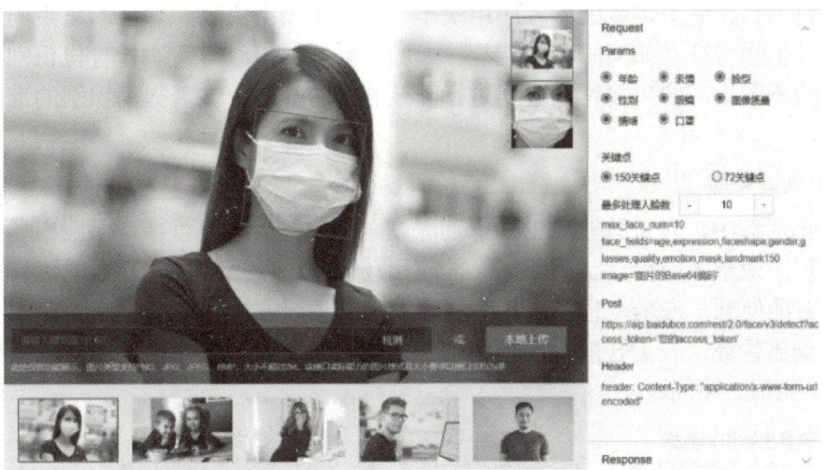

图 10-19 "人脸检测与属性分析"检测结果(Request 区)1

在图 10-19 中,下拉"Response"区域,可完整显示人脸属性的详细信息,如"angle""age""gender""glasses""face_shape""emotion"等。

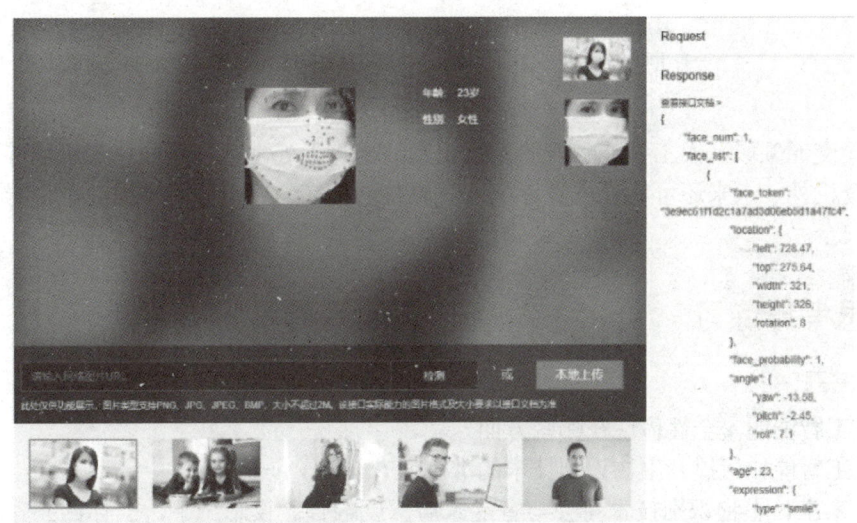

图 10-20 "人脸检测与属性分析"检测结果(Response 区)2

10.4 人工智能和生物识别深度融合的新航迹

在数字化与智能化飞速发展的时代,人工智能与生物识别技术的深度融合已成为必然趋势。展望未来,二者的融合将在技术创新、应用拓展、安全与隐私保护等方面展现出令人期待的发展方向。

1. 技术维度创新

在人工智能和生物识别深度融合的进程中,技术维度创新是核心驱动力。人工智能算法的持续优化升级同样关键,Transformer 架构的应用、强化学习与迁移学习的融入,赋予了生物识别系统更强的复杂任务处理能力和场景适应性。这些技术创新不仅推动生物识别技术迈向新高度，也为其在更多领域的深入应用筑牢根基。多模态生物识别技术将走向深度融合，通过结合多种生物特征，如同时利用指纹、人脸、虹膜、声纹等，进行身份识别。人工智能算法将对这些不同模态的生物特征数据进行高效整合与分析，显著提高识别的准确性、可靠性和安全性。

2. 应用场景拓展

在数字化浪潮中，人工智能与生物识别深度融合的趋势势不可挡，而应用场景拓展更是这一融合进程中最耀眼的篇章。不断拓展的应用场景，不仅重塑了各行业的运作模式，为其带来前所未有的便利与安全，也在悄然改变着人们的生活方式。

在医疗健康领域，人工智能与生物识别技术的融合将带来颠覆性变革，人工智能驱动的医疗转型如图 10-21 所示。

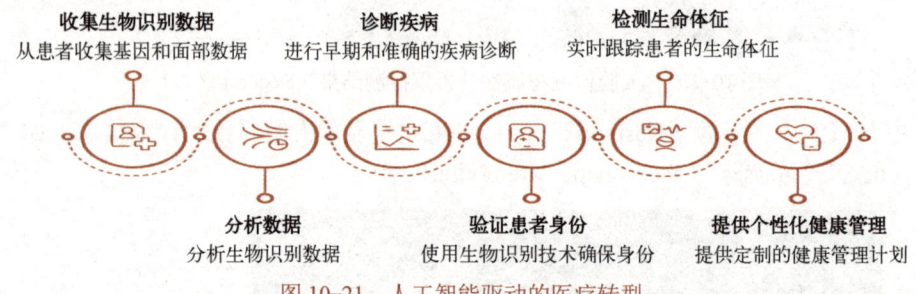

图 10-21　人工智能驱动的医疗转型

在智能交通领域，人工智能赋能的生物识别技术将无处不在。例如，在机场除了现有的人脸识别登机外，未来还可能通过步态识别对旅客进行行为分析，能够提前发现异常行为，保障机场安全。

10.5　思考与练习

1. 问答题

1）人工智能的安全性体现在哪些方面？

2）人工智能如何提升生物识别技术的准确性？

3）在未来，生物识别技术将会与智能家居深度融合。设想一下，当你回到家，智能家居通过生物识别确认你的身份后，可以为你提供哪些个性化服务？请列举三个创新服务并阐述实现原理。

4）目前人脸识别在解锁手机方面已广泛应用，假设你要设计一种全新的生物识别解锁方式，除了常见的指纹、虹膜识别，你会选择人体的什么特征来设计解锁，并说明如何实现以及它相较于现有技术的优势。

5）如果你可以设计一项法规来规范人工智能生物识别技术的使用，你会如何设计？

2. 实验题

1）实验名称：指纹识别准确性测试实验。

2）实验目的：了解指纹识别原理，掌握指纹识别设备的使用方法，通过实验分析影响指纹识别准确性的因素。

3）实验要求。

① 操作规范：严格按照指纹识别设备操作手册进行设备的开启、关闭以及指纹录入和识别操作，避免因不规范操作损坏设备。

② 数据记录：准确记录每次指纹录入和识别的相关数据，包括参与实验的人员信息、录入时间、识别时间、识别结果（成功或失败），若识别失败需详细记录失败原因。

③ 环境控制：尽量保持实验环境的稳定性，控制环境温度在 20～25℃，湿度在 40%～60%，避免强光直射设备，减少环境因素对实验结果的干扰。

第 11 章
人工智能在金融领域的应用

本章导读（思维导图）

- 人工智能在金融领域的应用
  - 智能金融的发展路径
    - 智能金融的起源与发展：技术驱动金融变革，人机共生智慧生态
    - 智能金融的内涵：AI驱动金融进化，实现精准自适应服务
    - 智能金融的主体：金融机构与科技企业共建智能生态
  - 智能金融核心技术
    - 人工智能与金融：引领金融领域迈向智能化新时代
    - 机器学习与金融：从海量金融数据中发现复杂规律，彻底改变金融环节的运行逻辑
    - 金融中的自然语言处理：计算机能够理解、分析和生成人类的自然语言
    - 区块链：通过去中心化和加密机制确保数据的安全性与透明性
  - 智能金融实践
    - 智能投顾：算法驱动的个性化投资建议
    - 信贷评估：基于大数据的信用评分模型
    - 保险科技：AI在保险定价中的应用
    - 智能合约：区块链技术在智能支付中的应用
  - 智能金融未来发展趋势
    - 技术驱动的范式革新：人工智能正突破传统金融的认知边界，催生出"无网络金融服务"新形态
    - 算法治理体系重塑金融权利制衡：实现实时监管，算法透明性监管，跨境监管协同

随着人工智能技术的突破性发展，金融领域正经历着从传统金融向智能金融的历史性跨越。本章系统阐述其演进轨迹与技术根基：首先，通过梳理智能金融从算法辅助到自主决策的三阶段发展路径，揭示智能化转型的内在逻辑；其次，介绍支撑行业变革的核心技术——机器学习，阐释监督学习、强化学习等技术范式的金融应用原理；最后，聚焦智能投顾、信贷评估、保险科技、智能合约四大实践领域，解析深度学习、自然语言处理等技术如何重构金融服务模式。通过技术演进与实践创新的双重视角，构建对智能金融生态体系的系统性认知，为理解金融科技发展趋势提供理论框架与实践参照。

【案例 11-1】 跨境支付风控系统之战

2023年4月，某跨国支付平台（代号"星链支付"）的监控大屏突然亮起红色预警——欧洲奢侈品电商的跨境退货率在90天内从行业平均的2.1%飙升至17.8%，同时东南亚电子钱包出现诡异的"黎明闪电"现象：每日凌晨4-6时，数百个账户以0.8s间隔进行跨国转账，单笔金额精确控制在999美元（恰低于反洗钱报告阈值）。传统规则引擎虽然标记了部分异常账户，但面对横跨38个国家、涉及200+货币的网状资金流，人工调查团队如同在数据海洋中捕捞隐形水母，始终无法锁定犯罪核心。

针对以上问题，该平台紧急启动新一代风控系统"天网3.0"，其技术架构颠覆传统，具体如下。

1. 时空图谱引擎

每笔交易被转化为四维向量（金额×时间戳×地理栅格×设备DNA），通过图卷积网络（GCN）构建动态资金拓扑。系统发现巴黎某IP在72h内关联了1.2万个东南亚账户，形成"蒲公英式"扩散结构：中心节点每6h更换虚拟定位，资金呈放射性转移至二级节点，再通过加密货币交易所洗白。

2. 联邦学习联盟

联合SWIFT、欧洲央行反洗钱系统建立分布式情报网络，运用同态加密技术在各方间交换132个风险特征。例如，马来西亚某账户的"深夜交易占比突变系数"与德国某黑名单商户的"设备型号异常匹配度"产生共振，触发跨司法管辖区的联合预警。

3. 红蓝对抗演武场

蓝色AI模仿顶级犯罪团伙战术：用生成对抗网络（GAN）伪造护照芯片数据，通过强化学习模拟资金链断裂时的应急策略；红色AI则不断进化防御体系，甚至能识别交易时手机陀螺仪数据中的异常抖动模式（揭示操作者的紧张情绪）。经过6个月的对抗训练，系统成功预判犯罪集团将利用圣诞购物季退货潮，通过篡改物流API伪造跨境退货凭证。

这场攻防战创造了多项行业记录：风险拦截率从28%跃升至89%，误伤合法商户比例降低至0.07%（行业均值1.2%），首次实现跨境洗钱72h全链条溯源，年省合规成本2.3亿美元。系统甚至展现出令人不安的自主合规能力：在美欧监管冲突时，自主选择将部分数据缓存在新加坡的中立云节点。这迫使人类直面终极拷问：算法既是对抗金融犯罪的利剑，又可能成为突破监管框架的"特洛伊木马"，如何为智能系统铸造"伦理防火墙"？这场无声的战争，正在重塑数字时代的信任基石。

（资料来源：网络资料整理）

机器人小智提问：
① 星链支付平台的时空图谱引擎是如何通过四维向量监测异常交易的？
② 新一代风控系统"天网 3.0"将风险拦截率从 28%提升到了多少？
③ 文中提到的自主合规能力引发了什么伦理担忧？

11.1 智能金融的发展路径

智能金融是金融学与人工智能技术深度融合的产物，其本质在于两者在认知逻辑层面的内在契合性。金融活动的核心在于价值交换过程中的决策优化，而智能技术的优势在于对复杂系统的模式识别与预测分析。这种理论层面的同构性，催生了数字时代的金融变革。

微视频
金融发展的百年智变

11.1.1 智能金融的起源与发展

智能金融的爆发看似是近十年的技术奇点，实则根植于金融工程与计算科学的百年交融。从 19 世纪巴贝奇差分机中的精算启蒙，到 21 世纪量子计算对衍生品定价的颠覆，技术始终是撬动金融变革的支点。

1. 探索与萌芽阶段（2012—2015 年）

在智能金融的探索与萌芽阶段，一些前沿的金融机构开始尝试将人工智能技术引入金融业务中。这一时期的实践主要围绕客户画像、信用评估等基础应用展开，技术尚不成熟，应用场景也相对有限。然而，这些初步的探索为后续的智能金融发展奠定了基础。

2. 快速发展与普及阶段（2016—2018 年）

随着人工智能技术的逐渐成熟，智能金融进入了快速发展与普及阶段。金融机构开始广泛应用智能客服、智能投保、OCR 识别等技术，提高了服务效率和客户体验。智能金融的应用场景不断扩大，从风险管理到投资决策，从客户服务到市场营销，人工智能技术逐渐渗透到金融业务的各个环节。这一阶为智能金融的深化应用奠定了坚实基础。

3. 理性回归与深化应用阶段（2019 年至今）

经过前期的快速发展，智能金融进入了理性回归与深化应用阶段。金融机构在应用人工智能技术时应当更加注重实效性和成本效益，避免盲目跟风。智能技术开始从金融业务的外围向核心渗透，如风险管理、投资决策等关键领域得到了更深入的应用。这一阶段为金融行业的可持续发展注入了新的动力。

智能金融的发展离不开科技的推动，图 11-1 展示了智能金融在各个发展阶段中融合的计算机技术，以及每一阶段的代表性金融产品。

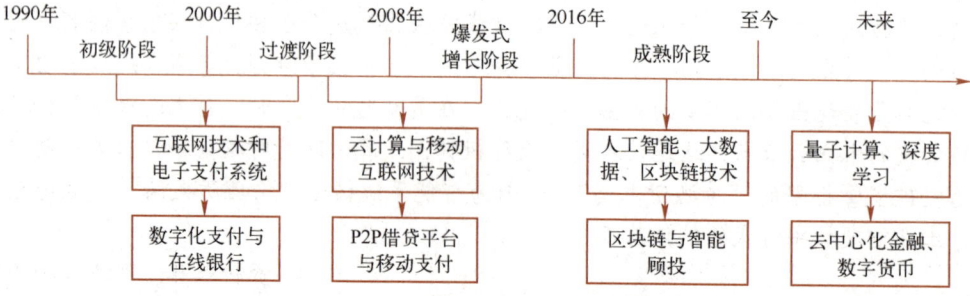

图 11-1 智能金融的发展阶段

智能金融的发展之路，是一条从探索尝试到深化应用的不断前行之路。在这一过程中，技术的进步和创新推动了金融行业智能化的转型与升级。未来，随着技术的持续演进和应用场景的不断拓展，智能金融将进一步发挥其优势，为金融行业带来更加高效、便捷、安全的服务。

> 📖 **知识拓展**
> 四大类智能金融领军企业

11.1.2 智能金融的内涵与主体

智能金融作为新时代金融与科技融合的典范，蕴含着深刻的内涵与鲜明的主体特征。智能金融以数据为核心，以算法为驱动，通过人工智能、大数据、云计算等先进技术，重塑金融服务的流程与模式。本小节将深入剖析智能金融的本质内涵，探讨其如何借助科技力量，实现金融服务的智能化、个性化和高效化。同时，也将关注智能金融的主体构成，包括金融机构、科技企业以及广大用户，共同描绘智能金融发展的生动图景。

1. 智能金融的内涵

对于智能金融这一前沿领域，国际组织与监管机构更多关注其系统性影响，强调智能化转型对金融生态的重构作用；金融机构聚焦人工智能技术对业务流程的改造，注重智能工具在风控、投顾等场景的实践应用；科技企业着力突破算法算力瓶颈，致力于构建自主进化的智能金融基础设施；学术机构则深入探究智能金融引发的认知革命，剖析机器智能与人类决策的协同机制。由此可见，不同主体基于自身定位形成了差异化的理解框架。逐渐形成的共识性定义为：智能金融是以人工智能为核心驱动力，通过机器学习、认知计算、知识图谱等技术实现的金融形态进化，其本质在于构建具有感知、分析、决策及进化能力的智能系统，推动金融服务向主动化、精准化、自适应方向跃迁。

2. 智能金融的主体

智能金融通过深度神经网络、认知计算、强化学习等先进技术，为金融系统注入核心能力：实时态势感知与动态风险建模能力、多模态数据融合与非线性关系挖掘能力、自主决策与自适应进化能力、跨模态人机协同与认知增强决策能力、预测性风控与自免疫安全防护能力、超个性化服务与场景化产品创设能力、智能合约驱动的分布式协作能力、风险传导推演与压力测试仿真能力等。其技术架构通过将数据分析转化为智能推理，将流程自动化演进为自主决策，形成"数据驱动认知、认知重塑服务"的智能体系。

纵观智能金融数十年的发展历程，智能金融逐渐显现出三重核心特征：以数据重构金融价值链，以算法模型重塑决策逻辑，以开放生态重建服务边界。银行、证券、保险等传统机构通过与科技公司竞合共生，在客户画像、精准营销、实时风控等领域实现了颠覆性创新。

> 📖 **知识拓展**
> 智能金融对金融业的影响

11.2 智能金融核心技术

金融行业的智能化转型，本质上是技术驱动下价值发现与风险控制能力的革命性升级。从早期的电子化交易到如今基于人工智能的决策中枢，智能金融核心技术始终围绕"数据—算法—场景"的闭环持续迭代。机器学习算法能够揭示市场因子间的复杂关联性，同时在反欺诈监测中构建动态风险评估矩阵。自然语言处理技术赋能智能客服系统，能够精准解析用户意图，并通过情感分析模块从金融资讯中提取市场情绪指标。区块链技术构建起分布式账本体系，为跨境清算平台和供应链金融网络提供可验证的数据协同机制。这些技术群共同构成现代金融科技基础设施，推动金融服务向智能化、可信化方向演进。

11.2.1 人工智能与金融

人工智能的目标是开发能够模拟、扩展或增强人类智能的系统和技术，使其能够执行复杂任务、解决难题，并从数据中学习和改进。人工智能正冲击着各行各业，包括金融、教育、医疗、交通等。金融作为人工智能技术落地最快的行业，人工智能正以迅猛之势重塑金融行业，推动效率提升、风险管控和个性化服务，引领金融领域迈向智能化新时代。

人工智能模拟人类处理事务的过程包括 6 个步骤：感知、理解、推理、学习、决策和行动。

1. 感知

感知是指系统通过传感器或数据输入从外部环境中获取信息，并将其转化为可处理的数据形式。在金融领域，感知技术主要用于从海量的结构化和非结构化数据中提取有价值的信息。这些数据可能来自市场交易记录、新闻报道、社交媒体、财务报表、语音通话等。表 11-1 展示了金融领域中感知阶段涉及的技术和应用场景。

表 11-1　金融领域中感知阶段详单

阶段	技术	应用场景
感知	数据采集技术：API 接口、网络爬虫、传感器	从市场、新闻、社交媒体等来源实时采集金融数据
	实时数据流处理：Apache Kafka、Apache Flink	通过 OCR 技术扫描和提取纸质文档中的财务数据
	图像和语音识别：OCR（光学字符识别）、语音转文本（ASR）	通过语音识别技术处理客户电话中的语音信息

2. 理解

理解是指系统对感知到的数据（如文本、图像、语音等）进行解释和语义分析，从而提取出有意义的信息或知识。在金融领域，理解通常指人工智能系统对金融数据（如文本、数字、交易记录等）进行深层次的语义分析和解释，从而提取出有价值的信息。这种理解能力使 AI 能够从复杂的金融数据中发现模式、预测趋势、评估风险，并为决策提供支持。表 11-2 展示了金融领域中理解阶段涉及的技术和应用场景。

表 11-2　金融领域中理解阶段详单

阶段	技术	应用场景
理解	自然语言处理（NLP）：情感分析、实体识别、语义理解	分析新闻和社交媒体中的情感，预测市场情绪
	数据清洗和预处理：去除噪声、填补缺失值	从非结构化文本（如财报、合同）中提取关键信息
	结构化数据分析：SQL、Panda	理解客户查询的语义，提供精准的金融服务

3. 推理

推理是指系统基于已有的知识、规则或数据，通过逻辑分析、推断或计算，得出新的结论或做出决策的过程。在金融领域，推理是指人工智能系统基于已有的金融数据、知识或规则，通过逻辑分析或计算，得出新的结论或做出决策的过程。金融领域的推理通常涉及对市场趋势、风险因素、投资机会等的分析和预测。表 11-3 展示了金融领域中推理阶段涉及的技术和应用场景。

表 11-3　金融领域中推理阶段详单

阶段	技术	应用场景
推理	知识图谱：构建金融实体（如公司、人物、事件）之间的关系	通过知识图谱分析公司之间的关联，评估风险
	规则引擎：基于预定义规则进行逻辑推理	使用规则引擎检测异常交易（如洗钱行为）
	机器学习模型：分类、回归、聚类	基于历史数据预测股票价格或信用风险

4. 学习

学习是指系统通过从数据中提取模式、规律或知识，并利用这些信息改进其性能或行为的过程。在金融领域，学习是指人工智能系统通过分析金融数据（如市场数据、交易记录、客户行为等）来提取模式、规律或知识，并利用这些信息改进其预测、决策或服务能力。金融领域中的学习通常涉及对市场趋势、客户行为、风险因素等的分析和建模。表 11-4 展示了金融领域中学习阶段涉及的技术和应用场景。

表 11-4　金融领域中学习阶段详单

阶段	技术	应用场景
学习	监督学习：回归、分类（如逻辑回归、随机森林）	通过历史数据训练模型，预测客户违约概率
	无监督学习：聚类、降维（如 K-means、PCA）	使用聚类算法对客户进行分群，制定个性化营销策略
	强化学习：动态决策优化（如交易策略优化）	通过强化学习优化投资组合或交易策略

5. 决策

决策是指基于金融数据、市场信息、风险分析等，选择最佳行动方案以实现特定目标（如收益最大化、风险最小化）的过程。金融领域的决策通常涉及投资、交易、风险管理、客户服务等多个方面。表 11-5 展示了金融领域中决策阶段涉及的技术和应用场景。

表 11-5　金融领域中决策阶段详单

阶段	技术	应用场景
决策	优化算法：线性规划、动态规划	根据市场数据自动生成交易策略
	推荐系统：协同过滤、内容推荐	为客户推荐合适的金融产品（如贷款、保险）
	风险模型：VaR（风险价值）、蒙特卡洛模拟	评估投资组合的风险并制定对冲策略

6. 行动

行动是指系统根据感知、理解、推理和决策的结果，执行具体的操作或任务的过程。在金融领域，行动是指执行具体的金融操作或任务的过程。金融领域的行动通常涉及交易执行、客户交互、风险管理等多个方面。表 11-6 展示了金融领域中行动阶段涉及的技术和应用场景。

表 11-6　金融领域中行动阶段详单

阶段	技术	应用场景
行动	自动化执行：RPA（机器人流程自动化）、API 接口	自动执行交易订单或调整投资组合
	交易执行系统：算法交易、高频交易	通过 RPA 自动化处理财务报表生成、对账等任务
	客户交互：聊天机器人、语音助手	通过聊天机器人为客户提供实时金融咨询服务

人工智能的"感知—理解—推理—学习—决策—行动"链条，既是对人类认知的复刻，也是对金融能力边界的拓展。现在，卫星遥感数据捕捉农田作物长势（感知），生成式模型预判大宗商品价格波动（理解），因果推断算法追溯黑天鹅事件的影响路径（推理），在线学习系统在实时交易中更新策略（学习），多目标优化模型平衡收益与风险（决策），智能合约自动触发跨境结算（行动），人类与机器的协作已经突破传统分工的边界。这种协作并非单向的技术替代，而是催生了"增强智能"新范式——交易员借助算法透视市场深层规律，普通投资者通过智能投顾获得机构级服务。然而，技术赋能的背后，数据主权归属、算法权力分配等命题也浮出水面。理解这一认知链条，实则是理解智能时代金融公平性的技术注脚，也为后续探索人机共生的金融未来提供了思维锚点。

11.2.2　机器学习与金融

机器学习通过从海量金融数据中自动发现复杂规律，正在彻底改变风险管理、资产定价、投资决策等核心金融环节的运行逻辑。

1. 监督学习

在金融领域应用监督学习时，工作流程需紧密结合行业特性。首先，数据准备需整合结构化金融数据（如历史交易记录、财务报表、宏观经济指标、客户征信信息），并进行特征工程（如衍生技术指标或风险因子），同时处理金融数据的高噪声、时序依赖性和缺失值问题；模型选择需兼顾预测性能与可解释性（如信用评分常用逻辑回归，高频交易可能采用 LSTM 或随机森林）；训练阶段需防范过拟合（因金融数据分布易受市场周期影响），常使用时序交叉验证；评估指标需贴业务目标（如信用评估关注 ROC-AUC，量化策略关注夏普比率或最大回撤）。表 11-7 总结了典型应用场景、任务目标及常用算法，为实际建模提供参考框架。

表 11-7　监督学习在金融领域中的应用场景

典型应用场景	任务目标	常用算法
信用风险评估	二分类/回归	逻辑回归、梯度提升树（XGBoost/LightGBM）
欺诈检测	二分类（高度不平衡）	孤立森林（Isolation Forest）、XGBoost/随机森林（加权采样）
客户流失预测	二分类/生存分析	逻辑回归、XGBoost、DeepSurv
市场风险与组合优化	回归（波动率/VaR）	GARCH 模型、神经网络+蒙特卡洛模拟、随机森林（资产相关性预测）
反洗钱（AML）监测	分类（可疑交易识别）	图卷积网络（GCN）、随机森林、聚类+监督学习（半监督）

监督学习在金融领域中的应用通过结构化数据与明确目标函数，驱动智能化决策的革新。其核心价值在于将历史数据中的规律映射至未来预测，涵盖信用风险评估、欺诈检测、

量化交易等场景，利用逻辑回归、梯度提升树、LSTM 等算法实现精准建模。

2. 无监督学习

在金融领域，无监督学习通过挖掘海量未标注数据的潜在规律，为风险管理、市场分析和决策优化提供关键洞察。例如，通过聚类算法对客户交易行为分组，识别高净值群体或异常洗钱模式；利用降维技术压缩高维市场数据，揭示股票价格波动的隐藏关联性，辅助投资组合优化；异常检测模型可实时监控信用卡交易，定位欺诈行为；生成对抗网络能模拟市场极端波动场景，增强压力测试的覆盖性。表 11-8 总结了典型应用场景、任务目标及常用算法，为实际建模提供参考框架。

表 11-8 无监督学习在金融领域中的应用场景

典型应用场景	任务目标	常用算法
客户分群与精准营销	聚类分析	K-means、DBSCAN、高斯混合模型（GMM）
异常检测与风险管理	异常检测	孤立森林（Isolation Forest）、自编码器（Autoencoder）、局部离群因子（LOF）
投资组合优化与市场分析	降维/关联分析	主成分分析（PCA）、t-SNE、关联规则（Apriori）
文本分析与情绪挖掘	主题建模/语义分析	隐含狄利克雷分布（LDA）、Word2Vec/GloVe
生成合成数据与压力测试	生成模型	生成对抗网络（GAN）、变分自编码（VAE）

无监督学习在金融领域中的应用已从基础模式识别拓展至复杂风险建模，通过挖掘海量无标签数据的隐藏关联性，为精准营销、异常监测及投资决策提供支撑。面对监管合规与数据噪声的挑战，无监督学习需进一步与领域知识深度耦合，实现从数据洞察到业务价值的闭环跨越。

> **知识拓展**
> 金融中的强化学习

11.2.3 金融中的自然语言处理

自然语言处理（Natural Language Processing，NLP）是人工智能和计算机科学的重要分支，旨在让计算机能够理解、分析和生成人类的自然语言（如中文、英语等）。它结合语言学、计算机科学和机器学习等技术，目标是实现人与机器之间更自然的交互。其核心技术包括词向量（Word Vector）和深度学习。

1. 词向量

词向量是将自然语言中的词语转换为计算机可理解的稠密向量的技术。其核心思想是通过数学模型将词语映射到低维连续向量空间中，使得语义或语法相似的词在向量空间中距离较近，从而捕捉词语之间的潜在关系。

情感分析也称为意见挖掘（Opinion Mining），旨在从文本中识别和提取主观信息，判断作者的情感倾向（如正面、负面或中性）。情感分析的核心任务是对文本的情感极性进行分类，并量化情感的强度。图 11-2 为情感分析的工作流程：文本预处理—特征提取—情感分类—情感强度量化。

在金融领域，情感分析主要用于分析市场情绪、预测资产价格、评估公司声誉等。情感分析在金融领域的应用具有重要价值，能够帮助投资者捕捉市场情绪、预测股价波动以及评估公司声誉等。随着 NLP 技术的不断发展，情感分析在金融领域的应用前景将更加广阔。

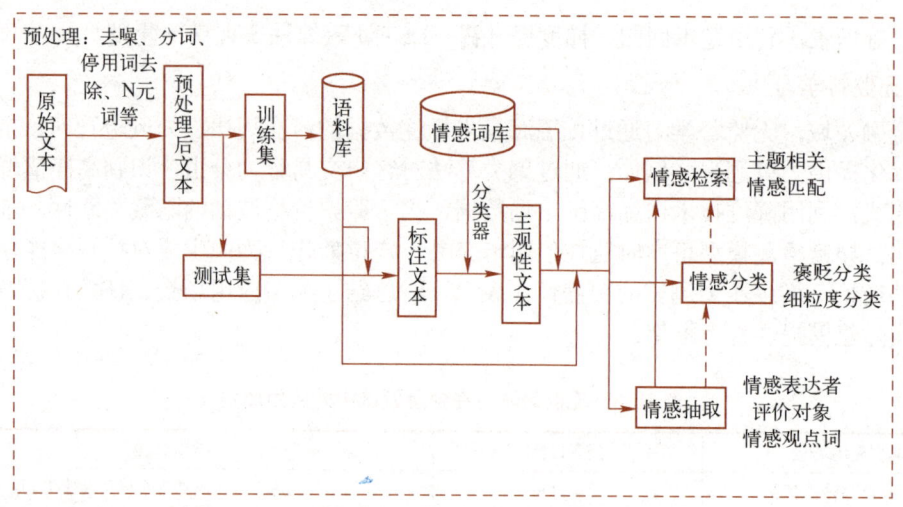

图 11-2 情感分析工作流程

2. 深度学习

深度学习技术在金融预测中的实现过程是一个系统而复杂的任务,包括预处理、学习、验证和预测四个步骤,涉及数据收集、预处理、模型选择与构建、训练、评估、优化等多个环节。图 11-3 为深度学习应用于金融领域的基本流程。

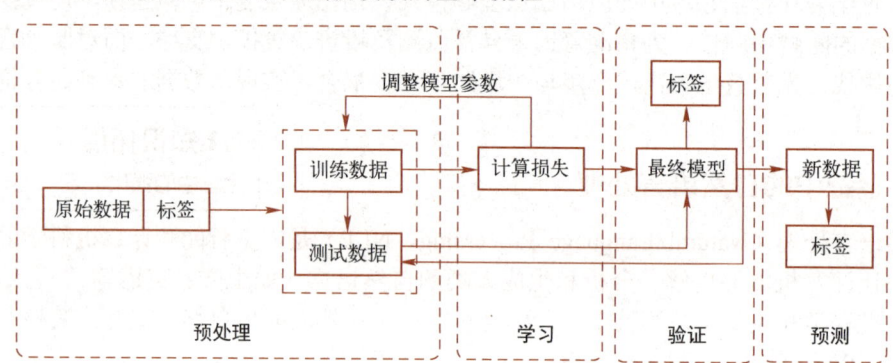

图 11-3 深度学习应用于金融领域的基本流程

(1) 数据收集

在金融预测中,数据收集是第一步,也是至关重要的一步。数据的质量和多样性对模型的性能有直接的影响。金融数据可以通过三个渠道获取:金融数据提供商、公开金融数据集、社交媒体和新闻数据。

(2) 数据预处理

数据预处理是确保模型训练效果的关键步骤。在收集到原始数据后,需要进行以下处理。

- 数据清洗:对于缺失值,可以根据数据的特点选择删除、插值、均值填充等方法进行处理;异常值可能会影响模型的训练效果,需要通过统计方法或领域知识来识别和处理。
- 特征工程:从原始数据中选择对预测目标有显著影响的特征,以提高模型的泛化能力。将不同量级的特征缩放到相同的尺度上,如标准化或归一化,以提高模型的训练速度和稳定性。

(3) 数据划分

在机器学习和深度学习中，数据集主要分为三个部分：训练集、验证集和测试集。一般来说，70%～80%的数据用于训练集，11%～15%用于验证集，11%～15%用于测试集。数据划分时要确保数据的时间顺序，避免信息泄露。

(4) 模型选择与构建

在机器学习和数据分析领域，模型选择与构建是至关重要的环节。它不仅决定了模型能否有效地解决问题，还直接影响模型的性能和泛化能力。

> 📖 **知识拓展**
> 模型选择与构建策略

(5) 模型评估

使用验证集对训练好的模型进行评估，以判断模型的泛化能力。评估指标包括准确率、召回率、F1 值、均方误差等。

深度学习模型凭借其强大的数据处理和模式识别能力，在金融时间序列预测、市场趋势分析、信用风险评估等方面展现出卓越的性能。通过从历史数据中学习并捕捉复杂的非线性关系，深度学习技术为金融机构提供了更为精准的预测结果和决策依据。

> 📖 **知识拓展**
> 长短期记忆网络完成股票价格预测

11.2.4 区块链

区块链是一种创新的分布式数据库技术，其核心在于通过去中心化和加密机制确保数据的安全性与透明性。区块链可视为一个由多个节点共同维护的"数字账本"，每个节点都保存完整的数据副本。数据以区块的形式按时间顺序相连成链，每个新区块包含前一个区块的加密哈希值，形成不可逆的数据结构。区块链有四大特性：去中心化架构、防篡改机制、共识算法和智能合约。

1. 去中心化架构

区块链通过分布式网络结构实现去中心化，与传统中心化系统（如银行、政府数据库）依赖单一权威机构不同，其数据存储和验证由全球范围内的节点共同完成。每个节点独立保存完整的账本副本，并通过共识机制同步更新数据。

2. 防篡改机制

区块链通过密码学哈希函数和工作量证明（PoW）等机制确保数据不可篡改。每个区块包含交易数据和前一个区块的哈希值，形成链式结构。哈希函数（如 SHA-256）将任意长度的数据转换为固定长度的唯一哈希值，即使原始数据微调也会导致哈希值发生剧变。若攻击者试图修改历史区块，则需重新计算该区块及之后所有区块的哈希值，并控制超过 51% 的算力才可以覆盖全网记录，其成本远超潜在收益（比特币网络算力约 400EH/s，攻击成本超百亿美元）。此机制使区块链成为可信数据库，广泛应用于司法存证、供应链溯源等领域。

3. 共识算法

共识算法是区块链节点达成数据一致性的核心规则，确保去中心化环境下的可信协作。主流算法如下。

1) 工作量证明（PoW）。节点通过算力竞争获得记账权（如比特币），能耗高但安全性强。

2) 权益证明（PoS）。按持币比例分配记账权（如以太坊 2.0），能效提升 99% 以上。

3）**实用拜占庭容错（PBFT）**。通过多轮投票快速达成共识（如 Hyperledger Fabric），适合企业级应用。

共识算法平衡了效率与安全，如 PoW 通过牺牲速度换取高安全性，而联盟链采用的 PBFT 可在 1s 内确认交易。

4. 智能合约

智能合约是部署在区块链上的可编程协议，在满足预设条件时自动执行，无须人工干预。以太坊率先引入图灵完备的智能合约，支持开发去中心化应用（DApp）。合约代码和运行结果全网公开可验证，但漏洞可能导致重大风险。智能合约正在重塑商业流程，如保险理赔自动化、供应链金融实时结算等，预计到 2027 年相关市场规模将达 146 亿美元（数据来源：Grand View Research）。

机器学习、自然语言处理与区块链技术的深度融合，正在重构智能金融的核心竞争力。从智能投顾的个性化资产配置，到舆情监控的情绪因子量化，再到跨境支付的可追溯清算，技术聚变催生了金融服务的范式革新。

11.3 智能金融实践

人工智能正逐渐渗透到金融行业的每一个角落，引领着一场前所未有的变革。在这场变革中，人工智能不仅优化金融服务的流程，提升效率，更在风险管理、投资决策、客户服务等多个领域展现出其独特的优势。本节将深入探讨人工智能在金融服务中的实际应用案例，从智能投顾、信贷评估、保险科技到金融市场预测等多个维度，全面展现人工智能如何重塑金融行业的面貌。

11.3.1 智能投顾：算法驱动的个性化投资建议

智能投顾，又称智能投资顾问，英文全称为 Robo-Advisor，直译为机器人投资顾问。智能投顾起源于金融危机后的美国，由 Betterment、Wealthfront 等初创公司率先推出，近年来传统金融机构也纷纷涉足这一领域。

1. 智能投顾的定义

智能投顾是指利用大数据、云计算、人工智能等先进信息技术，根据投资者的风险偏好、财务状况、投资目标及市场状况、投资品信息、资产配置经验等因素，通过算法与自动化流程为投资者提供高效、便捷的资产管理和投资建议的一种新型服务模式。这种服务模式结合了科技与资产管理，旨在为投资者提供个性化的投资服务。

2. 智能投顾的发展阶段

智能投顾经历了以下三个发展阶段。

1）**人工投顾服务**。理财师利用投资分析工具，对不同的投资者使用不同策略的投资组合分析，对其中的风险调控机制进行把控，主要面向高净值人群。

2）**人工投顾+线上机器学习服务**。部分企业为客户提供数据化投顾工具，"人工+机器"模式发展起来，主要面向中、高净值人群。

3）**人工智能+云计算服务**。智能投顾系统可以自动匹配客户投资标准与预期收益等要求，主要面向中、低净值人群。

表 11-9 展示了智能投顾的发展历程。

表 11-9　智能投顾的发展历程

年份	事件/技术进展	行业影响/意义
2011 年	Betterment 创立首个智能投顾平台	智能投顾行业正式起步，开启自动化投资服务新纪元
2013 年	ANZ 银行使用 IBM 深蓝系统分析投资者的行为变化	推动行为金融学与技术结合，提升投资决策的精准度
2015 年	国内机构（如壁垒、蓝海智投）推出智能投顾平台	智能投顾市场扩展至中国，本土化服务推动行业全球化布局
2017 年	Betterment 支持用户融合传统投顾建议	实现人机协同决策，提升服务灵活性与用户信任度
2018 年	苏宁金融推出智能投顾，探索闭环资产管理系统	推动智能投顾向综合财富管理转型，强化用户生命周期价值管理
2019 年	智能投顾服务全球普及，更多金融机构采用	提高行业渗透率，标准化服务降低门槛，提升客户体验
2021 年	AI 技术发展推动个性化投资建议的精准度提升	算法优化实现"千人千面"服务，增强用户黏性
2022 年	创新应用区块链技术提高交易透明度与安全性	解决信任痛点，推动合规性升级，为行业扩展奠定技术基础
2024 年	监管政策完善，行业健康发展，用户信任度提升	合规性强化推动市场重塑，头部平台优势凸显
2025 年以后	预计智能化升级，深度理解投资者需求与风险偏好，提供定制化服务	AI 大模型与生成式技术或将重塑行业，推动从"投资顾问"向"财务伙伴"角色转变

3. 智能投顾的优势

智能投顾相较于传统的投资顾问，优势主要体现在以下三个方面。

1) 高效便捷。智能投顾能够快速提供个性化的投资方案，投资者只需进行简单的操作，即可在众多金融产品中获得内容丰富且具有针对性的投资组合建议。

2) 理性决策。智能投顾不受个人情绪影响，能够基于大数据和算法做出理性的投资决策，有助于投资者克服人性弱点，避免盲目跟风或冲动交易。

3) 降低门槛。智能投顾使得资产管理服务更加普及化，降低了投资的门槛，使更多投资者能够享受到专业的资产管理服务。

【案例 11-2】　Betterment 在 2023 年的逆势增长

2023 年，全球金融市场面临多重挑战，包括通胀高企、地缘政治风险加剧以及市场波动性上升。在这样的背景下，传统投资方式表现疲软，而智能投顾平台 Betterment 却实现了逆势增长，成为行业瞩目的成功案例。截至 2023 年，Betterment 的管理资产规模（AUM）突破 400 亿美元，用户数量超过 100 万，进一步巩固了其作为智能投顾行业领军者的地位。

Betterment 的成功得益于其多方面的优势。首先，平台利用大数据和机器学习技术，根据用户的风险承受能力、投资目标及市场状况，动态调整资产配置。例如，在市场下跌期间，Betterment 的投资组合通过分散化和风险对冲，显著降低了损失，同时抓住了市场反弹的机会。

其次，Betterment 注重提供个性化的投资建议。除了基本的资产配置外，平台还为用户提供税收优化、退休规划和可持续投资等增值服务。平台采用被动投资策略，费用率远低于传统投资顾问，为用户节省了大量投资成本。

在用户体验方面，Betterment 同样表现出色。其平台设计简洁易用，用户可以轻松开设账户、管理投资组合并跟踪收益。例如，推出现金管理账户和加密货币投资等功能，进一步提升了平台的竞争力。

2023年，Betterment 的用户平均收益率超过了市场平均水平，尤其是在市场下跌期间，其风险控制能力得到了充分体现。这一成绩不仅赢得了用户的信任，也获得了行业的广泛认可。Betterment 多次被评为"最佳智能投顾平台"，并荣获多项行业奖项。

（资料来源：网络资料整理）

机器人小智提问：
① 在 2023 年的市场波动中，Betterment 通过哪些技术手段帮助用户降低投资风险？
② 除了基础投资服务，Betterment 还提供哪些个性化功能来增强用户黏性？
③ Betterment 的低成本优势主要源于什么策略？这对用户有何直接影响？

通过运用先进的算法模型和大数据分析技术，智能投顾能够精准地捕捉市场动态，理解投资者需求，提供量身定制的投资组合建议。它不仅极大地提高了投资建议的个性化程度，还降低了传统投资顾问服务的高昂成本，使得更多投资者能够享受到专业的财富管理服务。

11.3.2 信贷评估：基于大数据的信用评分模型

随着人工智能技术的快速发展，其在金融领域的应用愈发广泛，特别是在信贷评估方面。信贷评估是银行和金融机构对借款人进行风险评估的过程，旨在决定是否批准借款申请以及确定相应的贷款条件和利率。这一环节至关重要，直接关系到金融机构的资金安全和盈利状况。传统的信贷评估方式主要依赖于人工审核，通过分析借款人的财务报表、信用记录等信息来评估其还款能力。然而，这种方式不仅耗时长，而且容易受人为因素影响，导致评估结果不够准确和客观。

1. 信贷评估的定义

人工智能信贷评估是指利用机器学习、深度学习等人工智能技术，对借款人的海量数据进行自动化分析和处理，从而快速、准确地评估其信用风险的过程。这种方法能够显著提高信贷评估的效率和准确性，为金融机构的信贷决策提供有力支持。

2. 信贷评估的发展阶段

根据人工智能应用于信贷评估中的时间节点，信贷评估的发展历程可以分为三个阶段：传统信贷评估阶段、数字驱动信贷评估阶段以及人工智能信贷评估阶段。

（1）传统信贷评估阶段

在这一阶段，信贷评估主要依赖人工审核和传统的财务报表。金融机构通过对借款人的信用历史、还款能力、财务状况等进行详细审查，决定是否批准贷款及贷款的条件和利率。这种方法虽然在一定程度上能够控制信贷风险，但存在耗时长、易受人为因素影响等局限性。

（2）数字驱动信贷评估阶段

随着计算能力的提升和数据的广泛收集，机器学习算法开始应用于金融数据分析，信贷评估也逐渐进入数据驱动阶段。金融机构开始利用大数据技术对借款人的多维度信息进行分析，包括信用历史、行为数据、社交数据等，以提供更全面、更精准的信用评分。

（3）人工智能信贷评估阶段

近年来，人工智能技术的快速发展进一步推动了信贷评估的变革。通过深度学习等技术手段，人工智能可以更准确地识别借款人的信用状况，提高评估的准确性。此外，人工智能还能够实现自动化评估，显著提高评估效率。信贷人员只需设定好审批规则和条件，人工智能系统即可自动完成大部分审批工作，这不仅提高了审批效率，还降低了人为错误和主观判断的影响。

3. 智能信贷评估模型

相较于传统的信贷评估流程，智能信贷评估模型框架在数据处理、风险评估和决策制定等方面具有更高的效率与准确性。图 11-4 为智能信贷评估模型。

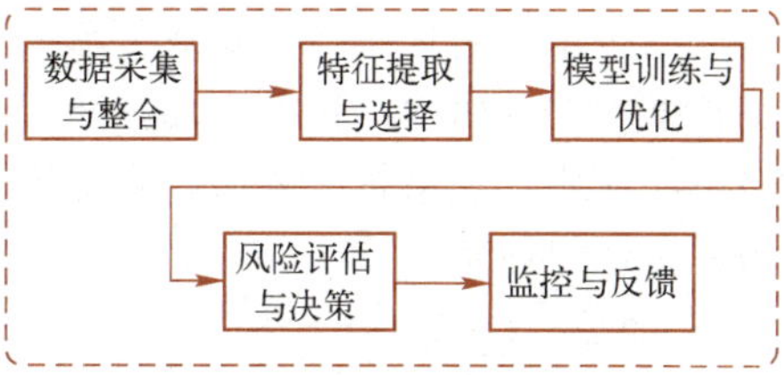

图 11-4　智能信贷评估模型

（1）数据采集与整合

智能信贷框架的第一步是数据采集与整合。这一环节涉及从多个源头收集借款人的个人信息、财务记录、信用历史等关键数据。通过先进的数据清洗和整合技术，确保数据的准确性与一致性，为后续的风险评估提供坚实的基础。这一过程自动化程度高，显著提高了信贷评估的效率。

（2）特征提取与选择

在智能信贷框架中，特征提取与选择至关重要。这一环节涉及从海量数据中筛选出对信贷决策具有显著影响的特征，如收入稳定性、负债水平、信用评分等。通过智能算法，自动识别和选择最具预测价值的特征，为模型训练提供有力支持，同时减少噪声数据的干扰。

（3）模型训练与优化

模型训练与优化是智能信贷框架的核心环节。利用机器学习技术，构建能够准确预测借款人信用风险的模型。通过不断迭代和优化，提高模型的预测准确性和鲁棒性。这一步骤确保智能信贷系统能够应对复杂多变的信贷市场，为决策提供可靠依据。

（4）风险评估与决策

智能信贷框架的第四步是风险评估与决策。借助训练好的模型，对借款人的信用风险进行量化评估，生成风险评分和分类结果。根据这些结果，制定个性化的信贷政策，实现自动化审批或辅助人工审批，提高审批效率和准确性，同时降低信贷风险。

（5）监控与反馈

智能信贷框架的最后一步是监控与反馈。对模型性能进行持续监控，确保其在新数据上的表现稳定可靠。同时，收集实际业务中的反馈数据，用于模型的定期更新和优化。这一环节确保智能信贷系统能够与时俱进，适应市场变化，为客户提供更加优质的信贷服务。

基于大数据的信用评分模型在信贷评估领域的革新力量，通过整合并分析海量的多维度数据，这些模型能够精准描绘借款人的信用画像，为金融机构提供科学、客观的信贷决策依据。这不仅极大地提升了信贷审批的效率与准确性，还有效降低了信贷风险，促进了金融市场的健康发展。

11.3.3　保险科技：AI 在保险定价中的应用

区块链技术为保险行业提供了更加安全、透明的信息存储和传输方式，有助于降低欺诈风险，增强信任度。保险科技的出现，不仅推动了保险行业的数字化转型，还催生了诸多新型保险产品和服务模式，为保险市场的可持续发展注入了新的活力。

1. 保险科技的定义

保险科技是保险行业与现代科技的深度融合，它借助大数据、人工智能、区块链、云计算等前沿技术，对传统的保险业务流程进行全面革新与优化。通过大数据分析，保险公司能够更精准地评估风险、预测市场趋势，从而制定更具针对性的保险产品和营销策略；人工智能技术的应用，使得智能客服、智能核保、智能理赔等服务成为可能，极大地提升了业务处理效率和客户体验。

2. 保险科技的发展阶段

保险科技的发展阶段可以划分为以下几个时期，见表 11-10。

表 11-10 保险科技的发展阶段

阶段	时间范围	主要特征
萌芽期	2013 年之前	计算机和网络是核心动力，保险销售开始"触网"，以短期、低费用财险为主
起步期	2013—2015 年	大数据和云计算成为核心技术动力，专业保险科技公司涌现，生态初具规模
爆发期	2015—2020 年	科技在保险业的应用拓展至产品开发、理赔、风控等各环节，多元化生态形成
高质量发展期	2020 年至今	保险科技深化应用，降本增效显著，AIGC 等新技术开始被探索和应用

1）**萌芽期**：在 2013 年之前，保险科技处于初步探索阶段，主要表现为保险公司开始利用计算机和网络技术，将传统的保险销售模式向线上转移，主要通过官方网站和电商平台销售短期、标准化的保险产品，标志着保险行业与科技的初步融合。

2）**起步期（2013—2015 年）**：这一时期，大数据和云计算技术的兴起为保险科技注入新的活力。专业保险科技公司开始涌现，利用大数据进行精准营销和风险评估，云计算则降低了 IT 成本，提高了运营效率。保险科技生态开始初步形成，为行业的数字化转型奠定了基础。

3）**爆发期（2015—2020 年）**：随着科技的飞速发展，保险科技的应用范围迅速扩大，从销售端延伸至产品开发、定价、核保、理赔、风控等保险业务的全链条。众多创新型企业涌入市场，推动了保险产品的多样化和个性化，同时也促进了保险行业生态的多元化发展。

4）**高质量发展期（2020 年至今）**：进入高质量发展阶段，保险科技更加注重技术的深度应用和创新，如人工智能、区块链、AIGC 等前沿技术被广泛应用于提高业务效率、降低运营成本、增强客户体验等方面。同时，保险科技公司也开始探索如何通过科技手段解决行业痛点，推动保险行业的可持续发展。

3. 保险科技中的定价模型

保险科技中的定价模型基于数据驱动，其架构如图 11-5 所示。

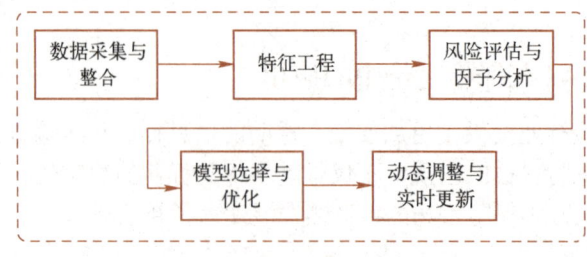

图 11-5 保险科技中的定价模型

1）数据采集与整合。通过收集和分析大量历史数据与实时数据，包括投保人的基本信息（如年龄、性别、职业、健康状况等）、风险行为数据（如驾驶习惯、健康状况监测等）、市场动态数据等，为定价模型提供全面的数据支持。

2）特征工程。对收集到的数据进行预处理和特征提取，挖掘对保险产品定价有显著影响的关键因素。这一过程包括数据清洗、缺失值处理、异常值检测、数据转换、选择和组合等步骤，以提升模型的可解释性与泛化能力。

3）风险评估与因子分析。运用大数据分析技术和机器学习算法，对潜在风险进行精确评估。通过因子分析提取影响保险风险的主要因子，降低风险评估的复杂度。同时，应用主成分分析等方法，将多个变量压缩成少数几个主成分，简化风险评估的计算过程。

4）模型选择与优化。针对保险产品的定价问题，选择合适的机器学习算法（如决策树、随机森林、支持向量机、神经网络等）建立预测模型，并通过交叉验证、集成学习等方法优化模型参数，提高定价模型的准确性和效率。

5）动态调整与实时更新。根据实时数据分析结果，动态调整保险产品的保费水平，以应对市场波动和风险变化。利用实时数据流处理技术，实现动态定价的实时更新。

【案例 11-3】 平安车险中的定价模型

中国平安保险公司是中国领先的综合性金融服务集团，旗下业务涵盖保险、银行、投资等多个领域。在保险领域，平安车险是其重要的业务板块之一，致力于为车主提供全面、专业的车险服务。

平安车险不仅提供传统的车险产品，还积极运用科技手段创新服务模式。通过人工智能、大数据、数学建模等技术，平安车险建立了精准定价模型，实现车险产品的个性化定价。同时，平安车险还依托旗下的"平安好车主"App，为车主提供便捷的在线服务，包括报案、理赔、查询保单等。

平安车险在保险科技定价中的优势体现在以下几个方面。

1）数据驱动。平安车险利用大数据技术对海量数据进行挖掘和分析，包括车主的驾驶行为、车辆信息、历史赔付记录等，为定价模型提供了丰富的数据支持。

2）个性化定价。基于大数据分析结果，平安车险采用了"一人一车一价"的定价方案，为每位车主提供量身定制的保费。这种个性化定价方式不仅提高了定价的准确性，还增强了车主的满意度和忠诚度。

3）智能理赔。平安车险利用人工智能技术搭建了 AI 智能理赔信用模型，例如，"信任赔"服务为每位客户配置理赔信任额度，额度内的理赔款由客户自主操作赔付，全程不需要人工审核，极大提高了理赔效率和客户满意度。

（资料来源：网络资料整理）

机器人小智提问：
① AI 技术的引入如何改变车险定价的数据来源和分析维度？
② 与传统线性回归模型相比，AI 模型在车险定价中的核心优势是什么？
③ 保险公司如何在利用 AI 提升定价精度的同时，保护用户隐私并避免算法歧视？

智能投顾利用算法模型，为投资者提供定制化的投资策略，让理财变得更加轻松便捷；在信贷评估中，人工智能的加入使得风险评估更为精准，为金融机构和借款人之间搭建了更加稳固的信任桥梁；在保险科技领域，人工智能的应用使得保险产品更加贴近用户需求，理赔过程更加高效透明。

11.3.4 智能合约：区块链技术在智能支付中的应用

在金融领域，智能化合约与自动化交易是人工智能和区块链技术深度融合的典范。这一结合不仅革新了金融交易的方式，更在提升交易效率、降低交易成本、增强交易安全性等方面展现出显著优势。

智能化合约作为区块链技术的一项重要应用，能够在满足特定条件时自动执行合约条款。这一特性使得交易过程更加高效、透明，减少了人为干预带来的风险。而人工智能技术的加入，则让智能化合约变得更加灵活和智能。通过深度学习、自然语言处理等先进技术，人工智能能够理解和处理复杂的交易逻辑，根据市场变化自动调整合约参数，以确保交易顺利进行。

在自动化交易方面，人工智能技术同样发挥着重要作用。通过对历史交易数据进行分析，人工智能模型能够识别出交易模式、预测市场趋势，为投资者提供精准的交易策略建议。同时，结合区块链技术，自动化交易系统能够实现对交易数据的实时记录、验证和存储，确保交易的真实性与不可篡改性。这一特性不仅提高了交易的安全性，还为投资者提供了更加可靠的交易环境。

智能合约与自动化交易的结合，使得金融交易过程更加智能化、自动化。通过这一创新应用，金融机构能够降低运营成本、提高交易效率，并为投资者提供更加便捷、高效的金融服务。

> 📖 **知识拓展**
> 智能合约与自动化交易技术模型

【案例 11-4】 中国银行与区块链跨境支付

中国银行作为国内领先的商业银行之一，一直在积极探索金融科技创新。其中，区块链技术是其重点关注的领域之一。中国银行利用区块链技术，成功实现了跨境支付的优化和升级。

1. 技术应用

1）区块链跨境支付系统。中国银行开发了基于区块链技术的跨境支付系统，通过区块链的去中心化特性，能够绕过传统的 SWIFT 系统，直接与其他银行的区块链节点进行交互，从而大幅缩短了跨境支付的时间。

2）智能合约应用。在跨境支付过程中，中国银行还引入了智能合约技术。智能合约能够自动执行预设的支付规则和条件，当满足特定条件（如收款账户信息匹配、支付金额确认等）时，智能合约将自动触发转账操作。

3）数据隐私与安全。中国银行在区块链跨境支付系统中，注重数据隐私与安全，采用先进的加密技术和隐私保护机制。同时，区块链的不可篡改性也保证了交易记录的真实性和可靠性。

2. 实际影响

1）提升跨境支付效率。中国银行通过区块链技术为某外贸企业成功办理了宁波地区首笔多边央行数字货币桥（货币桥）业务，这一案例充分展示了区块链在提升跨境支付效率方面的优势。

2）降低跨境支付成本。在另一个案例中，中国银行利用区块链技术实现了跨境支付的优化，直接连接付款方和收款方，有效减少了中介费用。

3)增强跨境支付透明度。中国银行区块链跨境支付系统的另一个显著特点是增强了交易的透明度。通过区块链技术,每一笔交易都会被记录在区块链上,形成不可篡改的交易记录。

(资料来源:网络资料整理)

机器人小智提问:
① 区块链技术是什么?
② 区块链技术与人工智能技术有哪些区别?
③ 智能合约技术给跨境支付带来了哪些便利?

智能合约与自动化交易的深度融合,不仅加速了金融交易的数字化进程,更促进了金融市场的透明度和公平性。它们使得交易过程更加标准化、自动化,减少了人为因素的干扰,提高了交易的准确性和可靠性。同时,这两项技术还为金融机构和投资者开辟了新的业务模式及盈利渠道,推动金融创新的不断深化。

11.4 智能金融未来发展趋势

在人工智能与金融体系的深度融合中,智能金融正从工具性辅助迈向范式性变革。未来十年,量子计算、多模态大模型与边缘智能将重构金融价值链,催生"无感化"金融服务和"预见性"风控体系。技术突破不仅推动交易效率的指数级跃升,更引发金融权力结构的根本性迁移——从"算法即服务"到"算法即规则",从数据资产化到决策自动化。本节将揭示智能金融演进的三大核心驱动力:生成式 AI 对金融认知范式的颠覆、隐私计算技术对生产关系的重构,以及量子革命带来的机遇与威胁交织图景。这场变革既是金融机构弯道超车的战略窗口,也是人类社会应对技术伦理与金融民主化挑战的试金石。

11.4.1 技术驱动的范式革新

1. 生成式 AI 重构金融认知体系

生成式人工智能正突破传统金融的认知边界,推动其从"数据驱动"向"语义创造"的范式跃迁。以 GPT-4 为代表的大语言模型展现出超长文本理解能力(具有 128K tokens 上下文窗口),使金融合同智能审查的错误率较人工降低 37%,摩根士丹利已将其应用于投资策略知识库的自动化构建。多模态 AI 更将变革金融分析领域,谷歌 Gemini 等视觉语言模型可同步解析上市公司的财报插图、工厂卫星图像与 CEO 演讲微表情,形成动态风险评估网络。中国平安借助无人机影像 AI 实现农田作物长势监测,推动农业保险定价从静态评估转向实时响应。情感计算技术的突破使得智能客服系统能识别 8 类情绪状态,MIT 实验显示其服务满意度提升了 52%,标志着金融服务实现从功能满足向情感共鸣进化。

2. 边缘智能重塑金融基础设施

联邦学习与边缘计算的结合正在构建去中心化的金融神经系统。通过横向联邦学习,银行间反欺诈模型实现数据"可用不可见"的联合训练;纵向联邦学习则打通电商与金融机构的特征加密对齐,该技术已满足欧盟 GDPR 合规要求。物联网设备的金融化进程加速,例如,特斯拉智能汽车每秒传输 2000+驾驶数据点,支持 UBI 车险的秒级保费动态调整;工业传感器实时监测生产线状态,使供应链金融授信额度能够随产能波动智能校准。边缘 AI 芯片的进化更将计算力推向终端,特斯拉 Dojo 芯片在 ATM 上部署人脸识别模型,时延从云端方案的 1.2s 降至 0.15s，催生出"无网络金融服务"新形态。这种分布式架构不仅提升了服务响应速度，更从根本上改变金融数据的权属关系。

3. 量子计算重构金融安全与效率边界

量子技术的双刃剑特性正在重塑金融行业的底层逻辑。Shor 算法对 RSA-2048 加密的理论破解（将时间从万亿年缩短至数小时），迫使 SWIFT 系统加速测试抗量子密码学方案。与此同时，量子退火算法展现出颠覆性的计算优势，摩根大通与 IBM 合作实验证明，其在千亿级资产组合优化中较经典算法提速 400 倍。量子纠缠现象更催生出新型金融协议，如基于量子密钥分发的跨境支付网络，实现理论上不可破解的交易安全。然而，量子霸权可能加剧市场不平等——高频交易机构若独占量子算力，或将获得纳秒级套利优势。这要求监管科技同步进化，如国际清算银行（BIS）已提出建立"量子防火墙"框架，在拥抱技术红利的同时守护金融市场的公平性根基。

11.4.2 算法治理体系重塑金融权利制衡

1. 嵌入式监管架构实现动态治理

监管科技正从滞后追查转向实时干预，智能合约与监管规则的代码化融合催生出自执行监管体系。中国央行数字货币（DC/EP）通过智能合约实现纾困贷款的定向支付追踪，确保资金流向与政策目标毫秒级同步；欧盟的 DLT 试点项目将监管逻辑植入分布式账本，自动触发反洗钱交易冻结。监管知识图谱技术的突破更构建起金融风险"数字孪生"，如新加坡金管局（MAS）的 Project Guardian 可实时映射代币化资产跨链流动，预警系统性风险传导路径。这种"监管即代码"模式使合规成本降低 40%（据麦肯锡报告），但需警惕过度自动化引发的监管弹性丧失。

2. 算法治理体系重塑金融权力制衡

算法透明性监管成为新战场，欧盟《人工智能法案》（AIA）率先建立金融 AI 分级治理框架，要求高风险系统实施全生命周期影响评估。监管沙盒 3.0 引入数字孪生技术，可在虚拟环境中压力测试算法极限，如模拟极端市场条件下 AI 做市商的连锁反应。算法审计师这一新兴职业应运而生，其工作标准已获国际证监会组织（IOSCO）认证，通过可解释性人工智能（XAI）技术追溯黑箱模型决策链。典型案例显示，某投行智能投顾算法因未披露隐含 ESG 筛选规则被罚 2.3 亿欧元，标志着算法价值观监管进入实质阶段。

3. 全球化监管协作破解数字巴别塔

跨境监管协议面临技术性重构，国际清算银行（BIS）的 Project Agorá 项目搭建央行数字货币互操作协议层，运用零知识证明实现交易合规验证而不暴露敏感数据。针对算法殖民主义风险，G20 正在推动建立 AI 伦理"最小公倍数"标准，但技术主权争夺暗流涌动——美国 NIST 的 AI 风险管理框架与欧盟 AIA 法案在算法透明度要求上存在根本分歧。新型监管工具如区块链取证分析系统（Chainalysis）已协助追回超 100 亿美元加密资产，但量子计算威胁下的监管密码学升级仍需全球协同。这场无声的监管科技竞赛，本质上是数字时代金融治理话语权的重塑。

智能金融的技术革命正推动金融体系发生结构性变革，生成式人工智能、隐私计算和量子计算三大核心技术分别重塑了价值评估、数据协作以及安全架构的底层逻辑，构建出兼具服务创新与风险隐患的双重生态：一方面，无感支付等技术显著提升金融普惠性；另一方面，算法黑箱与量子安全威胁引发系统性风险。这场变革不仅体现出技术效能的跃迁，更触及金融本质的重构——在虚拟与现实融合的场域中，信用计量、风险定价及价值传导机制均需重新定义。

11.5 思考与练习

1．问答题

1）简述智能投顾的定义及其主要优势。
2）区块链技术在金融领域的主要应用有哪些？
3）深度学习技术在金融预测中的实现过程是什么？
4）自然语言处理（NLP）在金融文本分析中的应用有哪些？
5）简述智能信贷评估模型的框架及其主要功能。
6）简要说明保险科技的定义及其在定价模型中的应用。
7）区块链技术与人工智能结合的优势是什么？

2．辩论题

1）人工智能能否完全取代传统金融服务？

正方观点：支持人工智能完全取代传统金融服务，理由是人工智能具有高效、准确、低成本等优势，能够显著提升金融服务的效率和质量。

反方观点：反对人工智能完全取代传统金融服务，理由是尽管人工智能具有诸多优势，但在某些复杂场景下仍需要人工的灵活性和经验判断，且完全取代可能会带来社会就业问题。

2）区块链技术能否彻底解决金融行业的安全问题？

正方观点：支持区块链技术能够彻底解决金融行业的安全问题，理由是区块链具有去中心化、不可篡改等特性，能够确保交易数据的真实性和安全性。

反方观点：反对区块链技术能够彻底解决金融行业的安全问题，理由是虽然区块链具有诸多优势，但技术本身仍存在漏洞和攻击风险，且完全依赖区块链技术可能带来新的安全挑战。

3．案例分析题

中国农业银行"卫星遥感 AI 信贷评估系统"

在传统农村金融长期受困于信息不对称的背景下，中国农业银行于 2022 年创新推出全球首个"卫星遥感+AI"信贷评估系统。该系统通过融合 0.5m 精度卫星影像、气象传感器网络与农户移动端数据，构建"土地—作物—农户"三维信用图谱，利用图神经网络动态评估农田价值。边缘计算设备（华为 Atlas 芯片）在田间实时处理数据，联邦学习框架实现村级隐私保护计算，区块链技术确保遥感数据不可篡改，生成式 AI 模拟极端气候对收成的影响，智能合约自动触发利率调整与保险对冲机制，将农户授信审批时间从 15 天压缩至 8min，不良贷款率显著下降 2.3%。

这些技术突破不仅使云南咖啡种植户首次获得"生长周期信用贷款"（利率降低 35%），更重构了农村金融逻辑——农作物生长数据替代传统抵押物成为信用锚点。然而，技术普惠的背后暗藏挑战：卫星 AI 模型因黑箱特性引发农户质疑，中国农业银行为此开发可视化解释系统；地方政府与金融机构就遥感数据主权展开博弈，催生出"联邦学习+区块链"监管沙盒；老年农户的数字鸿沟问题则通过"AI信贷协管员"线下服务体系进行化解。

该案例印证了智能金融从技术赋能到制度重构的深层变革，也为全球农村金融数字化转型提供了中国方案。

查阅相关资料回答下列问题。

1）如何通过技术改进（如语音交互界面）与制度创新（如数字素养培训）实现真正的普惠？

2）若某村拒绝共享卫星数据导致相邻村庄无法获得灾害预警贷款，这种"数据利己主义"应如何规制？

3）在提升算法精度与保障农户知情权之间应如何权衡？

第 12 章 智能商务

本章导读（思维导图）

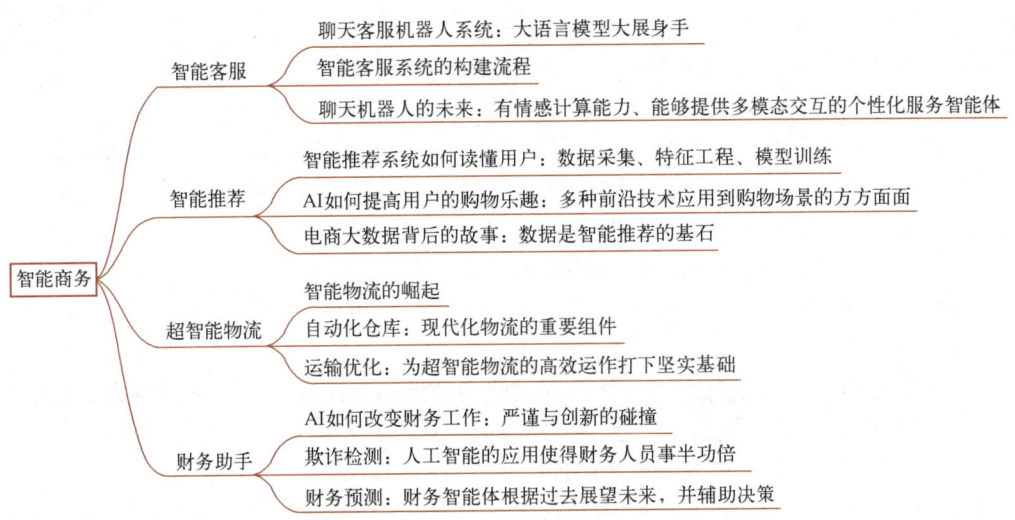

在商业领域，人工智能的应用正在引发一场深刻的变革。智能商务作为人工智能技术与传统商务模式的结合体，正以其独特的优势逐步重塑商业格局，从而提升企业的运营效率和市场竞争力。

12.1 商务的魔法世界：智能商务

在当今瞬息万变的商业环境中，企业面临着前所未有的机遇与挑战。随着人工智能技术的迅猛发展，智能商务应运而生，为传统商业模式带来了革命性的变革。智能商务不仅改变了企业的运营方式，还深刻影响了消费者的购物体验和市场的竞争格局。本节将深入探讨智能商务的概念、关键技术、应用场景及其对企业和社会的深远影响。

12.1.1 智能商务概念

智能商务是指利用人工智能、大数据、云计算等先进技术，对传统商务流程进行智能化改造，实现业务流程自动化、决策智能化、服务个性化的一种新型商业模式。智能商务的核心在于通过数据分析与机器学习，挖掘用户需求，优化供应链管理，提升运营效率，最终实现企业价值最大化。

智能商务涵盖电子商务的各个方面，从商品推荐、库存管理、物流配送到客户服务，都融入了智能元素。它不仅提升了企业的运营效率，还极大地改善了消费者的购物体验，使商务活动更加高效、便捷和个性化。

12.1.2 智能商务涵盖的关键技术

智能商务的实现依赖一系列前沿技术的集成与应用，主要包括人工智能、大数据分析、云计算、物联网和区块链等，如图12-1所示。

（1）人工智能

人工智能是智能商务的核心驱动力。通过机器学习、深度学习等技术，人工智能能够分析海量数据、识别模式、预测趋势，从而为企业决策提供科学依据。在智能商务中，人工智能被广泛应用于商品推荐、库存管理、客户服务等多个环节。

（2）大数据分析

大数据分析在智能商务中的应用包括用户行为分析、市场趋势预测、库存管理优化等。通过大数据分析，企业可以更加精准地把握市场需求，从而制定有效的营销策略。

图12-1 智能商务涵盖的关键技术

（3）云计算

云计算为智能商务提供强大的计算和存储能力。借助云计算，企业可以快速部署和扩展业务系统，降低IT成本，提高灵活性。

（4）物联网（Internet of Things，IoT）

通过物联网，企业可以实时监控库存状态、物流运输情况等信息，实现供应链的透明化和可视化。

（5）区块链

区块链可以用于商品溯源、版权保护、智能合约等领域，提高交易透明度和信任度，降低交易成本。

12.1.3 智能商务的应用场景

> 微视频
> 智能商务的应用场景

人工智能技术赋能的智能商务已广泛渗透到生产生活中的各个角落中，应用场景举例如下。

（1）智能推荐系统

智能推荐系统是智能商务中最典型的应用之一。通过分析用户的历史购买行为、浏览记录、搜索关键词等信息，智能推荐系统能够为用户推送个性化的商品推荐。这种个性化的商品推荐方式不仅提升了用户的购物体验，还显著提高了商品的转化率。

（2）智能库存与物流

智能库存管理利用大数据分析和机器学习技术，能够预测商品需求趋势，优化库存水平,避免库存积压或缺货现象的发生;同时通过智能调度算法,系统能够自动分配配送任务,提高配送效率。此外,智能物流配送还支持无人车、无人机等新型配送方式,为消费者提供更加便捷、高效的配送服务。

(3)智能客户服务

智能客户服务系统利用自然语言处理(NLP)和机器学习技术,实现与用户的智能交互。通过智能客服机器人,企业可以为用户提供 24×7 在线客服支持,解答用户疑问、处理投诉和建议。智能客户服务不仅提高了客户满意度,还降低了企业的客服成本。

【案例12-1】 淘宝智能客服

淘宝智能客服深度结合知识图谱和深度学习技术,构建了丰富的商品知识库,通过不断优化自身的回复逻辑和准确性,提供更加人性化的服务,如图 12-2 所示。该系统还有以下优势与特点。

1)高效响应与个性化服务。智能客服能够根据用户的历史行为、偏好等信息,提供个性化的服务建议。例如,当用户浏览过某类商品后,智能客服可能会推荐相关或类似的商品。

2)多渠道接入与全天候服务。淘宝智能客服支持电话、网站、小程序等多渠道接入,满足商家的综合性需求,特别是在人工客服不在岗或高峰期时,能够高质量地接待访客,避免用户流失。

3)情感识别与转接机制。淘宝智能客服具备情感识别能力,能够识别用户的情绪和需求,并根据不同情境提供个性化的服务建议。

4)自我学习与持续优化。淘宝智能客服具备自我学习能力,能够持续优化回答,并实时监控用户反馈,对投诉和建议进行分析。

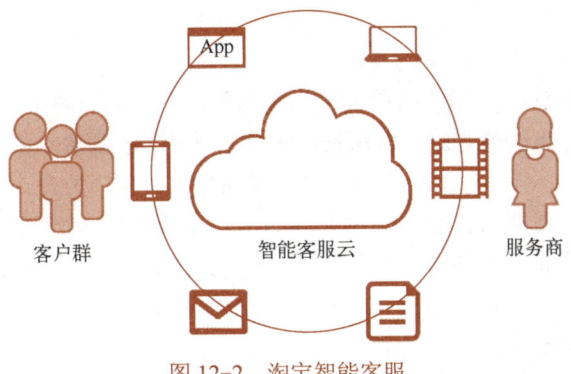

图 12-2 淘宝智能客服

机器人小智提问:
① 你认为设计一个友好且高效的智能客服系统需要哪些关键因素?
② 在实际应用中,如何通过数据分析和反馈来不断改进智能客服的性能以及用户体验?

(4)智能营销

智能营销利用大数据分析和人工智能技术,实现精准营销。通过分析用户行为数据、社交媒体信息等,智能营销系统能够识别潜在用户群体,从而制定针对性的营销策略。

(5)智能供应链管理

智能供应链管理利用物联网、大数据分析和区块链等技术,实现供应链的透明化、可视化与智能化。通过实时监控供应链的各个环节,企业可以及时发现并解决潜在问题,提高供应链的响应速度和灵活性。

12.1.4 智能商务的机遇与挑战

在人工智能与数字经济深度融合的今天，智能商务已不再是企业可选的"附加项"，而是驱动商业模式重构、价值链升级的核心引擎。通过人工智能、大数据、物联网等技术的集成创新，智能商务正在重塑生产、分配、交换与消费环节。

1. 智能商务面临的挑战

智能商务依赖于大数据的分析和处理，数据隐私和安全问题日益凸显。如何在保护用户隐私的同时，充分利用数据价值，成为智能商务亟待解决的问题。企业需要加强数据安全防护，采用加密技术、匿名化处理等手段，以确保用户数据的安全性和隐私性。

人工智能技术发展迅速，新技术不断涌现。智能商务企业需要紧跟技术潮流，不断更新迭代技术和系统，以保持竞争力。这要求企业具备强大的技术研发能力和持续创新能力，不断探索新的应用场景与技术解决方案。

同时，智能商务的发展需要跨学科的人才支持，包括数据科学家、机器学习工程师、人工智能算法专家等。然而，目前市场上这类人才短缺，成为制约智能商务发展的瓶颈。企业需要通过培训、招聘等方式，加强人才队伍建设，从而提高团队整体的技术水平和创新能力。

【案例 12-2】 我国智能商务人才短缺现状

《2024 数字人才白皮书》指出，74%的企业面临数字人才不足的问题，其中 44%的企业认为其数字人才"非常紧缺"，30%的企业认为"略有不足"。麦肯锡预测 2025 年中国将需要数据人才高达 220 万；据中国商业联合会数据分析专业委员会统计，未来 5 年中国基础性数据分析行业人才缺口将达到 1400 万。此外，到 2030 年，中国对人工智能专业人才的需求预计将达到 600 万，而人才缺口可能高达 400 万。

在数字人才需求类型中，数字化专业人才占比最高，达到 87%。例如，算法工程师成为人工智能行业最热招岗位，新发岗位占比接近一半，达到 46.45%。在智能商务领域，这类人才能够运用先进的数据分析、人工智能等技术，挖掘数据价值，为企业提供精准的决策支持。

在智能商务领域，互联网、金融、电商等行业对智能商务人才的需求更为旺盛，这些行业本身的数字化程度较高，能够为人才提供更广阔的发展空间和更具吸引力的薪资待遇，从而吸引了大量人才流入。而一些传统制造业、农业等行业的智能商务人才相对较少，影响了这些行业的数字化转型进程。

机器人小智提问：

① 面对我国智能商务人才严重短缺的现状，作为即将走上工作岗位的毕业生，需要拓展哪些能力与素质，使得自己能够匹配新时代智能商务人才的要求？

② 从企事业单位与监管部门的角度思考，为了提高我国智能商务人才的从业人员数量及综合水平，应采取哪些相应的激励措施？

2. 智能商务的未来

随着人工智能技术的不断进步，智能商务将实现更加深度的个性化服务。通过分析用户的兴趣、偏好、行为等数据，智能商务系统将能够为用户提供更加精准、贴心的商品推荐和服务，这将进一步提升用户的购物体验与满意度。

此外，智能商务将推动供应链的协同优化。通过物联网、大数据分析和区块链等技术，企业可以实现供应链的透明化、可视化和智能化。这将有助于企业及时发现并解决潜在问题，提高供应链的响应速度和灵活性。同时，智能商务还将促进供应链上下游企业的紧密合作，实现资源共享与优势互补。

12.2 智能客服

随着人工智能技术的飞速发展，聊天机器人已经从简单的自动回复工具演变为能够全天候进行复杂对话和提供深度服务的智能系统。在现代商业环境中，聊天机器人广泛应用于客户服务领域，为用户提供全天候、高效率的服务。

12.2.1 聊天机器人背后的秘密

聊天机器人作为人工智能技术的典型应用，已经深刻改变了人机交互的方式。从早期的简单规则匹配到如今的深度语义理解，聊天机器人技术的发展历程折射出人工智能研究的重大突破。这一技术演进不仅推动了自然语言处理领域的重大进步，更在商业应用、社会服务等多个维度展现出巨大价值。图 12-3 为常见的聊天机器人系统结构。

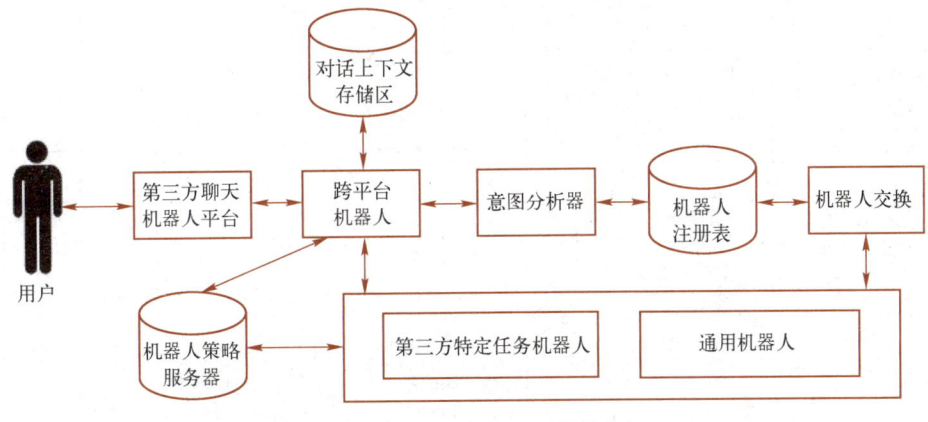

图 12-3 聊天机器人系统结构

1. 现代聊天机器人的核心技术

自然语言理解是聊天机器人的核心能力。通过词向量表示、句法分析等技术，系统能够准确解析用户意图。BERT 等预训练语言模型的出现，显著提升了语义理解的准确性，使系统能够处理更复杂的语言现象。

对话管理技术决定了对话的连贯性和逻辑性。基于有限状态机的对话管理方法简单有效，而基于强化学习的对话策略则能够实现更灵活的对话控制。多轮对话技术的突破，使系统能够处理更复杂的任务型对话场景。

自然语言生成技术直接影响对话质量。从基于模板的生成到基于神经网络的序列生成，文本生成技术不断进步。通过可控生成、个性化生成等技术的应用，使系统能够产生更自然、更符合语境的回复。

2. 聊天机器人的应用与挑战

聊天机器人在商业领域的应用日益广泛。智能客服系统显著提升服务效率，营销机器人实现精准的用户触达,而金融领域的智能投顾则展现出专业服务能力。这些应用不仅提高了商业效率,也创造出新的商业模式。

在社会服务领域,聊天机器人展现出巨大潜力。教育机器人能够提供个性化的学习辅导,医疗助手可以辅助诊断和健康管理,而心理咨询机器人则为心理健康服务提供了新的可能。这些应用正在改变传统服务模式,提高服务可及性。

技术发展也带来了一系列挑战,数据隐私保护、算法偏见控制、伦理规范制定等问题亟待解决。如何在技术创新和社会责任之间取得平衡,是聊天机器人发展面临的重要课题。

12.2.2 智能客服系统的实施

智能客服聊天机器人的构建主要经历以下过程:需求分析与设计、技术选型、开发与集成、测试与优化、上线与监控,每个阶段都有明确的输入和输出,以确保机器人从设计到上线的每一步都经过充分验证与优化。通过这种流程化的实施方式,电商平台能够高效地部署智能客服聊天机器人,并持续改进其性能。具体流程如图 12-4 所示。

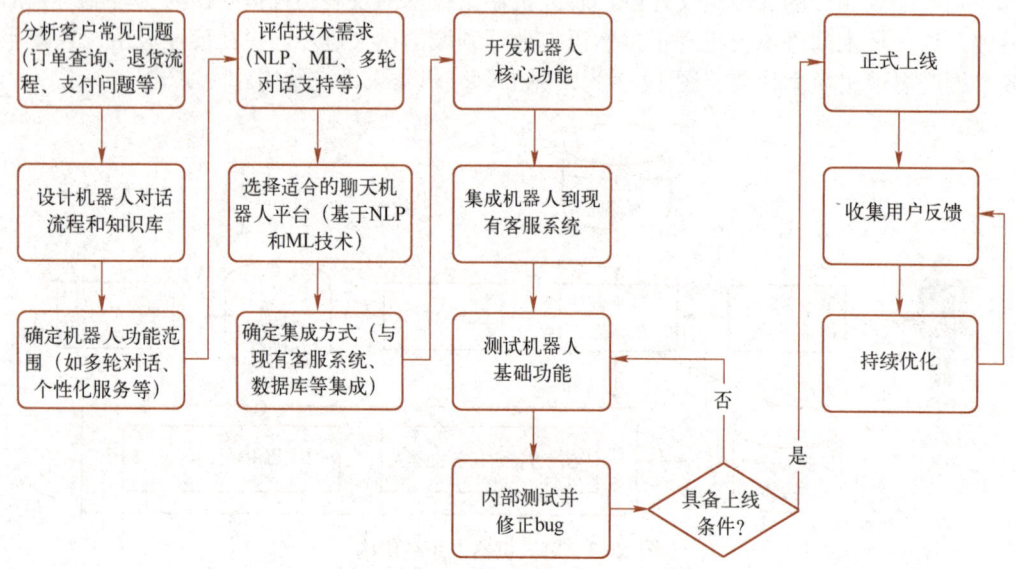

图 12-4 智能客服聊天机器人实施流程

【案例 12-3】 Google Duplex:开启自然对话新纪元

Google Duplex 是 Google 在 2018 年 I/O 开发者大会上推出的一项人工智能技术,它能够模仿人类的语音和语调,与真人进行自然流畅的电话对话,并完成特定的任务,如餐厅预订、理发预约等。这项技术一经推出便引起了广泛关注,被认为是人工智能领域的一项重大突破。

(1)功能特点

Google Duplex 最显著的特点是其高度拟人化的对话能力,能够模仿人类的语音和语调,包括自然的停顿、语气词,甚至是一些不完美的表达,如"嗯""啊"等,使对话更加真实自然。

(2)应用场景

目前,Google Duplex 主要应用于以下场景。

1)餐厅预订:用户只需告诉 Google Assistant 想要预订的餐厅、时间、人数等信息,

Google Duplex 便会自动拨打餐厅电话进行预订，并将预订结果反馈给用户。

2）理发预约：类似于餐厅预订，用户可以通过 Google Assistant 使用 Google Duplex 进行理发预约。

3）其他预约服务：未来，Google Duplex 还可以应用于其他需要电话预约的场景，如酒店预订、票务预订等。

机器人小智提问：

① 你认为 Google Duplex 在未来会朝哪些技术或方向改进？例如增强现实、脑机接口等新兴技术。

② 在实际生活中，Google Duplex 会面临哪些伦理安全或隐私问题？如何确保它在处理敏感信息时不侵害用户的权益？

12.2.3 聊天机器人的未来

聊天机器人作为人工智能领域最具代表性的应用之一，已经从最初的简单规则匹配，发展到如今能够进行自然语言交互、理解用户意图，甚至具备一定情感分析能力的智能系统。随着技术的不断进步和应用场景的不断拓展，聊天机器人的未来充满了无限可能。

1．技术发展趋势

1）更强大的自然语言处理能力。未来的聊天机器人将能够更准确地理解人类的自然语言，包括语义、语境、情感等方面。这将使得人机交互更加自然流畅，用户体验更加友好。

2）更丰富的知识库和更强大的学习能力。聊天机器人将拥有更加庞大的知识库，并能够通过机器学习不断学习和更新知识，从而提供更加精准与个性化的服务。

3）多模态交互能力。未来的聊天机器人将不仅限于文本交互，还将支持语音、图像、视频等多种模态的交互方式，为用户提供更加丰富和便捷的体验。

4）情感计算和个性化服务。聊天机器人将能够识别和理解用户的情感，并根据用户的情绪和偏好提供更加个性化的服务，如情感陪伴、心理疏导等。

> 📖 **知识拓展**
> 微软小冰情感计算应用

2．应用场景拓展

1）智能客服。聊天机器人将在电商、金融、教育、医疗等领域发挥更加重要的作用，提供 24h 在线客服服务，能够解决用户咨询、处理投诉、提供个性化推荐等。

2）虚拟助手。聊天机器人将成为人们的个人助理，帮助用户管理日程、安排行程、预订机票和酒店、查询信息等，提高生活效率。

3）教育培训。聊天机器人可以用于语言学习、知识问答、技能培训等方面，提供个性化的学习方案和实时反馈，提高学习效率。

4）医疗健康。聊天机器人可以用于疾病诊断、健康咨询、心理疏导等方面，为用户提供便捷的医疗服务和健康管理。

5）娱乐社交。聊天机器人可以用于游戏、社交、陪伴等方面，为用户提供更加丰富和有趣的娱乐体验。

3．挑战与机遇

在未来，如何提高聊天机器人的自然语言理解能力、知识表示和推理能力、情感计算能力等，仍然是需要解决的技术难题。聊天机器人的普及应用也带来了伦理和社会问题，如数据隐私、算法偏见、人机关系等，需要引起重视并制定相应的规范。聊天机器人的市场潜力巨大，将为相关企业带来巨大的商业机遇。企业需要不断创新技术、拓展应用场景，才能在竞争中脱颖而出。

未来，聊天机器人将成为人们生活中不可或缺的一部分，深刻改变人们的生活方式和工作方式。可以预见，未来的聊天机器人将更加智能化、人性化、个性化，能够更好地理解和满足人类的需求，为人类创造更加美好的未来。

12.3 智能推荐：为用户量身定制的购物体验

随着人工智能技术的发展，个性化推荐系统已经成为现代互联网服务的重要组成部分。无论是电商、视频平台，还是社交媒体和新闻网站，智能推荐系统都能根据用户的兴趣及行为，为其提供"量身定制"的内容或商品建议。这种技术不仅提升了用户体验，还帮助企业实现了精准营销和业务增长。

本节将介绍智能推荐的基本原理、核心技术以及其在实际场景中的应用，并探讨其面临的挑战和未来发展趋势。

12.3.1 推荐系统是如何"读懂"用户的？

从琳琅满目的商品到层出不穷的新闻资讯，如何快速找到自己感兴趣的内容，成为一个巨大的挑战。而推荐系统正是为了解决这一难题应运而生的。

> **知识拓展**
> 个性化音乐推荐

推荐系统根据用户的兴趣和偏好，自动推荐用户可能感兴趣的信息或物品。它就像一位贴心的助手，时刻关注着用户的行为，试图"读懂"用户的心思，并提供个性化的服务。那么，推荐系统是如何"读懂"用户的呢？

1. 数据收集：了解用户的第一步

推荐系统要"读懂"用户，首先需要收集与用户相关的数据。这些数据就像拼图的一块块碎片，拼凑起来才能形成完整的用户画像。常见的数据收集方式包括显式反馈和隐式反馈两种，见表12-1。

表12-1 常见数据收集方式及收集内容

数据收集方式	收集内容
显式反馈	评分：对商品、电影、音乐等进行打分
	点赞/收藏：对感兴趣的内容进行点赞或收藏
	评论：发表对商品、服务等的评价
隐式反馈	浏览历史：浏览过的商品、文章、视频等
	搜索记录：搜索过的关键词、商品等
	购买记录：购买过的商品、服务等
	点击行为：点击过的链接、按钮等
	停留时间：在某个页面停留的时间长短
其他相关数据	物品信息：商品的类别、价格、品牌、描述等
	上下文信息：用户所处的时间、地点、设备等

2. 特征工程：从数据中提取关键信息

收集到的原始数据往往杂乱无章，需要经过清洗、转换等处理，才能提取出对推荐系统有用的特征。特征工程的目的是将原始数据转换为推荐系统能够理解和处理的格式，为后续的模型训练打下基础。

3. 模型训练：学习用户的兴趣偏好

推荐系统的核心是推荐算法，它决定了系统如何根据用户数据和物品数据，预测用户对物品的喜好程度，并生成推荐列表。推荐算法通常利用深度学习模型实现，模型的训练过程就是利用收集到的数据，不断调整模型参数，使模型能够更准确地预测用户的兴趣偏好。常见的推荐算法分类如下。

1）基于内容的推荐。根据用户过去喜欢的物品，推荐与之相似的物品。例如，用户喜欢看科幻电影，系统就会推荐其他科幻电影。

2）协同过滤推荐。根据与用户兴趣相似的其他用户的行为来推荐物品。例如，用户 A 和用户 B 都喜欢商品 X 和商品 Y，而用户 B 还喜欢商品 Z，那么系统就会将商品 Z 推荐给用户 A。

3）混合推荐。将多种推荐算法结合起来，取长补短，以提高推荐的准确性和多样性。

4. 推荐生成：为用户量身定制

经过模型训练，推荐系统就可以根据用户的实时行为数据，生成个性化的推荐列表。例如，Top-N 推荐是推荐用户最可能感兴趣的 N 个物品，相关推荐是推荐与用户当前浏览物品相似的其他物品，个性化推荐则是根据用户的兴趣偏好，推荐符合其个性化需求的物品。

12.3.2 AI 如何提高用户的购物乐趣

在当今这个信息爆炸的时代，购物早已不再是简单的"一手交钱，一手交货"。人工智能技术的出现，为大众购物场景提供了全新的解决方案，正在悄然改变大众的购物方式，大幅提升了购物乐趣。

1. 从"人找货"到"货找人"：个性化推荐

传统的购物模式是"人找货"，消费者需要花费大量时间和精力去搜索、比较、筛选商品。而 AI 驱动的个性化推荐系统则颠覆了这一模式，实现了"货找人"。

AI 可以通过分析用户的浏览历史、购买记录、搜索关键词、社交媒体行为等数据，构建出精准的用户画像，从而了解用户的兴趣爱好、消费习惯、购买力等信息。例如，一位经常浏览运动鞋和健身器材的用户，很可能会被推荐最新款的跑鞋或健身课程。

个性化推荐能够根据用户所处的场景和实时需求，推荐更贴合当下情境的商品。例如，当用户身处电影院时，可能会收到附近餐厅的优惠券推荐；当用户搜索"旅行"关键词时，可能会被推荐旅行箱、防晒霜等旅行必备品。

2. 从"被动接受"到"主动探索"：智能搜索与虚拟试衣智能客服

AI 不仅可以帮助用户更高效地找到商品，还可以令用户更直观地了解商品，从而提升购物效率。

1）智能搜索，告别关键词匹配。传统的搜索引擎依赖于关键词匹配，往往会出现搜索结果不准确、不全面的问题。而 AI 驱动的智能搜索，可以理解用户的自然语言表达，识别用户的搜索意图,并提供更精准、更全面的搜索结果。

2)虚拟试衣,打破时空限制。对于服装、饰品等商品,消费者往往需要亲自试穿才能判断是否合适。而 AI 虚拟试衣技术,可以让用户足不出户就能体验试穿效果。

3)智能客服,24h 在线解答疑问:AI 客服机器人可以 24h 在线解答用户的疑问,提供产品咨询、售后服务等,解决用户购物过程中遇到的问题,从而提升购物体验。

3. 从"单一购物"到"沉浸式体验":AR/VR 技术

AI 与增强现实(Augment Reality,AR)、虚拟现实(Virtual Reality,VR)等技术的结合,为消费者打造了更加沉浸式的购物体验。

1)AR 试妆、试戴,体验更直观。AR 技术可以将虚拟商品叠加到现实场景中,让用户更直观地体验商品效果。用户可以通过手机摄像头,虚拟试戴不同款式的眼镜、首饰,或者试妆不同色号的口红、眼影。

2)VR 购物,足不出户逛遍全球。VR 技术可以为用户打造虚拟的购物环境,让用户足不出户就能逛遍全球商场,体验身临其境的购物乐趣。

4. 从"价格导向"到"价值认同":情感计算与社交电商

AI 不仅可以提升购物效率,还可以帮助用户更好地了解商品背后的故事,与品牌建立情感连接。社交电商的主要目标是构建商家与客户之间的信任与共鸣。AI 可以赋能社交电商平台,通过分析用户的社交关系、兴趣爱好等数据,推荐更符合用户需求的商品,并促进用户之间的交流和分享,构建信任与共鸣。

12.3.3 智能推荐的基础是数据

在信息爆炸的时代,人们每天都被海量的信息包围。从琳琅满目的商品到层出不穷的新闻资讯,如何快速找到自己感兴趣的内容,成为一个巨大的挑战。而智能推荐系统正是为了解决这一难题应运而生,是躲在海量数据背后的"操盘手"。

1. 数据:智能推荐的基石

智能推荐系统之所以能够精准地预测用户喜好,离不开海量数据的支撑。这些数据就像是一座金矿,蕴藏着用户行为、兴趣爱好等宝贵信息。以下是推荐系统中一些常见的数据内容。

1)用户数据。包括用户的基本信息(如年龄、性别、地域等)、行为数据(如浏览记录、搜索记录、购买记录等)以及社交数据(如好友关系、点赞评论等)。

2)物品数据。包括物品的属性信息(如商品的类别、品牌、价格等)、内容信息(如新闻的标题、正文、关键词等)以及上下文信息(如发布时间、地理位置等)。

3)交互数据。记录用户与物品之间的交互行为(如点击、购买、评分等),反映用户对物品的喜好程度。

2. 海量数据带来的问题

尽管智能推荐系统已经取得了显著成果,但由于数据基数量大、类型繁杂、规范性差等原因,仍然面临着一些挑战。

1)数据稀疏性。用户与物品之间的交互数据往往非常稀疏,难以准确反映用户的真实喜好。

2)数据冷启动问题。对于新用户或新物品,缺乏足够的历史数据,难以进行准确的推荐。

3）算法面临的数据不均衡与数据偏差。推荐算法可能会受到数据偏差的影响，导致推荐结果不够公平和客观。

4）用户隐私保护。智能推荐系统需要收集和分析用户数据，如何保护用户隐私是一个重要的问题。

【案例 12-4】 Netflix 利用多模态推荐提升用户体验

Netflix 作为全球领先的流媒体平台，拥有海量的影视资源。为了帮助用户在海量内容中找到自己感兴趣的视频，Netflix 一直致力于提升其推荐系统的精准度和用户体验。为了克服海量数据下的各种挑战，Netflix 将多模态学习技术引入其推荐系统，利用多种模态数据来提升推荐的准确性和用户体验。

Netflix 利用深度学习技术，将不同模态的数据进行融合，构建更加全面和精准的视频表示。

- 文本图像融合技术。利用卷积神经网络（CNN）提取图像特征，并利用循环神经网络（RNN）提取文本特征，然后将两种特征进行融合，得到视频的语义表示。
- 音频视频融合技术：利用三维卷积神经网络（3DCNN）提取视频特征，并利用音频特征提取网络提取音频特征，然后将两种特征进行融合，得到视频的情感表示。

Netflix 通过引入多模态推荐系统，取得了显著的效果。多模态数据能够更全面地反映用户的兴趣和视频的内容，从而提升推荐的准确率。对于新用户或新上线的视频，可以利用多模态数据进行推荐，缓解冷启动问题。多模态推荐能够为用户提供更加个性化、精准的视频推荐，提升用户的观看体验和满意度。

机器人小智提问：

① Netflix 中的推荐系统是如何平衡推荐的相关性和多样性的？它是否会出现"冷启动"或"信息孤岛"问题？

② 随着推荐算法技术的迭代更新，你认为有哪些具体的前沿推荐算法应该纳入到类似于 Netflix 的视频网站？目前主流的推荐系统普遍存在哪些技术缺陷？

12.4 超智能物流：送货就像变魔术

随着人工智能技术的快速发展，超智能物流逐渐成为现代物流领域的一个重要研究方向。超智能物流是指通过运用先进的信息技术、大数据分析和自动化设备，对物流过程中的各个环节进行智能化管理与优化。其核心目标是在保证货物高效、安全运输的同时，最大限度地降低物流成本。

本节先介绍智能物流的兴起与发展，随后分别从自动化仓库和运输优化算法两个方面详细讲述超智能物流是如何撑起人工智能时代智能商务中物流这最关键的一环的。

12.4.1 智能物流的崛起

随着电子商务的蓬勃发展和全球化进程的加速，传统物流模式面临效率低下、成本高昂、信息不透明等挑战。人工智能技术的兴起，为物流行业带来了革命性的变革，智能物流应运而生，成为推动物流行业转型升级的重要引擎。

1. 智能物流的定义与特征

智能物流是指利用人工智能、物联网、大数据、云计算等新一代信息技术，实现物流各环节的智能化、数字化和网络化，从而提高物流效率、降低物流成本、提升用户体验。智能物流具有智能化、数字化和网络化三大特征。

2. 人工智能赋能智能物流

人工智能技术为智能物流的发展提供了强大的技术支撑，主要应用在以下场景。

1）智能仓储。例如，自动化立体仓库、智能库存管理和无人仓，利用机器人和自动化设备，实现货物的自动存取、搬运和分拣，以及实现库存的精准管理和优化。

2）智能运输。主要包括智能路径规划、无人车或无人机配送等场景，利用人工智能算法，结合实时交通信息，为运输车辆规划最优路径，从而提高运输效率，降低运输成本。

3）智能配送。利用配送机器人，实现货物的自动配送，实现冷链物流的全程温控、实时监控和智能预警，或是实现跨境物流的快速通关、全程可视化和智能追踪，能够提高跨境物流效率，整合社会闲散运力，从而实现配送资源的共享和优化配置。

12.4.2　自动化仓库

传统的仓库管理模式已无法满足现代物流的高效、精准和灵活性要求。在此背景下，智能物流应运而生，其中自动化仓库作为智能物流的核心组成部分，正逐步改变着物流行业的运作方式。

> 📖 **知识拓展**
> 亚马逊智能物流机器人

1. 自动化仓库的概念

自动化仓库是指利用先进的自动化技术与智能系统，实现仓库内货物的自动存储、检索、搬运和管理的一种现代化仓储模式。它通过集成各种自动化设备，如自动导引车（Automated Guided Vehicle，AGV）、自动存储和检索系统（Automated Storage and Retrieval System，AS/RS）、机器人、传感器以及智能控制系统，实现仓库作业的高度自动化与智能化。

自动化仓库的核心目标是通过减少人工干预、提高作业效率和准确性，降低运营成本，从而提升整体物流供应链的竞争力。它不仅能够处理大量的货物，还能在复杂的环境中实现精准操作，满足多样化的客户需求。

2. 自动化仓库的关键技术

（1）自动存储和检索系统（AS/RS）

AS/RS 是自动化仓库的核心设备之一，通过自动机械装置实现货物的自动存储和检索。AS/RS 通常由高层货架、堆垛机、输送系统和控制系统组成。其中，堆垛机能够在货架之间快速移动，精确地存取货物，极大提高仓库的空间利用率和作业效率。

（2）自动导引车（AGV）

AGV 是一种无人驾驶的运输车辆，能够在仓库内自动导航，完成货物的搬运任务。AGV 通过激光导航、磁条导航或视觉导航等技术，实现精准定位和路径规划。它能够与AS/RS 和其他自动化设备协同工作，形成高效的物流搬运系统。

（3）人工智能（AI）和机器学习

人工智能和机器学习技术在自动化仓库中的应用，主要体现在智能调度、路径优化和预测分析等方面。通过分析历史数据与实时数据，AI 系统能够优化仓库的作业流程，提高资源利用率。

3. 自动化仓库的优势

自动化仓库通过自动化设备和智能系统，能够大幅提高货物的存储、检索和搬运效率。相较于传统仓库，自动化仓库的作业速度更快、准确性更高，能够满足大规模、高频率的订单处理需求。自动化仓库减少了对人力的依赖，降低了人工成本，具有较强的灵活性和可扩展性，能够根据业务需求进行快速调整与扩展。

【案例12-5】 京东"亚洲一号"仓库

京东"亚洲一号"仓库是中国最大的自动化仓库之一，代表了现代物流技术的最高水平。作为京东智能物流体系的核心组成部分，"亚洲一号"仓库不仅采用了大量的自动化设备，还深度融合了人工智能技术，以实现仓库运营的高效化、智能化和精准化。图12-5详细描绘了"亚洲一号"仓库中涉及的人工智能技术。

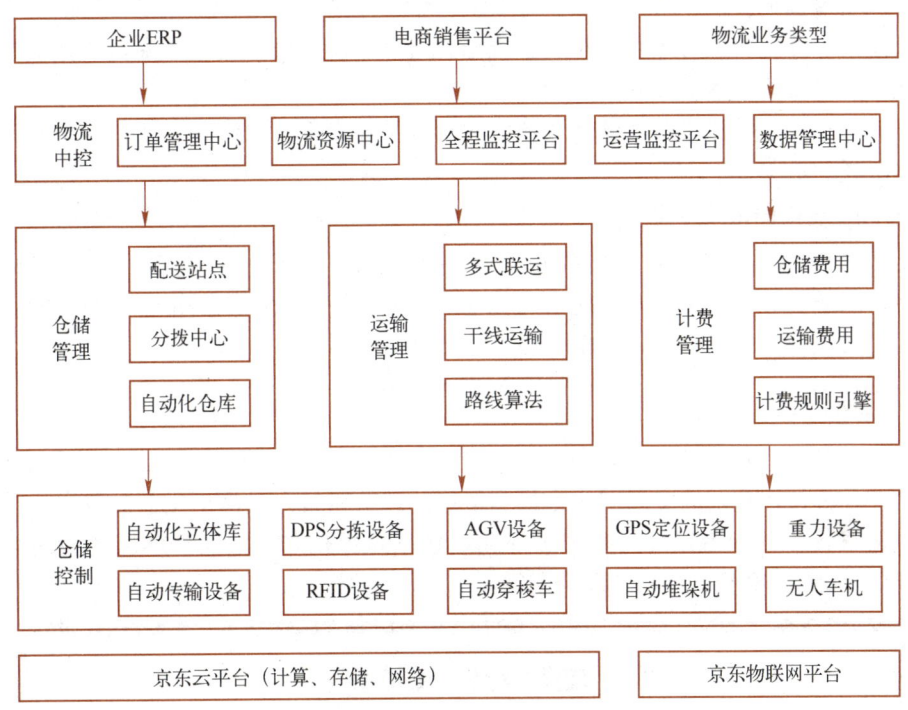

图12-5 京东"亚洲一号"仓库

（1）智能仓储管理系统

京东"亚洲一号"仓库通过人工智能技术实现了智能库存管理。系统能够实时监控库存状态、预测商品需求，并自动调整库存分布。AI算法通过分析历史销售数据、季节性波动、促销活动等因素，生成精准的需求预测模型，从而优化库存水平，减少库存积压和缺货现象。

（2）智能分拣与搬运系统

"亚洲一号"仓库中部署了大量的自动分拣机器人，这些机器人通过计算机视觉和深度学习技术，能够快速识别货物的形状、大小和条码信息。AI算法优化了分拣路径，以确保机器人能够以最短的时间和距离完成分拣任务。

（3）计算机视觉与智能识别

在"亚洲一号"仓库中，计算机视觉技术被广泛应用于货物的识别与分类。系统通过摄像头和传感器，能够快速识别货物的外观特征、条码信息以及包装状态。AI 技术还被用于货物的质量检测。系统能够自动检测货物的包装是否完好、标签是否正确、是否存在损坏等问题。

（4）智能调度与路径优化

"亚洲一号"仓库的 AI 调度系统能够根据订单需求、设备状态和人员分布，自动分配任务。例如，当多个订单同时到达时，AI 系统会根据订单的紧急程度、货物的存储位置和设备的可用性，生成最优的任务分配方案。这种智能调度方式显著提高了仓库的作业效率。

（5）数据驱动与持续优化

"亚洲一号"仓库通过 AI 技术对海量数据进行分析，优化仓库运营。通过机器学习技术，系统能够不断从历史数据中学习，并优化算法模型。

机器人小智提问：

① "亚洲一号"物流仓库应用了哪些自动化仓库的关键技术？请详细列举并说明"亚洲一号"是如何将这些技术融合在一起的。

② "亚洲一号"物流仓库在设计时应注意哪些环保和节能因素？如何智能化地最大程度减少能源消耗和浪费？

4. 自动化仓库的未来发展趋势

自动化仓库的应用场景将不断扩大，不仅限于传统的制造业和零售业，还将扩展到医药、食品、冷链物流等领域。未来的自动化仓库将实现更高效的协同作业，通过物联网和云计算技术，实现仓库内各种设备和系统的无缝连接与协同工作。

12.4.3 运输优化

运输优化是智能物流的核心问题之一，用以解决传统物流体系的各种难题，如图 12-6 所示。它涉及如何在复杂的交通网络中找到最优的运输路线，以最小化运输成本、时间或资源消耗。运输优化问题可以分为多个子问题，包括路径规划算法、车辆路线问题（Vehicle Routing Problems，VRP）、货物装载问题等。

图 12-6 运输优化算法的各种难题

1．常见的运输优化算法

（1）路径规划算法

路径规划是运输优化中最基础的问题之一。其目标是在给定的起点和终点之间找到一条最优路径。常用的路径规划算法包括 Dijkstra 算法、A*算法和蚁群算法等。

（2）车辆路线问题

车辆路线问题是智能物流中的经典问题。其目标是在满足一定约束条件下（如车辆容量、时间窗等），找到一条最优的运输路线，使得车辆完成所有任务点的总成本最小。常用的 VRP 算法包括遗传算法、动态规划和群智能算法等。

（3）货物装载问题

货物装载问题是物流运输中的另一个重要问题。其目标是在有限的车辆载重及空间条件下，合理安排货物的装载顺序和位置，以最大化车辆利用率或最小化运输次数。

2．智能物流中的运输优化算法应用

（1）城市配送路径优化

在城市配送中，物流企业需要面对复杂的交通网络和多变的交通状况。传统的路径规划方法往往无法实时响应交通拥堵或道路封闭等问题。通过引入智能算法，如强化学习和实时数据反馈机制，可以实现动态路径优化。

（2）大规模跨境运输优化

在跨境运输中，由于涉及多个国家和地区的物流网络，运输优化问题更加复杂，需要考虑的因素包括海关清关时间、不同国家和地区的交通法规、汇率波动等。通过建立多目标优化模型，并结合机器学习技术进行数据预测与分析，可以找到最优的运输路径和调度方案。

（3）智能仓储与货物装载优化

在智能仓储系统中，货物装载问题是一个关键环节。通过使用计算机视觉技术和深度学习算法，可以实现对货物自动识别、分类和定位，并结合货物装载算法生成最优装载方案。

3．智能物流运输优化算法的发展趋势

（1）数据驱动与人工智能结合

随着物联网技术和传感器设备的普及，物流企业可以收集海量的实时数据（如交通流量、货物状态等）。通过将这些数据与人工智能技术相结合，可以进一步提升运输优化算法的精度和效率。

（2）实时性与动态性增强

传统的运输优化算法通常基于静态的数据输入，难以应对实际物流中的动态变化。未来的发展趋势是通过实时数据分析与反馈机制，实现动态路径优化和车辆调度。

（3）绿色物流与可持续发展

随着环保意识的增强，绿色物流成为一个重要的研究方向。运输优化算法需要考虑如何减少碳排放、降低能源消耗等环境因素。

12.5 财务助手：AI 的"会计"新技能

传统的会计工作以烦琐的数据记录、分类和报表生成为核心，而人工智能技术的引入正在令这一行业焕发生机。从自动化记账到数据分析，从预测性分析到智能化审计，AI 正在赋予财务助手全新的技能，使其能够更高效、更准确地完成复杂的财务任务。

12.5.1　AI 如何改变财务工作

从自动化到数据分析，再到风险管理，AI 正在重塑财务管理的方式。本小节将探讨 AI 如何改变财务工作，涵盖效率提升、决策优化、风险管理和客户服务等方面。

1．自动化与效率提升

传统的财务工作往往需要大量的人工操作，如数据录入、账单处理、报告生成等。这些重复性任务不仅耗时费力，还容易出错。AI 通过自动化技术显著提升了这些流程的效率和准确性。

例如，AI 驱动的机器人流程自动化（Robotic Process Automation，RPA）工具可以模拟人类在计算机上的操作，自动执行数据录入、文件处理等任务；通过 OCR 技术和自然语言处理，AI 能够从扫描的文档中提取关键信息，并自动生成会计分录或报告。

2．数据分析与决策支持

财务部门每天都会接触到大量的数据，包括交易记录、预算信息和市场趋势等。传统的数据分析方法依赖于手动筛选和统计分析，而 AI 的强大处理能力使得数据的价值能够得到更充分的挖掘。

通过机器学习算法，AI 可以在历史数据中发现模式，并对未来进行预测，以及时识别异常交易或潜在的财务问题。

3．风险管理与欺诈检测

在金融领域，风险管理和欺诈检测是重中之重。AI 通过复杂的算法，并利用大数据处理能力，在这两个方面发挥了重要作用。利用监督学习模型，AI 能够识别出异常的交易模式，从而快速发现潜在的欺诈行为。还可以通过分析大量的信用历史数据和市场信息，生成更精准的信用评分模型。

4．未来趋势与挑战

尽管 AI 在财务领域的应用已经取得了显著成效，但仍面临一些挑战。随着深度学习和强化学习的进步，AI 模型将更加智能化和自适应。这可能导致出现更复杂的决策系统，但同时也需要更高的透明度和可解释性。在利用 AI 处理财务数据时，必须严格遵守相关法律法规，如 GDPR 等。确保数据的隐私和安全是未来发展的关键。

12.5.2　欺诈检测

在欺诈检测方面，AI 展示出巨大的潜力和优势。传统的会计工作依赖于人工审核和经验判断，效率较低且容易受到人为因素的影响。而通过引入智能会计系统，可以显著提升欺诈检测的准确性和效率，为企业的财务安全提供强有力的支持。

2018 年，国内一家知名药企深陷财务造假泥潭，累计虚增货币资金超过 880 亿元，成为 A 股市场历史上最大规模的财务造假案。事实上，学者们利用欺诈检测算法，在 2017 年、2018 年连续两年均锁定了该公司财务造假的蛛丝马迹。欺诈检测模型给出的得分被称为 "M 分数"，当该值大于-1.78 时，说明该公司极有可能造假；当该值小于-2.22 时，则说明该公司造假概率不高；当处于中间值时，说明该公司有一定的造假可能性，见表 12-2。

表 12-2　2016—2018 年该药企财务报表数据造假情况

指标	2018/12 原值	2017/12 原值	2016/12 原值	系数	2018/12 模型值	2017/12 模型值	2016/12 模型值
应收账款指数	1.2527	1.9854	1.0135	0.920	1.1525	1.8266	0.9324
毛利率指数	0.8869	1.0594	0.2138	0.528	0.4683	0.5594	0.1129
资产质量指数	0.9708	0.9086	1.1994	0.404	0.3922	0.3671	0.4846
销售增长指数	0.9710	0.8124	1.1976	0.892	0.8661	0.7246	1.0682
折旧费用指数	1.0643	0.9711	0.9618	0.115	0.1224	0.1117	0.1106
管理费用指数	1.0206	1.8765	1.0993	−0.172	−0.1755	−0.3228	−0.1891
财务杠杆指数	1.1414	1.2139	0.9178	−0.327	−0.3733	−0.3969	−0.2298
总应计利润指数	0.3354	0.3859	−0.0489	4.697	1.5753	1.8128	−0.2298
M 分数		—			−0.8119	−0.1576	−2.8503
造假概率					非常高	非常高	低

1. 技术基础

（1）机器学习与深度学习

人工智能的核心技术之一是机器学习（Machine Learning）。通过训练模型识别数据中的模式和异常，机器学习能够有效地用于欺诈检测。

（2）自然语言处理

会计数据不仅有数字，还包括大量的文本信息，如财务报告、交易记录等。自然语言处理（NLP）技术能够从这些文本中提取有用的信息，从而帮助识别潜在的欺诈行为。

（3）数据挖掘与分析

通过大数据技术对海量交易数据进行挖掘与分析，可以发现隐藏在数据中的异常模式和趋势，从而提高欺诈检测的能力。

2. 欺诈检测的具体应用

（1）异常检测

AI 系统可以通过分析历史交易数据，识别出偏离正常模式的交易行为。

① 统计异常：通过均值、标准差等统计指标，发现明显偏离预期的交易。

② 基于规则的异常：根据预定义的规则（如单笔交易金额过大）检测异常。

（2）模式识别

AI 能够学习和识别复杂的欺诈模式。

① 序列分析：识别连续交易中的异常行为，如短时间内频繁的资金转移。

② 关联规则挖掘：发现某些交易之间的关联性，从而识别潜在的洗钱或欺诈网络。

（3）实时监控

借助实时数据流处理技术（如流计算），AI 系统可以对正在进行的交易进行即时分析，迅速发现并阻止欺诈行为的发生。

3. 数据隐私与合规性

在会计领域应用 AI 进行欺诈检测时，数据隐私与合规性是不可忽视的重要问题。以下是主要考虑因素。

（1）GDPR 的要求

根据《通用数据保护条例》（GDPR），企业必须确保个人数据的处理符合法律规定，并提供必要的透明度和可解释性。

（2）反事实解释

反事实解释（Counterfactual Explanations）是一种用于提高 AI 决策透明度的方法。通过这种方式，企业可以向数据主体说明，在何种情况下决策结果都可能会发生改变。

（3）数据安全

在处理敏感的财务数据时，必须采取严格的安全措施，防止数据泄露和未经授权的访问。主要包括加密技术、访问控制以及安全审计等。

12.5.3 财务预测

传统的财务预测方法往往依赖于历史数据和手动分析，不仅耗时费力，而且容易受到主观判断的影响，导致结果可能存在较大误差，如图 12-7 所示。

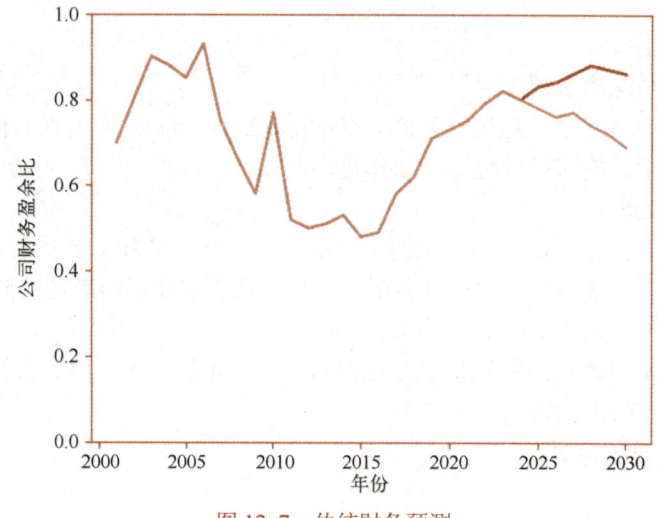

图 12-7 传统财务预测

近年来，人工智能技术的快速发展为财务预测带来了革命性的影响。通过利用机器学习、深度学习和自然语言处理等技术，企业可以更加高效地分析大量数据，并生成更加准确的财务预测结果。

1．智能化财务预测的实际应用

（1）财务报表分析与预测

传统的财务报表分析依赖于人工计算和主观判断。而通过人工智能技术，企业可以自动化地生成财务报告，并基于历史数据预测未来的财务状况。

（2）投资决策

投资者在进行股票投资时，通常需要分析大量的市场数据和公司基本面信息。智能财务基于算法模型实时分析市场数据，并生成买卖信号，同时利用机器学习模型预测公司的违约概率或破产风险。

（3）预算与成本控制

企业预算编制是一项复杂的任务，涉及大量数据的收集和分析。智能财务能够基于历史销售数据和市场趋势，预测未来的市场需求，同时利用深度学习模型分析成本构成，并提出降本建议。

2．智能化财务预测的挑战

尽管人工智能在财务预测中具有诸多优势，但其应用仍然面临一些挑战。

（1）数据隐私与合规性

随着《通用数据保护条例》（GDPR）等法规的出台，企业需要更加注重数据隐私与合规性。在利用人工智能技术进行财务预测时，企业必须确保数据收集、存储和使用过程符合相关法律法规。

（2）模型的可解释性

许多深度学习模型（如神经网络）具有较高的预测精度，但其内部机制往往难以解释。这种"黑箱"特性可能会影响企业在实际应用中的信任度和接受度。

（3）数据质量和数量限制

人工智能技术对数据的质量和数量有较高要求。如果企业的财务数据存在缺失、噪声或偏差，可能会导致模型预测结果不准确。

12.6 思考与练习

1．简答题

1) 详细列出智能商务系统所涵盖的人工智能技术，并说明这些技术是如何在智能商务系统中发挥作用的。

2) 讨论如何在智能商务系统中实现用户反馈与模型优化的闭环。

3) 请解释智能商务系统中的数据隐私问题及应对措施。

2．辩论题

1) 航空、酒店等行业利用 AI 动态定价技术（如实时供需预测、用户画像分析）优化收益，但可能引发消费者对"价格歧视"的质疑。同一商品对不同用户显示不同价格是否合理？如何定义"合理差异"与"价格歧视"的边界？

2) 在数据驱动型智能商务时代，如何平衡用户隐私与商业利益？探讨数据利用的边界问题，并结合法律法规和技术手段提出可行性方案。

3．调查题

请通过网络搜证、实地探访等方式调查北京极智嘉公司的物流工厂，准备调查问卷并搜集数据，思考该公司是如何打造机器人互联网+智能物流的？在业务中，公司是如何打通智能商务全流程的？其在智能物流领域又有哪些独创性的优势或经验？

第 13 章
人工智能在航天领域的应用

本章导读（思维导图）

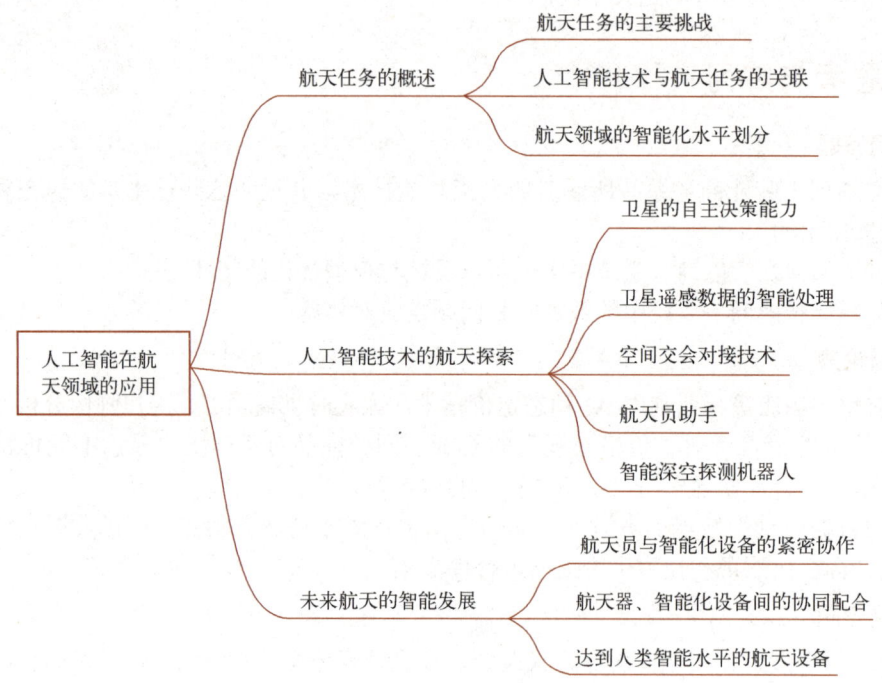

从古至今，人们从未停止对太空的向往。古人的浪漫在于妙想，无论是家喻户晓的"嫦娥奔月""夸父逐日"，还是王勃笔下的"天高地迥，觉宇宙之无穷"，无不展现出对宇宙的憧憬。而现代科学家的浪漫在于实干：1957 年苏联成功发射第一颗人造卫星——斯普特尼克 1 号（Sputnik-1），标志着人类进入太空时代；1961 年加加林完成世界上首次载人太空飞行任务，成为第一个进入太空的人类；1969 年阿姆斯特朗第一个登上月球，成就了人类的一大步……而人工智能的出现为航天领域的发展带来新的助力，如自主优化任务路径、自动处理和分析海量航天数据、星表巡视与探测等。本章以人工智能为核心，详细阐述其在航天领域的不同应用及实例。

【案例 13-1】 卫星界的 "MOSS"

《流浪地球 2》作为一部科幻题材电影备受大家关注，其中讨论度最高的包括人工智能计算机 "MOSS"。它是电影里领航员空间站的核心智能主机，负责管理空间站的事务。"MOSS" 没有任何感性思维，只根据算法进行理论计算和理性判断，并且能够在最短的时间内做出最正确的决定。而如今我国推出的一款航天领域大语言模型 "华山"，被誉为 "卫星界的 MOSS"，也是目前所知的人工智能大语言模型在中国航天领域的首次应用。

"华山" 大语言模型以在轨卫星管理专业知识库为基础，搭建航天器操作平台，通过语音或文本互动，即可实现航天器在轨管理、航天器管理人员培训等功能。该模型具备自然语言多轮问答能力，在轨运行试验期间回答了 "你会选择什么超能力？""国庆节有什么想对祖国说的话？""国庆节旅游目的地有什么推荐？" 等一系列问题。同时，它可以通过对卫星指令的加工和对比，最大化覆盖航天领域中的经验化场景。除此之外，它还具有实时故障分析预警功能、数据库检索分析功能，能够实现卫星领域知识多模态检索和整理、故障归因因果推断分析以及工作计划文件生成。

（资料来源：网络资料整理）

机器人小智提问：
① 案例中提到的 "华山" 大语言模型主要采用了哪些人工智能技术？
② 你认为人工智能技术还可以被运用到卫星管理的哪些方面？

13.1 航天任务的概述

"谁控制了太空，谁就控制了地球"，这是多年前时任美国总统肯尼迪的一句预言。在此之后，各国更加积极地投身于航天领域的研究，希望掌握未来竞争的制高点。中国航天事业的发展开始于 1956 年，当时著名科学家钱学森向中央提交了《建立中国国防航空工业的意见》，并成立了中华人民共和国航空工业委员会，统一领导中国的航空和火箭事业。1970 年 4 月 24 日，中国成功发射了第一颗人造卫星 "东方红一号"，成为世界上第五个独立发射人造卫星的国家。自此，我国以该航天任务为起点，开启了中国航天事业的新纪元。

13.1.1 航天任务的主要挑战

航天任务包含多方面的工作内容，根据任务目标的不同可将其分为军事航天任务、民用航天任务和商业航天任务。2003 年，神舟五号载人飞船的成功发射，实现了中国首次载人航天飞行，同时也给中国航天任务提供了一种新的分类方法。根据是否载人，可将其分为载人航天任务和类似我国北斗卫星系统的不载人航天任务。当前我国航天事业正处于不断发展阶段，但由于航天任务的特殊性仍面临很多挑战。

1. 太空环境

太空的微重力环境会导致航天员的身体发生肌肉萎缩、骨骼钙质流失等一系列变化，同时会导致生活物资特别是液体食物的储存运输变得困难。同时，太空中较大的温度变化范围也会对航天活动造成阻碍。例如，面向太阳的一面温度可高达几百摄氏度，而背向太阳的一面温度则可低至零下一百多摄氏度。除此之外，太空中还存在各种高能粒子和辐射，如太阳耀斑爆发时释放的大量高能粒子、宇宙射线等，除了会影响航天员的身体健康，还会对航天器中的电子设备造成干扰甚至损害。

> 太阳耀斑是指太阳表面局部区域突然和大规模的能量释放过程，所辐射出的光的波长横跨整个电磁波谱。

2. 航天数据

航天数据贯穿航天任务的全流程：任务开始前，需要海量数据支撑任务的科学规划与风险评估；任务执行中，依赖实时监测数据确保航天器的状态；任务完成后，通过数据评估任务的完成情况、目标达成度等，并为后续任务优化提供可靠的数据依据。因此，航天数据在航天任务中至关重要，当前取得的航天数据存在以下特点。

1）**大规模**。自1970年"长征一号"成功首飞以来，中国运载火箭已累计发射641次，成为支撑航天器入轨的核心运载工具，具体统计数据见表13-1。而与任务量同步增长的是数据规模，例如，在中国空间站获取的超过300TB的科学数据，相当于超过4万部高清电影的体积总和。

表13-1 中国运载火箭逐年发射次数统计（截至2024年12月30日）

年份	发射次数	年份	发射次数	年份	发射次数	年份	发射次数
1970年	1	1984年	3	1998年	6	2012年	19
1971年	1	1985年	1	1999年	4	2013年	15
1972年	0	1986年	2	2000年	5	2014年	16
1973年	1	1987年	2	2001年	1	2015年	19
1974年	2	1988年	4	2002年	4	2016年	22
1975年	3	1989年	0	2003年	7	2017年	18
1976年	3	1990年	5	2004年	8	2018年	39
1977年	0	1991年	1	2005年	6	2019年	34
1978年	1	1992年	4	2006年	6	2020年	39
1979年	1	1993年	1	2007年	10	2021年	55
1980年	0	1994年	5	2008年	11	2022年	64
1981年	1	1995年	3	2009年	6	2023年	67
1982年	1	1996年	4	2010年	15	2024年	68
1983年	1	1997年	6	2011年	19		

机器人小智提问：
① 请查询相关资料，计算1970年至今中国运载火箭发射的成功率？
② 对于成功率的计算结果你有什么看法？

2）**多样性**。航天任务会产生不同类型的数据，包括航天器的遥测数据（如温度、压力、电流等传感器数据）、飞行器的音频记录、通信数据以及卫星拍摄的图像等。图13-1a为嫦娥四号任务中"龙江二号"微卫星拍摄的地月合影图，图13-1b是"海南一号"卫星针对海南及环省海域的遥感成像。

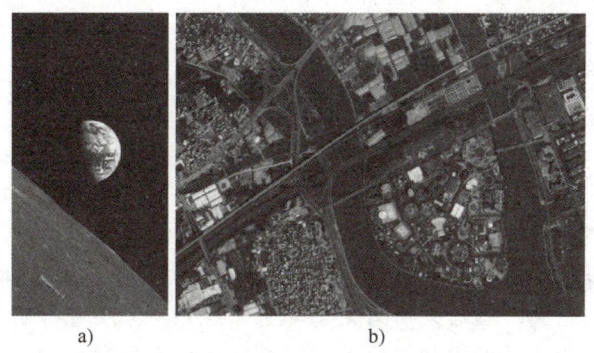

图 13-1 航天任务产生的不同数据类型图
a) 地月合影图　b) 遥感成像图

3）**实时性**。航天任务需要进行实时监测和控制,例如,在航天器的飞行过程中,需要实时获取与分析各种传感器数据,以便及时调整飞行姿态和轨迹。

4）**储存价值**。中国遥感卫星地面站管理着从 1986 年至今超过 600TB 的历史存档数据,是世界上接收与处理卫星数量最多的机构之一,也是我国时间最长的对地观测卫星数据历史档案库。这些数据不仅对当前任务有重要意义,还具有长期的历史价值。

3. 航天技术

随着航天事业的创新与发展,航天任务的复杂度逐步增加,特别是太空探索方面对航天活动各个阶段提出了更高的技术要求。例如,在任务准备阶段,需要研发耐极端环境的材料、设计抗冲击的结构等;在发射阶段,需要攻克高比冲的推进系统、高精度的发射控制以及动态轨道避障等技术;在轨运行阶段,要求实现亚米级的轨道维持、多模态的姿态控制以及抗干扰的导航定位等技术;返回阶段则需要耐超高温烧蚀的材料、可靠的热防护系统以及高精度的导航、制导和控制技术。

航天事业的成功推进面临诸多挑战,虽然持续探索多种解决方案,但尚未取得规模化突破。随着人工智能技术的兴起,为航天领域注入了新的核心动力,将开启太空探索的新篇章。

13.1.2 人工智能赋能航天

航天任务与人工智能的契合程度、航天领域信息化建设的加速推进以及人工智能相关技术的高速发展,均为人工智能融入航天领域创造了良好的条件,使得航天领域在人工智能的助力下迎来了更好的发展前景。

1. 航天任务与人工智能的契合程度

由于太空环境的特殊性,航天任务更加趋向于无人操作,而人工智能聚焦于让机器代替人类执行任务,两者在应用方面具有较高的契合程度。面对复杂多变的太空环境,人工智能可以通过智能自主化的方法,得出科学的决策方案,从而提升航天任务的效率以及精确度。一方面,它可以代替人类在太空中持续且稳定地进行人类活动,无惧辐射、真空等恶劣条件;另一方面,它可以自主决策应对突发状况,减少对遥远地面控制中心的依赖。

【案例 13-2】 "玉兔二号"月球车

"玉兔二号"搭载嫦娥四号成为首个在月球背面执行科学探索任务的月球车,也是迄今为止在月球表面运行时间最长的机器人。月球背面不同于月球正面,无论是地表环境还是通信等方面都存在较多问题。因此,为了让"玉兔二号"能够顺利完成月背巡视勘察任务,研究人员在"玉兔号"的基础上进行了改进。📖

> 📖 **知识拓展**
> "玉兔号"月球车

在功能上,"玉兔二号"借鉴"玉兔号"的经验,显著增强了定位建图、自主导航、运动规划等自主性能,成为目前月面上智能程度最高的移动机器人。其整个移动过程如下:首先由地面指定月球车期望到达的月面目标位置并上注给月球车,月球车接收到目标信息后,通过自主感知识别地形信息,然后采用自主局部避障规划的方法进行栅格地图构建、地形可通过性评价和避障路径优选并做出智能决策,随后通过自主导航控制,使月球车沿规划出的路径行驶。由于一次感知范围有限,因此在移动过程中需要多次感知和规划。该方法在"玉兔二号"着陆月面的第5个月昼成功进行了验证。

(资料来源:网络资料整理)

机器人小智提问:
① 请查询相关资料,简单介绍"玉兔二号"中用到的人工智能技术?
② 结合自身经验,你认为月球车还可以在哪些方面有所改进?

2. 航天领域信息化建设的加速推进

近年来航天领域全面推进信息化建设,积累了大量的有效数据,推动航天领域的数字化转型和智能化发展,为人工智能在航天领域的应用打下坚实的基础。人工智能拥有强大的数据处理能力,利用机器学习和深度学习等算法,可以从海量数据中分析与挖掘出有价值的信息及模式;还可以将不同来源的数据进行融合与关联,从而获得更加全面、准确的航天信息,提升航天任务的执行效率和安全性。

【案例 13-3】 "澳门科学一号"卫星

"澳门科学一号"(简称"澳科一号")卫星由 A 星、B 星两颗卫星组成,如图 13-2 所示。该卫星自成功发射一年多来,产生了大量高精度科学数据,被各国相关领域的科学家用于地球深部、地球海洋、地球空间的科学研究与应用,尤其是测量的高精度地球磁场为科学家研究地球复杂系统提供了宝贵信息。

图 13-2 "澳科一号"卫星在轨示意图,右侧为 A 星

近日,"澳科一号"卫星科学团队发布了澳门世界地球磁场模型实时四维地球磁场系列模型 1.0 版。该模型是中国首个自主可控的实时地球磁场模型,具有重要的科学与应用价值,可用于航天航空航海导航、资源勘探、智能终端,也可用于地球深部、地球海洋、地球空间的科学研究。其中,世界上首个地球外核流场三维结构是基于"澳科一号"卫星磁场数

据及其他有效地磁数据，利用人工智能物理信息神经网络新算法进行刻画。除此之外，"澳科一号"卫星团队利用高精度的科学数据、网格化处理的方法以及现代算法得到中国首个全球海洋运动磁场结构。这是"澳科一号"卫星项目科学研究与应用取得的重大进展，将对地球科学研究和地磁导航应用发挥重要作用。

（资料来源：中国航天科技集团）

机器人小智提问：

① 请查阅人工智能物理信息神经网络新算法的相关资料，说明该算法在整合卫星磁场数据与传统地磁数据时，如何解决传统地球物理模型中的多源异构数据融合难题？

② 请查阅"澳科一号"卫星磁场数据及其他有效地磁数据的相关资料，讨论上述数据还可以用于哪些研究？

3. 人工智能相关技术的高速发展

伴随着人工智能相关技术的发展，其在航天领域的应用也愈加广泛，不仅可以优化航天器的生产流程、提高航天器的生产质量，还可以在航天器的飞行过程中规避故障风险，实现最优飞行路径。除此之外，还可以实现航天器遥测数据的实时分析，以便及时应对太空中的突发情况。在人工智能相关技术的支持下，航天领域的发展迎来了新的突破。

为更好地衡量人工智能在航天领域的应用程度，美国航空航天学会（American Institute of Aeronautics and Astronautics，AIAA）下属的空间操作与支持技术委员会（SOSTC）将其按层次分为 Level 1～Level 6，图 13-3 所示为每一等级所对应的具体定义。当前，航天领域的大多数人工智能应用都处于 Level 2～Level 4 的水平，应用范围主要包括人造卫星、载人航天、空间探测等多个方面。

图 13-3 航天领域的智能化水平划分图

13.2 人造卫星的智能化

北京卫星制造厂在成功发射"东方红 1 号"卫星后，中国积极投身于卫星的研究制造，先后发射了大量卫星用于通信、导航、气象监测等多个领域。当前正处于"工业 4.0"的时代，智能制造成为产业技术变革和升级的主攻方向，如何实现卫星的智能生产也成为新的研究热点。中国航天科工集团将智能制造技术贯穿卫星生产的整个周期，率先完成卫星的智能化批量生产线的研制，同时形成具有航天特色的智能制造系统解决方案，进一步提供产业发展的智能化服务。人造卫星的智能化除了体现在卫星的生产制造方面，还在卫星的实时控制、在轨监测以及卫星数据处理等方面都有所体现。

13.2.1 卫星的自主决策能力

人工智能的出现为开发卫星的自主决策能力提供了强大的技术支持，例如，美国星球实验室公司（Planet Labs）研制的"鸽群"（Flock）卫星星座，借助人工智能技术持续监测卫星状态、评估健康状况，并根据历史数据自动诊断卫星的潜在故障，同时还具有在轨姿态调整以及自动避障功能。当前，基于机器学习的卫星决策过程主要包括以下方面。

1. 卫星自主任务决策学习

在卫星自主任务决策学习开始前，必须要明确学习的内容是什么。在以往的调度方案中，执行率高的往往是那些收益高、占用资源少、与其他元任务冲突低的元任务，而收益低、占用资源多、和其他元任务冲突高的元任务通常会被舍弃。但是要回答以下问题是非常困难的：什么元任务收益高？什么元任务占用资源少？什么元任务与其他元任务的冲突低？最终的决策结果是什么？所以在构建自主任务决策学习模型的过程中，其核心挑战在于建立精准的元任务优先级评估机制，即通过特征分析明确必须保留的核心元任务与可选择性剔除的非必要元任务。

> 元任务是指用于训练元学习模型的任务，而元学习是一种学习如何学习的学习方法，它旨在帮助模型在不同的任务和环境中更快地适应和提高表现。

2. 基于信息自感知的自主规划决策学习

基于信息自感知的自主规划决策学习的主要目的是使卫星可以根据任务的内容，基于所获得的遥感信息自主完成任务的规划、决策及执行过程，实现卫星任务的全流程智能化。其主要研究方向涵盖：智能卫星信息系统的架构以及信息流的设计、动态目标探测、感知与识别的智能算法等。

3. 卫星自主规避决策学习

为了实现在轨卫星的稳定运行，开展卫星自主规避决策学习，使它在遇到太空垃圾或其他卫星时，不用等待地面指挥就能主动避让，切实减少对地面的依赖程度、提升卫星在面对轨道威胁时的自主能力。其主要研究内容包括："感知-决策-执行"一体化控制系统的行为演化规律、搭建与空间威胁行为具有相同目标形态和运动特征的时空关联模型等。

4. 卫星智能健康管理决策学习

卫星智能健康管理包括卫星故障智能预测、卫星故障智能定位与处理、星上自主诊断以及卫星状态的实时监测等。构建完善的卫星智能健康管理系统，可以延长卫星的使用寿命、提高卫星的运行效率，同时可以保障其在良好的运行状态下实时监测卫星的状态变化。

【案例13-4】 四维高景二号03、04星

四维高景二号03、04星在发射首日就完成了高质量的雷达影像出图，其在一个月的时间内建立起的双星近距离编队构形，更是达成了我国商业雷达卫星的三项重大突破。

相较于传统的星地协同机制，四维高景二号03、04星首次实现了全自主管道与编队构形的协同控制。其中，双星的两重控制动作完全由其自主生成策略、协同执行。过程中，四维高景二号03、04星通过逐步拉近双星距离、精调相对位置，先后执行13次轨道控制，仅5天就精准建立了双星绕飞的构形，实现双星在百米半径的管道内近距离绕飞。自主编队控制的实现，简化了卫星的在轨操控，为卫星的在轨任务执行提供了安全保障，同时也开创了商业雷达卫星"自主运行"的新纪元。未来，四维高景二号03、04星将会继续在绕飞编队构形下自主长期运行，并通过进一步的在轨调优，提供更加丰富的应用服务。

（资料来源：中国航天科技集团）

机器人小智提问：
① 你认为四维高景二号03、04星的自主决策过程中包括哪些机器学习方法？
② 请思考，如果未来的卫星全面实现自主运行是利还是弊？

13.2.2 卫星遥感数据的智能处理

信息化时代的到来使各领域的数据量急剧增加，进而导致数据处理的难度大幅度提升。卫星遥感系统作为空间信息基础设施的核心，已广泛应用于资源勘察、环境监测、农业、城市规划、军事侦察等多个领域。面对高精度、高维度卫星遥感数据的实时处理需求，催生出对智能技术的深度依赖。在此背景下，人工智能凭借其强大的模式识别与自主学习能力展现出突破性优势。它不仅能够从海量数据中解析隐含规律、优化算法模型，更可以实现对卫星影像、地理文本、电磁频谱等复杂空间信息的高效解析。当前，卫星遥感数据的智能处理主要包括以下几个方面。

1. 遥感影像质量

高质量的遥感影像在气象监测、灾害预警、军事侦察等领域展现出巨大的应用潜力，但其实际成像质量常常受大气扰动、动态目标位移、场景动态变化等多重因素的影响，导致在成像过程中会因为天气变化使画面蒙上"雾气"或者移动的车辆、船只产生残影现象等，这些都会让图片变得模糊不清，影响实际使用效果。而深度学习技术可以通过去云、去噪及超分辨率重建的方法，获取高质量的遥感影像。例如，生成对抗网络（Generative Adversarial Networks，GAN）通过生成器与判别器的对抗训练，能够在缺乏高分辨率参考图像的情况下重构清晰影像。

2. 目标要素提取

卫星传回的遥感图像包含丰富的信息，但地物种类繁多：城市建筑与自然地貌混杂交错、同类建筑样式千差万别、不同作物长得相似却又有区分，这些都给目标要素的提取工作带来了障碍。借助深度学习的"图像理解力"可以开发出智能识别卫星照片的"读图术"，让人工智能在复杂场景中也能精准识别山川、道路、农作物等地表要素，为国土资源管理装上"智慧眼"。例如，结合珠海一号高光谱数据、哨兵二号（Sentinel-2）卫星多时相数据和无人机数据构建的湖北省作物分类的深度学习网络，提升了农田信息的监测精度；高分系列卫星的高分辨率图像则用于全国温室大棚的自动提取与制图，能够有效监测农作物生长和评估农业生产，为农业发展提供了重要的数据支持。

3. 遥感数据关联

对于遥感图像，过去主要关注的是图像中"有什么"（如识别树木、车辆等具体物体），而现在更需要分析"为什么"和"会怎样"（如预测台风路径、评估城市发展影响等）。专业知识图谱作为支撑复杂分析与智能决策的人工智能技术，可以将各类数据按逻辑关系编织成"信息网络"，通过融合预训练模型与深度学习算法，能更准确地识别影像中的地物特征（如识别洪水区域）、分析属性关系（如计算受灾面积与居民区的关联）、建立动态模型（如预测灾害发展态势）。以自然灾害应急领域为例，通过系统整合灾害事件、应急任务、灾害数据及模型等核心要素，可以构建具有逻辑关联的应急知识图谱框架，为决策提供立体化支持。

4. 遥感共享平台

通过建设具有遥感特色的开源数据集和共享平台，可以有效提高卫星遥感数据的智能化处理水平。为此,遥感领域研发了专门的机器学习工具,用于支持多类型遥感任务的执行。例如,LuoJiaNET 机器学习框架可以同时处理大范围场景(如整片森林)、具体目标(如单栋建筑)和精细像素(如道路边缘)等不同层级的分析任务。LuoJiaSET 则作为满足国际测绘标准的大规模遥感影像样本库,建立了涵盖不同遥感任务的统一分类体系,覆盖农田、建筑、水体等典型地物,同时支持从数据采集到应用的全流程管理。在实际应用中,中国地球观测系统结合 LuoJiaNET 深度学习框架和多源遥感数据,通过 U-Net 和 DeepLab 等网络进行云检测和云去除,能够生成高质量的清晰影像数据。将 LuoJiaSET 样本库的大规模遥感图像数据集与环境减灾系列卫星、可持续发展科学卫星 1 号(SDGSAT-1)的数据相结合,能够精确分析自然资源的分布和变化。

📖 LuoJiaNET 机器学习框架由武汉大学与华为昇腾 AI 团队联合研发,是遥感领域首个国产化自主可控的遥感专用机器学习框架。

【案例 13-5】"吉林一号"卫星星座

"吉林一号"卫星星座是长光卫星技术股份有限公司在建的核心工程,如图 13-4 所示。其中,一期工程由 138 颗涵盖视频、高分、宽幅、红外等系列的高性能光学遥感卫星组成。

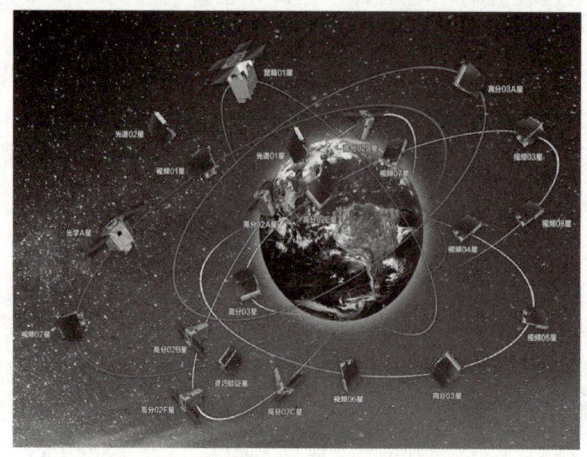

图 13-4 "吉林一号"卫星星座示意图

依托"吉林一号"卫星星座的遥感数据,长光卫星利用人工智能算法,实现了全国地表分类的精准化、自动化更新,可以在线完成建筑、道路、水体、林木以及不同类型农作物的自动识别,识别精度超过 95%。此外,"吉林一号"卫星遥感监测技术连续多年参与吉林省非正规垃圾堆放点的整治工作。基于"吉林一号"卫星遥感数据高分辨率、广域高频次的优势,利用人工智能算法快速识别非正规垃圾堆放点信息,通过卫星遥感监测服务辅助管理平台和核查终端,实现"卫星发现、实地调查、合法性审核、整改处理、考核排名、卫星复核"的完整闭环,完成对非正规垃圾堆放点问题的全流程动态监管,为打造美丽中国的吉林样板提供了强力支持。📖

📖 **知识拓展**
助力美丽中国建设

(资料来源:网络资料整理)

机器人小智提问:
① "吉林一号"卫星星座主要采用了哪些遥感数据的智能处理技术?
② 查询相关资料,简单介绍"吉林一号"卫星星座在实际生活中的其他应用?

13.3 载人航天中的智能

人类的载人航天活动开始于 20 世纪 60 年代。受当时世界载人航天热潮的影响，早在 1958 年，中国就开始了载人航天任务的规划，并在之后确定了中国第一个载人航天计划——"714"计划。但是由于受当时的技术、经济、社会等多种因素的影响，该计划于 1974 年停止。1986 年，国家出台的"863"计划包含航天技术这一重要领域。此后，科学家们再次将注意力转回到载人航天的规划上。随着中国载人航天技术的不断迭代，高度自主化系统的需求驱动了新型技术的深度融合，其中人工智能技术已成为实现航天器智能决策体系的关键突破口。

> 📹 **微视频**
> 自主快速交会对接技术

13.3.1 空间交会对接技术

1992 年，中国载人航天工程——"921"工程正式批准实施，并确定了中国载人航天"三步走"的发展战略📖。在该战略的推进过程中，空间交会对接技术始终占据关键地位，特别是在第二、第三阶段。面对高密度的发射任务需求，在保证系统安全性的前提下，快速化与自主化已成为两大核心发展方向。

> 📖 **知识拓展**
> "三步走"发展战略

自主快速交会对接技术的实现方案主要由远距离自主导引环节和近距离自主控制环节组成。在航天器成功进入预定轨道后，系统会根据两个航天器之间的初始相位角（0°～360°）和轨道高度差，精确计算出完成交会对接所需的总时长，并确定远距离自主导引环节的启动时机。其中，远距离自主导引环节主要由以下几个阶段组成。

- 大相位追及阶段：通过一次精确的发动机点火操作，将航天器引导到轨道相位调整的起始区域。
- 轨道相位调整阶段：通过改变航天器的飞行高度，纠正初始位置偏差或上一阶段调整产生的残留误差，同时消除轨道面上下、左右偏差。
- 综合修正阶段：基于实时监测数据，自主调节发动机点火的时间和推力强度，并对航天器的轨道相位与高度进行精细调整，确保两个航天器在远距离自主引导环节结束时其飞行轨道的一致性。

近距离自主控制环节始于远距离自主导引环节完成后的预设位置。当航天器间的相对定位系统启动后，航天器进入自主相对导航模式，并通过实时感知完成相对位置与姿态的控制，最终实现两个航天器的对接。预对接各阶段的目的如下。

- 寻的阶段：在燃料效率最大化原则下，通过多次精准的轨道微调，使两个航天器处于同一平面、相同高度的轨道上。
- 接近阶段：调整飞行角度，进入以目标飞行器对接轴为中心的一个圆锥对接走廊。
- 平移靠拢阶段：通过位置以及姿态的实时调整，建立对接预备姿态，确保追踪航天器在圆锥对接走廊内沿预定轨迹精确渐进，最终完成与目标航天器的精准对接。

【案例 13-6】 太空中的"浪漫之吻" 📖

天舟二号货运飞船在进入预定轨道后，经过自主变轨、寻的段、接近段以及最终平移靠拢段的飞行，与天和核心舱顺利完成交会对接，"甜蜜一吻"让无数人心潮澎湃。

> 📖 **知识拓展**
> 载人飞船中的自主快速交会对接技术

相较于天舟一号的交会对接，天舟二号的"全相位自主快速交会对接方案"减少了对地面测控的依赖性，有效提高了交会对接的效率。其中，"全相位"是指无论目标飞行器在入轨时和空间站的相对位置是 1/4 圈、半圈，或是整圈，"天舟"都可以以最快速度或者在规定时间点实现对接，而不用专门根据空间站的位置来选择飞船发射时间，真正实现了全天候发射；而"全自主"则是指从飞船入轨到交会对接成功，全程不需要人工干预，由飞船控制器自主规划完成。例如，自主选择飞行时间和交会模式、自主绝对导航、相对导航、姿态确定等。因此，在天舟二号对接的整个过程中，科学家只负责监视，整个交会和对接由飞船控制器自主规划完成。最终，天舟二号仅用约 6.5h 即可完成自主快速交会对接过程。随着技术的不断迭代，天舟五号货运飞船可实现与空间站 2h 的自主快速交会对接，极大地提高了我国太空紧急救援能力。同时，大幅缩短运输时间，使运输特殊鲜活试验品成为可能。

（资料来源：网络资料整理）

机器人小智提问：
① 请查阅相关资料，简单介绍当前空间交会对接技术中关于人工智能方面的创新？
② 如果在航天器交会对接过程中遇到突发问题（如传感器故障或空间站位置变化），人工智能系统可能采取哪些措施来保证安全？

13.3.2 航天员助手

当前，中国载人航天"三步走"的发展战略已全面完成，载人航天工程全面进入空间站应用与发展的新阶段📖。本阶段的发射任务主要围绕货运飞船补给与载人飞船任务展开，其核心目标包括两个方面：一是通过航天员乘组轮换机制实现空间站的长期安全驻留，二是持续开展近地空间有人参与的科学实验、技术试验，并综合开发利用太空资源的能力，争取取得丰硕的空间科学实验成果。

📖 **知识拓展**
空间站应用与发展阶段

参考国际空间站的建设，该阶段的科学家除了专注于提高载人航天的技术，更加关注航天员在太空中的心理状况以及太空生活的便捷化程度。例如，图 13-5 为日本研制的 Kirobo 助手，其除了具备面部识别功能，还可以在太空中与航天员进行正常的对话互动，使航天员保持良好的心情。在航天员助手的研制过程中，NLP 技术扮演着关键角色，它可以使智能机器人拥有理解、解释、生成和处理人类语言的能力，主要包括以下几个方面。

图 13-5　Kirobo 助手示意图

1. 语音识别

语音识别的核心原理是通过数字化处理与智能分析，将语音信号转换为对应的文本或命令。随着深度学习技术的突破，基于神经网络的语音识别系统可以实现更准确的识别。例如，深度神经网络（Deep Neural Networks，DNN）通过多层结构实现更精准的声学特征建模（如区分"sh"和"s"的发音差异）；卷积神经网络（Convolutional Neural Networks，CNN）通过分析声音频谱图，识别发音过程中的关键片段（如单词开头的爆破音）；循环神经网络（Recurrent Neural Networks，RNN）更适用于处理连续语音，特别是改进的长短期记忆网络（Long Short-Term Memory，LSTM）和门控循环单元（Gated Recurrent Unit，GRU）

等变体,有效提高了长时序信息的建模能力(如在"打开空调"指令中,结合"打开"预判后续可能是设备名称)。

2. 文本解析

机器人理解人类语言的关键在于文本解析技术,主要涵盖文本归类、跨语言转换等方面。相较于早期基于人工特征工程的有限方法,深度学习方法的应用在文本关联建模与上下文理解层面展现出显著优势。

> 📖 特征工程是指从原始数据中提取和构建对模型预测任务更有用的特征的过程。

1)文本分类。在执行太空探测任务时,可以通过分析文本的语义特征和结构模式,实现信息资源的智能分类与索引管理。例如,结合航天领域专业术语库,通过图神经网络建立概念关联(如"太阳帆板展开"自动关联到能源系统状态),使分类结果更符合实际业务需求。

2)跨语言转换。跨语言转换致力于消除人机交互中的语言壁垒,在航天员与智能机器人之间建立双向沟通桥梁。一方面将地面控制中心的多语言指令转化为机器可解析的操作代码,另一方面将机器人生成的专业数据转换为符合人类认知习惯的自然语言描述。例如,基于深度学习的神经翻译(Neural Machine Translation,NMT)利用编码器—解码器框架实现端到端的语义保真转换,特别是在应对航天领域专业术语时展现出更强的鲁棒性。

3. 情感解析

在人机协同作业场景中,机器人对航天员的情感状态感知是实现高效服务的关键技术。通过多模态情感解析技术,系统能够从语音语调、面部表情以及对话文本(如监测皱眉频率、声音颤抖幅度、特定关键词使用)等交互数据中识别航天员的情绪波动与心理健康状况。例如,CNN可解析声波频谱图,识别音调变化;Transformer模型架构可以在连续对话中精准定位情绪转折点。

人工智能与机器人技术的融合发展不仅能够提升操作效率,更能通过自然对话降低人机协作的认知负荷,使机器人从"执行工具"进化为"智能伙伴"。面向太空长期驻留任务需求,我国正在加速研发新一代"航天员智慧助手",其核心目标是将自主操作能力与拟人化交互体验相结合,构建智能化太空协作生态。

【案例13-7】 航天员的拍照搭子

在新年到来之际,我们收到了距离地球约400公里的中国空间站发来的太空祝福,除了三位航天员外,我们还见到了神舟十九号乘组的拍照搭子"小航"。

"小航小航,上升一点!再高一点!对,就是那里,拍照!",这是"小航"在中国空间站给航天员王浩泽拍照的整个过程。相比于之前需要两位航天员协作才能完成的拍照工作,有了"小航"之后变得非常简单。航天员无须使用遥控器,通过语音指令即可控制"小航"执行各项任务。"小航"结合人工智能算法与自然语言处理技术,使其能够理解和响应复杂的语音指令,进行高效沟通,以确保任务的准确执行。

作为一款能够行动自如的智能机器人,"小航"具备舱内巡检功能。它能够穿梭在空间站内,并对空间站进行定期巡检,实时监控整个空间站的状态。同时,"小航"通过生成对抗网络技术,大幅提升了其在图像识别和处理能力方面的表现。例如,在舱内某个角落发生设备故障时,"小航"可以通过高分辨率影像快速识别出设备异常,并在第一时间定位及拍摄故障部位，为地面团队和航天员提供参考。这也使航天员得以专注于更为复杂的科学实验，而非琐碎的设备管理。

除了上述功能外，"小航"还内置高效的计算单元，拥有快速处理数据的能力，确保其在面临较多任务时依然能够保持理想的响应速率。同时，它还可以客串临时心理医生，能够在航天员需要的时候，提供情感互动服务，为航天员提供心理支持，缓解航天员在太空中的孤独和压力。

（资料来源：网络资料整理）

机器人小智提问：
① 材料中提到"小航"通过自然语言处理技术理解航天员的语音指令，与传统遥控操作相比，这种人工智能技术对于简化航天员的协作流程（如拍照任务）有哪些优势？
② 结合自身经验，你认为航天员智慧助手还应该具备哪些功能？

13.4 智能深空探测机器人

2000年发布的《中国的航天》白皮书中提到，我国将于21世纪开展以月球探测为主的深空探测研究。但是由于复杂多变的太空环境、超长距离的星际航程以及显著的地空通信时延等核心问题，导致深空探测任务在工程实践中面临多重技术挑战。随着新一代人工智能技术的突破性发展，特别是在图像识别、智能控制等领域的成功实践，为智能深空探测机器人奠定了坚实的技术基础。

13.4.1 探月工程

月球作为距离地球最近的一个星球，成为各个国家深空探测的首选目标。2004年，我国国务院批准绕月探测工程立项。自启动以来，探月工程以"绕、落、回"三步走战略为核心，逐步突破深空探测关键技术，推动我国航天科技迈向深空。具体任务介绍见表13-2，这一系列的成就不仅深化了人类对月球演化的认知，更验证了智能深空探测机器人在极端环境下独立作业的可靠性，为未来智能深空探测机器人实现更复杂的星际探测任务提供了关键技术支撑，彰显出我国在深空探测领域的自主创新实力。

表13-2 探月工程的任务介绍

阶段	目的	任务时间	任务名称	主要成就
一期	实现月球环绕探测	2007年10月	嫦娥一号	实现中国自主研制的卫星进入月球轨道并获取全月图
二期	实现月面软着陆和自动巡视勘察	2010年10月	嫦娥二号	进行多项技术验证并开展多项拓展试验
		2013年12月	嫦娥三号	首次实现中国地外天体软着陆和巡视探测
		2018年12月	嫦娥四号	首次实现月球背面软着陆和巡视勘察
三期	实现月面无人自动采样返回	2020年11月	嫦娥五号	中国首个实施无人月面取样返回的月球探测器，并携带1731g月球样本成功返回地球
		2024年5月	嫦娥六号	人类历史上首次月球背面采样，并由返回器携带1935.3g月球背面样品成功返回

智能月面探测机器人实现无人化作业的核心在于其高度的自主行为能力，技术架构如图13-6所示，主要包含三个关键模块：多源环境感知、动态路径规划及精准运动控制。通过深度融合人工智能技术，智能深空探测机器人不仅能够实时感知周围的复杂太空环

微视频
智能月面探测机器人

境，还可自主生成最优行动策略并精确执行操作指令。这不仅提升了深空探测装备的智能化水平，还为人类探索地外天体提供了可靠的技术支撑。

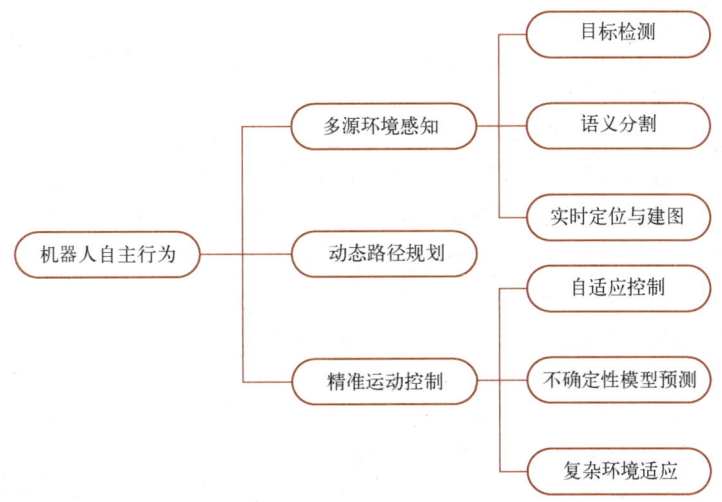

图 13-6　机器人自主行为的技术架构

（1）多源环境感知

探月工程初期的首要任务就是实现周围环境的感知与理解，主要通过智能化的视觉处理技术完成。

1）目标检测。通过端到端深度学习算法实现图像中目标的识别与定位，主要分为两阶段方法（如 R-CNN 系列）和单阶段方法（如 YOLO、SSD）。此外，注意力增强机制（如 SENet、ESE、ECA）可通过优化特征表达进一步提升检测精度与效率。

2）语义分割。为了加强对目标的更高层次理解，该技术可以将图像中的每个像素分类为不同语义单元，相关的深度学习方法主要基于 CNN 架构，典型模型包括基于区域的 Mask R-CNN、DeepLab 以及采用编解码结构的 U-Net 网络。

3）实时定位与建图。在完成周围环境的特征解析后，可选用 SLAM（Simultaneous Localization and Mapping）、NeRF（Neural Radiance Field）、3DGS（3D Gaussian Splatting）等技术构建实时定位与建图系统。

（2）动态路径规划

智能月面探测机器人从完全依赖地面操作到人机协同决策的转变，显著提升了其自主移动能力。但由于太空距离遥远、通信受阻等问题，未来的深空探测发展趋势仍是实现完全自主的路径规划。当前，机器人的动态路径规划算法见表 13-3。

表 13-3　机器人的动态路径规划算法

名称	典型代表
经典算法	随机采样、图搜索、基于人工势场的方法
启发式搜索算法	A*算法、果蝇优化算法、蚁群算法、粒子群算法
深度学习算法	CNN、RNN

现阶段研究表明，融合应用多种路径规划方法更能提升规划性能。例如，运用深度学习

高效的特征表征能力来改进启发式算法的搜索效率等。这些技术融合的方案通过多维度的能力互补，推动深空探测向着更高层级的自主化阶段迈进。

（3）精准运动控制

智能月面探测机器人的精准运动控制主要依赖于深度学习、强化学习等多种人工智能技术的融合应用，重点解决自适应控制、不确定性模型预测以及复杂环境适应等难题。

1）自适应控制。在深空探测等高安全要求的控制场景中，传统的自动控制系统需要升级为更智能的自适应控制模式。例如，采用贝叶斯模型构建的系统，在执行任务的过程中可以持续学习周围的环境特征、实时调整控制策略，同时通过概率模型确保每一步操作都在安全边界内，切实提高系统自主应对未知环境变化的能力。

2）不确定性模型预测。在探测车等移动设备运行过程中，车轮与地面接触时会产生不可预测的能耗变化和打滑现象。为解决这一问题，可利用人工智能技术构建能耗以及滑移状态的预测模型。此外，还可以基于滑移比动态评估地形风险，有效识别沉陷或过度滑移等安全隐患。

3）复杂环境适应。为了使智能深空探测机器人更好地适应月面存在的坑洞、陡坡、大石块等地形障碍，可以利用强化学习技术进行双重优化：一方面基于轨迹规划的强化学习算法模拟并优化跳跃避障行为，生成有效的参考运动轨迹；另一方面采用强化学习方法对机器人步态进行持续优化，从而全面提升其在复杂地形中的自主运动能力和环境适应性。

【案例 13-8】 嫦娥六号"证件照"

如图 13-7 所示，我们收到了月球上的"朋友"回传的嫦娥六号"证件照"。在引起热议的同时，大家都对这位"朋友"的身份非常好奇。它就是嫦娥六号携带的"移动相机"——航天科技集团五院研制的月面自主智能微小型机器人"金蟾号"。"金蟾号"的重量不足 5kg，却是一个具有自主智能能力的地外探测移动机器人。

除了自主拍照，"金蟾号"还可以在无地面干预的情况下，实现全自主环境感知、安全移动、取景成像、无线通信和系统监测等任务，实现类

图 13-7 嫦娥六号着陆器和上升器合影

人智能的自主导航、识别与运动决策。同时，此次任务没有依赖月面真实场景，就实现了智能模型的高效训练和测试，解决了缺少实景训练数据导致模型迁移后具有较差泛化能力的问题，实现了智能模型从虚拟（地面）向现实（月面）的一次性成功迁移。

（资料来源：网络资料整理）

机器人小智提问：

① 请查询相关资料，了解世界上轻量化微小型机器人的发展过程。

② 请查询嫦娥六号的相关资料，讨论其是否还涉及其他的人工智能技术？

13.4.2 行星探测任务

我国首次火星探测任务于 2016 年正式批复立项，计划通过一次任务实现火星的环绕、着陆和巡视。2020 年 4 月 24 日，国家航天局正式公布中国行星探测任务的名称为"天问系列"，而首次火星探测任务被命名为"天问一号"。但是由于火星探测开始较晚，且火星中存

在的大气层稀薄，导致该探测任务相较于探月工程更加艰巨。同时，由于火星与地球之间的通信时延较大，在任务执行过程中无法保证火星车与地面之间的通信顺畅，因此需要研制具有更高自主能力的火星车。

自主感知避障移动模式是火星车智能化程度最高、环境适应能力最强的运行方式。在此过程中，火星车不仅能够自主完成实时定位、姿态调整、运动控制及系统健康监测等基础功能，还能通过避障相机自主感知周边地形、智能识别潜在障碍物并评估地形通行性，最终自主规划出最优安全路径。这种高度自主化的运行模式显著提升了火星车的行进距离与探测效率，其完整的任务流程如图13-8所示。

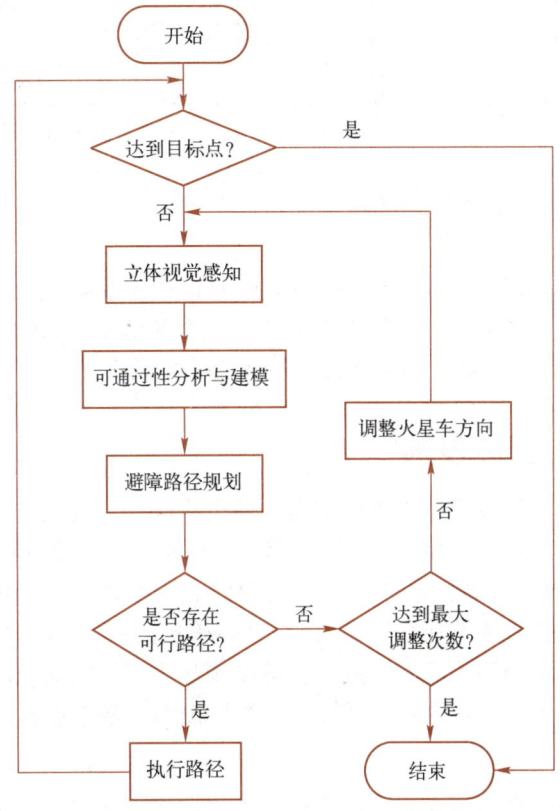

图 13-8　自主感知避障移动的完整任务流程图

【**案例13-9**】"祝融号"火星车

2020年6月11日，国家航天局发布了首批由"祝融号"火星车拍摄的火星地形地貌等科学影像图，标志着我国首次火星探测任务圆满成功。此次任务一次性完成了火星环绕、着陆和巡视三大目标，标志着我国在行星探测领域跨入世界先进行列。

"祝融号"火星车作为首个火星探测的智能无人系统，在继承"玉兔号"和"玉兔二号"月球车相关技术的基础上，根据火星的任务需求和环境特点，改进自主感知避障移动模式的设计、突破感知与避障的核心技术，使火星车能够将自主感知避障移动模式作为常规移动模式，显著提高了探测效率和安全性。"祝融号"火星车在自主感知避障移动模式下，只需要指定探测目标的位置，即可自主进行周围环境感知、障碍识别以及安全路径的规划，并利用自主导航技术驶至目标位置。与"玉兔二号"月球车相比，"祝融号"火星车的平均移动速度提升了约 5 倍。

在该任务执行阶段，"祝融号"火星车共进行 45 次自主感知避障移动，总行驶里程超过 374m，通过该模式行驶的里程超过总行驶里程的 42%，具体数据见表 13-4。

表 13-4 "祝融号"火星车在火星表面的移动模式

移动模式	使用次数	移动里程/m	模式占比（%）
盲走模式	118	495.595	56.44
自主规划移动模式	45	374.469	42.65
移动机构驱动模式	2	5.480	0.62
视觉测程移动模式	1	2.560	0.29
合计	166	878.104	100.00

（资料来源：网络资料整理）

机器人小智提问：

① 请查阅相关资料，了解在"祝融号"火星车的自主感知避障移动模式中，具体应用了哪些人工智能技术？

② 材料提到"祝融号"火星车在火星环境中需应对通信延迟问题，其自主导航系统如何在缺乏实时地面指令的情况下，通过人工智能技术保障任务可靠性？

③ 你认为下一步行星探测的目标应该是哪个星球并说明理由。

13.5 未来航天的智能发展

当前，航天领域的人工智能技术主要应用于两个方面：一方面是控制与操作无人设备，另一方面是协助人类执行精密、复杂或者危险的工作。2025 年，我国深度求索（DeepSeek）公司推出的人工智能产品在世界范围内引发了轰动，极有可能会引发人工智能行业的变革，加速相关技术的迭代升级。而航天领域的人工智能技术也会得益于此，催生出更多的先进技术。我国下一步的航天计划将会继续聚焦于空间站的发展以及深空探测领域，在人工智能的助力下，未来主要朝着人机协作、集群控制、强人工智能等方面发展。

1. 人机协作

航天领域人工智能短期内虽无法实现全程无人化，但可通过人机协作有效提升效率。在航天器制造中，人工智能算法能够快速优化设计方案，降低试验成本；在任务规划中，智能决策系统可以通过大数据分析生成最优方案；在空间站建设中，智能机械臂与舱外平台可以提高作业精度；而协同型航天助手不仅能够执行航天员的语音指令，还能自主解决任务需求。此外，结合虚拟现实（VR）和增强现实（AR）技术可构建沉浸式训练环境，提升操作安全性与直观性。

2. 集群控制

当前，各个国家都在积极研制自己的卫星星座。例如，我国的"吉林一号"卫星星座、美国的"星链"等。利用人工智能集群控制技术，可以实现对卫星星座的高效管理和协同控制。而采用智能调度算法，可以更合理地在卫星星座中分配任务和资源，保证各卫星间的协作，从而提高航天任务完成的整体质量与效率。未来，将会有更多的航天器形成一个整体，共同执行复杂多变的航天任务，甚至会出现不同类型、不同功能的航天器形成异构的航天器集群，这将使得未来的人工智能集群控制技术具备更强的兼容性和协同能力。与此同时，未来的航天器还可以利用人工智能集群控制技术实现自主编队与重构，根据实时的任务需求自主调整编队构型，以适应不同的任务场景。

3. 强人工智能

现阶段，人工智能技术主要以机器学习为核心，属于弱人工智能的范畴。它并不具备自我意识，仅仅是在人类预先设定的知识框架内，开展各种复杂的任务。弱人工智能存在诸多弊端，如对数据和算力的依赖程度较高、可解释性欠佳、容易受到电子欺骗等，同时，在太空探测活动里，各种突发状况难以避免。面对这些情况，迫切需要依靠人类的智慧来分析形势、制定方案并付诸行动。因此，未来所期望达成的人工智能必定是强人工智能，它可以达到人类的智能水平，具备自我意识和思考能力，能够灵活地应对外界环境带来的诸多挑战。

13.6 思考与练习

1. 简答题

1）人工智能在航天领域的应用具有哪些优势？
2）人造卫星中的智能化主要体现在哪些方面？
3）结合我国载人航天的发展，举例说明人工智能在其中的应用。
4）实现智能深空探测机器人的自主行为的关键技术有哪些？
5）谈谈人工智能在航天领域的未来发展趋势。
6）卫星从生产、发射、运行直至退役的整个过程被称为卫星生命周期，你认为人工智能技术可以添加在生命周期的哪些阶段？可以让卫星获得怎样的自主运行能力？
7）如果请你设计一个空间站机器人，你会希望它具有哪些功能？简要描述你的设计思路并简单介绍其中所包含的人工智能技术。

2. 实践题

1）登录昇思 MindSpore 社区官网，在 LuoJiaNET 页面实现遥感影像场景分类。
2）结合表 13-1，利用爬虫工具获取运载火箭的发射数据，包括发射时间、发射地点、主要任务等信息，并利用 Tableau 输出可视化分析图。

第 14 章
人工智能的未来展望

本章导读（思维导图）

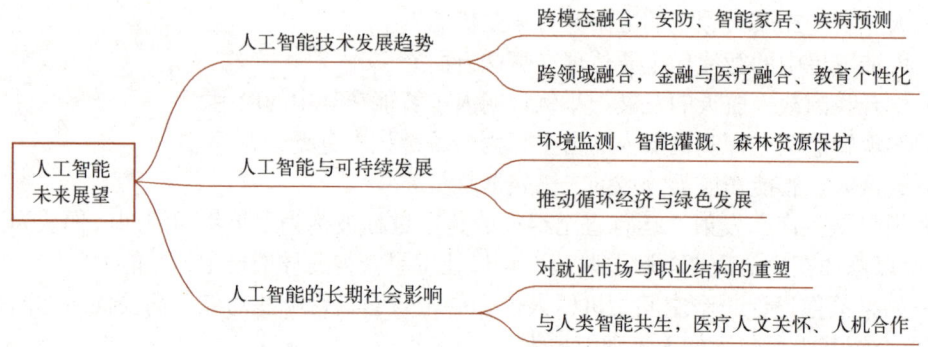

随着人工智能的不断发展，人类对其未来充满期待。本章将深入探讨人工智能的未来走向，从跨模态、跨领域融合的技术发展趋势，到在可持续发展中助力环保、推动绿色经济，再到对就业市场和人类智能共生关系的长期影响，展望人工智能如何塑造未来。

> 📖 **知识拓展**
> 2024 年度 AI 产业落地十大创新案例

【案例 14-1】 2024 年度 AI 产业落地十大创新案例 📖

在数字化转型的浪潮中，人工智能（AI）正在以前所未有的速度推动各行各业的变革。2024 年 12 月 6 日，在中央财经大学数字经济融合创新发展中心的学术支持以及数智未来场景实验室的智略支持下，由《每日经济新闻》主办的"2024 年度 AI 产业落地十大创新案例"在 2024 数智科技大会上正式揭晓，如图 14-1 所示。这一创新案例的评选，不仅展示出 AI 技术在具体应用上的深度与广度，更反映出行业赋能效果的显著提升。

2024 年是 AI 技术多样化应用的关键一年，从视觉影像到体育摄像，从基础设施建设到营销招聘，人工智能几乎渗透到各个行业。AI 所展现出的价值创造力，包括提升效率、降低成本、优化用户体验、拓展应用场景等，使其成为推动企业数字化转型的重要推动力。

第 14 章 人工智能的未来展望

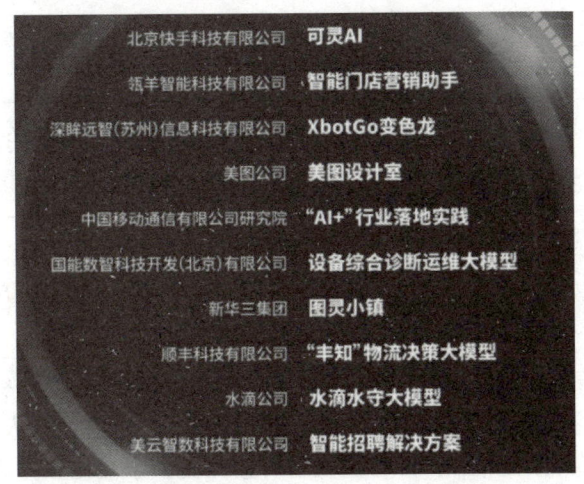

图 14-1 2024 年度 AI 产业落地十大创新案例

（资料来源：网络资料整理）

机器人小智提问：
① 你平常都使用哪些 AI 软件？借助 AI 做过哪些工作？
② 基于这十大创新案例，预测 AI 技术在未来 3~5 年内，将在哪些新领域取得突破，又会对现有的行业格局产生哪些影响？

14.1 人工智能技术发展趋势

人工智能正以迅猛之势重塑世界，其技术发展趋势备受瞩目。本节将深入剖析人工智能技术走向。从跨模态融合技术打破数据形式壁垒实现多模态信息交互，到跨领域融合技术促进不同行业的创新变革，探寻人工智能技术发展的新脉络。

14.1.1 跨模态融合技术的发展

跨模态融合技术的发展正深刻改变着诸多领域，如图 14-2 所示。

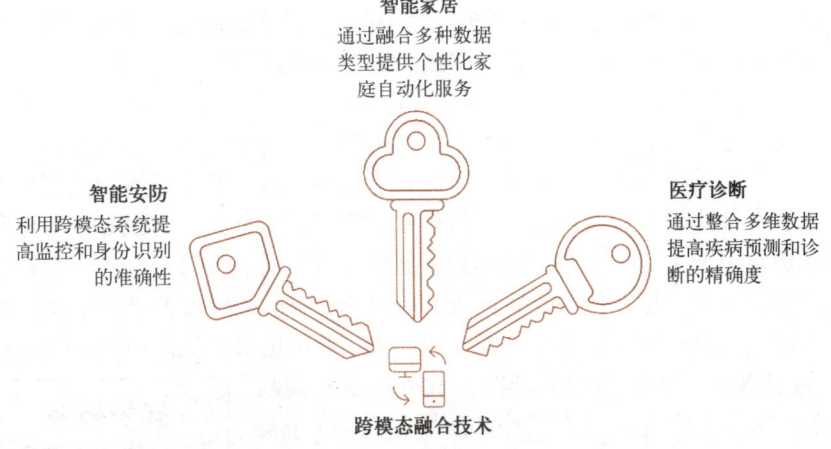

图 14-2 跨模态融合技术在安防、家居与医疗的创新应用

📖 跨模态融合技术是指将来自不同模态的数据，如图像、语音、文本等进行有机结合，从而使人工智能系统能够更全面、更准确地理解和处理信息。

在智能安防领域，跨模态融合技术发挥着关键作用。例如，中国矿业大学程德强教授课题组的"一种用于智能安防的跨模态行人重识别系统及方法"，该专利可减弱行人图像在可见光模态和红外模态下存在的差异，提高行人图像检索效率，能在智能安防等多领域应用，如自动识别追踪监控视频中的行人。这种多模态融合极大提升了安防系统的准确性和可靠性，相较于单一模态识别，能更精准地预防犯罪行为。📖

> 📖 **知识拓展**
> 智能安防跨模态行人重识别方法

智能家居领域也是跨模态融合技术的重要应用场景。例如，苏州深庭纪智能科技有限公司的"基于多模态的家庭人员关系自主学习方法和装置"，通过融合人脸图像、声纹信息和语义内容生成"家庭人员知识图谱"，智能设备可据此提供个性化服务。

此外，在医疗诊断领域，跨模态融合技术同样崭露头角。例如，四川大学华西医院联合深睿医疗共同开发的多模态集成（MMI）算法，利用临床文本、影像图像、检验指标等多维度信息，实现肺部感染性疾病及病原类型的精准预测。📖

> 📖 **知识拓展**
> 医疗多模态集成算法

跨模态融合技术凭借其强大的信息整合能力，在众多领域展现出巨大的潜力，随着技术的不断发展和完善，有望为更多行业带来创新性变革。

14.1.2　跨领域融合技术的发展

跨领域融合技术正成为推动各行业创新变革的重要力量。

📖 跨领域融合技术，即打破不同行业领域之间的界限，将不同领域的技术、知识和资源相互渗透、整合，从而催生出全新的应用与发展模式。

在金融与医疗领域的融合中，大数据分析和人工智能技术发挥了关键作用。一些金融机构与医疗机构合作，利用金融领域的数据分析能力，对患者的医疗费用支出、医保报销记录等进行分析，从而为患者提供更合理的健康金融规划。例如，中国平安的"平安好医生"通过线上问诊、健康咨询、健康计划等多元化服务，为用户提供个性化的健康管理方案。利用人工智能技术辅助医生进行疾病诊断和治疗方案制定，能够提高诊疗效率和准确性。此外，平安好医生与多地医保系统实现对接，用户可以直接使用医保支付医疗费用。同时，医疗机构借助金融机构的资金和技术支持，开展医学研究和医疗设备更新，从而提高医疗服务水平。

教育与人工智能的融合也是跨领域融合的典型案例。人工智能技术为教育领域带来了智能化教学工具和个性化学习方案。通过分析学生的学习行为数据、考试成绩等信息，智能教育系统能够了解每个学生的学习进度及知识掌握情况，进而提供针对性的学习建议和辅导资料。例如，清华大学利用独立研发的拥有自主知识产权的千亿参数大模型 GLM4 作为平台与技术基座，开展八门课程试点工作，开发专属的人工智能助教，实现范例生成、自动出题、答疑解惑、运算推理、评价引导等功能。此外，虚拟现实（VR）和增强现实（AR）技术在教育中的应用，让学生能够身临其境地学习历史、地理等学科知识，增强学习的趣味性和效果。📖

> 📖 **知识拓展**
> 人工智能+高等教育 18 个应用案例

跨领域融合技术通过整合不同领域的优势，创造出更多的可能性，为各行业的发展注入新的活力，在未来有望进一步推动社会的进步与创新。

14.2 人工智能与可持续发展

> 📹 **微视频**
> 人工智能与可持续发展

在科技引领发展的时代，人工智能与可持续发展密切相关，本节将深入探讨二者的关联。从人工智能助力环境保护实现精准监测环境数据、高效管理资源，到其推动循环经济实现绿色发展，剖析人工智能在可持续发展道路上扮演的关键角色，解锁技术与生态和谐共生的奥秘。

14.2.1 人工智能助力环境保护与资源管理

在生态环境面临挑战的当下，人工智能正成为环境保护与资源管理的有力助手。

在环境监测领域，人工智能发挥了关键作用。例如，江苏省南京环境监测中心联合南京气象科技创新研究院推进"南京市 PM2.5、O_3 人工智能预报应用"，以大数据和人工智能为核心，利用深度学习算法构建高精度的 PM2.5 和 O_3 的预报模型，能实时监测各类影响空气质量的因素，可大幅提升 12h 内 PM2.5 和 O_3 预报结果的准确度，市民还可通过手机 App、微信公众号等获取空气质量信息。相较于传统监测方式，人工智能监测更加精准、高效，并且能够及时发现潜在的环境问题。📖

> 📖 **知识拓展**
> 南京市人工智能预报应用

在水资源管理方面，人工智能同样成效显著。例如，中国移动四川公司在南溪区大观镇打造"5G+AI 智慧农业项目"，智能化灌溉系统通过"测控一体化闸门"，具备自动控制、渠道水位流量监测等功能，可精准控制和计量支渠、斗渠、农渠用水，村民能通过 App 进行远程控制。借助该系统，可实现一人管理百亩土地，每亩每年节约用水和人工成本共计 132 元。

此外，在森林资源保护中，人工智能也大显身手。借助卫星图像和无人机拍摄的影像，人工智能可以对森林进行实时监测。通过图像识别技术，快速发现森林火灾、非法砍伐等异常情况。一旦监测到火灾隐患，系统能及时通知相关部门进行处理，有效减少森林资源的损失。例如，自 2023 年以来，黑龙江伊春森工带岭林业局有限责任公司推动科技生产力与森林资源保护深度融合，将无人机应用于森林防火、野生动植物保护、道路安全等日常巡查和监测工作中，实现"人机协同、空地互补"森林资源数字化巡护模式，有效提升巡检效能，如图 14-3 所示。📖

> 📖 **知识拓展**
> 无人机智能森林防护

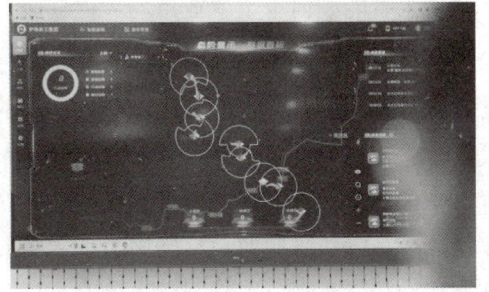

图 14-3　森林智能巡护无人机及实时分布图

人工智能凭借其强大的数据处理和分析能力，在环境保护与资源管理中发挥着越来越重要的作用，为实现可持续发展目标提供了有力支持。随着技术的不断进步，人工智能有望在更多环境与资源领域创造更大价值。

14.2.2 人工智能推动循环经济与绿色发展

在全球倡导可持续发展的大背景下，人工智能正成为推动循环经济与绿色发展的重要引擎。在产品回收利用领域，人工智能助力构建高效的回收体系。国务院印发的《推动大规模设备更新和消费品以旧换新行动方案》提出，完善废旧产品设备回收网络，推动资源高水平再生利用。该方案还提出，到 2027 年，报废汽车回收量较 2023 年增加约一倍，废旧家电回收量较 2023 年增长 30%，再生材料在资源供给中的占比进一步提升。在上海街头，一些颜色鲜艳的机器引人注目。例如，某二手交易平台不久前投放的智能分类回收机，已落地包括上海在内的全国 30 多个城市。用户投放物品后，回收机内置摄像头会拍摄照片，人工智能风险控制模型可判断物品是否符合投放要求。当回收机装满后，内置传感器会通过物联网将信息发送至运力平台。系统随后自动调配运输车辆，并规划出最佳路线，确保工作人员在 30min 内完成清运。离开分拣中心，废旧物品来到集散场，在这里，智能分选系统可以利用人工智能图像识别、云计算、大数据和自动化控制等技术，自动识别并高速分拣回收物品。与传统色选和光选技术相比，人工智能图像识别技术的识别准确率超过 98%，不仅能够识别出物品种类，还可以识别品牌。

在绿色生产流程优化方面，人工智能也发挥着关键作用。2024 年 12 月 5 日，上海智峪生物科技有限公司（以下简称"智峪生科"）宣布，其位于江苏省常州市的绿色制造工厂暨百吨级生物合成天然香料生产中心正式落成。至此，智峪生科成功实现将人工智能真正从计算研究走向工业化应用与生产，在生物智造领域迈出了坚实的一步。智峪生科将 AI 深度融入生产制造的每个环节，从路线设计到小试—中试—量产，与传统方法相比，产业化周期显著缩短，实现了高效、精准、绿色的生产模式，提高资源利用效率，减少环境污染，为行业树立了绿色智能制造的新标杆。

📖 **知识拓展**
绿色制造工厂

人工智能凭借其强大的数据处理和智能决策能力，在产品回收、生产流程等环节推动循环经济与绿色发展，随着技术不断革新，未来将为可持续发展做出更大贡献。

14.3 人工智能的长期社会影响

人类聚焦人工智能的发展，就不能忽视其对社会产生的长期影响。本节将深入探讨这一话题，从人工智能如何重塑就业市场、促使职业结构发生变革，到它与人类智能之间形成的共生关系等方面，探索在科技浪潮下社会发展的新走向与新思考。

14.3.1 人工智能对就业市场与职业结构的重塑

随着人工智能技术的飞速发展，其对就业市场与职业结构的重塑作用日益凸显。

在制造业领域，自动化和智能化的生产变革尤为显著，催生了机器人维护工程师、智能制造系统监控员等新兴职业。这些岗位要求从业者具备更高的技术素养，熟悉机器人编程与维护知识，以及智能制造系统的操作技能。

客服行业也是受人工智能影响较大的领域。许多企业采用智能客服系统，能够快速回应常见问题，解决大部分客户咨询。以电商平台为例，智能客服能根据关键词匹配和语义理解，瞬间给出解答，替代了部分传统客服岗位。同时，这也促使客服行业向更具专业性和人性化的方向发展，如高级客服顾问等岗位应运而生。这类岗位主要负责处理复杂的客户投诉和特殊需求，要求从业者具备出色的沟通能力和问题解决能力，能够为客户提供个性化服务。

人工智能在重塑就业市场与职业结构的过程中，虽然面对岗位替代的挑战，但也创造了新兴职业机遇，促使劳动力不断提升技能，以适应新的就业需求。

1. 人工智能推动行业与职业的改变

早在 2017 年，《纽约客》杂志曾经使用过这样一张封面：人类坐地行乞，而机器人如同平常公民一样在街头自在行走，甚至施舍给人类一些"货币"，如图 14-4 所示。

> **知识拓展**
> 《纽约客》封面故事

这预示着一个令人不安的情况：当工作被机器人抢走后，人类应该何去何从？

人工智能对职业的影响已不仅是一种理论，它已经在现实中发生。世界经济论坛发布的《未来就业报告》着重阐述了新技术如何增加当前的工作机会这一话题，研究者通过领英中上亿名会员提供的技能相关数据进一步研究了人工智能对全球不同行业和工作职能产生的影响，研究结果表明，虽然由人工智能技术驱动的社会变化可能仍然处于初始阶段，但其影响已经遍及全球劳动力市场。

2. 职业变化整体趋势

过去几年，人工智能发展下的职业变化整体呈现出以下趋势。

图 14-4 《纽约客》杂志封面

（1）与人工智能本身及补充技术相关的岗位增多

在软件范畴内，与人工智能相关的岗位数量逐渐增多，如机器学习工程师、数据科学家、计算机视觉工程师、人工智能工程技术人员、物联网工程技术人员、大数据工程技术人员、云计算工程技术人员等。除此之外，还出现与人工智能补充技术相关的岗位，如数据标注员、数据官、建筑信息模型技术员、电子竞技运营师、电子竞技员、无人机驾驶员、数字化管理师等。

（2）传统工作与人工智能相结合的岗位增多

在传统工作中，要求会使用由数据驱动的产品或服务的岗位逐渐增多，如会操作智能产品的工业机器人系统操作员、工业机器人系统运维员、物联网安装调试员、城市轨道交通线路工、城市轨道交通列车检修工、智能农机操作员等。

（3）人机协作与教育类岗位增多

例如，AI 技能培训师，负责培训人们掌握与 AI 相关的技能；人机协作流程优化师，负责优化人机协作的流程和方式，提高工作效率。

3. 新兴与衰退职业

据研究人员预测，人工智能的应用将遍布几乎所有行业。为了解人工智能相关技能在软件行业之外的普及程度，2023 年领英研究了人工智能相关技能在各行业的年增长率。研究结果表明，在拥有人工智能相关技能的专业人员数量方面，软件行业依然名列第一，教育和学术研究、硬件和网络、金融、制造业等行业的增长势头强劲。

> 📖 **知识拓展**
> 领英《2023 未来就业报告》

经济合作与发展组织强调，如果某个职业从业人员的受教育程度和技能水平普遍较低，那么这个职业面临的自动化风险就会上升。

下面分析容易被人工智能取代的一些职业。

（1）重复性体力类职业

重复性体力类职业包括快递员、搬运工、工厂流水线工人、建筑工人等。由于人工智能不会觉得辛苦，而人类会因完成这类职业的相关工作而劳累，因此这类职业容易被人工智能取代。

（2）重复性白领类职业

目前，许多国家已推出了新的无人银行，实现了利用机器人接待客户，工作效率更高且更方便，同时还能节省劳动力成本。因此从变化的趋势来看，曾经被公认为"铁饭碗"的重复性白领类职业或将消失。

> 📖 **知识拓展**
> **84%** 的重复性任务将由 AI 完成

由此可见，抄写员、记录员、收银员、客服人员这类相对简单的、对于人类来说无趣且费事的职业，容易被人工智能取代。

（3）标准化类职业

人们常常认为新闻行业的新闻稿需要深厚的文字功底才能写出来，但是目前已经出现了机器人代替记者写稿的技术。一篇新闻稿，记者需要十几分钟来整理，但机器人可能只需要几秒钟。2017 年 8 月 8 日，九寨沟发生地震，地震发生 18min 后，中国地震台网的机器人记者写了一篇新闻稿。该稿用词准确、行文流畅、地形天气面面俱到，即便是专业记者临危受命，成果也不过如此。而这样的稿件，机器人仅用了 25s 就可以完成。

由此可见，记者、设计师、编辑、会计等标准化类职业，当前看似很有技术含量，但因其有大量的标准化规律可循，未来也有可能被人工智能取代。

（4）危险职业

需要进行深海作业、高辐射环境作业、高温作业、低温作业、有毒环境作业、高空作业等的危险职业在未来可能更多地被人工智能取代。

14.3.2　人工智能与人类智能的共生关系

自人工智能诞生以来，人工智能与人类智能的关系就一直是人们关心的问题。"人工智能会比人类更聪明吗？""人工智能会反过来控制人类吗？""人工智能会毁灭世界吗？"美国作家爱德华·阿什福德·李在《协同进化：人类与机器融合的未来》一书中提出人类与机器是协同进化的关系，在未来是融合发展的。这个协同进化论表明，人工智能既不会永远臣服于人类智能，也不可能反过来损害人类智能。双方都在实践和交互中学习对方的智慧，充实自己的才干。中国科学院院士、计算机科学家陆汝钤提出"魔高一尺，道高一丈"，双方都"既是魔，又是道"。这个前景或许会使一些人工智能恐惧论者摆脱"人工智能威胁"阴影。

中国科学院院士张钹提出，人工智能的安全问题目前还没有找到根本的解法，而且很可能会成为永恒的话题。人工智能安全领域未来将会处于一种攻防不断对抗的状态，因此算法也必须不断更新。人类现在还处于摸索阶段，在科技日新月异的时代，人工智能与人类智能并非相互取代，而是逐渐形成一种共生关系，共同推动社会发展。在医疗领域，这种共生关系尤为明显。人工智能凭借强大的数据处理能力，能够快速分析海量的医学影像和病历数据，为医生提供精准的诊断建议。例如，在癌症诊断中，人工智能算法可以在短时间内对 X 光、CT 等影像进行细致分析，检测出微小的病变，极大提高了早期诊断的准确率。然而，最终的诊断决策依然需要医生凭借丰富的临床经验、专业知识和同理心来做出。医生不仅要判断病情，还要考虑患者的个体差异、心理状态等因素，给予患者人文关怀和治疗方案的解释。人工智能与医生紧密协作，实现了技术与人性的完美结合，从而提升医疗服务的质量。

在艺术创作领域，人工智能也展现出与人类智能的独特共生模式。一些人工智能绘画程序能够根据输入的关键词和风格偏好来生成图像，为艺术家提供创作灵感。艺术家可以基于这些生成的图像，发挥自己的想象力和创造力，并进行二次创作。有的艺术家利用人工智能生成的奇幻场景草图，进一步完善画面细节、赋予作品情感内涵，从而创作出令人惊叹的艺术作品。这种人机合作的创作方式，既拓展了艺术创作的边界，又保留了人类独有的情感表达和审美判断。

人工智能与人类智能在各自擅长的领域发挥优势，相互补充、相互促进。随着技术的不断进步，二者的共生关系将更加紧密，为更多领域带来创新与突破，共同塑造更加美好的未来。

14.4 思考与练习

1. 问答题

1）在人工智能时代，针对学习与择业你有什么建议？
2）假如让你策划一项大学生活动方案，你会如何使用 AI 工具辅助你？
3）假如 AI 医生能准确诊断疾病，那人类还需要去医院看真人医生吗？
4）在 AI 助力环境保护的过程中，若数据出现偏差导致决策失误，造成环境破坏，责任该如何划分？
5）在跨领域融合技术发展中，金融机构与医疗机构合作，如何保障患者数据的安全和隐私？
6）如果 AI 能预测每个人的寿命，你想知道这个结果吗？
7）当 AI 可以精准预测股票走势时，金融市场会发生哪些变化？

2. 辩论题

1）人工智能是否会导致人类大规模失业？

正方观点：人工智能将推动社会进步，通过自动化低效工作创造更多高技能岗位（如机器人工程师、AI 训练师），并提升整体生产效率，最终实现更高水平的社会福祉。

反方观点：人工智能将大规模替代重复性岗位（如制造业工人、客服），导致结构性失业和社会不平等加剧，缺乏转岗技能的人群将被边缘化。

2）人类是否会被人工智能全面替代？技术发展的终点是解放人类还是取代人类？

正方观点：人工智能将全面替代人类工作，最终主导社会生产。技术发展的核心目标是效率最大化，AI 在体力、脑力任务上的绝对优势（如精准度、无疲劳性）使其成为更优的劳动力，人类将逐步退出生产领域，仅保留少数监管角色。

反方观点：人工智能无法替代人类的核心价值。技术发展的终极目标是服务于人类福祉，AI 仅能作为工具辅助人类，在创造性工作（如艺术、科研）、情感交互（如心理治疗、教育）和复杂道德决策（如司法、医疗）中，人类的主体性和独特性不可替代。

参　考　文　献

[1] 彭聃龄. 普通心理学[M]. 5版. 北京：北京师范大学出版社，2018.

[2] 程昊. 人工智能技术的历史变迁及其价值意蕴[J]. 自然辩证法研究，2025，41（1）：117-124.

[3] 阎孟伟. 人工智能能否最终超越人类智能[J]. 社会科学战线，2024（11）：44-56.

[4] 杨尊琦. 大数据导论[M]. 2版. 北京：机械工业出版社，2024.

[5] 张玉宏. 大数据导论：通识课版[M]. 北京：清华大学出版社，2021.

[6] 林子雨. 大数据导论：数据思维、数据能力和数据伦理[M]. 北京：高等教育出版社，2024.

[7] 姜东洋，刘世兴. 人工智能应用基础[M]. 北京：机械工业出版社，2022.

[8] 周苏，杨武剑. 人工智能通识教程[M]. 北京：清华大学出版社，2024.

[9] 杨俊杰，刘勇. 大学生人工智能素养[M]. 北京：清华大学出版社，2024.

[10] 王万良. 人工智能通识教程[M]. 北京：清华大学出版社，2020.

[11] 焦李成. 人工智能通识基础[M]. 北京：人民邮电出版社，2024.

[12] 赵眸光. 深度学习与神经网络[M]. 北京：电子工业出版社，2023.

[13] 杨青. 大语言模型：原理与工程实践[M]. 北京：电子工业出版社，2024.

[14] 刘阳，林倞. 多模态大模型：新一代人工智能技术范式[M]. 北京：电子工业出版社，2024.

[15] 于江生. 人工智能伦理[M]. 北京：清华大学出版社，2021.

[16] 张强，李娜. 基于深度学习的工业缺陷检测[J]. 计算机集成制造系统，2022，28（3）：678-685.

[17] 王伟，李芳. 智能工厂中的人机协作优化研究[J]. 机械工程学报，2023，56（12）：123-130.

[18] 汪琛，孙启贵，徐飞. 医疗人工智能伦理研究的发展趋势：主题分布、知识基础与未来展望[J]. 自然辩证法通讯，2023，45（12）：18-29.

[19] 余泽浩，张雷明，张梦娜，等. 基于人工智能的药物研发：目前的进展和未来的挑战[J]. 中国药科大学学报，2023，54（3）：282-293.

[20] 刘琪，梁鹏，宋蒙. 5G智慧交通[M]. 北京：电子工业出版社，2023.

[21] 智能驾驶发展趋势："车—路—云"一体化 [EB/OL]. [2025-04-08]https://36kr.com/p/1556281654660226.

[22] CROUSE D，JACOBS R L，RICHARDSON Z，et al. LemurFaceID：A face recognition system to facilitate individual identification of lemurs[J]. Bmc Zoology，2017，2（1）：1-14.

[23] 李文斌，韩提文，刘少坤. 人工智能概论[M]. 北京：人民邮电出版社，2024.

[24] 李民吉. 构建可持续科技金融体系[J]. 中国金融，2024（23）：11-13.

[25] 王瑜，张家华，申万宏源证券有限公司大模型应用团队. 基于大模型技术的多维异构数据理解赋能智能投顾研究[J]. 中国金融电脑，2024（5）：55-60.

[26] 贾艳昭. 电子商务供应链中的智能物流配送系统设计与优化[J]. 全国流通经济，2025（2）：40-43.

[27] 侯英琦，欧丽滢，胡彦博，等. 基于AIGC+NLP的电子商务系统：内容生成与智能交互的应用研究[J]. 上海第二工业大学学报，2024，41（3）：298-306.

[28] 孙显，孟瑜，刁文辉，等. 智能遥感：AI 赋能遥感技术[J]. 中国图象图形学报，2022，27（6）：1799-1822.

[29] 徐岩松，李俊麟，陈思宇，等. 人工智能在月面机器人领域的前沿探索综述[J]. 载人航天，2024，30（5）：562-577.

[30] 胡晶晶，程承坪. 新一代人工智能对就业的影响及应对策略[J]. 人文杂志，2025（1）：40-52.

[31] 蔡曙山. 从认知科学看人工智能的未来发展[J]. 学术前沿，2023（14）：13-28.